Historia del capitalismo agrario pampeano

Dirigida por Osvaldo Barsky

Tomo 6

TOMOS ANTERIORES

Tomo 1
LA EXPANSIÓN GANADERA HASTA 1895
Osvaldo Barsky y Julio Djenderedjian

Tomo 2
LA VANGUARDIA GANADERA BONAERENSE (1856-1900)
Carmen Sesto

Tomo 3
DE RIVADAVIA A ROSAS.
DESIGUALDAD Y CRECIMIENTO ECONÓMICO
Jorge Gelman y Daniel Santilli

Tomo 4
LA AGRICULTURA EN LA PRIMERA MITAD DEL SIGLO XIX
Julio Djenderedjian

Tomo 5
LOS LÍMITES DEL PROGRESO: EXPANSIÓN RURAL
EN LOS ORÍGENES DEL CAPITALISMO RIOPLATENSE
Roberto Schmit

Expansión agrícola y colonización en la segunda mitad del siglo XIX
Volumen I

Julio Djenderedjian
Sílcora Bearzotti
Juan Luis Martirén

Buenos Aires
2010

Djenderedjian, Julio
   Historia del capitalismo agrario pampeano : expansión agrícola y colonización en la segunda mitad del siglo XIX / Julio Djenderedjian; Sílcora Bearzotti; Juan Luis Martirén. - 1a ed. - Buenos Aires : Teseo; Editorial Universidad de Belgrano, 2010.
   v. 1, 516 p. ; 20x13 cm. - (Historia del capitalismo agrario pampeano; 6)

   ISBN 978-987-1354-64-1

   1. Historia Económica Argentina. 2. Capitalismo Agrario. I. Bearzotti, Sílcora II. Martirén, Juan Luis III. Título
   CDD 333.318 2

© Editorial Universidad de Belgrano, 2010

© Editorial Teseo, 2010
Buenos Aires, Argentina

ISBN de este volumen: 978-987-1354-64-1
ISBN de la obra completa: 978-987-1354-74-0
Editorial Teseo

Hecho el depósito que previene la ley 11.723

Para sugerencias o comentarios acerca del contenido de esta obra, escríbanos a: **info@editorialteseo.com**

www.editorialteseo.com

ÍNDICE (VOLUMEN I)

PRESENTACIÓN GENERAL DEL VOLUMEN 13

AGRADECIMIENTOS 19

INTRODUCCIÓN 21
Los puntos de partida 24
Las etapas 30
Los resultados 44

CAPÍTULO I
LAS NUEVAS CONDICIONES INSTITUCIONALES
PARA LA PUESTA EN VALOR DEL ESPACIO 59

1. Introducción 59
2. La construcción de una nueva institucionalidad 64
3. Los nuevos estados provinciales 77
4. El proceso de transferencia
   de tierras públicas a manos privadas 92
   4.1. La tierra pública en Buenos Aires 93
   4.2. La tierra pública
        en las otras provincias pampeanas 97
   4.3. Las tierras públicas a nivel nacional 113

Capítulo II
Inmigración y colonización como parte de la agenda política 123

1. Introducción 123
2. El nuevo panorama inmigratorio 134
3. Estado, inmigración y colonización en el debate intelectual del tercer cuarto del siglo XIX ... 141
4. Las primeras instituciones ligadas al fomento inmigratorio 151
5. La definición de objetivos específicos para una política de inmigración 156
6. La colonización oficial en el último cuarto del siglo: sus alternativas y sus resultados 165

Capítulo III
Los inmigrantes y la política en las comunidades rurales pampeanas 183

1. Introducción 183
2. La emergencia del régimen municipal como espacio de participación 184
3. Un temprano espacio público local 189
4. Hacia la institucionalización del régimen municipal 193
5. La consolidación del municipio 204
6. Un recorrido por las cuatro provincias 229

Capítulo IV
La colonización estratégica y militar 235

1. Introducción 235
2. Las prioridades impuestas por la defensa territorial 242
3. La concreción de los primeros emprendimientos y sus limitaciones 247

3.1. Brougnes y la fundación de la colonia San Juan.....249
   3.2. La fundación de Esperanza..257
   3.3. La colonia Las Conchas y los últimos proyectos de
         colonización militar..267
4. **El nuevo panorama
   de mediados de la década de 1850**................................272

Capítulo V
La colonización autocentrada..................................277

1. Introducción..277
2. Un claro cambio de rumbo: San Carlos.......................283
3. La versión entrerriana: San José..................................297
4. Una alternativa con futuro: San Gerónimo................303
5. Buenos Aires: un proceso
   con características propias...313
6. 1859-1864: un lento proceso
   de consolidación y de adaptación................................333

Capítulo VI
Afianzamiento, nuevos desafíos
y vuelco hacia los mercados regionales..................357

1. Introducción..357
2. La situación de las colonias
   hacia la segunda mitad de la década de 1860.............368
3. Santa Fe: la convicción
   de haber tomado un buen camino...............................378
4. Entre Ríos: estancamiento visible
   y límites al proceso de expansión agrícola.................405
5. La conquista de los mercados regionales....................418

Capítulo VII
La búsqueda de un nuevo equilibrio: primeros avances sobre tierras nuevas 425

1. Introducción 425
2. Santa Fe: crisis, recuperación
   y un proceso de expansión cualitativamente distinto 440
   - 2.1. Tierras y frontera
     en la formación de una nueva agricultura 442
   - 2.2. Las fundaciones de la década de 1870 451
   - 2.3. Viejas y nuevas colonias:
     recorridos diferenciales en una época difícil 467
3. Córdoba: una larga espera 482
4. Entre Ríos: crisis política
   y apuesta por la colonización radial 491
   - 4.1. La gran interrupción 492
   - 4.2. La colonización radial
     y el renovado papel del Estado 498
5. Los límites de una transformación necesaria 511

"¡No se vaya, que hay fideos!" ¿Quién no recuerda ahora, en la República Argentina, aquel antiguo modismo con que se quería explicar en la campaña la esplendidez de una comida, en que hasta fideos había? La harina venía de Francia, de Alemania, de California, ¡hasta de Australia!... Vino la colonización; empezó a brotar el trigo, y el pan dio comienzo a la gran conquista de la pampa, treinta años antes de que Alsina o Roca soñaran con ella. [...] La producción aumentó, y el consumo creció sobre toda medida anteriormente pensada. ¡Es que ya todos los hombres empezaban a comer pan, siquiera una vez cada semana: los domingos!

Carrasco, Gabriel, *Intereses nacionales de la República Argentina*. Buenos Aires, J. Peuser, 1895, pp. 130-131.

Es preciso ser el primer ocupante; después del rancho viene el tren, más tarde la población, a su alrededor chacras de agricultores, cercas, árboles, ciudades; se va el recado y entra el piano.

Casey, Eduardo, entrevista en el *Southern Cross*, 1885, cit. en Sáenz Quesada, María, "Eduardo Casey", en Ferrari, Gustavo y Ezequiel Gallo (comps.), *La Argentina del Ochenta al Centenario*, Buenos Aires, Sudamericana, 1980.

Presentación general del volumen

Osvaldo Barsky

Cuando en 2003 publicamos el primer tomo de esta *Historia del capitalismo agrario pampeano,* anunciamos que ésta se compondría de ocho volúmenes, que nos permitirían cubrir los principales aspectos de la evolución económica y social del agro pampeano desde comienzos del siglo XIX hasta nuestros días. Imaginábamos que la importante cantidad de investigaciones publicadas para la segunda mitad de ese siglo nos permitiría avanzar con cierta rapidez hacia el siglo XX, del que sabemos que ha sido menos estudiado desde la perspectiva histórica.

Sin embargo, el proceso de avance en la investigación y conocimiento del material existente nos revelaría la insuficiencia de los estudios publicados, su fragmentación temática y temporal y, en particular, la profunda debilidad interpretativa de algunas obras consideradas "clásicas". De ahí que decidiéramos priorizar las necesidades dictadas por el estado del conocimiento o, si se prefiere, del desconocimiento, de ejes conceptuales que nos parecen decisivos en este esfuerzo de replantear la historia de nuestro agro pampeano. Por ende, esta historia se compondrá de tantos tomos como lo marquen las circunstancias y, obviamente, las posibilidades de este equipo de investigadores y de otros académicos que se han ido incorporando a este esfuerzo colectivo.

En los tomos anteriores se abordó, en términos globales, el desarrollo de la ganadería durante el siglo XIX[1] y de la agricultura pampeana en la primera mitad de ese siglo[2]. Estos estudios fueron planteados desde la sistematización de los análisis existentes y desde la revisión de una gran cantidad de fuentes de época, de manera de ordenar el conocimiento sobre dichas problemáticas y, al mismo tiempo, de marcar los vacíos temáticos y espaciales. Paralelamente hemos incorporado estudios destinados a profundizar los ejes enunciados en los estudios generales. Así se ha trabajado en forma exhaustiva en los procesos de cambios tecnológicos en la ganadería, llevados adelante por una vanguardia social de ganaderos de la provincia de Buenos Aires, que marcaron definitivamente el desarrollo económico y social de esta rama productiva[3]. Otro tema relevante, el de la relación entre la consolidación en la primera mitad del siglo XIX de las grandes unidades ganaderas y las importantes fortunas agropecuarias con la expansión simultánea de pequeños y medianos productores independientes –que construyó desde el inicio una compleja estructura agraria–, mereció un tratamiento especial[4]. Si bien todos los tomos incorporaron referencias a las distintas provincias pampeanas, es notorio que fueron fuertemente impregnados de los procesos que tenían lugar en la provincia de Buenos Aires, no sólo por su peso agropecuario dominante, sino también por la existencia de una gran cantidad de estudios y de fuentes de información. Era importante, entonces, un trabajo que abordara integralmente cómo se produjo la expansión rural en otra de las provincias pampeanas. El caso elegido fue el de Entre Ríos,

---

[1] Véase Barsky, O. y Djenderedjian, J. (2003).
[2] Djenderedjian, J. (2008).
[3] Sesto, C. (2005).
[4] Gelman, J. y Santilli, D (2006).

que permite entender que las condiciones contextuales internacionales no marcan de modo automático caminos exitosos para las regiones capaces de generar bienes para las demandas planteadas. Ello depende de los recursos naturales y del capital, y de las dinámicas y tradiciones existentes en los procesos locales[5].

En el tomo 6, que ahora presentamos, dividido por su extensión en dos volúmenes, se retoma lo que hemos denominado "estudios generales", que pretenden abordar en conjunto una problemática amplia, como la que se aborda en esta obra: *Expansión agrícola y colonización en la segunda mitad del siglo XIX.*

Tal como lo indica el título, los autores, Julio Djenderedjian, Sílcora Bearzotti y Juan Luis Martiren, realizan un estudio global sobre la expansión agrícola pampeana en su etapa decisiva desarrollada en la segunda mitad del siglo XIX, que excede a los procesos de colonización agraria, pero al mismo tiempo realiza un estudio exhaustivo de éstos por su papel central en la creación de las condiciones que permitieron la expansión de la agricultura en los mercados regionales primero y luego la exitosa inserción en el mercado mundial.

Esta mirada permite estructurar los procesos de colonización a partir de las siguientes dimensiones: abastecimiento del mercado urbano interno, asentamiento de población fiscalmente imponible para viabilizar la generación de rentas que permitieran el mantenimiento de los Estados provinciales e impulso de iniciativas empresariales destinadas a obtener beneficios por la combinación de la alta disponibilidad de tierras pampeanas de bajos precios y la abundante mano de obra europea con escaso acceso a la tierra y al trabajo.

---

[5] Schmit, R. (2008).

El boom de demanda externa provocado por la Guerra del Paraguay impulsó el pasaje a una producción agrícola especializada de mayor magnitud, que incorporó crecientes cambios tecnológicos y permitió la llegada de los ferrocarriles. Desde 1878 el país comenzó su acelerada inserción en los mercados de ultramar, y la expansión fue incontenible.

Estos procesos son estudiados detenidamente por los autores en tres momentos analíticos estratégicos y finalmente interrelacionados. Por una parte, se analizan los aspectos políticos, sociales e institucionales que permitieron el desarrollo de los procesos de colonización. Luego, en lo que constituye el eje de esta investigación, se presenta un exhaustivo análisis de los procesos de colonización, destacando en forma original sus sucesivas etapas y mostrando su alta heterogeneidad regional. Finalmente, se presenta una visión integrada de los distintos aspectos que componen la nueva agricultura desarrollada en el país, lo que permite una mirada que no se restringe a los procesos de colonización analizados.

Estamos convencidos de que este monumental esfuerzo de investigación marcará un momento de inflexión en el conocimiento de la expansión agrícola pampeana. Además de la riqueza temática que se aprecia con sólo leer el índice del trabajo, de la originalidad en los enfoques alternativos a ciertas visiones estereotipadas o parciales sobre estos procesos, esta obra integral se apoya en un trabajo de investigación exhaustivo que puede apreciarse en los anexos, donde por primera vez se presenta un listado depurado de la fundación de las colonias en Santa Fe, Entre Ríos y Córdoba y en el extenso listado de fuentes de la época, de donde ha sido posible tomar elementos no trabajados hasta ahora y que los autores consiguen organizar analíticamente en relación con los temas priorizados.

Este libro que hoy presentamos se integra a los estudios que se realizan para la obra *Historia del capitalismo agrario pampeano*, que se lleva adelante en el Área de Estudios Agrarios del Departamento de Investigaciones de la Universidad de Belgrano. Forman parte del equipo de investigación que aborda tal empresa Mariela Alva, Sílcora Bearzotti, Julio Djenderedjian, Gabriela Giba, Juan Luis Martirén, Marcela Petrantonio y Carmen Sesto, con el apoyo de Susana Giménez en los aspectos logísticos, bajo la dirección de Osvaldo Barsky.

En los próximos tomos se abordará el desarrollo de la tecnología agrícola en el proceso expansivo inicial, el desarrollo comercial y financiero ligado a la expansión agropecuaria y a las características de la estructura agraria pampeana a finales del siglo XIX. Al igual que en los tomos 4 y 5 de esta colección, participarán también destacados investigadores de otras instituciones académicas.

Agradecimientos

El largo tiempo de intenso trabajo transcurrido desde que comenzó la investigación de la cual este libro es un fruto principal generó deudas de gratitud con muy diversas personas e instituciones. Entre éstas, no podríamos dejar de mencionar, en primer lugar, el apoyo financiero otorgado por la Universidad de Belgrano, el CONICET y el Fondo Nacional de Ciencia y Tecnología (FONCyT), que permitieron que este libro fuera una realidad. Muy especialmente, también, debemos agradecer al personal de los diversos archivos y bibliotecas a los que hemos concurrido, que ofrecieron invariablemente la mejor voluntad para ubicar un material que a menudo nadie había revisado en décadas. De entre todos ellos quisiéramos nombrar a los empleados del Archivo General de la Nación, la Biblioteca Nacional, la Academia Nacional de la Historia, el Museo Mitre, la Biblioteca del Congreso, la Biblioteca Tornquist del Banco Central, las bibliotecas de la Facultad de Ciencias Económicas y del Instituto Emilio Ravignani de la Universidad de Buenos Aires, y la de la Universidad Torcuato di Tella, todas estas en la ciudad de Buenos Aires. Además, cabe mencionar al personal del Archivo Histórico de la Provincia de Buenos Aires, en La Plata; el Archivo Histórico y Administrativo de Entre Ríos; la biblioteca del museo Martiniano Leguizamón y la Biblioteca Pública Provincial, de Paraná; la biblioteca y archivo del Instituto Osvaldo Magnasco, de Gualeguaychú;

el Archivo del Museo Histórico de Villaguay; el Archivo del Palacio San José, en Concepción del Uruguay; la biblioteca Juan Álvarez y el CEHIPE, de Rosario; el Archivo General de la Provincia, en Santa Fe; el Departamento de Estudios Etnográficos y Coloniales, en la misma ciudad; el Archivo del Museo Histórico Municipal de Rafaela; el Archivo Milesi, en Humboldt; el Archivo Histórico de la Colonia San Carlos; y, con un reconocimiento excepcional por su cordialidad, eficiencia y la importante información provista, a Graciela Russi del Archivo del Museo de la Colonización en Esperanza.

También debemos agradecer a Helen Osorio por las informaciones y bibliografía acerca de colonias agrícolas del sur brasileño, muy gentilmente remitidas; a Carina Frid por su amabilidad en copiarnos algunas raras obras del acervo de la Facultad de Ciencias Económicas de la Universidad Nacional del Litoral; a Elena Salerno por su cortesía en brindarnos distintas referencias y datos sobre transportes y régimen de lluvias; y en particular a Mariela Alva y Gabriela Giba, por su ayuda en la construcción de cuadros, cartografía y procesamiento de imágenes. Sin la colaboración de todos ellos, y de muchos otros más, sin duda, los resultados de este trabajo hubieran sido mucho menores. Siguiendo una convención aceptada, pero no por ello menos cierta, de más está decir que ninguno de los nombrados tiene parte alguna en los errores en los que los autores podamos haber incurrido en las páginas que siguen.

Julio Djenderedjian
Sílcora Bearzotti
Juan Luis Martirén
Buenos Aires, 4 de mayo de 2010

Introducción

Presentamos aquí otro fruto de una investigación de largo aliento en torno a la evolución agrícola pampeana durante el siglo XIX, cuyo antecedente inmediato puede encontrarse en el tomo IV de esta misma colección. El análisis realizado en el presente volumen y en el siguiente corresponde aproximadamente a la segunda mitad de aquella centuria, y por tanto abarca un período de espectaculares y profundas transformaciones en la actividad. Si bien aquí hemos tratado de dar cuenta de ciertos elementos que juzgamos centrales de éstas, es evidente que no hubiéramos podido hacerlo con la totalidad, o al menos con la mayor parte de aquellos que tuvieron parte destacada en esas transformaciones. De allí, principalmente, el recorte temático y espacial, y el devenir en apariencia un tanto azaroso de algunos de los capítulos. En cuanto a lo primero, es menester aclarar que preferimos concentrarnos en el recorrido del proceso de colonización agrícola, dado que éste tuvo un rol cardinal en la puesta en valor de vastos territorios, desde los cuales la nueva agricultura habría de encarar la conquista de los mercados regionales y luego el asalto al mercado mundial. Además de eso, intentamos acopiar elementos de su contexto e historiar las consecuencias de su impacto en la generación y comercialización de excedentes agrarios, y aludir, siquiera tangencialmente, al surgimiento de una nueva agricultura, completamente renovada en sus técnicas y en sus actores con respecto a la actividad productiva tradicional.

En segundo lugar, historiar aisladamente el proceso de colonización no nos hubiera llevado demasiado lejos de lo hecho por un largo censo de útiles y valiosos trabajos previos. Por el contrario, retomar ese tema hoy día, con el fin de aportar elementos nuevos al conocimiento acumulado, implicó la necesidad de dejar de lado la óptica provincial o regional y el análisis puramente centrado en las alternativas de esos nuevos núcleos de población y de producción agrícola, óptica prevaleciente en la mayor parte de los estudios de caso. Así, optamos por un examen de conjunto del área pampeana abierta a la colonización hasta finales del siglo XIX, para comprender mejor los ritmos, etapas y diversos límites que el proceso experimentó en su choque con el heterogéneo espacio que se le abría por delante. Por supuesto que los resultados hubieran sido demasiado confusos sin anclajes más concretos en el espacio; pero éstos en todo caso han sido pensados para comprender mejor la evolución del fenómeno. Eso hasta cierto punto justifica la centralidad que hemos otorgado a la evolución santafesina, y el espacio apenas menor dedicado a la entrerriana, un punto de comparación obligado. El caso de Santa Fe resulta algo así como el epítome de todo lo más exitoso que tuvo ese proceso. Entre Ríos encarna, por el contrario, la paradoja de haber entrado en éste al unísono con Santa Fe y bajo auspicios aun más favorables que los de esta provincia; sin embargo, los resultados que cosechó, al menos durante un largo período, fueron muy magros. Esas evoluciones discordantes, más llamativas aun para el observador poco atento que sólo ve en los mapas que se trata de espacios contiguos, implicaron desde el inicio el desafío de explicar cada una sin prescindir de la otra; o, más bien, porque se hizo pronto evidente que el hecho de ser tan cercanas debía cumplir un rol en el impacto diferencial de los fenómenos. De todos modos, el proceso cordobés, más tardío (pero no menos interesante, aun cuando no haya sido tratado con el mismo nivel de detalle que los dos anteriores) permitió pensar con mayor profundidad los factores que impulsaron la gran expansión de los años ochenta y algunos de los problemas previos y posteriores a ésta. En cuanto a Buenos Aires, podemos destacar en esta obra una interpretación alternativa a fenómenos como el de los centros agrícolas, interpretación que creemos explica más satisfactoriamente que las anteriores ese complejo momento del final de la década de 1880.

El resultado ha quedado plasmado en las páginas que siguen. No pretendemos haber realizado una tarea completa ni sin errores, pero de todos modos el inventario incluye algunos avances que no sin razón podemos esperar que sean útiles. En primer lugar, en el mismo decurso de la investigación fueron surgiendo evidencias que pusieron a prueba muchas hipótesis recibidas y aceptadas, cuya larga vigencia respondía más bien a determinadas formas de mirar las cosas que a un estudio detallado de éstas. Por otra parte, fue necesario cubrir con exploración empírica muchos espacios vacíos, fenómeno tanto más sorprendente cuanto que, en buena parte de los casos, esos vacíos correspondían a áreas clave para la comprensión del proceso. Asimismo, la apuesta por un análisis de conjunto de las diversas áreas donde el fenómeno de la colonización tuvo ocasión de ejercerse, y de los distintos tiempos y resultados que acaecieron en éstas, mostró el peso de los límites ambientales, sociales y económicos que cada una de esas áreas encontró en su camino hacia la expansión agrícola, y que sólo ocasionalmente había sido antes señalado más allá de alguna referencia contextual. De esa forma, quedaron en evidencia multiplicidad de situaciones y de etapas, que hacen cuestionar la imagen vigente que tiende a subsumirlas sólo en dos: el creciente dinamismo santafesino y las particularidades de la expansión agrícola bonaerense, puesta al descubierto sobre todo cuando aquél comenzaba a mostrar sus límites. En fin, el análisis descubrió las distintas lógicas adoptadas por los actores que en el proceso tuvieron protagonismo, y cómo unos y otros constituyeron también un conjunto demasiado heterogéneo y difícil de aprehender, muy lejos de cualquier estereotipo.

Los puntos de partida

En varios sentidos, el camino recorrido es tributario de los muy significativos avances logrados en las últimas tres décadas en el estudio del agro pampeano del siglo XIX. En lo que respecta a la gran transformación agrícola de la segunda mitad de esa centuria, la visión dominante antes de aquellos avances se limitaba, a grandes rasgos, a afirmar, como lo hizo por ejemplo James Scobie (1968), que fueron los intereses ganaderos los que determinaron la expansión del trigo; que ésta se realizó a pesar de la apatía gubernamental y de la indiferencia de los terratenientes, y a costa del trabajo de ingentes cantidades de chacareros inmigrantes que no podían acceder a la tierra, y se vieron obligados a arrendarla; que la agricultura extensiva se oponía a la difusión de la pequeña propiedad, al mejoramiento de caminos, a las instituciones sociales rurales y a viviendas más cómodas; que por otra parte arruinaba a esos chacareros, dada una alta probabilidad de que las cosechas fracasasen y la circunstancia de que toda la inversión necesaria fuera hecha a crédito, única forma en que pobres labradores sin capital pudieran ingresar en la producción; que la labor era descuidada, tributaria de métodos atrasados y maquinarias importadas, y que a ninguno le importaba demasiado la selección de semillas o la búsqueda de nuevos métodos; que no había nadie que pudiera decirle a esos agricultores improvisados qué cultivar y cómo hacerlo; en fin, que esa tan sonada "revolución en las pampas" no significó ni la incorporación de innovaciones, ni el arraigo de la población rural, ni el desarrollo a largo plazo, ni el ascenso económico y social de los inmigrantes que arribaron al país con la ilusión de participar en esa revolución.

Resulta curioso constatar que una lectura atenta de la mayor parte de la vasta bibliografía y fuentes citadas por Scobie brinde una imagen completamente opuesta a ese desolador panorama. Y no se trata sólo de descartar los juicios de época que fueran demasiado optimistas: por el contrario, éstos no necesariamente abundan, salvo quizá en determinados períodos. Pero ese retrato recibido muestra fallas aun mirado desde la pura lógica. Entre mediados y fines del siglo XIX, la producción triguera pampeana aumentó a un ritmo aproximado al 8,5% anual; esa tasa, mantenida durante décadas, la hizo alcanzar casi dos millones de hectáreas cultivadas para 1895. La situación es más sorprendente aun al segmentar espacial y temporalmente esos resultados: los índices santafesinos casi duplican esa cifra entre 1872 y 1895[6]. Es muy dudoso que los actores de tan gigantesca transformación pudieran haber sido poco más que una masa inoperante, sin iniciativa, e incapaces de acumular recursos y conocimientos, que hayan caído recurrentemente en condiciones de explotación tanto o quizá más ignominiosas que las que habían dejado atrás al haber partido de Europa. Por otro lado, las características mismas de la producción cerealera en particular impactan con amplitud en el resto de la economía: el cultivo implica creación de centros poblados, de vastas redes de transportes y comunicaciones, la formación de sectores intermediarios

---

[6] De la Fuente, D. G.; G. Carrasco y A. B. Martínez (dirs.) (1898).

encargados de la distribución y manejo del producto, y una circulación de bienes de consumo y capital mucho más intensas que las que puedan hallarse en explotaciones extractivas o dedicadas a géneros de uso menos masivo. Y los hechos marcan claramente ese impacto en las pampas: de poseer apenas unos setenta centros poblados hacia 1850, para 1895 las ciudades, pueblos y colonias cubrían ampliamente el territorio y sobrepasaban el millar sólo en las provincias de Santa Fe, Córdoba y Entre Ríos. Cada uno de esos pueblos, vinculado por ferrocarril o por caminos con otros centros cercanos, contaba a menudo con su iglesia, escuela, teatro, asociaciones de canto, tiro o ayuda mutua, imprescindibles para la vida diaria de cualquier productor.

Los avances de la investigación empírica han ido poniendo de relieve esa gran transformación paralela al mismo crecimiento exponencial de la producción agrícola. En especial, los estudios han variado por completo nuestra percepción de los actores sociales agrarios de esos años, y mostrado la importancia del accionar de sectores empresariales dinámicos e innovadores, tanto en la producción agrícola como en la ganadera, además de multitud de otros ligados a la comercialización, la formación de colonias o los negocios vinculados con la prestación de servicios, así como el intenso accionar llevado a cabo por los distintos niveles del Estado en campos como la educación científica, la experimentación agrícola, la recopilación de estadísticas o el planeamiento y realización de infraestructuras[7]. Se ha puesto de relieve asimismo la gran heterogeneidad en las explotaciones, entre las cuales se destacaban las agrícolas de tamaño medio y las mixtas, caracterizadas todas por

---

[7] Entre otros Cortés Conde, R. (1979); Pucciarelli, A. (1986); Gallo, E. (1983); Di Filippo, J. (1984); Bonaudo, M., E. Sonzogni y otros (2001); Hora, R. (2002); Lluch, A. (2004); Míguez, E. (2008).

un espectro muy amplio de formas de acceso a la tierra[8]. En tanto, el verdadero avance hacia un agro moderno que significó la combinación de agricultura y ganadería ha vuelto a ser revalorizado, desde una perspectiva ya muy presente en los propios testimonios de la época[9].

Así, hoy en día sólo algunos pocos trabajos continúan insistiendo en la "precariedad" que supuestamente habrían sufrido los chacareros arrendatarios pampeanos; sin embargo, más allá de que aun en los casos estudiados y presentados los términos en que se basaría esa precariedad resultan discutibles, lo fundamental es que ese análisis no tiene en cuenta que, en todo caso, ésta constituía en realidad una condición adjunta a la opción por obtener ganancias capitalistas, caracterizadas lógicamente por una activa toma de riesgos y por cierta incertidumbre. La misma magnitud y rapidez de la expansión muestran así que el negocio constituyó una apuesta rentable por lo menos en el mediano plazo, lo cual justificaba ampliamente la toma de riesgos[10]. Los avances logrados hasta hoy reafirman así con solidez el carácter dinámico e innovador del agro pampeano y ponen de relieve su heterogeneidad estructural y su semejanza con procesos similares en otras economías de gran desarrollo agrario de su época, así como su fuerte

---

[8] Cortés Conde, R. (1979); Gallo, E. (1983); Míguez, E. (1985); Sabato, H. (1989); Sesto, C. (2005); balances en Míguez, E. (1986), (2006) y (2008), Barsky, O. y Gelman, J. (2001); Reguera, A. y Zeberio, B. (2006). Críticas a la "visión tradicional" del agro durante los siglos XIX y XX en Barsky, O. y Pucciarelli, A. (eds.) (1997); Barsky, O. y Djenderedjian, J. (2003).

[9] Sabato, H. (1987); Sesto, C. (2005); ejemplo de la visión contemporánea en Losson, E. (1887).

[10] Un ilustrativo análisis de época al respecto en Kaerger, K. (2004). Insistencia en la "precariedad" de los chacareros ya desde 1880 en Palacio, J.M. (2002) y (2004), quien asimila la misma a un proceso de "consolidación de la hacienda" latinoamericana cuyas consecuencias extrapola a su vez al agro pampeano.

disparidad con respecto a los tradicionales ámbitos rurales latinoamericanos[11].

Ahora bien, esos avances no implican que contemos con un conocimiento integral de los diversos aspectos de esas transformaciones. Más aún, el mismo terreno conquistado ha puesto en evidencia extensiones sin explorar, probablemente tan amplias como lo que ya nos es bien conocido. El desequilibrio existente en el tratamiento de los temas incluye de por sí una desazonante falta de estudios profundos para varios aspectos cruciales: sólo por mencionar algunos, sabemos todavía muy poco acerca del recorrido, características, magnitud y peso en la oferta total de las grandes empresas cerealeras finiseculares, como la del inmigrante José Guazzone, desembarcado en Buenos Aires en 1876, sin más capital que sus veinte años de edad, su capacidad de trabajo y su inteligencia y que, menos de dos décadas después, cosechaba 390.000 quintales en las tierras de Trenque Lauquen (que había sido el primero en cultivar), y logró un éxito que deshizo todos los agoreros pronósticos que se le habían opuesto[12]. Tampoco conocemos como desearíamos las formas en que se organizaron la comercialización y financiamiento de la producción, en momentos en que ésta crecía a tasas espectaculares, y en una economía tradicionalmente escasa de capitales y con crónicos problemas de almacenamiento[13]. Y, por fin, es aún muy poco lo que sabemos acerca de los pormenores del proceso de creación de una tecnología agrícola nueva, ligada al aprovechamiento extensivo de tierras de secano, que hubo de desarrollarse a medida que la superficie cultivada invadía las tierras del oeste y sur de la región, y que de nin-

---

[11] Interesantes comparaciones con la evolución del agro en otras naciones de desarrollo similar en Gallo, E. (1979b); Míguez, E. (2006); Gerchunoff, P. y Llach, L. (2006).
[12] *La Agricultura*, Buenos Aires, t. I, nro. 16, 20 de abril de 1893.
[13] Una excepción en Lluch, A. (2004).

guna manera puede explicarse considerando únicamente la mera incorporación de maquinaria importada.

Más aún, no contamos todavía con respuestas persuasivas en torno a ciertos problemas básicos derivados de esos avances recientes. Uno de los que creemos más importantes ronda la transformación de los actores involucrados en la actividad a lo largo del siglo. Contamos con multitud de exhaustivos estudios que para inicios de ese siglo nos muestran un panorama dominado por labradores ligados todavía a una economía de base campesina, en esencia unidades familiares de escasa capitalización y volcadas a actividades diversas, cuyas incursiones en la agricultura, aun cuando eran esporádicas y de dimensión relativamente limitada (con superficies cultivadas que rara vez superaban las 10 hectáreas), les permitían formar parte muy consistente de la oferta total de cereales en los grandes mercados urbanos. Estas unidades familiares, atípicas en sus características por su fuerte ligazón con los mercados (tanto en lo que respecta a sus productos como en lo relativo a sus consumos), competían así ventajosamente con grandes chacras cerealeras constreñidas por el mayor costo de oportunidad de la fuerza de trabajo de que debían servirse, y que comprendía trabajadores a salario en un contexto en que éstos eran relativamente altos.

Un siglo más tarde las cosas habían cambiado radicalmente. La mayor parte de la oferta cerealera provenía entonces de unidades de tipo empresarial, cuyas dimensiones iban aproximadamente desde 100 a 500 hectáreas, en donde la inversión en maquinaria (propia o arrendada) no impedía una eventual contratación de mano de obra, necesariamente permanente en las unidades de mayor dimensión. Si bien esta nueva agricultura se había expandido sobre todo al calor de los avances sobre las fronteras, y por tanto tenía sus representantes más conspicuos en áreas donde había modelado a nuevo por completo las formas sociales y económicas, de cualquier manera quien los buscara podría encontrar ejemplos abundantes de ésta aun en las zonas más antiguas. La diferencia mayor estribaba en las áreas más cercanas a pueblos y ciudades, donde por necesidad la valorización de la tierra y su consiguiente fragmentación fomentaban la difusión de explotaciones pequeñas dedicadas a un abanico diverso de rubros, pero cuya capitalización en todo caso era también un factor considerable.

Esa transformación no había necesariamente comenzado junto con fenómenos como la inmigración o la colonización. Por el contrario, el antiguo esquema de la agricultura familiar caracterizó también a las primeras colonias agrícolas fundadas a mediados de la década de 1850. Y, aun antes de este año, otros rasgos del surgimiento de una agricultura empresarial aparecían aquí y allá bajo la forma de emprendimientos de cultivo comercial a escala mucho mayor que lo usual en el contexto de entonces, con incorporación de innovaciones y con experimentación en torno a nuevos problemas. La incógnita se encontraba entonces en explicar ese cambio más allá de los factores que tradicionalmente se asociaban a él, dado que éstos no podían hacerlo *per se*. En ese sentido, el recorrido realizado habilita a plantear una nueva periodización, que tenga en cuenta todo ello, además de otros fenómenos que no necesariamente habían sido advertidos hasta ahora.

Las etapas

Como hemos mostrado en el tomo iv de esta misma colección, el desplazamiento del cultivo del trigo hacia áreas de frontera fue constante durante la primera mitad del siglo xix, y surgieron en su decurso nuevos núcleos agrícolas. En éstos la producción cerealera no sólo buscaba satisfacer el creciente consumo local, sino que en ciertos casos estaba destinada específicamente al mercado de la ciudad de Buenos Aires. En Chivilcoy, quizá el caso más interesante al respecto, aparecen ya desde la década de 1820 algunos grandes productores trigueros; en el decurso de los años, varios de ellos fueron mostrando cómo, mediante la integración entre actividades comerciales, de acopio y de transporte, lograban colocar en forma conveniente una ingente producción triguera en el ávido mercado porteño, ayudados por coyunturas de precios altos que les permitían hacer frente a la competencia de las harinas importadas y a la de las afianzadas chacras del norte bonaerense[14]. Estas últimas también experimentaron fuertes cambios durante la primera mitad del siglo; uno de los más llamativos es una presencia cada vez más acusada de agricultores europeos, en especial provenientes de la península itálica[15]. Éstos fueron introduciendo nuevos métodos, variedades y productos, bien demandados en un mercado urbano de creciente dinamismo. Pero, de cualquier modo, no fue en esas chacras cada vez más fragmentadas donde habrían de plantearse las bases de una nueva agricultura. Si bien su situación periurbana les brindaba interesantes oportunidades para encarar una producción diversificada, ésta misma constituía un freno para la experimentación y adopción de métodos ligados a la especialización cerealera extensiva.

De ese modo, es en aquellos núcleos de agricultura más alejados de la urbe donde comenzaron a registrarse innovaciones de cierta importancia ya en la década de 1840, a fin de hacer frente a los desafíos presentados por las características de un cultivo de fronteras, distinto del realizado en las húmedas y protegidas áreas de las costas

---

[14] Sobre el tema resultan muy interesantes los resultados de las investigaciones de Andreucci, B. (1999), pero en especial (2008).

[15] Múltiples testimonios al respecto; entre otros, [Mulhall, M.G. y E.T.] ([1862]), p. 110; Johnson, H.C. R. (1868), p. 31; un análisis en Djenderedjian, J. (2008b).

fluviales. Esas innovaciones, de las cuales las más llamativas giraban en torno a la introducción de variedades de trigo resistentes a los fuertes vientos, a la menor disponibilidad de agua propios de aquellas fronteras y al perfeccionamiento de algunos métodos e instrumentos de labranza (a fin de lograr mayores profundidades de aradura), fueron dando forma a una agricultura cada vez más diferente de la tradicional, llevada a cabo por actores que también comenzaban a serlo, y que quizá en ciertos aspectos se parecían a quienes estaban por entonces incursionando en nuevos procesos productivos ligados a la ganadería ovina.

De todos modos, y aun cuando los cambios en la actividad fueron adquiriendo un carácter cada vez más consistente, la producción triguera pampeana no logró cubrir el aumento poblacional durante buena parte del siglo XIX. En Buenos Aires, si bien gracias a los avances sobre las fronteras las nuevas tierras así incorporadas a la producción ofrecían la posibilidad de continuar operando con costos menores que en las áreas cercanas a la urbe, surgieron problemas cuya resolución exigió creatividad y recursos. Primero, el alejamiento de las áreas bien regadas y el ingreso en zonas más secas implicaron que desde las malezas hasta las plagas impactaron en el cultivo en forma diferente, y que el trabajo de labranza debió orientarse no sólo a remover la tierra y a enterrar las raíces, sino también a captar y preservar en mayor medida la humedad, un bien crecientemente escaso. El aprendizaje de estas nuevas técnicas no debió de ser un proceso sencillo, y alguien hubo de pagar sus costos, sin duda compensados al menos en parte por la mayor productividad inicial de las tierras nuevas. El segundo gran cambio fue el alargamiento de las rutas de transporte, toda vez que, si bien el desarrollo de los núcleos habitados en esas áreas fronterizas proveía mercados locales incipientes, el destino mayor de toda la producción excedente continuaba siendo la ciudad de

Buenos Aires. Pero, por otra parte, ese mercado principal no era tampoco ya el de tiempos coloniales: la apertura comercial y el desarrollo de la agricultura extensiva norteamericana, así como el descenso en los costos de transporte, trajeron hasta aquél una porción cada vez más sustantiva de trigos y harinas importados, presentes allí todavía hacia mediados de la década de 1870. La convivencia con éstos, y el consiguiente límite a los precios, se combinaron con otros factores bastante más sustantivos para explicar el comparativamente lento desarrollo de la agricultura rioplatense durante la primera mitad del siglo XIX, que contrasta con el ágil impulso que tuvo la ganadería. La recurrente presencia de la guerra; los momentos de alta inflación; los reclutamientos y las levas; la inseguridad consiguiente de bienes y personas; el alto interés del dinero; la competencia de una mucho más rentable ganadería vacuna y luego ovina; el lento ocaso de la esclavitud, que proveía mano de obra de menor costo, formaron parte de un conjunto ineludible de elementos cuyo peso como freno a la expansión agrícola y como impulsor del desplazamiento de los cereales hacia áreas más marginales fue sin dudas sustancial.

En esa evolución, los consistentes avances en la puesta en marcha de una nueva agricultura cerealera, logrados en algunos centros de experimentación informal, no podían sino ofrecer por sí solos bases insuficientes para lograr una transformación de la magnitud de la que sobrevendría a lo largo de la segunda mitad del siglo XIX. Fuera de Buenos Aires, la situación era aún más desalentadora: la ausencia de núcleos poblacionales de magnitud implicaba que no existieran tampoco condiciones de rentabilidad suficientes para el desarrollo de cultivos cerealeros de importancia. El panorama era todavía el de una ganadería extensiva y primitiva, donde aislados grupos de labradores cultivaban cortas extensiones cuyo producto sólo podía volcarse a mercados locales de magnitud y crecimiento limitados. La competencia de la ganadería ovina y problemas ligados al agotamiento de suelos fueron mostrando, hacia inicios de la década de 1860, que incluso en Chivilcoy los avances de esa nueva agricultura no estaban del todo asegurados[16].

Pero de todos modos lo interesante es constatar que fue durante la época entre 1840 y 1865 en que comenzaron a tenderse las secretas bases del acelerado crecimiento posterior, pautado sin dudas por la remoción de algunos de los obstáculos del período precedente, pero más aún por la introducción de nuevos factores que habrían de modificar la ecuación económica en la que hubo de desenvolverse el cultivo de cereales desde mediados del siglo XIX. El principal de esos factores fue la fundación de colonias agrícolas, es decir, la intervención consciente sobre el espacio, a fin de modificar sus condiciones de equilibrio. En un contexto económico pautado por la pujanza de la ganadería, sólo la introducción de elementos de ruptura cualitativa, en especial en las áreas más retrasadas, hubiera podido proveer bases concretas para que la agricultura cerealera pudiera abandonar el círculo vicioso de los mercados locales que hasta entonces habían sido el destino principal de sus productos.

Sin embargo, ese papel no estuvo en un principio entre las posibilidades de los primeros proyectos que lograron prosperar en Santa Fe y en Entre Ríos. Comenzadas a una escala a menudo demasiado pequeña, pautadas por imperativos de defensa estratégica antes que por los de orden económico, situadas en tierras sobre cuya aptitud agrícola no se sabía aún nada, la implantación de las primeras colonias no tuvo necesariamente por primer objetivo asegurar para éstas el papel de generadoras de una nueva producción

---

[16] Cfr. *Anales SRA*, tomo 10, año 1875, pp. 413 y ss.

agrícola. Una muestra adicional de ello está en que, en esos tiempos iniciales, el nivel técnico de la agricultura practicada en esas colonias era similar al que ya estaba disponible en otras áreas agrícolas criollas, en especial las situadas cerca de las ciudades. Por eso las únicas ventajas comparativas con las que contaban las colonias con respecto a la producción de las áreas trigueras tradicionales era acaso una mayor disponibilidad de mano de obra, no afectada en aquéllas por la inestabilidad política y por las levas que recaían sobre la población criolla; y un acceso a créditos más blandos, provistos por los empresarios de la colonización en la forma de subsidios a su instalación, o por el capital ahorrado por los propios colonos inmigrantes. Si bien se trataba de ventajas interesantes, no compensaban los costos derivados de la estrechez de los mercados locales en los que debían competir con las más afianzadas y mejor situadas explotaciones agrícolas criollas. Por lo demás, no está claro aún hasta qué punto esas ventajas relativas tuvieron un peso mayor que muchos otros factores contrarios: la falta de infraestructura, la necesidad de experimentar procesos adaptativos a las condiciones de suelo y clima, o la aún desconocida capacidad germinativa de esas tierras.

Pero, de cualquier modo, esos emprendimientos de colonización se fueron transformado al calor de la vital necesidad de generar excedentes para sostenerse, y en esa evolución fueron encontrando, aunque con mucha dificultad, el camino para modificar las bases productivas de la agricultura cerealera. En todo caso, pronto quedó en evidencia la magnitud de los problemas que debían enfrentar. No sólo en la lucha contra un medio hostil, o en la adaptación a éste por parte de un cúmulo más o menos significativo de inmigrantes, que por otra parte debían necesariamente crear de la nada, en su tierra de adopción, algunas de las formas operativas y sobre todo de relación social que habían constituido su abandonado contexto.

Más presentes se hicieron esos problemas en el desarrollo de los métodos y técnicas imprescindibles para lograr que emprendimientos tales pudieran cabalmente funcionar: instalados de improviso en el medio de las pampas, a distancias a veces considerables de sus mercados, sobre suelos y en medios bióticos cuyas características desconocían, ignorantes de los procedimientos más adecuados para sacarle a la tierra los frutos con los que debían pagarla, es probable que tan sólo la presencia de un apoyo financiero prolongado haya podido posibilitar a esos colonos iniciales la mera supervivencia y, luego de ésta, su afianzamiento.

Por lo demás, el planeamiento mismo de las primeras colonias reñía con las condiciones que ofrecía la región: pensadas en los inicios como núcleos donde la abundancia del factor trabajo, provisto por la economía familiar, fuera el gran instrumento de generación de valor, éste debía también diseminarse en una variada gama de rubros productivos, a fin de evitar que la sobreproducción de alguno de éstos saturara los míseros mercados locales a los que debían dirigirse. El cultivo en gran escala, centrado en uno o dos rubros orientados a los mercados más grandes, era todavía, a inicios de la década de 1860, algo en lo que ni siquiera se pensaba, no sólo por las ingenuidades de los planificadores en esos vacilantes proyectos, sino sobre todo porque se ignoraban por completo los elementos técnicos fundamentales de aquél. Se volvía de ese modo al punto anterior: la nueva agricultura de las colonias debía no solamente amalgamar los adelantos que le permitieran usufructuar con plenitud las ventajas de productividad con que contaban en el seno de la rústica economía rural pampeana de esos años, sino sobre todo inventar los necesarios para una nueva forma de producir: se trataba de sentar las bases de una moderna agricultura extensiva y especializada.

La revelación llegó con la súbita aparición de un importante foco de demanda de alimentos a poca distancia de esas colonias primigenias. La movilización de vastos contingentes de hombres para la Guerra del Paraguay mostró a los colonos de Esperanza, San Carlos y San Gerónimo en Santa Fe, y de San José en Entre Ríos, las ventajas de una agricultura especializada dirigida a grandes mercados de consumo. Esa demanda puntual, mantenida durante los largos años que duró la contienda, reorientó la producción colonial hacia unos pocos rubros de buena venta en mercados de demanda ampliada, y volvió obsoleto el esquema que hasta entonces había privilegiado pautas diversificadas e intensivas destinadas a suplir la demanda de mercados locales, de dimensión escasa y donde, por tanto, la especialización en torno a un abanico limitado de rubros hubiera significado una inmediata saturación y un consiguiente descenso de precios. La experiencia acumulada a partir de esa coyuntura fue también aprovechada en el asedio a los diversos mercados de la carrera fluvial, en los cuales ahora sí los trigos y harinas de las colonias podían competir ventajosamente con sus similares importados y aun con los productos de la agricultura criolla, labrando con ésta una brecha de productividad cada vez más consistente.

El ingreso en una agricultura extensiva y especializada volcada a mercados de mayor magnitud comenzaba así a convertirse en una opción, aun cuando todavía faltaran largos años hasta enhebrar todos los hilos necesarios para su pleno funcionamiento. Lo llamativo es que, del mismo seno de emprendimientos dominados todavía por las pautas de una agricultura familiar e intensiva, comenzaron a desgranarse actores que buscaban afanosamente una nueva ecuación de costos, adaptada ahora a una demanda que excedía el estrecho marco local o regional. Las colonias se encontraban así por primera vez en mejores condiciones competitivas que la tradicional agricultura criolla: ésta, ligada estrechamente a esos mercados locales, tanto por su cercanía inmediata a los núcleos de población que los constituían como por su plena inserción en las pautas de consumo que los caracterizaban, comenzó a quedar relegada ante las nuevas oportunidades que traía aparejada la producción cerealera especializada. Por lo demás, las colonias podían contar con una ventaja adicional: al operar en tierras más bien alejadas de los grandes centros urbanos, podían conformar explotaciones de mayor dimensión que las usuales chacras periurbanas, y donde por consiguiente la amortización del costoso capital y mano de obra fueran más fáciles. De esa forma la agricultura pampeana inició una transformación que, poco más de tres décadas después, la encontraría con un rostro totalmente renovado, y donde la aceleración de los cambios estaría determinada por una particular combinación de condiciones. La plena irrupción en el gran mercado triguero y harinero que seguía siendo la ciudad de Buenos Aires, por lejos el más importante y el más difícil, fue lográndose así a lo largo de lo que restaba de la década de 1860, y conquistó de a poco porciones mayores hasta desalojar por completo de éste las harinas importadas hacia finales de la siguiente. Para ello fue menester no sólo lograr economías de escala crecientes, sino también mejorar paulatinamente la calidad del producto, a fin de reducir las diferencias con respecto al importado, y se conformó así la base para la expansión ulterior hacia el mercado mundial.

 Los aumentos en la escala operativa que demandaba la construcción de esa nueva agricultura implicaron una intensa búsqueda de acceso a menor costo a los factores. El proceso de instalación de colonias, que se afianzó en Santa Fe durante la década de 1870, incluyó de ese modo avances exploratorios cada vez más decididos sobre áreas de frontera, cuya incorporación contribuyó a mantener bajos los precios relativos de la tierra. Pero esos avances implicaban a su vez desarrollar nuevos procesos de trabajo, así como los diversos elementos de una nueva tecnología agrícola necesaria para la puesta en producción de tierras de régimen hídrico cada vez más pobre, como lo eran las que se abrían hacia el oeste y sur santafesinos. El dinamismo del proceso fue otorgándole solidez; los métodos más aptos pronto se difundían, ayudados por una creciente cantidad y variedad de intermediarios: periódicos, revistas, exposiciones nacionales e internacionales, publicistas y expertos discutían la pertinencia o utilidad, las ventajas y desventajas, de los diversos adelantos propuestos. Por otra parte, no sólo la reflexión, sino también el ensayo práctico, se llevaban a cabo en explotaciones agrarias de las distintas provincias, enfrascadas asimismo en avances sobre sus fronteras. En ese proceso, la búsqueda de tierras baratas habría de constituirse en obsesión, en tanto era la disponibilidad de éstas la que garantizaba las ganancias y los medios de acumular, porque posibilitaba el planteamiento de los emprendimientos a una escala cada vez mayor.

Esa diferenciación fue la que comenzó a separar cada vez más las trayectorias de Santa Fe y de Entre Ríos, a pesar de que ambas habían iniciado al mismo tiempo los experimentos de colonización. En esta última provincia, una rápida valorización de la tierra, ligada a la inexistencia de una frontera indígena, el aumento poblacional, la expansión de la ganadería y la construcción de un sistema moderno de derechos de propiedad a través del ordenamiento jurídico de las tenencias, habría de imponer límites muy concretos al proceso colonizador. La segunda mitad de la década de 1860 vio así en aquélla un llamativo estancamiento en la fundación de colonias, mientras que el boom paraguayo incentivaba la expansión de éstas en Santa Fe; más aún, en Entre Ríos la sorda tensión existente estalló a inicios de la década de 1870 con una terrible guerra civil. Así, relegada a los departamentos más pobres y a las tierras marginales, recién fue en la dorada década de 1880 cuando las transformaciones agrícolas más sustanciales tuvieron allí ocasión de realizarse. Ese retraso relativo tuvo sus costos: superada por Santa Fe, y jaqueada por los avances de Córdoba, Entre Ríos no logró recuperar el segundo lugar que había sabido ostentar entre las economías provinciales rioplatenses hasta inicios de la década de 1860[17].

La década de 1880 fue de cualquier modo el indudable solsticio del fenómeno: por todas partes la expansión agrícola fue vertiginosa; la superficie cultivada se multiplicó, y la fundación de pueblos y colonias adquirió caracteres de una fiebre. Se habían concretado por fin las repetidas esperanzas de los publicistas que, al menos desde el inicio del siglo, habían vaticinado la riqueza para una tierra que parecía contener todos los elementos necesarios para lograrla. Proletarios de diversos países europeos acudían ansiosos por participar de ésta, y las compañías y empresarios colonizadores levantaban fortunas en pocos años, organizando y diseminando nuevos núcleos de producción agrícola. Los obstáculos principales para ese desarrollo habían sido por fin exorcizados: no sólo la conflictividad política o las invasiones de los indígenas pasaban a ser un recuerdo, sino que ahora se poseían plenamente los principios básicos del cultivo extensivo en secano, lentamente desarrollados en las décadas previas, y que todavía habrían de transformarse a medida que los avances continuaran. Se habían resuelto, además, los problemas más complejos de la creación y administración de colonias: éstas constituían ya estructuras organizadas, cuya eficiencia se medía por el éxito de sus colonos, ya que éste era a su vez la condición necesaria para que ellos devolvieran las sumas adelantadas y cancelaran las cuotas de sus tierras.

---

[17] Ver al respecto Djenderedjian, J. (2008e).

Pero esa época de bonanza no siempre habría de durar, no sólo por la crisis financiera que sobrevendría al final de la década, o por el alza especulativa de los precios de la tierra que habría de provocarla. Otro elemento fundamental a tener en cuenta es que una de las condiciones de esa nueva economía agrícola radicaba en la constante apertura de nuevas tierras a la producción, factor importante para su rápido aumento. Hacía tiempo que los mercados locales habían sido superados como lugar de colocación de la producción; la ciudad de Buenos Aires, el principal destino hasta entonces, se convirtió rápidamente en un mero *entrepôt* entre el trigo de las colonias y la demanda mundial, puesto que incluso debía compartir con Rosario, cuyo crecimiento vertiginoso era una de sus consecuencias. Ahora bien, eso significaba un choque frontal con una demanda mucho más selectiva que la de las urbes rioplatenses, con productos de mejor calidad elaborados en economías agrícolas más complejas y avanzadas, con costos de transporte más altos que los de éstas, y en momentos en que la concurrencia de diversos productores mundiales hacía caer los precios del grano en los principales mercados consumidores.

Los pasos a seguir para superar esas dificultades fueron muy complejos. En primer lugar, el producto final debía ofrecer mínimos estándares de calidad, que se fueron alcanzando mediante la constante experimentación con nuevas variedades, ensayando el cultivo de tipos puros importados, extendiendo el reemplazo de la trilla con yeguas a la trilla mecánica (de mayor costo, pero que garantizaba un producto mejor), y con la imposición de criterios de selectividad en los mercados concentradores. Ese proceso estaba todavía en construcción hacia 1895, año en que hemos decidido cerrar el período analizado en este volumen; sin embargo, otros paralelos habían ya ido afianzándose mejor, entre otras cosas porque no implicaban una ardua investigación de nuevos métodos en el proceso productivo, siempre mediados por el tiempo necesario para efectuar los ensayos y para aprender de los errores; por el contrario, se trataba simplemente de aprovechar al máximo las ventajas competitivas que brindaba la extensividad, mediante los procedimientos que estuvieran más a mano, o que pudieran aplicarse más rápido.

Así se explican en buena parte varios de los fenómenos de la época, comunes además a otras economías de agricultura extensiva y especializada: por ejemplo, el aumento en la proporción de arrendatarios agrícolas, a fin de aprovechar coyunturas de mercado favorables, ampliando elásticamente la escala productiva mediante el arriendo, y evitando al mismo tiempo la compra de tierras, a fin de no distraer del proceso productivo los ingentes capitales que éste necesitaba. O la difusión de técnicas productivas predatorias del suelo, que los norteamericanos denominaron *wildcat*, por las que se reducían los costos operativos y se intentaba aprovechar mejor la demanda internacional cultivando varios años seguidos el mismo cereal sobre la misma tierra, y sin perder tiempo ni dinero en formas más conservacionistas de explotación[18]. Por lo demás, para la creciente masa de nuevos actores que se incorporaban a la actividad agrícola, el arrendamiento constituía una forma muy conveniente de ensayar las primeras armas como productor independiente, así como para encarar cambios de escala de manera más rápida de lo que hubiera sido posible a través del tradicional sistema de venta de parcelas en las colonias; se reducían o se suprimían los tiempos de hipoteca, y se accedía a tierras de mayor productividad, cuya compra hubiera significado gastos muy importantes. Por otro lado, sobre todo en las nuevas tierras

---

[18] Alusiones al tema en Gallo, E. (1983), p. 120; Gallo, E. (1979), pp. 100-102; Fogarty, J; Gallo, E. y Dieguez, H. (1979), *passim*.

de frontera, pero no exclusivamente en éstas, la superficie promedio de las tenencias crecía a la par que la tendencia hacia la especialización se hacía cada vez más evidente. En esas condiciones, no es de extrañar que la producción agrícola moderna se derramara con celeridad por fuera de las colonias, aun cuando allí también ganó fuerza la cesión de la tierra en arrendamiento.

De esta forma, puede decirse que, hacia el último lustro del siglo XIX, el clásico proceso de colonización iniciado media centuria atrás en buena parte había concluido: las nuevas pautas del desarrollo agrícola incluían ahora una variada gama de recursos, de las cuales la fundación de colonias (con el fin de entregar a plazos la tierra en propiedad) era sin dudas una más. Más importante aún: el derrame de la actividad hacia fuera de las colonias se había convertido ahora en un hecho irreversible: si bien la colonización continuó teniendo una parte significativa en el proceso de expansión que sobrevino, sobre todo en las tierras nuevas del sur cordobés o en el territorio nacional de La Pampa, el rubro agrícola había adquirido entonces una dinámica propia, que hace que resulte imposible circunscribirlo al ámbito de la colonización tradicional. No se trata sólo de que, en varias de las colonias que se fundaron entonces, la venta de la tierra haya sido reemplazada por el arrendamiento: en realidad, más allá de los rótulos, lo realmente notable es la incorporación creciente de la agricultura en establecimientos mixtos, y más aún su desarrollo autónomo en grandes unidades de explotación.

Habrá cambiado asimismo el carácter de esa agricultura: la integración plena en la economía mundial tuvo efectos muy concretos en la expansión de formas nuevas y variadas de manejo de los recursos y de planeamiento de la empresa agrícola. Por otra parte, la difusión de procesos productivos modernos había adquirido ya una dimensión suficientemente sólida, y había culminado el largo aprendizaje de las técnicas adecuadas a una agricultura extensiva de secano propia de regiones de frontera abierta, y adaptadas a las particulares condiciones pampeanas. De esta forma, las técnicas tradicionales habían sido en buena medida desplazadas por las nuevas; y, aun cuando los ritmos y la profundidad de los cambios fueran muy diferentes según cada región, y según el tamaño de la unidad productiva que los empleara, para inicios del siglo xx la mayor parte de la producción de cereales estaba en manos de unidades productivas de tipo empresarial. Ello es más allá de la pervivencia por su costo o versatilidad de ciertos métodos tradicionales, o de la recurrencia a la tercerización de servicios, que presenta un engañoso panorama de aparentemente escasa capitalización individual. Esa evolución no ha sido, a nuestro juicio, retratada con suficiente detalle; y, por lo demás, la abundancia de excelentes trabajos dedicados a una región, una provincia o un momento histórico en particular en alguna de éstas, ha sesgado la visión de conjunto del proceso, que intentaremos retomar aquí.

Los resultados

Como ocurre con frecuencia en otros temas, también en torno al proceso de colonización agrícola han sido muy fuertes los prejuicios, las generalizaciones con poca base empírica y las aproximaciones faltas de perspectiva y de profundidad histórica. Esto último resulta especialmente evidente en ciertos aspectos cruciales: el primero, el supuesto papel del "Estado" en el planteamiento e incluso en la promoción inicial de la colonización agrícola. Se olvida en ello que, a mediados del siglo xix, las sumarias y endeudadas administraciones provinciales apenas podían hacer frente a los gastos corrientes que les demandaba el esfuerzo de la guerra, o la escasa dimensión misma de la esfera pública; que el Estado nacional unificado aún no existía y que la diaria preocupación por la supervivencia era un imperativo de mucho mayor peso que la realización de cualquier utopía.

Y es justamente esa preocupación la que parece haber estado, en buena medida, detrás de los primeros proyectos de colonización que lograron prosperar. Se trataba sobre todo de asegurar las fronteras, de inducir a un poblamiento mayor del territorio que permitiera ir creando bases de reclutamiento más firmes; de crear núcleos de defensa estratégica cuyo abasto estuviera asegurado por la presencia de agricultores no obligados a prestar servicio de armas; de disminuir, en alguna medida, la creciente dependencia de importaciones de cereales que el lento desarrollo agrícola había provocado y que había obligado a los habitantes a abandonar sus labranzas para concurrir al servicio de las armas. Todos estos elementos estaban presentes, y coincidieron con las aspiraciones de algunos empresarios que fueron capaces de ver, en el dinámico contexto económico de las décadas de 1840 y 1850, lo que podía esperarse de la puesta en valor de las tierras baldías que constituían lo único que esas administraciones provinciales podían ofrecer. Desde el inicio, entonces, el papel de la acción privada fue sobre todo determinante.

Es bastante evidente además que los promotores iniciales de la colonización santafesina o entrerriana tuvieron muy en cuenta la mucho más antigua y afianzada colonización agrícola con extranjeros efectuada en el sur del Brasil, o la no menos consistente llevada a cabo en el sur chileno desde mediados de los años cuarenta. Juan María Gutiérrez describía extasiado en 1845 el ameno paisaje y el placentero sabor de los frutos del trabajo en paz de que gozaba la colonia riograndense de São Leopoldo; su correspondencia al respecto con Aarón Castellanos debió ser copiosa, a juzgar por el grato recuerdo que este último guardaba de su accionar en la fundación de Esperanza[19]. Estos enunciados se amplían en sus consecuencias cuando se intenta un mínimo esfuerzo comparativo entre ambos procesos, en lo cual sin duda la parte argentina habrá de ganar mucho. La historiografía sobre colonias agrícolas en el sur del Brasil es bastante más sólida que la disponible para nuestro país; quizá no tanto por la cantidad de publicaciones, sino sobre todo por haber abordado en profundidad ciertos temas cruciales. Dos de las obras más clásicas sobre las colonias alemanas del sur brasileño dedicaron amplio espacio a la descripción y estudio de las técnicas agrícolas empleadas en aquéllas; la falta de algo comparable para la parte argentina resulta tanto más inexplicable porque sin esto no puede de ningún modo entenderse el proceso de expansión que sobrevendrá a partir de la especialización orientada al mercado externo, ni sus diferencias con el período inicial, marcado todavía por pautas tradicionales de explotación[20]. Más aún, la propia supervivencia y desarrollo de las colonias resulta un fenómeno sin bases de sustentación si ignoramos los cambios operados en la tecnología agrícola pampeana justamente en torno a ellas.

La pretendida copia comenzó sin embargo en algún momento a diferenciarse del modelo. La divergencia puede resumirse en que las colonias pampeanas lograron, luego de un complejo y difícil esfuerzo de años, un cambio de escala y una transformación significativa que les permitieron alcanzar el mercado mundial con una producción agrícola especializada y extensiva. En tanto, las brasileñas continuaron, incluso por condicionantes ambientales, orientadas sobre todo a una producción diversificada de granja que tenía salida únicamente en mercados locales o regionales.

---

[19] Gutiérrez, J.M. (1846); Castellanos, A. (1877)
[20] Ver por ejemplo Roche, J. (1959) y Seyferth, G. (1974).

Eso a su vez derivó en la permanencia de un patrón tecnológico de escasa eficiencia relativa: los accidentes del terreno dificultaban el uso de maquinaria moderna, y ello impedía ampliar las superficies en cultivo y amortizar más adecuadamente las inversiones. La creciente escasez de tierra útil agravó con el tiempo las dificultades inherentes a una productividad ya en un inicio bastante menor que la de buena parte de las colonias santafesinas: mientras que en la última década del siglo XIX los lotes en las nuevas colonias de Rio Grande do Sul se reducían a 25 hectáreas, en Santa Fe o Córdoba las superficies de las concesiones se ampliaban progresivamente, y se adoptaban formas de distribución que permitían que los nuevos colonos pudieran tomar otros lotes contiguos al suyo, los cuales quedaban reservados por un tiempo si no poseía de momento los medios de adquirirlos. De este modo se afianzaba también el arrendamiento como forma más versátil de acceso a la tierra. En el caso brasileño, es bastante evidente el papel que en esa evolución tuvo una topografía particularmente compleja, trabajada por diferencias de nivel, áreas cubiertas de selva y cursos de agua abundantes[21].

Así, mientras la alocada formación de colonias (que a partir de cierto momento caracteriza al proceso argentino) no tuvo su correlato en el Brasil, allí particulares condicionamientos productivos y ambientales mantuvieron en el largo plazo una diversificación que, al vincularlas sobre todo a mercados locales, las privó de los beneficios derivados de una participación plena en el mercado mundial. Pero, cuando, a inicios del siglo XX las posibilidades de colocación de la producción excedente en ese mercado mundial comenzaron a mermar, las colonias argentinas iniciaron un lento proceso de adaptación a un mercado interno mucho menos amplio

---

[21] Sobre la evolución de las colonias riograndenses, ver Pellanda, E. (1925); cfr. Kaerger, K. (2004).

que el externo, y se enfrentaron a un ocaso que, en ciertos lugares, se tradujo en abandono de los pueblos construidos febrilmente en las épocas de bonanza. En cambio, el paso a una pauta productiva más intensiva e incluso el desarrollo industrial fueron en el sur del Brasil bastante menos traumáticos, en la medida en que el crecientemente poderoso mercado interno de esa nación ofreció salidas promisorias a sus excedentes. Hasta cierto punto, este recorrido se repite en otras áreas de colonización, cuyo desarrollo giró más en torno a mercados regionales que a mundiales[22].

¿Hubieran podido las colonias pampeanas tomar un camino diferente? Nada nos puede asegurar que sí. Por el contrario, la dotación de recursos existente en la incipiente Argentina de entonces, comparativamente abundante en tierras y escasa en población, sólo podía asegurarse avances mediante la conquista de una parte de la demanda externa de cereales. No había mercados locales de suficiente dimensión como para constituirse en únicos o fundamentales receptores de la producción colonial. Crearlos tampoco fue posible, dado que la expansión de la producción superó con inaudita rapidez los índices de crecimiento poblacional, aun cuando éstos eran de por sí ya muy altos aun en las décadas iniciales del proceso. Esa expansión horizontal, basada en la exacerbación de las ventajas comparativas provistas por abundantes tierras baratas, adquirió de ese modo caracteres especulativos que no pasaron por alto a los contemporáneos, aun cuando éstos sólo fueron en realidad una parte del fenómeno. Esto no se debió a que los sombríos vaticinios que esos pensadores prodigaban sólo muy tarde y muy parcialmente habrían de cumplirse: también, y sobre todo, a que queda así de manera aún más

---

[22] Un ejemplo en la apertura agrícola del valle del Saguenay, en el Canadá francés entre mediados del siglo XIX y mediados del XX. Bouchard, G. (1996).

clara la inmensa transformación que fue menester lograr. En efecto, para superar los tradicionales círculos locales de destino de la producción, para alcanzar las cabeceras de la región, y de éstas saltar al mercado mundial, no sólo el planteamiento, sino el carácter mismo de la colonización inicial debieron crearse absolutamente de nuevo. Y hubiera sido completamente imposible para un planificador prever esa trayectoria en cualquier punto de su recorrido, mucho más aún en sus comienzos. Esto nos obliga a revisitar los condicionantes, por así decirlo, institucionales del fenómeno.

Tradicionalmente, se mencionan tres períodos en el desarrollo de la colonización, rotulados sintéticamente como sigue: entre 1856 y 1865, colonización oficial, de carácter contractual y entrega de la tierra en propiedad; entre 1865 y 1870, colonización particular, con subdivisión de grandes propiedades y aumento desmesurado del precio de la tierra; a partir de 1870, colonización con arrendatarios, en la que se crea algo que Ortiz denomina un "proletariado agrícola", dado que el colono no podía acceder a la tierra en propiedad a causa de estar ya "toda" ella ocupada, y debía por consiguiente arrendarla. Supuestamente, se generaba así una luego muy reiterada "inestabilidad" de los chacareros, que implicó que las mayores oleadas internacionales de inmigrantes no pudieran ser captadas por la economía rural pampeana[23].

Todos los esquemas resultan de algún modo engañosos, pero éste tiene el defecto de serlo más aún que cualquier otro, y no sólo por el cúmulo de errores que contiene. En primer lugar, mal puede hablarse de colonización "oficial" entre 1856 y 1865; como hemos dicho antes, difícilmente ningún Gobierno estaba en esos años en condiciones de planear, organizar y costear

---

[23] Ortiz, R. M. (1955), t. I, pp. 97 y ss.

emprendimientos de colonización: a lo sumo aportaban algún elemento sin dudas fundamental, pero de poco (o inexistente) costo de oportunidad, como la tierra; y ello no siempre. Todo lo que fue llevado a cabo por entonces partió de iniciativas privadas, apoyadas en todo caso en algún momento (y a menudo con poco entusiasmo y con pocos fondos) por los inestables caudillos de la época. Por supuesto hubo algún caso, como el del correntino Pujol, en que se quiso ir más allá, pero terminó en fracaso[24]. Por el contrario, es justamente a partir de 1870, con el afianzamiento del Estado nacional, cuando comenzó la etapa de mayor actividad en las fundaciones gubernamentales. A esto debemos agregar la acción provincial y la municipal, que tendrán un rol particularmente destacado para hacer frente a la problemática evolución del proceso de cambio agrícola fuera de Santa Fe, donde, al no reunirse todas las favorables condiciones de ésta, el progreso de la colonización se planteaba más difícil. Por lo demás, como ha sido apuntado por Ezequiel Gallo para Santa Fe, los emprendimientos puramente privados nacieron junto con la misma colonización en la década de 1850 y constituyeron, hasta 1865, la amplísima mayoría del total[25].

Muy mal podría hablarse por otra parte de un predominio de la colonización por arrendatarios a partir de 1870, y mucho menos por las causas que usualmente se alegan. En primer lugar, la formación de un mercado de tierras estaba todavía en ciernes en ese año; en segundo lugar, la hipoteca y aun la venta directa continuaron dominando ampliamente hasta mucho después de esa fecha. Por otra parte, si la tierra aumentaba de precio en algunas zonas

---

[24] Al respecto puede verse Buchbinder, P. (2004).
[25] Gallo, E. (1983), p. 69. No sólo en Santa Fe; téngase en cuenta que la colonia entrerriana de San José constituyó un emprendimiento sostenido por la fortuna personal de Justo J. de Urquiza, si bien en un estado de aire patrimonialista como el que entonces dirigía ese caudillo.

de colonias antiguas, por efecto del mismo éxito del proceso, todavía quedaban grandes superficies de frontera, o incluso de vieja ocupación, pero con actividades de baja productividad por hectárea comparadas con la agricultura; y, por fin, incluso en el período en que se supone que el arrendamiento de tierras fue creciente (es decir, a partir de 1885), no está nada claro que entonces éste haya predominado como forma de tenencia en la fundación de colonias[26]. No puede tampoco generalizarse su vigencia: mientras en el rico sur de Santa Fe –hacia fines del siglo XIX– existían muchas colonias donde la tierra se arrendaba, en el Entre Ríos de esos años éstas eran mucho más raras, como lo pudo constatar Karl Kaerger, quien encontró en ello justamente uno de los obstáculos más importantes para la expansión agrícola allí[27]. Lo concreto es que la variabilidad fue extrema, tanto de una región a otra como de una colonia a otra, e incluso dentro de una misma colonia. Por lo demás, los diversos estudios existentes han mostrado claramente que la oferta de tierras no se restringió, sino que incluso se amplió en forma muy notable en esos años, entre otras cosas por los rápidos avances sobre la frontera. Y la evolución de sus precios no parece haber sufrido aumentos realmente dramáticos, salvo quizá durante el breve período especulativo que abarca los años 1887-1889; luego se desplomarían durante la crisis posterior[28]. En fin, debe recordarse también que es justamente a partir de

---

[26] Sobre la baja rentabilidad de las ventas de tierras coloniales hasta 1875, ver Míguez, E. (1985); reflexiones importantes sobre el papel del estado en Gallo, E. (1983); cualquier informe de colonias más o menos detallado de la década de 1880 o posterior muestra claramente que el arrendamiento como forma de tenencia era muy marginal en éstas. Ver por ejemplo la memoria de Víctor Bouchard, en AGPSF, Ministerio de Gobierno, Notas, t. 107, 1882-3, leg. 10; también [Bavio, Ernesto, et al.] (1893).
[27] Kaerger, K. (2004), pp. 434-6.
[28] Ver por ejemplo Cortés Conde, R. (1979).

1870 cuando la llegada de inmigrantes adquiere caracteres masivos, lo cual no se corresponde con esa supuesta falta de oportunidades.

Lo fundamental, entonces, es que esa mirada de tipo institucional no sólo no explicaba gran cosa, sino que contribuía eficazmente a confundir. Por el contrario, las pautas del desarrollo de la colonización fueron claramente marcadas por su viabilidad económica, puesto que, si las colonias no podían sustentarse gracias al progreso de quienes las conformaban, no hubieran de ningún modo soportado una expansión como la que experimentaron. Pero, además, la misma dimensión institucional resulta de ese modo adulterada y trivializada. Si no existió ni pudo existir (al menos en las décadas de 1850 y 1860) una política de estado con respecto a la colonización, sí existieron cambios de mentalidad, líneas de pensamiento compartidas por varios líderes, determinados objetivos que se consideraba importante alcanzar lo antes posible, e incluso contradicciones y disparidad de opinión en cuanto a los medios para llevarlos a cabo. Si todo ello se plasmó en algún momento en debates, leyes, e incluso en emprendimientos concretos, no debe olvidarse tampoco que eso no significa que su impacto en la economía real tuviera una dimensión suficiente como para determinar o incluso marcar las tendencias.

En realidad, el papel institucional fue crucial en otros aspectos, mucho más importantes que su involucramiento en el propio proceso concreto de colonización: se trata de la creación de las imprescindibles condiciones de seguridad jurídica e incluso física para que cualquier emprendimiento de largo plazo pudiera funcionar[29]. Sólo los Gobiernos provinciales podían poner en orden elementos tan básicos como los catastros, imprescindibles para poder enajenar la

---

[29] Interesantes reflexiones al respecto en Míguez, E. (2008), pp. 147-150.

tierra en condiciones mínimamente certeras, y asegurar la titulación de las tenencias que medio siglo de conflicto y de desorden había impedido organizar. La vieja lucha de fronteras adquiría también aquí un carácter renovado, toda vez que, tanto para asegurar los nuevos núcleos poblados como para posibilitar la creación de otros, era necesario extenderlas, combatiendo a los aborígenes hasta expulsarlos de territorios que cada provincia habría luego de reclamar como propios. Fue esa expansión sobre las fronteras la que había posibilitado, ya durante la primera mitad del siglo, la creación de nuevos núcleos poblados en Buenos Aires; fue ésta la que garantizó las condiciones del desarrollo colonizador en Santa Fe a partir de mediados de la década de 1850; y habrá de ser ésta la que abrirá en Córdoba, un par de décadas más tarde, un vasto panorama para el vertiginoso crecimiento del fenómeno.

La misma creación de regímenes políticos previsibles, que fueran más allá del caudillo y sus tradicionales y sumarias formas de legitimación, las salas de representantes, constituía toda una función, que no por indelegable era menos urgente en las provincias. La puesta en marcha de un régimen municipal fue, en este aspecto, un factor crucial, sobre todo porque, al promediar la segunda mitad del siglo xix, a lo largo de todas las provincias pampeanas, esos nuevos centros de población estaban compuestos casi exclusivamente por extranjeros, cuyos derechos políticos e incumbencia en los asuntos locales tenían necesariamente que ser reglamentados. En este aspecto, el funcionamiento de esas nuevas instancias como canal de expresión y participación política de los colonos extranjeros, aunque activo e importante, no parece haber acompañado el dinamismo económico de esos nuevos núcleos. Al menos en Santa Fe, una relación ambigua y por momentos difícil marcó a menudo las relaciones de esos municipios con el poder central provincial, en lo que en esencia estaba reflejando la falta de adecuación de este último a la nueva sociedad que surgía con ímpetu en las colonias agrícolas. Se puso así en evidencia lo mucho que esas estructuras políticas habían sabido conservar de su autoridad tradicional, reforzada por el simple hecho de que los avances sobre las fronteras no habían significado la creación de nuevas instancias autónomas. Por el contrario, Santa Fe (y luego Córdoba) siguieron, en las décadas de 1850 a 1870, el camino trazado al respecto por Buenos Aires durante la primera mitad del siglo; esto es, conservaron bajo su égida las crecientes porciones de frontera que pudieron conquistar a los aborígenes. Tan sólo con el reforzamiento de la autoridad del Estado nacional y con la concentración en éste de recursos y fuerza militar comenzaría una nueva etapa en la que los territorios incorporados por avances sobre la frontera habrían de dar lugar a dependencias suyas, llamadas en algún momento a formar provincias autónomas. La mayor parte de la transformación social y económica pampeana del siglo XIX fue de ese modo fiscalizada durante mucho tiempo por élites políticas provinciales tradicionales. Éstas se beneficiaron sin duda de esos avances; pero debieron también enfrentar protestas y rebeliones en las que tomaron parte en su momento colonos extranjeros: y esos conflictos pueden así probablemente leerse como un derivado de ese desfasaje entre una sociedad y una economía en rápida transformación, y una élite política que no terminaba de comprender ni metabolizar todos esos cambios.

Sin duda que esas élites políticas tuvieron una actitud bastante más heterogénea de lo que ello puede sugerir. Un ejemplo interesante al respecto lo constituye su accionar en provincias donde la transformación se mostraba más difícil que en Santa Fe. En Entre Ríos, o hasta cierto punto en Córdoba, fue justamente el régimen municipal el que, sobre todo desde la década de 1870, fue dotado por el poder político provincial con diversos instrumentos para la puesta en marcha de una profunda transformación agrícola, toda vez que se fomentó la formación de órganos de gobierno locales, y se les otorgó a éstos el manejo de los ejidos de los respectivos centros poblados. En esencia, las facultades de administrarlos y de orientar su puesta en valor buscaba lograr que allí se desarrollara una colonización cuyo impulso desde el sector privado parecía no ser suficiente; la dimensión de los emprendimientos financiados y llevados a cabo por el Estado provincial, municipal (o aun nacional) en esas provincias adquirió así una dimensión que al menos en ciertos períodos superaba o al menos igualaba a la acción privada.

De esa forma, al reconsiderar el papel del Estado en el proceso de colonización, podremos advertir con más claridad sus lógicas, sus objetivos y sus límites, más complejos y diversos de lo que las antiguas visiones institucionales del proceso habían previsto. De ahí radica la atención que prestaremos tanto a los procesos de continuidad como a los de ruptura. Si bien nadie podría discutir que, en determinados momentos de la historia agraria pampeana, estos últimos marcaron la pauta de la innovación y de los grandes saltos cualitativos, por otro lado las permanencias y los aparentes atavismos acompañaron demasiado a menudo a los arrolladores avances de los sectores más dinámicos. Esas permanencias son bastante evidentes en el devenir de la colonización agrícola, y marcan fenómenos que resulta tan imprescindible estudiar y explicar como los grandes quiebres. Esto es porque forman en todo caso parte de éstos: a menudo, la puesta en marcha de un proceso productivo nuevo no requería sino una modificación sólo parcial de algunos de los distintos segmentos que lo conformaban en su versión más tradicional. Todo ello no significa dejar de tener presente el valor de las grandes rupturas, ya que han sido éstas las que permitieron resolver los cuellos de botella correspondientes a los crecientes desfasajes que un recorrido previo en el camino del ensayo y el error había ido poniendo en evidencia.

Por otro lado, esos procesos pueden detectarse mejor a través de miradas amplias, que permitan marcar las diferencias entre los casos puntuales, e identificar los condicionantes de cada continuidad y cada cambio, o al menos de los más llamativos entre ellos. Si bien la propia naturaleza de las fuentes, organizadas en general a partir de las administraciones provinciales, implica un desvanecimiento relativo de las múltiples diferencias regionales, en todo caso la perspectiva de conjunto que provee el análisis en paralelo de los procesos ocurridos en cada provincia brinda la posibilidad de identificar mejor las causas para los avances, retrocesos y limitaciones que cada una de aquéllas experimentó. Es justamente la perspectiva que hemos adoptado aquí, y que esperamos que pueda resultar fructífera.

El análisis se ha organizado en tres partes. La primera, centrada en algunos relevantes aspectos políticos, sociales e institucionales que sirvieron de marco y sostén de los cambios aportados por la colonización, incluye un capítulo donde se analizan las nuevas condiciones institucionales que servirán de marco a la expansión agrícola; otro en el que se estudia la evolución de las ideas y políticas en torno a la inmigración como instrumento para el cambio productivo; y otro en que se examinan las formas de participación política de los inmigrantes en el medio rural. Luego, los capítulos iv a x analizan la evolución concreta del proceso de colonización, a partir de una periodización diferente de las tradicionalmente aceptadas, y que busca captar las líneas maestras del fenómeno sin perder de vista sus particularidades regionales. Se buscó dar cuenta no sólo de las marchas y contramarchas del proceso o de las diferencias espaciales de su impacto, sino sobre todo cómo se fue logrando construir un cúmulo útil de saberes para lograr éxito en aquél y lograr una transformación cuyo resultado, a la inversa de lo que se ha supuesto tácitamente, en modo alguno estaba asegurado o era conocido de antemano. Por fin, el capítulo xi y el epílogo buscan mostrar algunos rasgos fundamentales de la nueva agricultura: la transformación de la tecnología agrícola y las características de las explotaciones más grandes. Los capítulos i y ii son fruto del trabajo en conjunto de Julio Djenderedjian y de Sílcora Bearzotti; el capítulo iii ha sido redactado por Juan Luis Martirén, quien además ha tenido a su cargo la recolección y aporte de multitud de bibliografía y fuentes que sirvieron para todo el libro. Los capítulos iv a x corresponden, en líneas generales y en buena parte de su composición, a Julio Djenderedjian, si bien los resultados y el trabajo de fuentes son fruto del intercambio y aportes de los tres autores. El capítulo xi y el epílogo corresponden a Djenderedjian. La ardua y difícil confección de los cuadros de las colonias fundadas en Santa Fe y Córdoba, así como los apéndices sobre evolución comparada de los ciclos de vida de varios colonos y la elección y traducción de cartas de ellos, han sido realizados por Bearzotti. El cuadro de las colonias de Entre Ríos fue confeccionado por Djenderedjian, así como también el listado de pesos y de medidas. De todos modos, resulta algo aleatorio establecer autorías plenas, dado que la discusión de los distintos aspectos ha sido permanente entre todos los involucrados.

Capítulo I
Las nuevas condiciones institucionales para la puesta en valor del espacio

1. Introducción

Hemos mencionado anteriormente que la perspectiva tradicional del proceso colonizador y del cambio agrícola de la segunda mitad del siglo XIX había enfocado su estudio desde las instituciones hacia la economía real, y había perdido de vista así, por un lado, el dinamismo autónomo de esta última y, a la vez, desnaturalizado la propia acción institucional, en tanto suponía que ésta se había ocupado en forma dominante de cosas que en realidad estuvo muy lejos de poder hacer. En esa doble confusión, por consiguiente, tampoco se había prestado atención a las transformaciones que fueron necesarias en las mismas instituciones a medida que se afianzaban esos cambios en la economía. En efecto, si bien los distintos niveles de gobierno tuvieron parte muy menor en el desarrollo del proceso de cambio productivo que tuvo lugar en esos años, la penosa construcción de un marco institucional más eficiente a lo largo de la segunda mitad del siglo XIX fue un hecho cuyo impacto en el desarrollo de esas transformaciones no puede de ningún modo despreciarse. Aspectos tan fundamentales como el ordenamiento de los registros de tenencia de la tierra, la delimitación y clarificación de los límites de las posesiones, la presencia de una estructura judicial acorde con las necesidades de una economía en fuerte crecimiento, los servicios de seguridad imprescindibles, la construcción de medios de comunicación modernos, los avances sobre las fronteras, el establecimiento de pesos y medidas uniformes, la creación de una moneda estable, y muchos otros más, eran cruciales para reducir los riesgos y costos de las inversiones, abrir nuevos campos para el desarrollo económico y establecer pautas claras y previsibles de juego económico.

Esto resultaba imprescindible para lograr una ampliación constante y significativa en el número de operadores, factor necesario a su vez para disminuir los costos de la economía, toda vez que, sólo a través de esa concurrencia de actores y de inversores, se podría lograr una mayor competitividad, evidente entre otras, cosas en la reducción a largo plazo de las tasas promedio de ganancia. En condiciones de inseguridad institucional y de falta de marcos jurídicos previsibles, los pocos que se aventuraran a producir e invertir necesariamente habían de prever márgenes de retorno mucho más amplios que en condiciones institucionales mejores, a fin de cubrir con éstos los ingentes riesgos de la operatoria. Ello a su vez derivaba en precios generales más altos y en costos operativos mayores. Por lo demás, el componente de imprevisibilidad propio de una economía sin instituciones sólidas y eficaces implica usualmente fracasos y pérdidas completas, aun a pesar de cualquier aumento en los márgenes de ganancia que pretenda cubrir esos riesgos[30].

Se imponía así una nueva evaluación del rol de las instituciones en el apoyo al cambio productivo agrícola en la segunda mitad del siglo XIX. Hemos trazado varios aspectos de ésta en el primer tomo de esta colección; en el presente capítulo y en los dos siguientes, retomaremos algunos de ellos, planteando a la vez otros que también

---

[30] North, D. (1981); Hayek, F. A. von (1967); Akerlof, G. A. (1970).

consideramos fundamentales para comprender mejor cómo y en qué forma el desarrollo de un marco institucional adecuado constituyó una variable significativa en el devenir del proceso de colonización agrícola. No significa en modo alguno que el tema quede agotado; las múltiples variables que involucra no podrían ser analizadas satisfactoriamente, sino en mucho más espacio que con el que contamos aquí.

* * *

Si bien ya en la década de 1840 surgieron diversos indicios de un cambio en las condiciones del contexto favorables al desarrollo de actividades más intensivas en capital, no será sino hasta cruzada la mitad del siglo que a esas condiciones se les agregarán algunos necesarios componentes institucionales para el logro de un desarrollo sostenido de la actividad agraria. La necesidad de introducir elementos de cambio de carácter discontinuo, o rupturas cualitativas, implicaba la de poseer instancias institucionales mucho más sólidas de las que hasta entonces existían, que permitieran comenzar a construir los componentes básicos de una nueva realidad agraria o, más aún, de una economía y sociedad modernas.

Uno de los ejes fundamentales de esa transformación radicaba en la puesta en valor de la tierra: es decir, en lograr que su productividad aumentara en forma constante mediante la puesta en marcha de procesos productivos cada vez más intensivos. El cambio cualitativo que habría de construirse en torno a ello era tanto más complejo porque existía, por un lado, un consistente aumento de precios del suelo en las áreas de antigua ocupación cercanas a los núcleos urbanos, debido entre otras cosas al mismo incremento poblacional; mientras que, por otra parte, las vastas campañas que se extendían hasta las fronteras se encontraban en buena proporción apenas rozadas por actividades ganaderas extensivas tradicionales, que sólo a plazos demasiado largos podrían lograr incrementos de productividad suficientes como para sostener la creciente expansión demográfica. Pero las diferencias entre las ciudades y sus zonas de más inmediata influencia, y las tierras alejadas de éstas no consistían sólo en la dotación de infraestructura o en la densidad poblacional: se trataba de mundos también muy distintos en lo que respecta al dominio institucional básico: jurídicamente ordenado y seguro el primero, montaraz e incierto el segundo; ambos al menos hasta cierto punto. Si bien en la provincia de Buenos Aires los avances de las instancias administrativas estatales en la campaña habían logrado resultados sustantivos hacia la mitad del siglo XIX, en las restantes esos avances habían sido muy magros, pautados además, en el caso de Santa Fe y de Córdoba, por fronteras situadas prácticamente en el mismo punto que al inicio de esa centuria.

Se imponía, pues, que como precondición a cualquier intento más o menos realista que tendiera a transformar la economía agraria de esas provincias hacia pautas de mayor productividad, el dominio efectivo de los gobiernos provinciales fuera sobre esas tierras más real. Esas instancias institucionales debían encarar así cuestiones tan importantes como la consolidación de las fronteras, la delimitación de las superficies jurisdiccionales de cada provincia, la conformación de los catastros de tierras, el establecimiento de vías de comunicación, la creación de formas organizadas y racionales de imposición tributaria, la adopción de pesas y medidas uniformes, y gran cantidad de otras más, todas las cuales presuponían no sólo los imprescindibles recursos financieros para implementarlas, sino sobre todo administraciones más complejas, más extensas y más eficientes que antaño. Y eso sólo podía comenzar a construirse con el final de la situación de incertidumbre, inestabilidad y aun conflictividad ligada a la existencia de múltiples provincias que decidían como estados soberanos y en lucha potencial o real entre sí, como había sido la norma durante la Confederación rosista. La arbitrariedad en las decisiones de una u otra forma asociada a la gestión de los caudillos debía de esa manera ir dando paso a un régimen más previsible, que permitiera la planificación de inversiones de mediano y largo plazo. Esos elementos fueron lográndose a partir de Caseros, por lo que la ruptura institucional que esa batalla significó no carece de relevancia como punto de partida de nuevos horizontes para la región rioplatense.

De ese modo, para que la colonización pudiera transformarse en un instrumento de cambio cualitativo en la economía productiva, hacía falta que existiera un contexto renovado que le permitiera arraigarse mejor. La agricultura tradicional, que de todos modos había logrado algunos avances durante la primera mitad del siglo XIX, sólo muy lentamente y luchando contra muchos factores hubiera podido alcanzar aumentos de productividad que la pusieran al menos a la par de la más dinámica ganadería. La introducción de un elemento de ruptura se convertía así en una necesidad imprescindible para el ensayo y puesta a punto de una nueva ecuación económica centrada en la agricultura como fuente de generación de valor. Las nuevas pautas productivas que en ese proceso forzosamente habrían de ser creadas presuponían la existencia de núcleos especializados donde los ensayos pudieran agotar todas las posibilidades, y desde los cuales se fueran difundiendo las innovaciones y las adaptaciones. Ello también presuponía, entre otras cosas, organismos administrativos más especializados, que compilaran la múltiple y diversa información necesaria para la toma de decisiones.

Hacía entonces falta crear y consolidar un Estado nacional, que englobara y sometiera a los distintos poderes que hasta entonces habían convivido en forma inestable en el espacio rioplatense, y cuya presencia posibilitara el planteamiento de condiciones para empresas de envergadura que iba mucho más allá de lo local, más allá de los límites de las antiguas provincias. Éstas, a su vez, debían recrear las viejas y sumarias estructuras heredadas de la primera mitad del siglo, en que una perenne situación de guerra había transmitido a éstas aún más precariedad que la consiguiente a la falta de recursos materiales y humanos que sufrían. De este modo, también las administraciones provinciales debieron cambiar para ponerse a tono con las necesidades de la nueva economía. En el presente capítulo, pasaremos revista a algunos de esos cambios, centrándonos en lo que concierne a la evolución de la puesta en valor de la tierra, factor cardinal del proceso de colonización.

2. La construcción de una nueva institucionalidad

Es sabido que, durante la primera mitad del siglo XIX, y aun después, los diversos poderes provinciales fueron las únicas instancias de gobierno más o menos sólidas, manejando por sí mismas todos los aspectos de su vida institucional y económica. El remedo de confederación que intentó establecerse entre 1828 y 1832 no llegó en realidad a plasmarse jurídicamente, dado que el órgano de gobierno central que hubiera sido necesario para ello no se concretó. Desde ese entonces y hasta 1853, no existió, en el antiguo espacio rioplatense, otra realidad estatal que no fuera la provincial. Las provincias asumieron todas las atribuciones ligadas al ejercicio soberano de estados independientes delegando sólo en una de éstas, Buenos Aires, el manejo de las relaciones exteriores, aun cuando a veces encararan por su cuenta negociaciones de ese tenor sin tener en cuenta la comisión otorgada a ésta[31].

---

[31] Chiaramonte, J.C. (1993).

De ese modo, las distintas provincias convivieron conflictivamente, en temor perpetuo de invasiones recíprocas, sufriendo esporádicos estallidos bélicos, azuzados por el gobernador de la más poderosa, Buenos Aires, a fin de evitar en lo posible coaliciones que pudieran poner en jaque su propio poder. Las cuestiones y diferencias entre éstas se dirimían entonces por medio de la guerra; cada provincia se debatía además en el aislamiento relativo provocado por las grandes distancias, el ahogo fiscal y la permanente falta de recursos para satisfacerlo, recurriendo a medidas de gobierno arbitrarias y permeando a toda la sumaria estructura institucional de una debilidad crónica. Cada provincia establecía sus aduanas, su moneda, sus impuestos y aun su sistema de pesos y medidas, creando confusión, imposiciones tributarias múltiples y gastos ocultos que afectaban a la operatividad y ganancias de los agentes económicos, desincentivaban la inversión y promovían la búsqueda de diferencias de precio extraordinarias para compensar riesgos y costos. Si bien el área pampeana en su conjunto (y en especial la provincia de Buenos Aires), lograron expandir su producción ganadera aumentando y diversificando sus exportaciones, el volumen y desarrollo de los negocios se resentía de la inestabilidad institucional y de los costos que esa situación traía aparejados, por lo que cada vez se hacía más perentoria la necesidad de resolver esos problemas.

Pero esa situación de inestabilidad y de zozobra no se compadecía con la potencialidad mostrada por el fuerte crecimiento de los rubros exportables, verificado entre las décadas de 1830 y 1840. Aun sufriendo a causa del precario andamiaje institucional, la economía productiva encontró la manera de aprovechar las ventajas diferenciales ofrecidas por una ecuación muy extensiva de uso de recursos abundantes, y se benefició con la existencia de una buena demanda externa para colocar excedentes crecientes de subproductos ganaderos. Pero fue quizá justamente esa falta de instituciones creíbles y reglas previsibles la que habría de marcar las pautas del desarrollo agrario, basado sobre todo en agregados del factor más abundante en detrimento de inversiones más riesgosas. De esa forma, el dinamismo de la producción ganadera bovina fue no sólo el fruto de una conjunción de factores económicos favorables, sino además una salida obligada a causa del mayor riesgo implícito a actividades más intensivas en capital y en trabajo. Los rubros que requerían mayor inversión debían así enfrentar desafíos muy pesados; no es casualidad que, sólo adquiriendo una escala muy amplia, los empresarios lograran en parte al menos contrarrestarlos. Durante la primera mitad del siglo XIX, incluso en la dinámica década de 1840, parecía ser que el respaldo otorgado por capitales de magnitud era el único paliativo para las difíciles condiciones operativas del momento, marcadas por altas tasas de interés y por incertidumbre, sobre todo en las provincias castigadas por una mayor conflictividad[32]. Pero aun en Buenos Aires, donde desde la década de 1830 la ganadería ovina tuvo un desarrollo realmente importante, es muy probable que éste hubiera sido aún más rápido mediando un contexto institucional más previsible.

Así, los límites al crecimiento impuestos a la estructura productiva por instituciones inseguras, y los costos derivados de la operación en las difíciles condiciones propias de la conflictividad latente entre esos diversos Estados soberanos, fueron llevando a los actores a la convicción de que era necesario superarlos mediante un cambio

---

[32] Ver por ejemplo las dificultades de una gran empresa pecuaria entrerriana en Djenderedjian, J. y Schmit, R. (2007); sobre Córdoba son importantes al respecto los aportes de Ferreyra, A.I. (1996), y (1998); sobre Santa Fe, los de Frid, C. (2007).

cualitativo en el Gobierno. Por lo demás, resultaba cada vez más claro que ése era el único camino posible para dirimir las acuciantes cuestiones pendientes desde el período revolucionario, entre las cuales sin dudas una de las más importantes la constituía la relativa a la utilización de las rentas aduaneras, monopolizadas por Buenos Aires en función de poseer el principal puerto de entrada y salida para el conjunto de las provincias. De ese modo, hacia fines de la década de 1840 comenzaba a visualizarse una mayor receptividad al establecimiento de un arreglo institucional que hasta cierto punto preservara, dentro de pautas más racionales, el férreo orden construido duramente bajo la dictadura rosista, percibido crecientemente como un factor cada vez más esencial al propio desarrollo de la economía. Asimismo, el control establecido por el régimen de Rosas sobre la mayor parte del comercio exterior y los recursos fiscales se volvía cada vez más gravoso a las provincias, en especial para aquellas que, como Entre Ríos, se encontraban en plena expansión económica. De esta manera, si bien hacia inicios de la década de 1850 Rosas parecía encontrarse en el apogeo de su poder, convergían en su contra variados intereses que llevaron a su fin político con el pronunciamiento de Urquiza y con la campaña militar que culminó en la Batalla de Caseros.

La caída de Rosas posibilitó así la concreción formal de la institucionalización de un poder político común y superior a las dispersas autonomías provinciales, para lo cual la misma tenaz subordinación exigida por el rosismo había contribuido en cierta forma a establecer bases indispensables. Caseros brindó también la posibilidad de retornar a una buena cantidad de opositores al régimen depuesto, entre quienes se encontraban algunos de los más lúcidos intelectuales de la época. En el exilio, esos intelectuales habían reflexionado sobre los errores y aciertos cometidos en su lucha política, y sobre la manera de lograr terminar con los sufrimientos y las desavenencias que tan caro habían costado. Por lo demás, el estudio, en los países en que habían residido, de las formas en que los respectivos Gobiernos habían intentado resolver cuestiones a veces similares a las que a ellos mismos les preocupaban, constituía un aporte de significativa importancia para discurrir los caminos y métodos más adecuados para encarar la transformación social y económica del país en ciernes.

Surgieron así diversos planes para construir una nación, incorporando todos los elementos necesarios a fin de lograr un crecimiento económico sostenido. Esos objetivos sólo podían lograrse introduciendo elementos de ruptura cualitativa que permitieran sacudir las viejas estructuras que estaban en la base del antiguo poder de los caudillos; para ello, la guía consciente e iluminada de la élite intelectual constituía no sólo el principal punto de partida, sino el factor que necesariamente habría de conducir esta transformación. Pero ni los diversos proyectos eran homogéneos, ni los actores en cuyas manos se encontraba todavía parte importante del poder político habrían de cederlo a esa casta de intelectuales.

Algunas de las figuras más destacadas en ese debate, Sarmiento y Alberdi, dieron forma a dos de los planes más orgánicos y factibles del conjunto. Si Rosas había logrado mantener el poder mediante el exacerbamiento del autoritarismo, Alberdi encontraba en la institucionalización de ese autoritarismo la clave para la construcción de una sociedad moderna, que él llamaba la "república posible". Ésta debía comenzar por la creación de una nueva economía, plenamente capitalista e integrada al sistema mundial, forjada bajo la dirección de una élite política y económica fortalecida en los años del rosismo. Más que una forma de disciplinamiento social dirigida al control de las clases desposeídas, el autoritarismo del Gobierno debía dirigirse ante todo a disciplinar a la propia élite, cuyas querellas internas habían sido, y seguían amenazando con serlo, la más peligrosa fuente de inestabilidad. La plena apertura del país al sistema capitalista y a la inmigración de personas e inversiones extranjeras debería asegurarse entonces sobre todo contra la acción del propio aparato político; y esto se lograría merced a compromisos internacionales, a un sistema jurídico definido rigurosamente de antemano e inmodificable a los caprichos del gobernante de turno, y a la guía y vigilancia ejercida por parte de una élite de intelectuales, a la que el mismo Alberdi decía pertenecer. Dado en parte por la convicción de que el desarrollo económico sería el más eficaz regulador social, ese proceso no necesitaría ni buscaría activamente, en principio, la integración a la nueva riqueza de las clases más desposeídas; pero debería culminar con la creación de la república verdadera, punto de llegada en el cual el sistema institucional podría prescindir del autoritarismo, encarando reformas que volverían admisible la plena participación ciudadana. Pero ese cambio sería posible sólo cuando el país hubiera adquirido una estructura económica y social comparable a la de las naciones que habían creado y fueran capaces de conservar ese tipo de sistemas institucionales modernos.

El proyecto de Sarmiento, quien había llegado a simpatizar con los movimientos sociales europeos de mediados de siglo, es mucho menos sistemático, pero no menos coherente que el de Alberdi, y se tiñe de las experiencias de su autor adquiridas en Europa y en los Estados Unidos. Su estancia de tres años en ese país y los estudios y viajes que allí emprendió lo convirtieron en el político argentino que más lúcidamente captó las posibilidades que diferenciaban a América de Europa, y las ventajas que se obtendrían en la aún no nacida Argentina, aplicando métodos norteamericanos[33]. Mientras que la Francia admirada por

---

[33] Peterson, H.F. (1970), pp. 242 y ss.

los publicistas rioplatenses se le apareció como una vasta extensión de mundo rural tan arcaico y pobre como el chileno o sanjuanino, en el que sobresalían algunas islas de modernidad como París, los Estados Unidos ofrecieron a su análisis el primer ejemplo de una sociedad en rápido desarrollo económico que se organizaba en torno a un mercado nacional. Esa sociedad requería entonces de una vasta masa de consumidores; en la creación de ésta, se había destacado la difusión de la palabra escrita, pero aún más la del bienestar general y la de las aspiraciones a la mejora económica de partes cada vez más amplias de la población nacional. Para Sarmiento, reproducir el modelo de desarrollo norteamericano incluía ofrecer, como allí, bases sólidas a la propiedad de la tierra, de manera de brindar la posibilidad de alcanzar ese bienestar general. Pero, para asegurar las aspiraciones al ascenso social, sería necesario hallar un instrumento capaz de sugerir, a los desposeídos criollos, haraganes e indolentes por siglos de atraso colonial, la ambición de mejorar, indicándoles, a la vez, los medios de satisfacer esa ambición en el marco social existente. Ese instrumento sería la educación popular[34].

Si bien el influjo y las opiniones de miembros de esa élite intelectual habrían de marcar no sólo los debates, sino incluso la praxis política de buena parte del período, no puede extrañar de todos modos que, luego de la caída de Rosas, se tardara todavía casi treinta años en lograr completar la transformación iniciada por entonces. En ese largo y complejo proceso, pueden reconocerse una serie de hitos: en 1853 se sancionó la Constitución Nacional, pero en ésta no participó Buenos Aires, rebelde a las iniciativas del poder establecido en Paraná. Siendo por muy lejos la principal provincia, tanto por su poder económico

---

[34] Sobre los proyectos de Alberdi y Sarmiento, ver Halperín Donghi, T. (1982); Pisano, N. (1980); también Wasserman, F. (2008).

como por el hecho de controlar la más importante vía de entrada y salida de mercancías, la defección de Buenos Aires llevó a la naciente república a un escenario tremendamente crítico. Sin embargo, la Constitución de 1853 fue un documento fundamental que puso las bases de un ordenamiento jurídico y político permanente del país, luego de muchas décadas de experimentación y luchas. Durante las presidencias de Urquiza y de Derqui, Buenos Aires continuó separada de la Confederación; el conflicto habría de llegar a su fin luego de las Batallas de Cepeda (1859), ganada por fuerzas confederadas, y de Pavón (1861), que lo fue por el ejército de Buenos Aires.

Aunque las provincias del interior y Buenos Aires estaban separadas por realidades económicas muy distintas, por una distancia inmensa en la disponibilidad y manejo de recursos, y por objetivos políticos que resultaba difícil compatibilizar, los años de enfrentamiento habían demostrado que, a pesar de todo ello, se necesitaban y se complementaban mutuamente. La propia estructura económica continuaba siendo tributaria de la integración: la salida mercantil más adecuada para la producción excedente de las provincias seguía estando en Buenos Aires, no sólo por su papel como puerto exportador, sino también por el que le cabía como centro consumidor, en tanto constituía la ciudad más poblada y más dinámica de todo el espacio que servía. Si a primera vista parecía que Buenos Aires poco necesitaba de las provincias, en todo caso una parte de las importaciones que pagaban derechos en su aduana era consumida en las provincias, con lo que éstas contribuían así indirectamente al sostenimiento, por la vía fiscal, de la propia estructura administrativa de aquélla. Por lo demás, la moneda fiduciaria corriente en Buenos Aires no tenía aceptación en el interior, donde se seguía utilizando el metálico proveniente de Bolivia; el diferente poder adquisitivo de éste en la ciudad porteña, donde constituía una apreciada reserva de valor frente al aleatorio papel moneda, era a la vez una razón más para que los operadores de las provincias eligieran vender allí sus productos y efectuar sus compras, y para que los porteños tuvieran interés en que ese tráfico continuara[35].

De este modo, el pacto de San José de Flores fue la cristalización política de esa situación, y con éste se logró la reunificación nacional, el ingreso de Buenos Aires en la Confederación y la asunción de Bartolomé Mitre como presidente el 12 de octubre de 1862. El proceso de organización del Estado nacional, que había sido emprendido con escasas posibilidades de éxito por los crónicamente menesterosos Gobiernos de la Confederación, se construyó a partir de entonces sobre la base de los recursos e instituciones de la provincia de Buenos Aires, dueña de las imprescindibles rentas aduaneras por la especial posición geográfica de su puerto.

La organización constitucional buscó definir y dar cuerpo a las modificaciones políticas ocurridas desde el fin del dominio colonial: consagró la vigencia de los principios de la economía liberal y sentó las bases de un Estado federal unificado, abierto al mundo, decidido a atraer inmigrantes europeos que lo poblaran y que expandieran por éste las técnicas agrícolas que por entonces se consideraban de avanzada. Al mismo tiempo, se conformaba el monopolio de la fuerza militar en manos de una entidad política nacional, por sobre los ejércitos de los caudillos provinciales, con lo cual se buscaba poner fin definitivamente a la secesión y a la guerra civil. Si bien todavía en forma gradual, el período que se abre luego de la batalla de Pavón marca el fin de la etapa de las confrontaciones horizontales entre pares –la lucha entre los distintos caudillos provinciales– y el inicio de la etapa de confrontaciones verticales, es decir, entre los

---

[35] Irigoin, M.A. y Schmit, R. (2003).

componentes de una relación desigual: el Estado nacional y las fuerzas que osaran oponérsele. Durante las presidencias de Urquiza y de Derqui, la imposición del Estado nacional por sobre las luchas de poder en las provincias había estado siempre a la zaga de los hechos; sin contar ni con los medios físicos ni con la férrea arquitectura política construida por el rosismo, los presidentes de la etapa confederal apenas si habían podido tratar de mediar en los conflictos que surgían aquí y allá en el vasto espacio del país. La presidencia de Mitre constituyó un cambio cualitativo en esa situación: ahora el Estado nacional habría de intervenir mucho más decisivamente en el devenir político provincial, marcando pautas de convivencia nuevas y sometiendo lentamente las fuerzas tradicionales provinciales, las cuales poco a poco dejarían de ofrecerle desafíos peligrosos. Constituye al respecto un indicio sugestivo que, a partir de entonces, toda movilización de fuerzas contrarias al orden establecido fuera calificada como "levantamiento", o "rebelión interior"[36].

Este aspecto se complementaría con otras apropiaciones de poder por parte de ese Estado nacional naciente, y que a la vez contribuían a constituirlo como tal. La codificación de las leyes, la creación de oficinas de estadística, la fundación de los registros civiles fueron todos medios por los cuales se buscó, a la vez, concentrar funciones necesarias para la vida civil en manos de una entidad nueva y soberana, y establecer las bases para un ordenamiento jurídico del país, otorgando previsibilidad a las operaciones económicas y permanencia y alcance general a las instituciones encargadas del registro y guarda de los datos que serían necesarios para la planificación, tanto pública como privada. La sangrienta Guerra del Paraguay (de 1865 a 1870), al determinar un estado de movilización masivo

---

[36] Oszlak, O. (1982), pp. 87-88.

y un aumento sustancial de los recursos dedicados a éste, fue un factor coadyuvante en la organización del ejército nacional, que, cuantitativa y cualitativamente distinto de los viejos ejércitos provinciales, fue eficazmente utilizado como medio de presión y de represión interna para lograr la obediencia al poder central.

Para todo ello debieron al mismo tiempo afianzarse las bases materiales del Estado nacional con el fomento de un desarrollo económico que permitiera ampliar los ingresos fiscales para que fuera posible sostener esas transformaciones. Esto se fue concretando en el apoyo a la realización de obras de infraestructura o el otorgamiento de franquicias para la creación de empresas de servicios, en muchos casos a través de *joint ventures* en los que el propio Estado tomaba parte; así como bajo la forma de leyes específicas que regulaban la puesta en producción de recursos, o que buscaban desarrollar fenómenos útiles, como la inmigración y la entrada de capitales extranjeros. Al mismo tiempo, se trató de normalizar las cargas impositivas, eliminando las imposiciones múltiples o las tarifas de índole política; y se intentó regular la circulación monetaria y la emisión, así como la deuda pública. Por fin, los avances sobre las fronteras dotaron al Estado nacional de extensos territorios, cuya puesta en venta hubiera debido contribuir a su sostén, así como lo hizo al desarrollo de los emprendimientos privados; como veremos luego, ese objetivo se cumplió sólo parcialmente.

Si bien durante el período de la Confederación no había sido posible sostener al Estado naciente sin el concurso de impuestos distorsivos y aduanas provinciales, durante el Gobierno de Mitre (1862 a 1868) una de las principales razones económicas de la campaña contra Rosas fue quedando por fin zanjada: las provincias del litoral y del interior obtenían puertos francos para la salida de sus productos, se establecía la libertad en la circulación de los ríos y comenzaba a ser posible el fin de los derechos diferenciales y la creación de un mercado nacional. Alcanzar una moneda sólida y estable fue un proceso mucho más complejo y largo; permanentemente jaqueados por las necesidades fiscales, durante la mayor parte del siglo XIX los Gobiernos debieron recurrir al cobro del impuesto inflacionario para financiarse. Dada la precariedad de las situaciones particulares de cada provincia, sólo la de Buenos Aires y la de Corrientes, durante cierto período, lograron sostener a mediano o largo plazo la circulación de su papel moneda. El de Buenos Aires, más sólido por el volumen de los ingresos fiscales genuinos de esa provincia, sería transformado de derecho, a partir de 1862, en el medio circulante de toda la República. Sin embargo, pasaría aún mucho tiempo hasta lograrse una moneda sólida; del mismo modo, todos los procesos que fueron llevando a la consolidación del Estado nacional fueron extremadamente costosos y difíciles. En los treinta años posteriores a Caseros, la conflictividad fue casi una constante, con enfrentamientos entre la nación y Buenos Aires, insurrecciones de diversa importancia y una larga y costosa guerra internacional.

Pero hacia 1880 el Estado nacional se había consolidado. En 1881 se creaba un nuevo sistema monetario, estable y sólido, que casi medio siglo después el inteligente economista Juan Álvarez calificaría todavía como uno de los más sanos del mundo; se había concluido con la codificación de las leyes al sancionarse el Código Penal y el de Minería; se habían creado los registros civiles, y se habían suprimido por la fuerza los últimos vestigios de poder alternativo que quedaban en el territorio reivindicado como propio. La llamada "Conquista del Desierto", encarada por el general Roca, y en la cual fueron sometidos los cacicatos pampeanos, así como la apenas posterior ocupación del Chaco, significaron el fin de más de trescientos años de convivencia armada entre los criollos y los indígenas, y abrieron una nueva era en que la frontera había definitivamente pasado a la historia. Ese mismo año 1880, las autoridades nacionales debieron huir de la ciudad de Buenos Aires ante las amenazas de una asonada, que sería sin embargo la última: en su refugio de Belgrano, el Congreso cercenaba poco después a la provincia su orgullosa capital, y la transformába en la del Estado nacional por fin unificado y más poderoso que nunca antes.

En ese proceso las presidencias de Sarmiento y Avellaneda habían sido cruciales. Fue entonces cuando se alcanzó la sanción de diversas leyes y códigos imprescindibles, así como la transformación de varias oficinas públicas con base en la provincia de Buenos Aires en organismos de alcance nacional. Sarmiento y Avellaneda se encontraban ligados por lazos políticos e ideológicos, ya que el segundo había sido ministro del primero; resulta paradójico, sin embargo, que al confrontar las viejas aspiraciones elaboradas en tiempos de exilio con la realidad de 1880 en cuya construcción ambos habían tenido parte tan importante, el proyecto de Alberdi haya sido el que aparentemente había ganado, aun cuando el resultado no fue demasiado parecido a los planes trazados. El férreo autoritarismo de Rosas se había derrumbado junto con su régimen, y la lucha de facciones había vuelto a instalarse en la política. Debió reconstruirse costosamente el poder del Ejecutivo, proceso que sólo culminaría con la presidencia de Roca. El Estado, que en el proyecto alberdiano debía subordinarse a las necesidades del desarrollo económico, había adquirido una entidad y dinámica propias, y pesaba con bastante gravedad sobre los actores sociales; la educación popular como medio de control social se había desarrollado ampliamente y en breve tiempo se construiría un panteón de héroes que serían evocados para aglutinar las aspiraciones y los modelos de los habitantes de un país cuya población reconocía masivamente orígenes extranjeros. La inversión en infraestructura, así como la creación de las instituciones necesarias para el funcionamiento del Estado, habían insumido grandes cantidades de recursos; en ese proceso, si bien se habían intentado diversos proyectos de colonización (y ésta en varias provincias había sido un éxito), las tierras conquistadas a los indígenas fueron una fuente de financiamiento antes que parte de un programa coherente. El resultado, sin embargo, no fue el catastrófico que hubieran pensado quienes veían en la división ordenada de la tierra la única manera de construir una sociedad mejor.

3. Los nuevos estados provinciales

Hacia 1850, la mayoría de las administraciones provinciales había logrado por fin un período de consolidación y aun de desarrollo, de la mano de la paz. La década de 1840, más allá de algunos conflictos de diversa magnitud, significó para Buenos Aires, Santa Fe, Córdoba y otras provincias del interior, la llegada de una relativa tranquilidad luego de los disturbios y desastres de la guerra civil. Si bien buena parte de los gobernadores había claudicado ante las presiones y asedios del sistema político rosista, la misma unanimidad impuesta después de tantas luchas constituía de cualquier modo un campo propicio para poder reconstruir al menos en parte ciertas mínimas condiciones de prosperidad. El peso del yugo político pudo incluso en algunos casos suavizarse; y, al calor de la tranquilidad, se ensayó reorganizar aspectos fundamentales de la estructura administrativa y política, avanzando incluso en el desarrollo de medios de control más eficientes para los amplios territorios del dominio de cada una de éstas.

Sin duda que esas estructuras administrativas continuaban siendo sumarias. Las Salas de Representantes estaban compuestas por ínfimos puñados de hombres; los fortines de frontera lograban a duras penas mantener las líneas de avance trazadas hacía décadas; escuetos cuerpos de policía podían imponer el orden sólo esporádicamente, y la recaudación impositiva, basada todavía en derechos de tránsito, apenas en algunos casos alcanzaba a cubrir todos los gastos[37]. Pero, aun en ese esquema, las tres provincias litorales de Santa Fe, Entre Ríos y Buenos Aires habían logrado avances sustanciales. Las dos primeras, pero en especial Entre Ríos, conocieron una prosperidad creciente gracias a su participación en las exportaciones de cueros y de subproductos ganaderos[38]. En Santa Fe, después de las matanzas de los años 1839-42, el gobierno del rosista Pascual Echagüe se caracterizó por su moderación política; se dictaron medidas de reorganización de las aduanas e incluso se iniciaron algunos emprendimientos culturales. Aparecieron algunos caseríos ligados al tráfico fluvial, creados en torno a las barracas de comerciantes emprendedores; se reunió a ciertos pobladores dispersos en unos pocos pueblos. La prosperidad productiva fue de la mano de la prosperidad comercial; se repoblaron las estancias, y el desarrollo de Rosario fue creciente. La receptoría de rentas de esa ciudad se convirtió en la más importante caja recaudadora del fisco provincial; sus entradas, que no alcanzaban a mil pesos anuales en 1820, se aproximaron a cuarenta mil en 1848[39].

Para Entre Ríos, la salida por el río Uruguay fue sin dudas un valor agregado crucial. La conformación de una base imponible cada vez más consistente permitió allí no sólo la erradicación de los sempiternos déficits fiscales,

---

[37] Ferreyra, A. I. (1996); Schmit, R. (2004); Gianello, L. (1949).
[38] Rosal, M.A. y Schmit, R. (1995).
[39] Álvarez, J. 1943), p. 303; Carrasco, E. y Carrasco, G. (1897); en especial ver Frid, C. (2007); sobre la aparición de algunos pueblos antes de 1856, como Puerto Aragón, Barrancas o San José del Rincón, ver Fernández, A. (1896).

sino incluso en algún momento encarar el ofrecimiento de préstamos desde el gobierno para el sector privado, a fin de ampliar las bases productivas. La ganadería se desarrolló, aun en forma extensiva; en las orillas de los ríos, surgieron saladeros y establecimientos comerciales, y se afianzó, a través de puertos propios, un lucrativo contacto directo con el mundo. La fundación de nuevos pueblos, la inversión en instituciones de fomento social (como diversas escuelas y el Colegio de Concepción del Uruguay), la reorganización de las oficinas de aduanas, del servicio de correos y de la prestación de justicia fueron capítulos de la conformación de sectores administrativos y de control más eficientes que antaño, que de esta forma acompañaron al crecimiento económico[40].

Pero indudablemente la provincia que mejor consiguió expandir el control gubernamental de su territorio fue la de Buenos Aires. La creación y desarrollo de una red miliciana, judicial, policial y administrativa durante la primera mitad del siglo XIX, así como el mismo crecimiento del propio aparato burocrático con la formación de oficinas especializadas, marcó pautas que más tarde habrían de ser seguidas por el resto de las provincias. Si bien el estado rosista tendió a limitar el volumen del personal ocupado en las funciones judiciales y administrativas en la sede urbana del poder y el mantenimiento de los salarios de ese personal en términos nominales no podía ocultar la constante depreciación de su valor adquisitivo, en la campaña la proliferación de funcionarios no rentados y la misma presión ejercida por el propio Restaurador, desde el núcleo de su secretaría privada, donde verdaderamente se concentraban las decisiones, fue afianzando un control que la unanimidad política exigida contribuía a consolidar.

---

[40] Bosch, B. (1978), pp. 177 y ss.; Schmit, R. (1999), (2004); Rosal, M. y Schmit, R.(1999).

La misma expansión de la frontera durante ese período, por lejos mucho más consistente que los avances logrados en las provincias, constituye un emergente bien claro de la dimensión que fue logrando la estructura gubernamental, que acompañó esa expansión con la creación de pueblos y el consiguiente nombramiento de autoridades para los mismos[41]. En todo ello, la posibilidad de contar con las rentas de la aduana mayor del territorio rioplatense fue sin ambages el gran factor de diferenciación: y no será casualidad que la misma estructura del naciente Estado nacional tenga como punto de partida, desde 1862, buena parte de las propias oficinas que habían servido para el Gobierno de la provincia.

De ese modo, al iniciarse la segunda mitad del siglo, ya algunas administraciones de las más importantes provincias poseían ciertos elementos básicos como para comenzar a construir sobre bases nuevas un aparato institucional más acorde a la etapa de expansión económica que habría de sobrevenir. En este aspecto es probable que incluso los mismos cambios en los hábitos de la población urbana y en la oferta de bienes culturales tuvieran parte en esa creciente complejización de las estructuras administrativas. Las ciudades, en especial las del litoral, adquirieron durante las décadas siguientes un ritmo de crecimiento más rápido; en la campaña, los nuevos pueblos también se desarrollaron, y constituyeron núcleos expansivos ligados entre sí por rutas comerciales que cada vez contaban con tráfico más intenso. Los hábitos de consumo, tanto en las ciudades como en el campo, se fueron diversificando y sofisticando; en las pulperías rurales aparecieron productos alimenticios importados, como conservas o licores; en las urbes, la arquitectura fue abandonando el estilo despojado

---

[41] Barral, M.E. y R. Fradkin (2005); Halperín Donghi, T. (1982), pp. 234 y ss; Ternavasio, M. (1995).

y recto de la época colonial y en las fachadas surgieron pilastras, ánforas y arquitrabes, de estilo toscano, dórico o jónico, que se combinaban con rejas de intrincado dibujo. Los salones de recepción fueron decorados con ricas telas, estatuas y muebles importados, mientras que los cielorrasos se cubrieron con pinturas y complicadas molduras. Surgieron nuevos espacios de sociabilidad: teatros, periódicos, cafés, paseos, logias masónicas y clubes se fueron prodigando por las principales ciudades de provincia, emulando el éxito y brillo que poseían los de la urbe porteña. El personal doméstico se amplió y se especializó; los viejos esclavos fueron siendo reemplazados por sirvientes criollos del interior o extranjeros. Éstos fueron formando asociaciones de beneficencia o de socorros mutuos, que les proveían servicios básicos por una módica cuota mensual. El comercio se especializó, e incluso algunas calles pasaron a concentrar la oferta de bienes de más calidad, y de servicios de más alto nivel. Hubo una tendencia más nítida a la segregación social dentro de las ciudades, con barrios con fuerte concentración de grupos reunidos allí por tener profesiones similares. Los nuevos servicios públicos, en especial los de transporte, fueron creando núcleos de alto movimiento humano y comercial. Éstos surgieron sobre todo en las estaciones ferroviarias y en las plazas desde las que partían los servicios de mensajerías, que se agregaron a los sitios donde tradicionalmente paraban las tropas de carretas.

En ese esquema, fueron nuevamente algunas ciudades del litoral, y en especial la mayor (Buenos Aires), las que más cambiaron. En lo que respecta a sus campañas, podemos decir que la bonaerense continuó teniendo la delantera, aun con matices. Afectada por retrocesos coyunturales de la línea de fronteras, la tradicional ganadería vacuna sufrió ciertos reveses; pero la expansión del ovino, sólidamente enraizada en los cambios tecnológicos que se habían ido incorporando ya desde antes de la mitad del siglo, y difundida entre un cuerpo múltiple y consistente de productores, tenía sobre su similar del resto del territorio pampeano una importancia mucho más sólida. Las exportaciones de lanas pasaron de 21 millones de libras a 45 millones entre 1850 y 1860; si bien parte de esos montos correspondía a las provincias, en todo caso la gran mayoría había sido generada en la misma Buenos Aires, apoyando entre otras cosas la sólida evolución de sus rentas fiscales. No es casualidad que en esa década se encararan allí diversos emprendimientos que constituyeron los primeros monumentos urbanos de envergadura del siglo: el ferrocarril, la nueva aduana construida por el arquitecto Taylor, o el primer Teatro Colón, aparte de más de quinientas casas construidas en sólo el año 1853, obra en su mayor parte de prósperos albañiles italianos.

Estación del Ferrocarril a las Colonias, Santa Fe. Colección Museo de la Colonización de Esperanza.

En las provincias, uno de los cambios fundamentales estuvo signado por la necesidad de ceder la recaudación de las rentas aduaneras al Gobierno de la Confederación, en virtud de su monopolio de la potestad fiscal externa. Si bien la concreción de esta medida habría de mostrarse difícil, en todo caso comenzó a quedar bien claro que era necesario generar nuevas fuentes de imposición tributaria, las que sólo podían encontrarse gravando la generación de valor agregado dentro de las propias provincias. Esto implicaba, por un lado, la necesidad de un sólido desarrollo económico, que presuponía a menudo fuertes cambios no sólo en las bases de la acumulación, sino en las mismas pautas de apropiación de los recursos que la sustentaban; y, por otro lado, la de lograr imponer el cobro de tasas sobre rubros en los que había poca o ninguna tradición de pago, en especial desde la supresión de los diezmos de tiempos coloniales. Gravar un sector al mismo tiempo que se intentaba estimular su crecimiento constituía un desafío muy complejo; más aún porque las producciones locales, salvo en algunos casos y en algunos rubros, constituían sobre todo pequeños emprendimientos artesanales o agrarios en escala familiar, bajo pautas tradicionales de bajo rendimiento.

Durante las décadas de 1850 y de 1860, la mayor parte de las provincias puso en marcha nuevos sistemas impositivos, para buscar en forma variable atenuar el impacto de éstos sobre las unidades productivas de menor tamaño, a través del establecimiento de mínimos no imponibles. El impuesto principal cuyo cobro intentó organizarse fue el de la Contribución Directa, una renta fiscal sobre los capitales individuales que abarcaba, con variaciones importantes en cada provincia, el patrimonio en tierras, en ganados, en giro comercial y en industrias. En este aspecto, en gran medida Buenos Aires siguió marcando pautas: contando con un sistema de Contribución

Directa desde la década de 1820, la legislación de las provincias tuvo muy en cuenta las formas en que allí se había hecho frente a éste.

Ahora bien, tradicionalmente este impuesto era de recaudación mucho más aleatoria que las más fácilmente controlables rentas aduaneras; incluso en la misma Buenos Aires, sólo en algunos años y por causas muy puntuales, la Contribución Directa producía sumas de consideración. Las razones estribaban en la dificultad de establecer con certeza las bases individuales de imposición, toda vez que dependían de la declaración espontánea de los contribuyentes, poco propensos a indicar la totalidad de sus bienes; o, si se lograba constituirla, de una comisión de evaluadores cuyas tareas, aun cuando no resultaran afectadas por favoritismos o por influencias personales, debían de cualquier modo ejercerse sobre un espectro generalmente muy amplio de capitalistas, cuyo control y fiscalización resultaba siempre muy difícil.

En cualquier caso, la imposición de estos gravámenes presuponía la existencia de registros más o menos certeros: uno de éstos, sin dudas el principal, lo constituía la regulación del catastro de tierras. La superficie de las tierras públicas nunca había sido medida ni evaluada en la mayoría de las provincias; esto les significaba a los fiscos provinciales un quebranto considerable, en tanto los ocupantes rara vez o nunca habían pagado arrendamiento. Pero la importancia de esas mediciones no sólo se limitaba al interés fiscal: condición *sine qua non* de certeza en la posesión jurídica del suelo, la conformación de un catastro significaba además romper definitivamente con viejas tradiciones de acceso informal a los recursos, cuya impronta había sido marcada en los años del dominio colonial, cuando la propiedad eminente era sólo de la Corona, y los poseedores de títulos, por otra parte en ningún momento perfectos, apenas una minoría cuyo dominio sobre la propiedad fundiaria en realidad estaba sostenido por tradiciones de uso y posesión antes que por cualquier otra cosa. Dadas la falta de límites precisos, la existencia de múltiples obstáculos al uso pleno del recurso y la difundida presencia de ocupantes a quienes en general convenía sostener antes que expulsar porque podían aportar mano de obra en un contexto siempre ávido de ésta, el dominio de la tierra sólo podía ejercerse mediante su posesión efectiva, por lo que la dimensión local de aquél resultaba el único y fundamental ámbito donde ésta podía transarse. Constituir catastros significaba así entre otras cosas extraer del ámbito local las fuentes del dominio fundiario: era de ese modo romper radicalmente con las tradiciones y difundir el concepto burgués de propiedad de la tierra, en un panorama donde antiguas costumbres continuaban rigiendo las normas de su uso, y donde la efectividad de la posesión de títulos jurídicos no era sino una anécdota ante la presencia de arreglos concretos cuyo peso como factores de dominio era mucho más sólido que cualquier escritura.

La conformación de catastros de ese modo habría de convertirse en un factor muy concreto para la penetración de formas de producción rural más intensivas en capital, paso imprescindible si se pretendía desarrollar las fuerzas productivas para generar sobre éstas bases de imposición sólidas. Únicamente a través de registros certeros podía saberse qué valor concreto poseía la tierra; sin éstos sólo la lenta y consistente imbricación en los ámbitos locales podía garantizar al interesado las condiciones necesarias para acceder con cierta seguridad a la tierra. Los catastros habrían de derivar en la conformación de un mercado de tierras y, por tanto, en la posibilidad de transacciones cada vez más anónimas, que fueran permitiendo ingresar a la demanda a una consistente masa de inversores provenientes de todos los ámbitos, en especial de otras provincias o del exterior. Captarlos era un factor crucial en economías donde la generación local de capitales era demasiado pobre como para basar sobre ella sola la totalidad de las estrategias de acumulación. Por lo demás, sólo mediante esos pasos previos las tierras públicas podían convertirse en medio de obtención de recursos fiscales: nadie habría de comprar o pagar arriendo al estado por aquello cuyo valor era incierto, o cuyo usufructo sólo podía conseguirse y asegurarse operando sobre las redes locales de autoridad.

Ahora bien, todo ello significaba ni más ni menos chocar abiertamente con buena parte de las costumbres, hábitos y aun derechos adquiridos de la población rural: el conflicto que así se planteaba sólo podía ser resuelto en lo inmediato por la imposición de la fuerza, y a más largo plazo por la participación de esa población rural criolla en el nuevo y dinámico contexto ofrecido por las formas modernas de producción rural. Ambos aspectos presuponían, por un lado, los recursos y liderazgo necesarios para llevarlos a cabo; y, por otro, la certeza de que ese camino no tenía alternativas, ya que el mismo incremento demográfico, de no variarse las condiciones de acumulación hacia pautas más intensivas, habría de demoler progresivamente las condiciones de vida de esa misma población rural, que hubiera debido sostenerse sobre una tierra cuya rentabilidad decrecía por el mismo carácter limitado de las innovaciones que podían incorporársele.

El período que comprende las décadas de 1850 y de 1860 está marcado también por la necesidad de grandes erogaciones fiscales en las provincias: en primer lugar, para asegurar la propia existencia. Los Gobiernos provinciales estaban a menudo en jaque: las asonadas, derrocamientos y cambios violentos eran todavía algo bastante frecuente, a causa de los vaivenes de la política, la presencia de sectores e individuos con recursos y poder como para constituir amenazas potenciales, y la falta de una hegemonía clara, estando aún no del todo consolidada la del naciente Estado nacional. Por otra parte, la misma puesta en marcha de reformas imprescindibles habría de absorber ingentes fondos: la reorganización administrativa, el establecimiento de tribunales de justicia, los avances sobre las fronteras y la construcción de catastros sólo podían llevarse a cabo contando con personal idóneo y con medios de financiamiento.

Dado que los recursos generados por los nuevos impuestos de la Contribución Directa rara vez podían alcanzar niveles de imposición suficientes, la forma que se encontró para hacer frente a esos ingentes gastos fue, entre otras, la venta de tierras públicas. Si bien no todas las provincias contaban con un stock relevante, las que poseían fronteras con el territorio indígena intentaban avanzar sobre éste a fin de consolidar su dominio. Ello derivó a su vez en la disposición de superficies cuya transferencia al sector privado era además una necesidad para la puesta en producción de éstas, ya que provocaba una sensible baja en los costos productivos a causa del menor precio relativo de esas tierras, en comparación con las de vieja ocupación. Los resultados fueron bastante auspiciosos en varias provincias, como puede deducirse a partir de los datos de los siguientes cuadros.

Cuadro N° 1
Ingresos y gastos de las provincias de Santa Fe, Entre Ríos, Córdoba y Buenos Aires, 1875-1886

		1875-1880	1881-1886
Santa Fe	Ingresos	2.529.181	4.776.617
	Gastos	1.630.867	3.503.424
Entre Ríos	Ingresos	3.881.825	4.991.648
	Gastos	4.118.294	5.530.763
Córdoba	Ingresos	1.224.670	2.259.048
	Gastos	740.656	2.581.466
Buenos Aires	Ingresos	22.931.474	21.944.215
	Gastos	25.226.275	27.671.762

Cuadro N° 2
Ingresos en concepto de venta y arrendamiento de tierras públicas

	1875-1880	1881-1886
Santa Fe	17.611	822.290
Entre Ríos	643.761	1.275.640
Córdoba (parte sur)	456.661	333.005
Buenos Aires	3.957.514	4.467.525

Fuente y aclaraciones para ambos cuadros: en pesos fuertes hasta 1883; en pesos oro después de ese año. Datos tomados de Agote, P. (1881 / 1882 / 1885 / 1887), *passim*, salvo para Córdoba en lo que respecta a ingresos por venta y arrendamiento de tierras. Conversiones de pesos papel a pesos fuertes a partir de las tablas de Álvarez, J. (1929) y de pesos bolivianos a pesos fuertes a tasa uniforme de 72 centavos por cada boliviano. Los datos de ingresos por venta y arrendamiento de tierras de Córdoba están tomados de las transcripciones de transferencias de dominio desde el fisco a particulares compiladas por Rojas de Villafañe, E. A. (1976), pp. 65-111, pero éstas sólo se refieren al área sur provincial. Asimismo, se trata de ventas, por lo que no aparecen en el cuadro datos de ingresos por arrendamiento. Por otro lado, se incluyeron únicamente las transferencias con datos de superficie y precio pagado; se descartaron las que no contaban con esos datos o eran donaciones.

Aunque no contamos con datos anteriores a 1875 para el análisis en conjunto de las distintas provincias, y se nos escapa por consiguiente un período durante el cual el movimiento de tierras públicas tuvo sin dudas gran dinamismo, puede verse de todos modos con claridad la importancia del rubro en las distintas provincias. Más significativo aun que los avances de la frontera, se trató de la puesta efectiva en producción de esos espacios nuevos, lo que posibilitó el crecimiento de la economía productiva y consiguientemente de la recaudación fiscal. La valorización misma produjo así un aumento mayor en los ingresos públicos con el paso del tiempo; en Santa Fe, el monto recaudado por venta de tierras pasó de menos de un 1% de los ingresos en el período 1875-1880 a un 17% en el período siguiente. En Córdoba el rubro de venta de tierras públicas no figura desagregado en el detalle de ingresos del Estado que proporciona Agote; pero, de acuerdo a los datos compilados por Rojas de Villafañe, su proporción en los ingresos provinciales no parece que haya sido menor al 37% en el período 1875-1880 y al 15% entre 1881 y 1886. Esta circunstancia marca las diferencias con el proceso santafesino: si bien en este último período se transfiere menos superficie, el valor recaudado por hectárea es mayor que en el anterior. Por otro lado, aun cuando la superficie transferida antes de 1883 es significativa, a juzgar por las ventas posteriores el stock de tierras públicas que aún quedaba disponible aquel año en el sur provincial alcanzaba casi a un millón de hectáreas, mientras que el santafesino era mucho menor, aunque su valor fuera por el contrario más alto.

Entre Ríos, en tanto, logró aumentar desde un 17% a un 26% sus ingresos por venta de tierras públicas entre ambos períodos analizados; sin embargo, se trataba ya de tierras con un alto valor relativo promedio situadas en áreas de vieja ocupación o en el interior provincial. Su ingreso a la economía agraria se había producido con mucha anterioridad, por lo que la venta a sus ocupantes o arrendatarios (o su expulsión) sólo constituyó la clarificación final de numerosas situaciones de hecho; en todo caso, fue un avance concreto del fisco sobre dominios ya privados, y no a la inversa. Algo similar puede decirse de Buenos Aires: allí, los ingresos en concepto de "venta de tierras públicas y arrendamiento" pasaron del 17% al 20% del total entre ambos períodos; como lo han mostrado las investigaciones existentes, las ventas de tierras públicas consistieron allí en esos años sobre todo en la liquidación del régimen de arrendamientos puesto en vigencia hasta que se completara el ordenamiento legislativo necesario para la venta definitiva de las tierras, por lo que en buena medida estas últimas conformaban espacios ya puestos en producción[42].

De ese modo, las administraciones provinciales fueron logrando afianzarse, y encarar transformaciones cruciales en su estructura económica, incluso mediante planes de fomento del desarrollo. Se fueron obteniendo así condiciones de mayor estabilidad de los Gobiernos, que dejaron progresivamente de encontrarse siempre jaqueados por la incertidumbre propia de los antiguos regímenes de caudillo. Las asonadas y "revoluciones" fueron menos frecuentes; el dominio de las áreas rurales y de los grupos alternativos de poder por parte del centro

---

[42] Valencia, M. (2005); Rojas de Villafañe, E. (1976); Ferreyra, A.I. (1998); Moreyra, B. (1992c).

gubernamental fue cada vez mayor, y la consolidación del nuevo orden creciente.

El ejemplo más contundente de esa nueva situación lo ofrece la provincia de Santa Fe. Hacia 1870, el andamiaje institucional de Santa Fe no era todavía muy sólido, pero la provincia había por fin estabilizado sus relaciones con el poder central, y los cambios violentos de Gobierno no eran como antaño una posibilidad recurrente. Todavía en 1868 las rebeliones podían derrocar a gobernadores de peso, como Nicasio Oroño; para inicios de la década de 1870, las intentonas fueron limitándose cada vez más a escaramuzas y a levantamientos con consecuencias a veces graves, pero que no lograron nunca torcer tan radicalmente el rumbo institucional. El Gobierno provincial disponía ahora no sólo de un más fluido apoyo por parte del ascendente Estado nacional, sino que contaba incluso con recursos fiscales crecientes, que le ayudaban a afirmar mucho más sólidamente su poder[43]. En este panorama, Entre Ríos parece ofrecer el contraste más consistente: todavía a inicios de la década de 1870, la provincia era sacudida por el accionar de un caudillo, Ricardo López Jordán, y sus huestes rurales, en abierto desafío no sólo a la autoridad provincial, a la que le fue muy fácil derrotar, sino incluso a las autoridades nacionales, que habrían finalmente de aplastarlo. De todos modos, más tarde o más temprano, la convergencia de intereses con la política del Gobierno nacional habría de llevar también al orden a la díscola clase política entrerriana: como veremos luego, no existía otro camino para ésta si pretendía sobrevivir en un panorama sustancialmente distinto de todo lo que había conocido en las décadas anteriores.

---

[43] Un ejemplo en Gallo, E. (1983), p. 355.

4. El proceso de transferencia de tierras públicas a manos privadas

Con la constitución del Estado nacional, las distintas provincias pasaron entonces a reorganizar sus administraciones bajo nuevas pautas, y encararon para ello la venta de sus tierras públicas. Pero esta tarea no fue fácil, ya que las tierras en sí carecían de valor, por encontrarse alejadas de las zonas ya pobladas o por no estar todavía afianzadas como parte del territorio provincial. De este modo, si eran simplemente ofrecidas en venta a tanto por legua, poco habría de recaudarse, y los interesados habrían de pedir superficies muy extensas para compensar los factores de riesgo; y, si por el contrario el Estado las retenía, continuarían careciendo de valor dado que muy pocos se preocuparían por instalar allí actividades productivas sólidas. La escasez de población era otro límite difícil de franquear: mientras que los avances sobre la frontera en Buenos Aires, por su carácter gradual, habían ido siendo acompañados aunque en forma relativa por el incremento poblacional, en provincias como Santa Fe los rápidos avances sobre la frontera que se concretan desde 1857 excedían la capacidad de expansión de la escasa población existente. De este modo, también la opción de entregar grandes porciones de esos territorios a empresarios tenía un razonable sentido: se trataba en todo caso de asegurarse de que éstos introdujeran colonos para que ese poblamiento adquiriera consistencia con algo más de rapidez. Ése fue el marco inicial de la puesta en venta de las tierras públicas provinciales en las décadas de 1850 y de 1860; posteriormente, será el Estado nacional el que habrá de agregarse a la oferta. Veremos seguidamente en forma muy resumida algunos puntos que consideramos importantes de esos procesos.

4.1. La tierra pública en Buenos Aires

Inmediatamente después de Caseros, las primeras medidas relacionadas con la tierra pública fueron fruto de la reacción contra Rosas. Un decreto de la Legislatura porteña del 16 de febrero de 1852 lo hizo responsable de todos los actos de su Gobierno y declaró de propiedad pública todos sus bienes, incluidas sus tierras. Aunque esta disposición fue anulada el 7 de agosto de ese año, luego volvió a ser ratificada en julio de 1857 y ampliada en agosto. Se ordenó entonces la confiscación de todas sus propiedades, que fueron puestas a la venta. Por otras disposiciones se trató de compensar la situación de quienes habían sido perseguidos por el dictador, y en ese sentido se dictaron distintas medidas, el 17 de febrero y el 12 de marzo de 1852, por las cuales se restituían propiedades confiscadas en 1840. Se mandó asimismo anular donaciones de terrenos efectuadas entre 1821 y 1852 y reintegrar al Estado tierras obtenidas en virtud de boletos de premio de 1839. Además, se comenzó a pensar en la forma más adecuada de disponer de las tierras públicas a la vez que se iba tratando de ordenar el régimen de tenencia. Por otra parte, resultaba imprescindible consolidar la línea de fronteras, para lo cual fomentar el poblamiento era sin dudas el medio más indicado. Todo ello comenzó a plasmarse en diversas medidas. El 29 de abril de 1852, el Poder Ejecutivo de la Provincia de Buenos Aires encargó al Departamento Topográfico un inventario e investigación general de todas las tierras y, por decreto del 29 de mayo de 1852, se prohibió la enajenación de la tierra pública hasta la sanción de una ley sobre la materia. La Ley del 7 de agosto de 1857 marca adecuadamente los criterios de la época al respecto: según ésta, era la propiedad privada la que estimulaba el trabajo y la producción, no la enfiteusis o el arrendamiento. Se autorizó la venta de 100 leguas de campo público al interior del Salado, sin tener en cuenta si allí se había solicitado la ubicación de boletos de premio de 1839[44]. Quedaban exceptuados los enfiteutas comprendidos en la ley de enajenación de esas tierras dictada en 1838, siempre y cuando llenaran ciertas condiciones. Del producido de la venta de estas tierras, un porcentaje se habría de dar a las municipalidades de la zona, otro debía destinarse al Banco de la Provincia y el resto se afectaba al pago del empréstito Baring, es decir que se trataba de una ley con criterios puramente fiscales.

El 16 de octubre de 1857, otra disposición puso fin al sistema de enfiteusis y estableció un régimen de arriendo que duraría varios años más, y que buscaba regularizar y aclarar la situación jurídica de las tenencias. Por ésta se autorizaba al Poder Ejecutivo provincial a lo siguiente: "Dar en arrendamiento las tierras públicas que estaban ocupadas en enfiteusis y las meramente ocupadas, no pudiendo exceder del término de ocho años y con la reserva del derecho de enajenar, durante el término del contrato, en cuyo caso tendrá la preferencia de compra el arrendatario". Esta ley establecía que ninguna persona o sociedad podría obtener en arrendamiento más de tres leguas cuadradas al interior del río Salado y de seis al exterior del mismo. Se estableció igualmente que los campos arrendados al exterior de la línea de fronteras no pagarían arrendamiento hasta tanto quedaran incluidos en ésta. La norma marcaba la tendencia del Gobierno en materia de tierra pública: vender el suelo, o darlo en arrendamiento para sacar provecho fiscal y estimular la población. Para ponerla en práctica, el 19 de julio de 1858 se fijó una nueva línea de fronteras[45].

Según las investigaciones de Marta Valencia, bajo este régimen se pusieron en arriendo entre 1858 y 1876 un total

---

[44] Reproducida en Prado y Rojas, A. (1877-79), t. V, pp. 291-3.
[45] Cuccorese, H. J. y J. Panettieri (1971); Valencia, M. (2000).

de más de 5 millones de hectáreas en la provincia de Buenos Aires, de las cuales 3.861.913 (el 77%) correspondieron a contratos en el exterior de la frontera, ampliando la zona ocupada, especialmente en el sur y oeste bonaerense. Estas cifras muestran que la presión de los productores por nuevas tierras era un factor muy importante entre los motivos que llevaron a la sanción de la ley: entre otras cosas, el crecimiento del stock ganadero de la década de 1850 era una buena razón adicional para la ampliación de la frontera, a fin de encontrar en ésta medios de descargar los sobrepoblados campos más antiguos[46].

Es importante, sin embargo, indicar que estas medidas de disposición de tierras públicas no significaron posteriormente la formación de grandes latifundios. Valencia ha demostrado que el promedio de los arrendamientos otorgados fue de unas 7000 hectáreas, mientras que, a lo largo del tiempo, las tenencias fueron reduciéndose. En 1863 las tenencias de entre 8101 y 16.200 hectáreas abarcaban al 25,16% de los titulares y al 49,18% de las tierras; en 1870, en cambio, la franja de entre 2701 y 8100 hectáreas daba cuenta del 56,19% de los titulares y del 53,52% de las tierras. Los legisladores trataron explícitamente de evitar la concentración de tierras en pocas manos al establecer a las tenencias límites de tres y seis leguas según su ubicación. Es de destacar que, en 1863, el límite de tres leguas se extendió incluso a las tenencias de fuera de la línea de fortines[47]. Por otra parte, tenencias de las dimensiones indicadas estaban de acuerdo con el estado de las fuerzas productivas y con la tecnología necesaria para la producción ganadera de entonces en explotaciones medianas, más aún en zonas recién conquistadas a los indígenas y alejadas de los centros de comercialización.

---

[46] Barsky, O. y Djenderedjian, J. (2003); Valencia, M. (2000).
[47] Valencia, M. (2000).

Otras disposiciones continuaron asimismo enajenando tierras con fines puntuales, lo que demuestra la primacía de un propósito fiscal alrededor del tema. Por la ley del 17 de octubre de 1859, se lanzaron a la venta otras 100 leguas al exterior del Salado, y se utilizó la recaudación para amortizar el empréstito con Londres y para financiar la construcción de un ferrocarril[48]. Posteriormente, la Ley del 4 de noviembre de 1864 fijó el precio para la venta de tierras públicas en la provincia: los terrenos al interior del río Salado serían vendidos al precio de 400.000 pesos corrientes la legua cuadrada y 200.000 los de al exterior. Los entonces arrendatarios podrían adquirir las tierras, entregando una sexta parte del precio al contado y el resto hasta en seis años de plazo con un interés anual del 6%. De este modo, aun antes de la sanción de la ley de 1876 con la que finalizaría el régimen de arriendo, poco a poco la tierra pública en la provincia de Buenos Aires fue pasando al dominio privado, ya que el Estado siempre se reservó el derecho a la venta de las tierras arrendadas, si lo creía pertinente y en interés del erario provincial. Asimismo, debe notarse que la vigencia de distintos regímenes jurídicos, además de la variada gama de situaciones de hecho, determinaron la formación de un mercado secundario, en el que se vendían y se compraban predios detentados por ocupantes con derechos adquiridos más o menos ciertos o con títulos formalizados en diversos grados. Esto, por otra parte, debió de ser un fenómeno muy extendido si se tiene en cuenta que, desde 1840, los ocupantes de tierras públicas no habían podido regularizar sus tenencias. Asimismo, el largo período de vigencia de los arrendamientos hasta la sanción de la Ley de 1876, debió favorecer los convenios entre particulares que no deseaban perder sus derechos a la propiedad, sostenidos desde mucho tiempo atrás, pero que no estaban dispuestos tampoco a continuar con la misma explotación.

---

[48] Prado y Rojas, A. (1877-1879), t. V, pp. 464-5.

Las nuevas expansiones sobre la frontera sólo habrían de agregar poco terreno a la provincia en comparación con el que ya poseía; lo sustancial, entonces, del patrimonio fundiario público había sido ya entregado hacia 1880, por lo que puede decirse que desde entonces la influencia de la oferta estatal en el mercado de tierras fue limitada y decreciente.

4.2. La tierra pública en las otras provincias pampeanas

Mientras que la evolución del régimen de la tierra pública en Buenos Aires cuenta con valiosos estudios recientes, en lo que respecta a las otras provincias pampeanas el panorama es bastante más heterogéneo: si bien Córdoba ha sido estudiada con cierta minuciosidad, la situación de Santa Fe es todavía oscura, y más aún la entrerriana. De cualquier forma, resulta indudable que el recorrido de cada una de éstas difirió mucho del seguido por Buenos Aires, a pesar de ciertos elementos en común; y por otra parte la heterogeneidad es la norma aun dentro de cada caso. En algunas provincias, como Santa Fe, se implementó un régimen de enfiteusis, mientras que, en otras, como Entre Ríos, éste no existió. A pesar de diversos intentos fallidos de regularizar las tenencias, en esta última provincia las tierras públicas fueron durante mucho tiempo ocupadas sin pagar ningún tipo de impuesto o de arrendamiento y, según Ruiz Moreno, hasta 1860 ni siquiera se pagaba regularmente la Contribución Directa por campos de pastoreo.[49] Esta situación tenía, como hemos dicho ya, antiguos antecedentes que se remontaban a los tiempos coloniales; pero además, los disturbios y guerras de la primera mitad del siglo XIX habían introducido elementos para que se prolongara durante mucho tiempo. Por lo demás, el mismo éxito económico de la ganadería extensiva hasta 1860 provocó en Entre Ríos una

---

[49] Ruiz Moreno, M. (1896-7), t. I, pp. 59 y ss.

fuerte demanda de tierras que, aunada al rápido aumento poblacional y a la ausencia de frontera indígena, llevaron los precios de la hectárea a cotas realmente sorprendentes, que restaron competitividad a la provincia frente a sus vecinas, y a la postre redundaron en límites a su desarrollo agrario.

El caso entrerriano, como hemos dicho, es particularmente interesante. Allí, recién a inicios de la década de 1860 se intentó organizar un catastro, no sólo para reglar la tierra en manos de particulares, sino fundamentalmente a efectos de que el fisco conociera las extensiones fundiarias que poseía y pudiera disponer de éstas con certeza. Incluso llegaron a ponerse en venta varios cientos de leguas; pero, en cualquier caso, las prácticas discrecionales en el manejo de la tierra parecen haber continuado, a la vez que el virtual agotamiento del antiguo sistema de ocupación sin títulos comenzaba a dejar desprotegida a una creciente cantidad de labradores. La difícil consolidación institucional del país y la movilización consiguiente a la Guerra del Paraguay introdujeron nuevas trabas al proceso, por lo que el establecimiento de una administración formal y segura de la propiedad de la tierra continuó siendo un tema conflictivo, sobre todo en función de los derechos adquiridos por los ocupantes, quienes temían verlos conculcados. Según diversos testimonios, incluso la autorización de contratos de ventas de terrenos entre particulares estaba sometida a la aprobación del caudillo Justo José de Urquiza, a pesar de existir expresas garantías constitucionales a la propiedad, lo que marca el valor político de la entrega de tierras, y la compleja situación creada por la falta de registros certeros[50] El rápido aumento poblacional y el lento y complejo proceso de expansión de actividades productivas

---

[50] *Ibíd.*, esp. t. I, pp. 303 y ss. Testimonios al respecto en la correspondencia de Ricardo López Jordán conservada en ANH – RLJ, por ejemplo, Ricardo López Jordán a Ricardo López Jordán (hijo), Montevideo, 22 de diciembre de 1884, Caja 6, fs. 17-18.

más intensivas derivaron en una creciente presión sobre la tierra, que la inexistencia de una frontera abierta contribuyó a dilatar. Por lo demás, el establecimiento de un régimen de arrendamiento de tierras públicas, si bien perseguía el objetivo de organizar las tenencias y resolver en parte los problemas ligados a la puesta en valor del recurso hasta tanto se lograra organizar los registros y constituía a la vez una entrada fiscal, provocó más tensiones con los antiguos ocupantes que habían recibido permisos de poblar como recompensa por sus servicios en la guerra, y que resistieron pasivamente al pago de los cánones. El asesinato de Urquiza, hecho con el que comenzó la rebelión liderada por Ricardo López Jordán, puso en claro la tensión irresuelta entre los simples ocupantes de terrenos y los intentos gubernamentales por otorgar garantías a la propiedad más allá de la voluntad de los caudillos.

Una vez sofocada la rebelión, el cambio de perspectivas comenzó a afianzarse mejor. En los años siguientes logró lentamente irse reglando la propiedad fundiaria; se fueron dictando diversas medidas tendientes al ordenamiento legal de títulos y a la regularización de deudores al fisco; a pesar de la rebelión jordanista, hacia 1874 ya estaba confeccionado el catastro provincial; ese año se publicó una importante carta topográfica con demarcación de terrenos privados. Todos estos problemas retrasaron largamente el establecimiento de colonias, como veremos en su momento; recién a partir de la segunda mitad de la década de 1870, el proceso volverá a adquirir ímpetu. De todos modos, la caducidad de las antiguas formas de acceso gratuito a la tierra y los cambios consiguientes de su puesta en valor pusieron pronto en evidencia un costo que, no por previsto, habría de ser menor. Durante toda la expansiva década de 1880, se sucedieron medidas tendientes a relocalizar poblaciones de ocupantes pobres de tierras públicas o privadas que estaban siendo subdivididas para la instalación de colonias; aun cuando al parecer lograron en parte tener éxito, esos intentos de todos modos no pudieron detener el proceso de pauperización y atomización de esas familias, en tanto las muy extensivas pautas tradicionales de uso de la tierra resultaban todavía menos rendidoras merced a la creciente subdivisión de los terrenos y al corrimiento hacia áreas menos ricas[51]. Por lo demás, ese proceso de corrimiento parece haberse incluso dado en forma espontánea, según se desprende de algunos testimonios contemporáneos[52]. En todo caso, a partir de noviembre de 1892, las tierras fiscales remanentes en la provincia sólo habrían de venderse en remate público, lo que establecía límites muy claros a los intentos de relocalización de ocupantes, y mostraba hasta qué punto la decisión de conformar un mercado de tierras se había ya cumplido en lo esencial[53].

Ferrocarril de Santa Fe a las Colonias. Puente de 60 metros de largo sobre un bañado del río Salado. Mediados de la década de 1880. En Carrasco, G. (dir.), 1887-8.

---

[51] Sobre la entrega de tierras para ocupantes pobres, ver por ejemplo Ruiz Moreno, M. (1896-7), t. I, p. 235 y 259; t. II, pp. 146-8; 162.
[52] Ver uno de ellos en Fernández Armesto, V. (2000), pp. 63-72.
[53] Ruiz Moreno, M. (1896-7), t. I, pp. 294 y ss.

En Santa Fe, la tardía expansión de la frontera implicó menos problemas a la hora de decidir de quién eran las tierras adquiridas, pero el proceso no fue por ello menos complejo. En la década de 1850, el ritmo de expansión de las fronteras se aceleró, y marcó, en algunos casos, diferencias sustanciales con el relativo estancamiento anterior, en que durante toda la primera mitad del siglo no se habían registrado avances. Los expedientes puestos en marcha para tal fin denuncian un convencimiento de que era necesario avanzar sobre esas fronteras como condición *sine qua non* para cualquier empresa posterior, e incluso para consolidar, sobre bases medianamente firmes, la economía provincial, cuyos avances en la década previa habían sido muy notables[54]. Ya desde sus inicios, los proyectos de instalación de colonias tuvieron allí, como veremos luego, un carácter de avance sobre las fronteras que las circunstancias muy pronto habrían de revertir, vista la imposibilidad del desarrollo de núcleos agrícolas en medio de campos desiertos y enormemente lejos de las vías de comunicación fluvial, imprescindibles para la realización de los excedentes productivos. Paralelamente a ello, tuvo mucho más éxito un importante esfuerzo por incorporar tierras nuevas a la provincia, llevado a cabo por los tradicionales medios de las expediciones militares y del establecimiento de fortines; estos movimientos tuvieron su primer momento cumbre en 1858, en que la expedición del gobernador Fraga logró conquistar unos doce mil kilómetros cuadrados de territorio. Pero no habrían de ningún modo de detenerse allí: entre esa fecha y 1869, el área jurisdiccional de la provincia se incrementó más de cuatro veces[55].

De esa forma, la provincia se encontró pronto con un *stock* de tierras públicas prácticamente desocupadas, mucho

---

[54] Frid, C. (2007).
[55] Gallo, E. (1983), pp. 34-35; Carrasco, G. (Dir. y Comis. Gral.) (1887-1888), l. IX a XI, pp. 60 y ss.

más sustantivo y valioso que aquel con que contaba su vecina Entre Ríos, y mucho menos sujeto a conflictos. La disposición de ese importante conjunto de propiedad fiscal de más de cincuenta mil kilómetros cuadrados sería objeto de debate en esos años y en los venideros. Resultaba imprescindible consolidar el dominio, pero para ello hacía falta ponerlas en comunicación con el exterior y garantizar la seguridad de sus ocupantes, ya que aún no se habían terminado las ofensivas indígenas. Esto era materialmente imposible para un fisco exhausto, cuya capacidad de invertir en obras de infraestructura era prácticamente nula. Por otra parte, si bien la tenencia de tierras en las zonas ocupadas desde más antiguo reconocía una gran diversidad de situaciones de hecho, también allí las posesiones fiscales eran importantes. El ahogo financiero fiscal llevó a dar prioridad a la venta progresiva de esas tierras para paliar los déficits y con la esperanza de que los nuevos propietarios privados se hicieran cargo de la inversión necesaria para ponerlas en producción. Así, la importancia de estas tierras como recurso fue crucial para el Estado: en el ejercicio 1856-57, las ventas de tierras fiscales sumaron 66.584 pesos, o el 53,5% del total de las rentas provinciales. El gobernador, Juan Pablo López, indicaba en su mensaje a la Asamblea: "Las rentas no han bastado para llenar las necesidades ordinarias de la Administración [...] sin la venta de tierras de propiedad del Estado, hubiera sido materialmente imposible a la actual Administración marchar hasta el presente"[56]. Como es lógico, no todos los años la venta de tierras fiscales tenía esa importancia proporcional; sin embargo, el echar mano de éstas fue una actitud recurrente y generalizada por parte de las administraciones provinciales.

Pero esta misma puesta en valor de la tierra pública aceleró la creación de instrumentos de su ordenamiento

---

[56] Ensinck, O. (s/f), p. 63.

jurídico. Hacia 1862 se creó un registro general de tierras en propiedad. El gobierno de Oroño, a partir de 1866, se ocupó muy especialmente de legislar en materia de expropiación de tierras y fundación de colonias; no sólo pidió empréstitos para financiar expediciones al interior de la provincia y sobre todo hacia el norte, a fin de ir empujando la frontera con los indígenas, sino que legisló sobre el otorgamiento de fracciones a los colonos, la creación de nuevas colonias y el establecimiento de Comisiones de Inmigración Sus sucesores continuaron ocupándose de legislar en función de las demandas presentadas por el auge del proceso, y llegaron incluso en algunos casos a autorizar la venta y concesión de grandes extensiones de tierra fiscal a algunos empresarios colonizadores. Pero es innegable que, de este modo, la provincia puso a disposición de los emprendedores las herramientas legales para propender el desarrollo de las inversiones, al mismo tiempo que la oferta contribuía a disminuir el precio de las tierras de antigua ocupación, lo que favorecía la radicación en éstas de colonos o de inmigrantes.

Puente colgante de 47 metros de largo sobre el arroyo Mal Abrigo. Colonia Romang, mediados de la década de 1880. En Carrasco, G. (dir.), 1887-8.

De cualquier modo, aun conservando competitividad con respecto a otras provincias vecinas, en función de la creciente demanda y de la constitución de un dinámico mercado del factor, las tierras de Santa Fe comenzaron a subir de precio. "Muchas tierras situadas al oeste que en el año 1858 no valían más de quinientos pesos fuertes por legua cuadrada, se han vendido para colonizarlas en los últimos cuatro años al precio de 12; 16; 20 y 24 mil pesos fuertes por legua. La cantidad de 250 leguas de tierras fiscales, que fueron vendidas en 1867 por el gobierno en la región del Norte, entonces desierta y fuera de frontera, al precio de trescientos pesos fuertes, en el corriente año se han vendido a cuatro mil pesos fuertes la legua cuadrada al Banco de Londres y Río de la Plata. [...] El mismo banco compró en noviembre de 1871 cinco leguas de tierras en el oeste de esta ciudad al precio de dieciséis mil pesos fuertes la legua cuadrada; y cinco meses más tarde ha vendido la misma tierra en la cantidad de 24.500 pesos fuertes por legua. Las más remotas [tierras] dentro de la frontera no se cotizan en esta plaza en menos de 1000 pesos fuertes por legua cuadrada", afirmaba sorprendido Jonás Larguía en 1872[57].

Si en los años anteriores a 1870 la siempre estrecha situación del erario provincial había ido obligando a la enajenación fundiaria para cubrir déficits, a partir de ese año el traspaso de tierras estatales al dominio privado se aceleró. Ya en 1872 estas últimas superaban en superficie a las públicas: del total de 17.762.000 hectáreas que la provincia poseía en esa fecha, según el inspector de colonias Jonás Larguía, las tierras privadas sumaban 9.667.000[58]. Aun repartida a menudo en grandes porciones, muy pronto un acelerado proceso de fragmentación se puso en marcha,

---

[57] Larguía, J. (1872), pp. 21-22
[58] Gallo, E. (1983), p. 63.

no sólo por efecto del avance de la colonización, sino incluso en forma independiente de éste. Pero sin dudas la constitución de un mercado de tierras era condición necesaria para que el proceso colonizador adquiriera un ritmo propio, en tanto éste era en esencia fragmentación y venta de las tierras. "El negocio más lucrativo en esta provincia es la formación de colonias para valorizar la tierra –concluía Larguía en su informe– porque existiendo ya en los territorios agrícolas una población de más de 16.000 habitantes, ésta atrae la inmigración espontánea en una cantidad mayor de 2000 al año".[59]

A partir de la década del ochenta, ya casi no quedaban tierras fiscales para ser adjudicadas, salvo en el norte de la provincia. Se había ido agotando el stock por las liquidaciones de los años previos. Las causas y consecuencias de ese proceso también son complejas. Buena parte de esas tierras, sobre todo las de frontera recién incorporadas al patrimonio provincial, valían aún en la década de 1870 individualmente demasiado poco como para constituir un recurso consistente. Esto implicó que las crónicamente deficitarias administraciones locales debieran a menudo ceder grandes extensiones a pocas personas para poder hacerse de dinero, e incluso así los problemas continuaban. En 1859 parecen haberse entregado cerca de medio millón de hectáreas al empresario Esteban Rams y Rubert, y luego a dos conocidos emprendedores, Casey y Rufino[60]. Luego se efectuaron cesiones para proyectos de construcción ferroviaria, uno de los cuales, el Ferrocarril Oeste de Santa

---

[59] Larguía, J. (1872), p. 25. Sobre el papel de las ventas de tierras en los presupuestos de Santa Fe ver Ensinck, O. (s/f), p. 63; Agote, P. (1881 / 1882 / 1885 / 1887), *passim*; Álvarez, J. (1910); su rápida fragmentación una vez en manos privadas en Gallo, E. (1983).

[60] Gallo, E. (1983), p. 122, sobre la entrega a Rams y Rubert; pero en 1866 éste aún no había al parecer recibido las tierras. AGPSF, Ministerio de Gobierno, t. 29, 1866.

Fe, de Carlos Casado, recibió en donación del gobierno provincial la cantidad de 3900 kilómetros cuadrados, o 390.000 hectáreas[61]. En 1882 la casa londinense Murrieta y Compañía aceptó casi un millón y medio de hectáreas en el norte provincial a fin de cancelar un préstamo en default.[62] Más allá de las acusaciones de corrupción que envolvieron a algunos de estos casos, lo interesante es que tampoco en manos privadas fueron necesariamente origen de buenos negocios. Es conocido el caso del empresario Mariano Cabal, quien en 1866 ofreció financiar la campaña contra los indígenas a cambio de optar por tierra fiscal a precios mínimos; obtuvo inmensas extensiones que no impidieron su quiebra posterior. La obtención de tierras por la casa Murrieta y Compañía para cancelación de su préstamo fue desfavorablemente juzgada por el representante de la Baring Brothers.[63] Además, como solía ocurrir en situaciones similares, quien obtenía la concesión no necesariamente la explotaba, sino que a menudo la transfería a otros interesados con una ganancia muy variable, dados los factores de riesgo inherentes a tierras alejadas de puntos nodales de población, faltas de infraestructura y amenazadas por incursiones indígenas. Recién luego de varios traspasos podía por fin encararse su desarrollo, una vez que los factores de riesgo disminuían y se convocaban los capitales suficientes para llevarlo a cabo.

Es de destacar entonces que esa masiva transferencia de tierras no provocó rigideces en el sistema de tenencia; por el contrario, incluso puede ser considerada una de las causas principales del acelerado proceso de fragmentación de la propiedad fundiaria que vivió la provincia en las tres décadas finales del siglo XIX. La rápida movilización

---

[61] Zalduendo, E. (1975), pp. 346-352; 395.
[62] Gallo, E. (1983), pp. 122-124; Gori, G. (1964), p. 55.
[63] Ibíd.

del capital fundiario provocada por esta política liquidadora; la necesidad de puesta en valor de esas tierras para buscar accesos al transporte por las vías de agua en un principio, y luego merced al avance de los ferrocarriles; el desenvolvimiento agrícola a través de la colonización, primero en aquellas que no soportaban bien la explotación ganadera, y luego en forma más generalizada; y algunas coyunturas puntuales como la demanda de alimentos generada por el conflicto en el Paraguay entre 1865 y 1870 son hitos importantes en el desarrollo de un rápido proceso de división de la tierra en Santa Fe, que Florencio Molinas elogiaba en 1910, y que constituía un honroso punto de comparación de la provincia con algunas de sus vecinas.[64] Así, las necesidades fiscales saciadas o al menos paliadas con la venta de tierras públicas en modo alguno impidieron sino que, cuando más, difirieron un tiempo el proceso de su fragmentación y de su colonización; en 1879 el gobernador santafesino Iriondo señalaba que las administraciones anteriores habían enajenado la tierra pública "sin reserva alguna", a pesar de lo cual ese error inicial fue luego corregido por la iniciativa privada, una vez que ésta se "convenció de que la agricultura valorizaba las propiedades rurales"[65].

En Córdoba el proceso de transferencia de tierras públicas a manos privadas fue bastante más lento, y más aún lo fueron los avances de la colonización hasta la década de 1870. A pesar de la temprana formación de un departamento topográfico, en realidad el catastro de la provincia habría de demorarse bastante. Las complejas formas de tenencia en un espacio geográfico y social muy heterogéneo, que incluían desde las tierras comunitarias indígenas hasta lotes con multitud de ocupantes con variados grados de derechos

---

[64] Molinas, F. (1910), pp. 90 y ss.
[65] Citado en Gallo, E. (1983), p. 120.

adquiridos, intentaron ir siendo ordenadas y reguladas mediante una serie de medidas que comenzaron a entrar en vigor ya desde la década de 1850. Ese proceso, lento y al parecer no muy traumático, no implicó de todos modos una rápida valorización de las tierras. Tan tarde como en 1872 continuaban vendiéndose lotes fiscales a precios en torno a sólo 1000 pesos fuertes por legua, mientras que en Entre Ríos ya hacía más de una década que una superficie similar valía más del triple[66]. Si bien las ventas privadas en Córdoba se transaban a precios mayores, de todos modos éstos seguían estando muy lejos de los entrerrianos o incluso de los santafesinos, sobre todo en los departamentos de frontera. La valorización recién comenzó a llegar hacia mediados de la década de 1880, y se mantuvo de todos modos a la zaga de Santa Fe al menos hasta el final del siglo.

Todo ello marca también las dificultades provocadas por una geografía más difícil que la de las provincias litorales, más dependiente de un manejo cuidadoso del agua: el verdadero problema era lograr el asentamiento de pobladores y su permanencia y prosperidad[67]. Así, durante la primera mitad del siglo XIX, se efectuaron algunas entregas gratuitas de tierras y otras a título oneroso; si bien la necesidad de aumentar la recaudación fiscal estaba siempre presente en administraciones famélicas, en muchos casos los objetivos iban más allá, para fijar a las poblaciones de frontera, a fin de crear barreras de contención a los indígenas y de favorecer en alguna medida la cría de ganado[68]. El éxito obtenido fue sólo relativo; esta circunstancia nos marca uno de los principales límites a la puesta en valor de las tierras en la provincia durante la segunda mitad del

---

[66] Precios de venta de lotes fiscales en Rojas de Villafañe, E.A. (1976), pp. 65-111; Djenderedjian, J. (2008e). También Cárcano, M.J. (1917), p. 314.
[67] Ferreyra, A.I. (1998).
[68] Ferreyra, A.I. (1998).

siglo: hasta muy tarde las incursiones indígenas fueron para ésta un peligro real, que sólo habría de conjurarse con las campañas de Roca. La venta de tierras para apuntalar el fisco provincial continuó practicándose, pero la inseguridad restringió fuertemente las posibilidades de encarar allí explotaciones productivas. En medio de una particularmente difícil coyuntura para la defensa fronteriza, provocada por la movilización militar por la Guerra del Paraguay, el colono Richard Seymour se lamentaba de haber comprado tierras baratas en el sur de Córdoba, y no en la más tranquila (y cara) zona de Gualeguay, en Entre Ríos, donde los indígenas no lo hubieran molestado[69].

Otro límite estuvo dado por la dificultad de los transportes, en un momento en que la competencia santafesina y entrerriana gozaba de la ventaja de comunicarse a través de los grandes ríos. Si bien la provincia estaba atravesada por la línea Rosario-Córdoba del Ferrocarril Central Argentino (cuyo tramo hasta Bell Ville se abrió al público en agosto de 1866, y hasta Córdoba en mayo de 1870), las zonas del Sur, donde se encontraban la mayor parte de los campos fiscales, estaban demasiado lejos como para poder aprovechar sus servicios. La construcción del Ferrocarril Andino entre Villa María y Villa Mercedes, entre 1873 y 1875, palió en buena parte esta necesidad; pero todavía a fines de la década de 1880 vastos territorios de los departamentos de Juárez Celman, Unión y Marcos Juárez estaban aislados, y no sería sino hasta mayo de 1891, con la inauguración de los tramos La Carlota-Villa Constitución y Villa María-Rufino, pertenecientes respectivamente a los ferrocarriles Gran Sud de Santa Fe y Córdoba, y Villa María a Rufino cuando se logró quebrar ese aislamiento.[70]

---

[69]   Seymour, R. (1947) pp. 33 y ss.; 320.
[70]   Vera de Flachs, M.C. (1982); ver mapas en Latzina, F. (1890), pp. 279 y ss.

En su tiempo los intentos de solucionar al menos en parte ese aislamiento mediante la utilización de los ríos del norte provincial fueron decepcionantes. La ya aludida concesión de tierras a Esteban Rams y Rubert, efectuada por el gobierno de Santa Fe a fines de la década de 1850, también tuvo su correlato cordobés: dado que las autoridades de esta provincia reclamaban la jurisdicción sobre las tierras entregadas, el empresario solicitó y obtuvo de aquéllas una concesión similar, abarcando algo más de terreno, que se superponía con la otorgada por Santa Fe. Sin embargo, también aquí el proyecto fracasó: ligado a la posibilidad de navegación del río Salado, ésta se mostró pronto inviable ante los costos mucho más convenientes de la combinación de ferrocarril con el puerto rosarino, con lo cual toda la operación caducó[71].

Todos estos inconvenientes significaron una mayor lentitud en la movilización fundiaria cordobesa en comparación con la entrerriana y con su vecina más dinámica, Santa Fe, cuya competencia pronto la dejaron retrasada en lo que respecta a su desarrollo agrícola; el presidente Miguel Juárez Celman, nacido en Córdoba, lo exponía crudamente hacia inicios de la década de 1880: "Santa Fe, con una población que es más o menos la mitad de la nuestra, y un territorio que no llega a las dos terceras partes, tiene más de 100 leguas dedicadas al cultivo. [...] estamos con Santa Fe en relación de diez a uno en materia de producción agrícola"[72]. Es evidente, sin embargo, que hubo otros factores que contribuyeron a ese retraso, entre los cuales figura, sin dudas el régimen de lluvias más escaso que posee Córdoba con respecto a las áreas más húmedas de Santa Fe y de Entre Ríos. Los recurrentes trabajos de

---

[71] Ferrero, R. A. (1999), pp. 12 y ss.; sobre los vastos proyectos de navegación de los ríos interiores en la década de 1860, ver Schmit, R. (2008).
[72] Citado en Gallo, E. (1983), p. 126.

irrigación encarados por las élites dirigentes cordobesas son una muestra de los costosos esfuerzos que se realizaban para paliar ese problema. De cualquier forma, como demostró la expansión agrícola posterior sobre las llanuras del sur cordobés, aquél no llegaba al extremo de impedir el cultivo en secano. Más peso parecen haber tenido otros fenómenos: a diferencia de lo ocurrido con el Ferrocarril Central Argentino, y debido a dificultades de mensura y disposición de las tierras, el Andino cordobés no recibió superficies de una legua anexas a cada lado de las vías a fin de colonizarlas; esta circunstancia retrasó el desarrollo de un mercado de tierras en el sur provincial, y sus efectos repercutieron en que la misma expansión agrícola resultó allí mucho menos dinámica que en los lindes del Central Argentino, en los cuales surgieron las primeras iniciativas de colonización del territorio de Córdoba, y donde sí se habían efectuado concesiones de tierras a ambos lados de la vía [73].

Así, la previa existencia de una frontera constituyó, a partir de 1880, un factor de diferenciación fundamental. Mientras que Santa Fe, Córdoba, Buenos Aires y los territorios que luego formarán la actual provincia de La Pampa contaban gracias a aquélla con posibilidades de expansión sobre tierras baratas, Entre Ríos se verá constreñida por su falta, que derivará allí en un costo estructuralmente más alto del suelo, el cual, además, no guardaba relación con sus posibilidades productivas, más aptas para la ganadería que para la agricultura moderna. Para 1888 el valor promedio de la hectárea en Entre Ríos era el segundo más alto de la región pampeana, sólo superado por Buenos Aires, dueña de otra calidad de suelos, y muy lejos de los de Santa Fe y de Córdoba.

---

[73] Un testimonio al respecto en Albarracín, S. (1889), pp. 185-6.

Cuadro N° 3
Valor promedio de la hectárea de tierra rural en las distintas provincias pampeanas, 1888 (según ventas reales, en pesos moneda nacional)

Buenos Aires	30,00
Santa Fe	7,66
Entre Ríos	20,00
Córdoba	6,50

Fuente: Latzina, F. (1889), p. 80

La evolución posterior de los procesos de cambio productivo no hará más que confirmar el peso de estas condiciones estructurales en el diferente recorrido de cada provincia, y sin dudas de las distintas regiones al interior de éstas: una vez que se logró encontrar la ecuación económica y las técnicas productivas más adecuadas para la expansión sobre las particulares condiciones de las tierras de frontera, su oferta, presionando sobre los costos globales de esa expansión, habría de proveer elementos adicionales para potenciar los avances. Por el contrario, las áreas donde el precio de la tierra había ya subido desproporcionadamente en relación con sus rendimientos, habrían de sufrir no sólo por los mayores costos del cambio productivo, sino también por los desplazamientos de los capitales de inversión hacia las zonas donde el rendimiento era mayor. Y si el alto precio relativo de la tierra se combinaba con escasez de capital, el resultado habría de ser explotaciones más pequeñas, más alejadas de las economías de escala, con menor nivel de inversión por hectárea y, por tanto, con menores posibilidades de generar oportunidades de acumulación. En esto, la expansión agrícola de Córdoba a partir de la segunda mitad de la década de 1880 y el estancamiento relativo de Entre Ríos constituyen dos paradigmáticos ejemplos.

4.3. Las tierras públicas a nivel nacional

A nivel nacional, también aparecieron tempranamente leyes cuyo objetivo era ordenar el traspaso de la tierra pública al orden privado. Lógicamente, el difícil proceso de construcción del Estado nacional después de la batalla de Pavón determinó sus ritmos, pautados en primer lugar por la necesidad de conocer con un mínimo grado de certeza cuáles eran las tierras que le correspondían al Estado nacional, y, luego, lograr que quienes las poseían de hecho lo reconocieran como dueño de ellas, ya se tratara de Estados provinciales, comunidades o particulares. Desde el comienzo de la administración Mitre, se intentó avanzar en ese sentido; el 17 de octubre de 1862, se dictó una ley de tierras públicas, por la cual el Estado nacional reivindicaba para su ámbito las existentes fuera de los límites de las provincias, aun cuando éstas hubieran vendido parte de aquéllas desde el 1.o de mayo de 1853. Esta ley buscaba también ir recopilando la información necesaria para fijar los límites provinciales, preveía elaborar un informe sobre las tierras cedidas por el gobierno confederal y establecía que no se daría curso a nuevas solicitudes hasta que se estableciera la normativa al efecto. Otras leyes dictadas durante este gobierno fueron las del 13 de setiembre de 1866 sobre expropiaciones y la del 13 de agosto de 1867, que llevó las fronteras hasta el Río Negro, disponiendo la distribución de tierras a los indígenas y a los participantes en la expedición[74].

En tanto, Sarmiento prefirió inclinarse por lo que se denominó "núcleos colonizadores" cerca de los puntos ya poblados, sin que el Poder Ejecutivo interviniera en su administración. Este estadista era un convencido del resultado

---

[74] Argentina. Gobierno Nacional (1879 y ss.), t. IV, p. 497; t. V, p. 331; Cárcano, M.A. (1917), vs. locs.

del esfuerzo personal del inmigrante como motor básico del cambio social y económico, para lo cual sólo debía garantizársele la disposición de una superficie suficiente. La discusión en 1857 en el Senado bonaerense de las leyes de colonización de Chivilcoy constituye al respecto una buena demostración: allí insistió en la necesidad de que los lotes ofrecidos en venta fueran de 50 cuadras cuadradas, y no de 16 como se estilaba hasta entonces. En su presidencia se confeccionó un proyecto de colonización en el que se promovía la entrega directa de tierras al colono, con una previa división. Las empresas colonizadoras podían actuar como intermediarias, pero debían ser controladas para evitar abusos. La transformación iba además por otros rumbos; el 4 de noviembre de 1854, como resultado de un petitorio firmado por 300 vecinos, se liberaron las tierras de Chivilcoy del régimen de enfiteusis, mientras que, el 13 de octubre de 1857, a instancias de Sarmiento, se dictó una ley de venta de las tierras públicas del partido. Inspirándose en las normas de *homestead* norteamericanas, se trató de establecer precios de venta fijos y facilidades de pago; como veremos luego, esas buenas intenciones chocaron con una realidad mucho más compleja como para que funcionaran en el sentido en que las había pensado su promotor[75].

Es también durante esa gestión, en 1870, cuando comenzaron a concretarse los proyectos colonizadores relacionados con el trazado del ferrocarril de Rosario a Córdoba, que estipulaban el otorgamiento en propiedad a las empresas de una legua de campo a cada lado de la vía, para ser luego colonizada[76]. Existieron asimismo hasta mediados de la década de 1870 otras diversas medidas

---

[75] Sobre las ideas agrarias de Sarmiento, puede verse Pisano, N. (1980); también Halperín Donghi, T. (1982). Las parcelas de 50 cuadras, u 83,5 hectáreas, buscaban asimismo tener cierta similitud con las de *homestead*, de aproximadamente 64 hectáreas.
[76] Gouchon, E. (1889)

relativas a tierras públicas, como el otorgamiento de concesiones para la colonización del Chaco o el establecimiento de algunas normas para la entrega de parcelas a inmigrantes; pero, en síntesis, todas estas resoluciones no formaban sino un conjunto inconexo de medidas aisladas, incompletas, variables y a menudo contradictorias, y no constituían en modo alguno la expresión de un sistema metódico de colocación de las propiedades del Estado. Hasta cierto punto, esta situación contrastaba con ciertas medidas tomadas por algunas provincias, como por ejemplo el establecimiento de un régimen de división de ejidos y disposición de tierras en éstos a través de la creación de municipios, que se implementó en Entre Ríos, y donde la intencionalidad de fomento económico era muy clara.

A nivel nacional, no fue sino con la sanción de la ley de inmigración y colonización de 1876 que se contó con un instrumento más o menos orgánico respecto de la disposición de la tierra pública. Hemos de tratar esta ley en el capítulo siguiente, por lo que aquí no nos extenderemos sobre ella. En todo caso, y más allá de que la legislación continuó teniendo desde entonces a menudo un carácter aislado e inconexo, comenzaba a quedar en claro la política expansiva del Estado nacional sobre los territorios indígenas, como forma de terminar con la conflictividad de las fronteras, de afianzar los contornos del dominio y de lograr incorporar definitivamente a éste una sustancial porción de tierras nuevas. De este modo, una vez definidos los lineamientos de la llamada "Campaña al Desierto", comenzarán a buscarse los medios de llevarla a cabo sin comprometer para ello las partidas ya existentes en el presupuesto. Se determinó así el lanzamiento de un empréstito el 5 de octubre de 1878, destinado a la extensión de la línea de fronteras, la cual habría de ser financiada con la venta de las tierras que se conquistasen a las tribus indígenas. Este empréstito, de 1.600.000 pesos fuertes, habría de colocarse a razón de 4.000 títulos de 400 pesos cada uno, pagaderos a razón de 100 pesos por trimestre, los cuales servirían de título de propiedad a los compradores[77].

Es sabido el pleno éxito de esa campaña, que se extendió hasta 1885; y resulta entonces particularmente interesante referirse a las distintas medidas encaradas con posterioridad para la disposición de los territorios conquistados a los indígenas. En el imaginario colectivo, y aun en la bibliografía disponible, es prácticamente un lugar común la insistencia en una supuestamente mala distribución de la tierra pública, que habría afectado desde esas conquistas a los territorios nacionales; el papel de las lejanas autoridades que tomaron las decisiones respectivas no parecía haber sido en ello inocente[78]. Hay sin embargo motivos como para matizar esa visión conspirativa: en primer lugar, la ocupación de esos territorios ocurrió precisamente en vísperas de un fuerte movimiento especulativo, cuya intensidad marcó inversamente la de la crisis de 1890, y que en casi todo el país llevó los valores de las tierras a niveles jamás antes alcanzados, que luego se derrumbarían con estrépito. Esa fiebre fue alimentada incluso por la acción gubernamental: en 1888, en medio del auge mayor, nada menos que cinco líneas de ferrocarril en proyecto surcaban, en los mapas oficiales, todo el valle del Río Negro, y otras dos más el del Chubut, uniendo el Atlántico con el Pacífico a través de inmensas montañas y de vastos desiertos. De esos proyectos ilusorios, sólo una mínima parte logró concretarse, y recién muchas décadas después[79]. Pero en 1888 esos mapas circulaban profusamente por las febriles manos de los inversionistas, echando combustible a la hoguera

---

[77] Gomez Langenheim, A. (1906), p. 167.
[78] Ver por ejemplo al respecto Bandieri, S. (2005).
[79] Ver el mapa publicado en Latzina, F. (1889); para comparar, Randle, P.H. (1980), pp. 184-88.

de la catástrofe y prometiendo ganancias espectaculares a quienes se aventuraran a comprar esos grandes lotes en blanco surcados por imaginarias líneas amarillas. De esta forma, adquirir tierras públicas al Estado por cifras que iban desde 20 a 60 centavos la hectárea en esos años de distorsión de valores, con el agregado de onerosas condiciones de poblamiento, puede no haber sido necesariamente un buen negocio, como lo apuntaba Nicasio Oroño una vez consumada la catástrofe[80].

Pero hay otros factores aún más importantes a tener en cuenta: uno fundamental es que desde el comienzo no cabía esperar sino una división en grandes porciones de esos vastos espacios conquistados y ocupados militarmente en pocos años. Por un lado, una de las principales intenciones del Gobierno nacional, tal como había ocurrido en otros avances previos sobre las fronteras indígenas, era forzar la creación de un mercado de tierras mediante la transferencia al sector privado de parte significativa de éstas en el plazo más corto. La alternativa, esperar largas décadas hasta que aparecieran los inmigrantes que pudieran ocupar todas esas dilatadas extensiones con propiedades más pequeñas, y vendérselas a ellos en porciones, era lisa y llanamente una utopía: existían tierras más productivas y actividades más remunerativas en cualquier otro punto de la República, cuya atracción era demasiado poderosa como para contrarrestarla con condiciones tentadoras; había que justificar el rápido avance sobre esas tierras limítrofes para afianzar los contornos del territorio nacional; la previa o paralela conformación de un mercado de tierras era condición necesaria para el desarrollo de vías de comunicación; los publicistas de la época habían demostrado que el capital privado era más eficiente que el Estado a la

---

[80] Oroño, N. (1891), pp. 34-36.

hora de colonizar[81]; y el verdadero problema no era tanto la falta de población, sino justamente la de capital.

Como en muchas otras fronteras, el capital era el bien más escaso y lo seguiría siendo por mucho tiempo; pero además, debe recordarse que tampoco en otros puntos del país el dinero para la gran inversión rural era precisamente un recurso que sobrara. Un ejemplo ilustrativo: Cupalén, la rica propiedad entrerriana de Genaro de Elía, que contaba con casi 14.000 hectáreas situadas a la vera del río Uruguay, a pocas leguas de Concepción, con un inmejorable puerto y reputada por la excelente calidad agrícola y ganadera de sus pastos, tierras y aguadas, fue vendida en 1895 a 22 pesos moneda nacional la hectárea, cuando muy cerca de allí se pagaba el triple en porciones menores[82]. El articulista observaba: "La venta de este establecimiento comprueba que son aún pocos los que entre nosotros tienen reunidas sumas tan fuertes como las que ha desembolsado el adquiriente". *Mutatis mutandis*: si parte importante de los territorios patagónicos o chaqueños fue fraccionada en porciones extensas vendidas a bajo precio, la sed de acaparamiento de quienes las adquirieron no necesariamente nos explica el fenómeno: por un lado, pocos poseían los fondos necesarios para esos desembolsos; por otro, para suelos cuya productividad estaba muy lejos de los pampeanos, la inversión intensiva de capital constituía una empresa muy arriesgada, y de costo de oportunidad también muy alto, factores que necesariamente debían ser

---

[81] Al respecto puede decirse que las voces eran unánimes; ver por ejemplo Carrasco, G. (1886), p. 530; Molinas, F. T. (1910), p. 276; [Bavio, E., et al.] (1893), pp. 375-376; Zeballos, E. S. (1883), especialmente pp. 239-243; y diversos artículos de Francisco Latzina, por ejemplo "Colonias", en Latzina, F. (1885), p. 506; "Las colonias a fines de 1880", en el periódico *La tribuna nacional*, Buenos Aires, 1881, y en el *Boletín del Instituto Geográfico Argentino*, t. III, 1882.

[82] "Cupalen", Artículo sin firma en *La Agricultura*, año III, nro. 141, Buenos Aires, 12 de septiembre de 1895.

compensados con bajos precio de la tierra para constituir empresas de algún modo viables.

Así, si esos repartos y ventas de tierras públicas debieron finalmente en parte realizarse entre una porción quizá reducida de propietarios, ese hecho puede simplemente atribuirse a que no había otros interesados en ellas, fueran del tamaño que fuesen. Eso explica también los recurrentes fracasos en la instalación de agricultores, la muy lenta adjudicación de lotes agrícolas aun en las pocas zonas aptas para ello, el escaso grado de cumplimiento de las obligaciones contractuales de poblar, la pobre evolución de la extensión cultivada hasta inicios del siglo XX, la presencia aislada de explotaciones más capitalizadas en un vasto panorama precariamente ocupado, y las largas décadas que a menudo pasaron entre las primeras adjudicaciones y la venta de esas mismas propiedades a otros interesados. En lo productivo, la extensividad debía compensar tanto los factores escasos como los menores rendimientos; las explotaciones, por tanto, debían abarcar allí mucha más tierra que en cualquier otra parte, más aún si tenemos en cuenta lo lejos que se hallaban de sus mercados.

Todo ello, y la falta de suficiente información agronómica detallada y diferenciada de esas inmensas áreas, determinó también la imposibilidad de contar con los suficientes elementos de certeza como para encarar su compra y explotación. Si bien algunas leyes, en especial la promulgada en 3 de noviembre de 1882, distinguían entre terrenos para pastoreo y agricultura, no existían las imprescindibles investigaciones detalladas y minuciosas que hubieran podido orientar a los interesados como para determinar fehacientemente que esos terrenos cumplían con mínimas condiciones de explotación. Nadie conocía la calidad de los suelos; la flora; la configuración; la elevación; los elementos terrosos, la estratificación y naturaleza del subsuelo; la distribución de las aguas; la salinidad; o el régimen de lluvias de esos territorios que se ponían a la venta; pese a esto se sacaron a remate, estableciendo determinadas obligaciones de poblar, así como la necesidad de introducir dentro de los dos primeros años un capital en haciendas por valor de quinientos pesos en cada lote de cuatro leguas cuadradas. Por lo demás, la misma magnitud de la oferta habría de producir como consecuencia una depreciación del valor, tanto más cuanto la demanda no estaba en proporción a la misma. No puede extrañar de ese modo que buena parte de esas ventas pudiera ser considerada un gran fracaso[83].

El cierre del siglo XIX encontró entonces al Estado nacional como propietario todavía de vastas extensiones territoriales. Las condiciones de poblamiento establecidas sólo fueron cumplidas por una porción muy limitada de concesionarios, los cuales, por contar con largos años de actividades en la zona, conocían más o menos adecuadamente las potencialidades y los límites de las tierras, y pudieron por tanto elegir con cierta eficacia las que se adaptaban mejor a sus necesidades. El resto del territorio volvió incluso a manos públicas, o permaneció inactivo en las de algunos propietarios privados que habían adquirido sus parcelas en momentos de especulación, y que, como dijimos, debieron esperar largas décadas para poder revenderlas a otros interesados con alguna ganancia.

Hemos visto en el presente capítulo cómo a lo largo de la segunda mitad del siglo XIX se fueron creando y conformando instancias crecientemente eficientes para la administración pública tanto en las provincias como a nivel nacional; esas nuevas instituciones, entendidas en sentido amplio, posibilitaron la existencia de reglas de juego claras y previsibilidad para los negocios privados, los que respondieron desarrollando en breve tiempo un dinámico

---

[83] Gomez Langenheim, A. (1906), pp. 173-181.

mercado de tierras. En éste la propia oferta estatal concurrió durante todo el período en forma sustantiva; si bien en el período que llega hasta mediados o finales de la década de 1870 la oferta fundiaria provincial ocupó un papel muy importante, posteriormente serán las tierras de los territorios nacionales las que se intentarán poner en valor. Aun cuando las condiciones para ello no fueron las mejores, de todos modos se logró avanzar en el conocimiento de las tierras y en la puesta en marcha de emprendimientos agrarios, que en el curso de la siguiente centuria habrían de tomar un carácter mucho más sustantivo. En el próximo capítulo abordaremos las formas que fue adquiriendo otro gran espacio de la acción estatal en estos años: el fomento de la inmigración, imprescindible para la puesta en producción de esas extensas superficies.

Capítulo II
Inmigración y colonización como parte de la agenda política

1. Introducción

Entre los fenómenos ligados a la presencia de extranjeros en la pampa durante la segunda mitad del siglo, uno de los más estudiados y a la vez más intrigantes ha sido el de la actitud de las élites de la época en torno a la visión de la colonización e inmigración como instrumentos para el cambio económico y social. Si aun en medio de la inseguridad de vida y de bienes propia de tiempos rosistas resultaba evidente para todos la pujanza comunicada a la economía de las ciudades y al tráfico fluvial por un creciente grupo de extranjeros emprendedores que hacían fortuna en las más variadas actividades, era lógico deducir que, si se removían aquellas rémoras institucionales, la incorporación de inmigrantes al medio rural habría de transformarlo con energía aun mayor. Además, había otras naciones americanas de mayor estabilidad política que podían mostrar al respecto lecciones a tener en cuenta.

Pero mientras hacia 1850 las principales premisas en torno a ello estaban claras para una sustancial porción de los intelectuales emigrados, quienes contaban con poder político en las distintas provincias no necesariamente las compartían. Estaba por otra parte fresco aún el recuerdo de los fracasos y desafíos que habían debido enfrentar los proyectos análogos llevados a cabo en la década de 1820.

Por lo demás, y aparte de los prejuicios que al respecto pudieran existir, y sobre los cuales aún sabemos bien poco, es menester recordar que, en la misma lucha de la emancipación política, se había planteado como una reivindicación el hecho de que las poblaciones locales fueran capaces de decidir sobre los recursos de sus jurisdicciones, rechazando las prácticas intervencionistas de los Borbones tardíos, y revalorizando magistraturas como los Cabildos como órganos de representación y depositarios originales de la soberanía[84]. Durante la primera mitad del siglo XIX, se multiplicaron en las provincias las resoluciones orientadas a reservar porciones del mercado o el manejo de los recursos a los nacidos en ellas, para intentar poner freno al accionar de los extranjeros o incluso de los nativos de otras[85]. Esta situación, lógicamente, constituía un correlato de la situación de enfrentamiento que habrían de experimentar las distintas provincias, así como de la necesidad de obtener recursos fiscales inmediatos por parte de sus gobiernos.

De todos modos, a partir de finales de los años cuarenta, la visión de algunos representantes de la política acerca del papel y carácter de la inmigración registra un cambio cualitativo importante. Décadas de enfrentamiento habían puesto de relieve que el mantenimiento de las divisiones y trabas que implicaban las soberanías provinciales impedía avances concretos en la economía, o afectaba fuertemente a ésta. Las postrimerías del rosismo están marcadas por

---

[84] Ver por ejemplo Chiaramonte, J. C. (1993).
[85] Por ejemplo, en Tucumán en 1823 se diferenciaban los costos de las patentes para apertura de tiendas; el forastero debía abonar el doble que el hijo del país; en Santa Fe, para 1821 ocurría lo mismo con respecto a los derechos a que estaban sujetos los extranjeros, los americanos y los nativos de esa provincia, con ventajas para éstos; en San Juan, en 1832, se estableció un pago de un 10% y una patente de 200 pesos a los introductores de mercancías que no fueran vecinos de la provincia; los sanjuaninos, en cambio, sólo abonarían el 4%. Para ésos y muchos otros casos, ver Walter, M.G. (1987), pp. 510-1.

algunos años de desarrollo y de paz, durante los cuales comenzó a hacerse evidente, entre algunos dirigentes de provincias, la necesidad de superar ciertos límites a la expansión impuestos por la sociedad y economía tradicionales. Mientras Buenos Aires ampliaba exitosamente su producción ganadera, otras provincias parecían debatirse en el estancamiento o en la inercia, evidentes en los nulos avances sobre la frontera, el escaso aumento poblacional o la menesterosa situación del comercio y de las actividades productivas. En Santa Fe, a diferencia de Buenos Aires, todavía hacia 1850 las fronteras con los indígenas se mantenían prácticamente en los mismos puntos que hacía medio siglo, constriñendo el espacio controlado por los criollos a unas pocas leguas más allá del corredor delimitado por sus dos ciudades principales, Santa Fe y Rosario. Entre Ríos logró por esos años un sorprendente éxito en reducir sus rebaños vacunos a rodeo, pero la incorporación de mejoras técnicas en torno al ovino habría de mostrarse una tarea más difícil y compleja, y estableció límites concretos a la expansión agraria. Los avances sobre las áreas interiores de la provincia no parecen haber dado resultados alentadores, ya que su productividad era en general menor que la de las costas de los ríos principales. En Corrientes, en tanto, la élite provincial se lamentaba amargamente del éxodo de la población hacia su pujante vecina del sur, y restaba así brazos a la producción y soldados a los ejércitos[86].

Por otra parte, la provisión de ciertas subsistencias básicas comenzaba a tornarse problemática. El reclutamiento de la población rural masculina para las guerras y la expansión de la ganadería en las provincias litorales, entre otros motivos, fueron determinando que la producción agrícola no creciera allí al mismo ritmo que el aumento

---

[86] Buchbinder, P. (2004), pp. 49 y ss.

demográfico[87]. Santa Fe y Entre Ríos conocieron, durante la década de 1840, la necesidad de importar trigo y harinas, lo cual constituía además un efecto del mismo desarrollo económico, que derivaba en crecimiento de las ciudades y del consumo urbano, consecuencia de una mayor tendencia en las explotaciones rurales a volcarse hacia los rubros ganaderos más dinámicos, en detrimento de la producción agrícola. Pero depender, para un componente básico de la alimentación, de los envíos que pudieran llegar desde otras provincias o desde ultramar, constituía en lo político un peligroso flanco débil, en momentos en que las luchas entre esos estados o la conflictividad con potencias extranjeras seguida de bloqueos del estuario del Plata podían derivar en repentinas y profundas carestías. Se buscó así proteger de algún modo la agricultura local, y se intentaron poner en práctica ciertas medidas concretas para posibilitar mejores condiciones al desarrollo productivo. Pero sobre todo, esos grupos dirigentes provinciales fueron desarrollando desde entonces la idea de que ese estancamiento relativo de la agricultura sólo podría superarse arbitrando cambios en la economía y sociedad locales, en especial apuntando a un más intensivo uso de los recursos. Uno de los instrumentos para ello habría de provenir de la instalación de inmigrantes extranjeros dedicados a la producción agrícola, de los cuales se suponía que habrían de aportar hábitos de trabajo y técnicas avanzadas, además de aumentar numéricamente la disponibilidad de mano de obra, modificando a la vez su calidad[88].

De todos modos, el recorrido al respecto fue muy complejo. Tradicionalmente, la historiografía dio mucha importancia a la actividad de los estados provinciales y nacional en el desarrollo del proceso de colonización;

---

[87] Ver al respecto Djenderedjian, J. (2008a).
[88] Bonaudo, M. y Sonzogni, E. (2000).

para Ricardo Ortiz, el período que se cerró en 1870 estaba justamente dominado por lo que él llama la "colonización oficial", mientras que fue a partir de ese año cuando predominó la colonización privada[89]. Postular la existencia de una "colonización oficial" en las décadas de 1850 y 1860 implica la necesidad de postular también un planeamiento activo y consciente del fenómeno por parte de los diversos niveles del Estado, en el marco de una visión política de largo plazo de la que se supone que debiera responder a la inspiración de algunos grandes líderes de la época, con gran despliegue de recursos, y que constituiría una etapa de desbrozamiento imprescindible para poner en marcha los avances posteriores.

Colono con su familia frente a su casa. Colonia Guadalupe, Santa Fe, hacia 1890. Colección Biblioteca Nacional, Buenos Aires.

---

[89] Ortiz, R. (1955).

Pero en realidad, en esos años iniciales hubiera sido imposible pensar, mucho menos planear, una política de estado dentro de la cual la colonización fuera una variable clave; entre otras cosas, porque ni siquiera existían estados que hubieran podido llevarla a cabo. El Estado nacional, como se sabe, sólo comenzó una existencia más o menos sólida a partir de 1862, y se afianzó únicamente ya iniciada la década de 1870. Por otra parte, los estados provinciales de entonces sólo constituían poco más que menesterosas y sumarias administraciones, sobre tierras de límites imprecisos, y cuyo control apenas podía ejercerse en un ámbito poco más amplio que el de los núcleos de población principales. Dadas esas condiciones, hubiera sido de todo punto irreal, o absolutamente imposible, plantear la puesta en marcha de una política de estado de mínimo alcance, cualquiera que ella fuese; y mucho menos una que involucrara el traslado y asentamiento de miles de personas desde Europa, una complejísima, costosa y difícil operación que hubiera requerido una logística y un financiamiento específicos, amplios y muy eficientes, y para la cual sólo podían ofrecerse dudosas y lejanas tierras gratuitas, sin mínimas garantías de seguridad, sin ningún respaldo pecuniario sólido, y aun sin certeza en lo que respecta a su posesión jurídica e incluso efectiva, habida cuenta de la muy incipiente o inexistente formación de catastros, la ausencia de mapas precisos, los avances y retrocesos de la frontera, la ingente cantidad de ocupantes sin títulos, pero con derechos, y la superposición de jurisdicciones y de límites, muy imperfectamente marcados, o de hecho sólo concretos en el papel, y esto no siempre.

Se explican así, en lo que hace a los gobiernos y a sus representantes en esa etapa inicial, las exasperantes marchas y contramarchas en torno al fomento o no de determinadas colonias, los interminables problemas financieros, el constante incumplimiento y repudio de contratos, las dificultades incluso ante la toma de decisiones aparentemente sencillas, y el traspaso de colonias de una a otra administración como si se tratara de brasas calientes. En ese turbulento caos, tan sólo se destacan algunas figuras de actuación política particularmente comprometidas con el proceso, pero de las cuales a menudo sólo podían esperarse, y obtenerse, poco más que declaraciones grandilocuentes. Los admirables textos constitucionales y las sabias leyes que los congresos se complacían en dictar no eran sino concesiones a algunas de esas figuras, impuestas con brillante facilidad al papel, en tanto era utópico pensar en llevarlas a la práctica. Diversos historiadores han tomado esos papeles como si se tratara de hechos consumados, olvidando lo que a estos últimos separa de las expresiones de deseos. Ello llevó asimismo a construir una visión olímpica del proceso, en la cual pareciera que desde un inicio no sólo estaba perfectamente claro su resultado, sino incluso los medios para llevarlo a cabo. Se ignoraron de ese modo factores cruciales, como el mismo hecho de la inexistencia, al menos hasta avanzada la sexta década del siglo XIX, de un consenso general en la sociedad, y aun ni siquiera entre la clase política, en torno a la importancia o necesidad del fomento de la inmigración y de la colonización. En consecuencia, no se ha estudiado seriamente el proceso de oposición a la instalación de colonias y de inmigrantes, ni las figuras públicas o los sectores populares que participaron de éste; quizá en razón de que, una vez demostradas las posibilidades de ambos fenómenos como factores de cambio económico, buena parte de esos otrora opositores se volcaron decididamente a apoyarlos. Esa oposición existió, y parece haber sido considerable en determinados períodos o lugares.

En todo caso, en esos años iniciales de la segunda mitad del siglo XIX, desde el punto de vista de los caudillos de turno, la colonización pudo justificarse a través de diversos y cambiantes objetivos, que no eran los que luego la historiografía se complació en enfatizar: estratégicos, para asegurar determinadas áreas y para ampliar a cierto plazo los abastos de los puntos clave de la defensa, o incluso la población susceptible de servir bajo las armas; fiscales y económicos, a fin de aumentar la producción y por consiguiente la recaudación tributaria, así como de asegurar la actividad económica y el abastecimiento en un contexto de guerras y de inestabilidad. A todo ello se le agregaba la necesidad de construir una base de poder alternativa a los sectores tradicionalmente acaudalados, y quizá, pero sólo a muy largo plazo, la de efectuar un negocio inmobiliario con la valorización de las tierras cercanas a las colonias. Por consiguiente, sólo fue recién después de 1870 cuando se encaró con decisión (y tuvo posibilidades de llevarse a cabo) una real política de estado al respecto, una vez demostradas las posibilidades de la inmigración y de la colonización como fenómenos de cambio social y económico. No es nada casual que sea justamente a partir de entonces cuando las sumas destinadas por el tesoro nacional al fomento de la inmigración adquieran una entidad sustantiva, pasando de unos irrisorios 3.833 pesos fuertes anuales para el período 1865-1869 a 149.633 para el quinquenio 1870-1874[90].

Cuadro N° 4
Sumas aplicadas por el Tesoro Nacional para el fomento de la inmigración. Promedios anuales por quinquenio

1865-1869	3.833
1870-1874	149.633
1875-1879	248.239
1880-1884	240.847
1885-1889	1.091.601
1890-1894	134.667

Nota: en pesos fuertes hasta 1883; en pesos oro a partir de 1884, convertidos desde pesos moneda nacional para los gastos en el país (en oro los realizados en el exterior). El peso oro mantenía una relación prácticamente 1/1 con el antiguo peso fuerte. Fuente: De la Fuente, Diego G.; Gabriel Carrasco y Alberto B. Martínez (dirs.) (1898), t. I, p. 649.

---

[90] De la Fuente, D.; G. Carrasco y A. Martínez (dirs.) (1898), t. I, p. 649.

Es así como la llamada "colonización oficial" sólo adquirió forma justamente a partir del año en que, para la bibliografía tradicional, había dejado de existir. Más allá incluso de que el propio binomio es en sí muy pobre, ya que no logra describir eficazmente una realidad enormemente compleja y sobre todo muy cambiante, el hecho mismo de que el Gobierno, en sus varios niveles, recién pudiera encarar por sí mismo proyectos de colonización a partir de esos años es un indicio concreto de que apenas desde entonces puede hablarse de la existencia de un consenso generalizado entre los grupos e individuos gobernantes acerca de la necesidad de una política de estado de largo plazo en torno al poblamiento y al cambio productivo, para la cual el fenómeno colonizador resultaba un instrumento ineludible. Por lo demás, recién a partir de entonces se pueden dedicar crecientes fondos a proyectos de esa índole, entre otras cosas porque puede contarse con algo parecido a un cuerpo técnico, porque ha ido avanzando el proceso de regulación de la tenencia de la tierra, porque el territorio ha comenzado a ser explorado, y porque las tremendas erogaciones destinadas simplemente a sostener esos estados nacientes en medio de guerras y de asonadas comienzan lentamente a permitir gastos menos urgentes. Además, desde 1870 el afianzamiento y progreso de los núcleos coloniales ya fundados implicaba la existencia de una demanda efectiva para nuevos proyectos de colonización, incluso de carácter gubernamental; se lograba así llevarlos a cabo con menos gastos y con más probabilidades de éxito. Hasta entonces, incluso a nivel provincial, sólo existieron objetivos en buena parte limitados y sólo algunos políticos los apoyaron, y ello más bien como emprendimientos de índole personal, más allá de que brillantes intelectuales continuaran prodigando por la prensa sus opiniones en torno a la imperiosa necesidad de aquéllos. E incluso, aun bastante después de 1870, esa política de estado continuó siendo caótica y cambiante.

El Hotel de Inmigrantes hacia la década de 1890. Museo Mitre.

La acción estatal adquirió de todos modos a partir de entonces una claridad cada vez mayor; se ejerció sobre áreas específicas y con objetivos concretos, y dejó a la iniciativa privada en el ejercicio pleno de su vitalidad en las regiones en las que el proceso se probaba más factible, o cuyo fomento no interesaba particularmente a los gobiernos. Por lo demás, las distintas esferas de acción estatal fueron definiendo también a partir de la década de 1870 sus responsabilidades y sus ámbitos de acción: mientras que los esfuerzos del Estado nacional se dirigieron en general al establecimiento de unas pocas colonias en zonas marginales, y se vieron a menudo rodeados de críticas respecto a la organización, costo y oportunidad de esos proyectos, fue desde esos años cuando en algunas provincias se planteó el establecimiento de instancias de decisión locales en torno al manejo de los recursos disponibles para la colonización. Éstas encarnaron la puesta en marcha de un régimen municipal, que fue el encargado concreto de poner en producción agrícola las áreas ejidales, marcando pautas de control del proceso antes que construyéndolo, pero con el claro objetivo de forzar el cambio de la base productiva local a actividades más intensivas.

La nueva actividad concreta de colonización, cuyos resultados se empezaron a experimentar claramente después de 1870, fue posible entonces gracias a múltiples factores, que incluyeron la capacidad de ciertos actores para cambiar una situación económica y social poco propicia en una favorable; pero, en todo caso, en muy pocas o contadas ocasiones se debió ello a la acción directa estatal[91]. De todos modos, en el debate sobre las bases del futuro país que diversos intelectuales relevantes sostuvieron desde aún antes de la caída de Rosas, la inmigración y la colonización continuaron formando parte de la agenda, y establecieron de cierta forma un continuum con las ideas y proyectos de la época rivadaviana. Esos debates nutrieron, después de 1862, la conformación de los distintos niveles de gobierno del nuevo país, con lo que comenzaron, lentamente, a formar parte de esa política de estado que recién en las décadas siguientes adquirió no sólo definición, sino la solidez suficiente como para poder ser llevada a cabo. Más allá de que su impacto fue ínfimo frente al dinamismo autónomo que adquirieron en paralelo, por razones puramente centradas en la economía real, tanto el arribo de inmigrantes como la fundación de colonias, es relevante que la analicemos con cierto detalle a continuación, contrastándola a la vez con el impacto que provocó en ésta la misma evolución concreta del fenómeno.

---

[91]   Gallo, E. (1983), p. 126.

2. El nuevo panorama inmigratorio

Se ha visto en obras anteriores de esta colección cómo el fenómeno de incorporación de extranjeros a la población del litoral rioplatense fue adquiriendo ímpetu ya desde la primera mitad del siglo XIX; sin embargo, fue durante la segunda cuando el aluvión inmigratorio tomó una dimensión cada vez mayor, en especial a partir de una serie de encadenamientos y causas de nivel internacional[92]. Impulsado tanto por factores de atracción a las áreas nuevas como de expulsión en las tierras del Viejo Mundo, así como por una verdadera revolución en los medios de transporte, el movimiento internacional de población adquirió en ese período un carácter masivo, y la Argentina ocupó en éste un papel muy importante como punto de llegada. Si bien nunca alcanzaría las cifras globales de arribos a los Estados Unidos, la comparación proporcional de ingresos le fue en cambio mucho más favorable: en la década de 1880, llegaron a la Argentina 220 inmigrantes por cada mil habitantes; en la siguiente fueron 163, y casi alcanzaron la cifra de 300 en la primera del siglo XX. Estos números, en el mismo período, triplican a sus similares de los Estados Unidos y duplican cómodamente a los de Canadá, los destinos más inmediatamente atractivos a nivel mundial[93]. En tanto, la tasa de retención (es decir, la proporción de migrantes que permanecieron en el país) fue también una de las más altas en la comparación internacional: oscila en alrededor del 70% para todo el período 1871-1900.[94] Si bien una parte sustancial de los migrantes continuó como antaño dando vida a las ciudades, el papel transformador de quienes se

---

[92] Ver Barsky, O. y Djenderedjian, J. (2003); Djenderedjian, J. (2008), pp. 207 y ss.; también Marmier, X. (1851), t. II, pp. 232-3; 248; Baines, D. (1991); Devoto, F. (1999); Devoto, F. (2004), pp. 214 y ss.; Moya, J.C. (2004).
[93] Llach, L. y Gerchunoff, P. (2004), p. 17.
[94] Vázquez-Presedo, V. (1979), pp. 91-2.

instalaron en áreas rurales fue cualitativamente distinto de todo cuanto se había conocido, ya que se pudo por fin poner en producción agrícola tierras que antes sólo eran muy limitadamente aprovechadas. Paralelamente, la llegada e instalación de inmigrantes afectó con intensidad la tasa de crecimiento de la población, ya bastante alta desde las primeras décadas del siglo XIX, y la llevó a adquirir un dinamismo sorprendente. Como lo expresó Francis Korn: "Si hubiera que elegir el aspecto más llamativo de la vida del país entre 1870 y 1914, lo más probable es que la elección recaiga [...] en una circunstancia meramente demográfica: la población aumentó en esos 44 años cerca de 4 veces y media"[95].

Entre las causas del importante flujo migratorio de la segunda mitad del siglo XIX, podemos incluir, como hemos dicho, tanto factores de atracción hacia el lugar de destino como de expulsión en los que habían sido abandonados, variando además las circunstancias, la intensidad del proceso y sus características de nación a nación e incluso de región en región, así como según el período histórico que se examine. En primer lugar, existían en Europa en variable grado factores estructurales o de largo plazo, tendientes a alimentar el caudal de corrientes humanas que se desplazarían hacia regiones nuevas como Australia, Sudáfrica, los Estados Unidos o América del Sur. Por un lado, el empeoramiento de las condiciones laborales por efecto de los cambios traídos por el avance industrial y el consiguiente ahorro de mano de obra proporcionado por las máquinas; además, en ese período se verifica, según algunos autores, un movimiento regresivo en la distribución del ingreso en las economías en trance de industrialización del Viejo Mundo, movimiento propio de etapas tempranas del desarrollo capitalista. Por otra parte, persistieron, al menos

---

[95] Korn, F. (2004).

hasta mediados del siglo XIX, y en algunas regiones hasta mucho más tarde, ciertos factores de malestar tradicionales, como la frecuente conflictividad internacional e incluso algunas hambrunas periódicas, sin mencionar *pogroms* y persecuciones por motivos raciales, religiosos, ideológicos o políticos[96]. Entre otros factores aún más significativos y sin embargo menos recordados, debe mencionarse que algunas naciones parecen haber conocido tasas de incremento demográfico mucho más consistentes que otras, lo cual, si éstas no iban acompañadas en el mediano plazo por un paralelo aumento en la creación de riqueza o cuando menos de empleo, habría de llevarlas también a altas tasas de emigración. Gran Bretaña e Irlanda, por ejemplo, incrementaron en casi tres veces su población entre 1800 y 1900, una tasa sólo superada en Europa por algunas naciones nórdicas; y, asimismo, fueron dos de las que contaron con mayor proporción de emigrantes, oscilando, respectivamente, entre el 2,6 y el 5,6 por mil en el caso de Gran Bretaña, y entre el 8,9 y el 14,6 por mil en el de Irlanda para el período 1851-1900.[97] Además, el descenso de los precios agrícolas expulsaba población del campo a las ciudades, y de éstas a la emigración; y, por último, no debe dejar de mencionarse el carácter de las redes de circulación de información respecto hacia dónde migrar y cómo, que, si bien parecen haber sido en general muy eficientes, también parecen haber influido no sólo en la dirección e intensidad de los flujos migratorios, sino incluso en el planteamiento mismo de la opción de migrar, como puede intuirse al verificar la importante presencia de coterráneos de un mismo pueblo y la virtual ausencia

---

[96] Sobre los movimientos en la distribución del ingreso y la riqueza durante los procesos de desarrollo industrial en Europa ver Giraud, P.-N. (2000), además del clásico de Kuznets, S. (1966).
[97] Devoto, F. (2004), pp. 50-55.

de los oriundos de otros sin embargo muy cercanos entre los grupos migrantes, al menos en el caso español[98].

Si bien las motivaciones para emigrar fueron múltiples y complejas, y por tanto no es posible ni valedero reducirlas a meros esquemas, puede afirmarse que el movimiento de migrantes fue impulsado fundamentalmente por la esperanza de encontrar mejores condiciones de vida de las que aquéllos tenían en sus países de origen. Esto significa más que nada mejores ingresos monetarios relativos, una mayor capacidad de compra o de ahorro o todas esas cosas; pero, para buena parte de quienes migraban, el aumento en la calidad de vida incluía también libertades religiosas y de expresión, o incluso la posibilidad de acceder a grados de consideración social que iban más allá de la acumulación de dinero, y que les estaban vedados en el mundo jerarquizado y estático de la Europa de la época. José Moya relata interesantes casos de camareros españoles de Buenos Aires que lograban ascender laboralmente a través de las complejas escalas del servicio, que ponían en marcha pequeños o medianos emprendimientos y se independizaban así de sus patrones en plazos relativamente breves, adquirían sus casas y criaban hijos que llegaban a ser profesionales, cosas todas que les hubieran sido muy difíciles o imposibles en el estrecho y limitado mundo de sus pueblos natales, y que constituyen ejemplos claros de activa movilidad social y económica.[99] Para lograr en efecto esas condiciones, el contexto rioplatense de entonces podía ofrecer ventajas concretas: ciudades en rápido crecimiento, con amplias gamas de servicios; espacios fértiles muy poco poblados, con clima benigno; salarios urbanos y rurales de un relativamente alto poder adquisitivo, tolerancia consistente de la práctica de cultos diferentes del predominante

---

[98] Moya, C. (1999), pp. 31-33; cfr. asimismo Bjerg, M. y H. Otero (comps.) (2001), y Piselli, F. (1995).
[99] Moya, J. (2004), pp. 285-8.

catolicismo, y leyes liberales respecto de la posibilidad de radicación. Si bien se han desestimado recientemente estas últimas razones como motores principales del impulso a la llegada de inmigrantes, no debe olvidarse que constituyeron parte de un contexto favorable, un indicio del compromiso de la clase política con la atracción de inmigrantes, y uno más de un conjunto de motivos cuyo peso relativo en la decisión de migrar variaba considerablemente según el individuo o la familia que la emprendían[100].

En todo caso, todos estos factores y sin dudas otros más implicaron que el país fuera un polo de atracción ineludible. Desde 1857, fecha a partir de la cual se cuenta con estadísticas desagregadas confiables, la inmigración extranjera aumentó en forma gradual y consistente, y se triplicó cada diez años. Por momentos el ritmo se aceleraba: los inmigrantes entrados en 1888 superaban un 28% a los del año anterior; para esos momentos, Argentina ocupaba el tercer lugar en el mundo como país receptor, detrás tan sólo de Australia y de los Estados Unidos[101].

Pero el impacto de esa migración es mucho más importante si tenemos en cuenta la exigüidad del universo poblacional al que se ligó. Entre 1857 y 1888, tan sólo poco más de tres décadas, habrían entrado al país 990.192 inmigrantes de ultramar y 384.605 con procedencia de Montevideo, o sea un total de 1.374.797 inmigrantes, lo que implicaba poco menos de la totalidad de la población existente en todo el país en 1869, es decir a mediados de ese período[102]. Si bien no se trata de la inmigración neta sino sólo de los arribos, ese solo pero importante número da cuenta del impacto del fenómeno en la economía, ya fuera en empleos temporarios

---

[100] Devoto, F. (2004), pp. 79 y ss.
[101] Gouchon, E. (1889).
[102] 1.830.214 habitantes. Ver Napp, R. (1876), cuadro e/pp. 30-31. Gouchon, E. (1889), p. 244.

o permanentes o en el trabajo por cuenta propia. El simple hecho de la continuidad de los arribos muestra que los salarios pagados por la economía pampeana continuaron siendo atractivos a pesar de su tremendo impacto en la oferta de mano de obra, por lo que puede afirmarse que, si el aporte inmigratorio no hubiera existido, los procesos productivos hubieran encontrado enormes dificultades para ser llevados a cabo. Otros autores, basándose en censos de la época y en datos de la Dirección General de Inmigración, señalan que entre 1857 y 1890 se pasó de contar con unas pocas decenas de miles de extranjeros existentes en el país a 841.122; si tomamos en cuenta los datos de población de 1895, encontramos que, sobre un total de 2.950.384 habitantes, para esa fecha casi el 35% de ellos eran extranjeros[103].

Entrada a la exposición agrícola de Córdoba, 1871. Fotografía de Cesare Rocca, Museo Histórico Sarmiento.

---

[103] Beyhaut, G.; Cortés Conde, R., Gorostegui, H. y Torrado, S. (1961); también Míguez, E. (2008).

De acuerdo con estos datos, las jurisdicciones que recibieron mayor número de inmigrantes, en orden decreciente, fueron las provincias de Santa Fe y de Buenos Aires, la ciudad de Buenos Aires, Entre Ríos, Córdoba, Mendoza, San Juan, Tucumán, Corrientes y el territorio del Chaco. Es un hecho entonces que la inmigración se radicó especialmente en algunas zonas del país, y creó o acentuó nuevas estructuras económicas, mientras que en otras su impacto fue mucho menos importante. El desarrollo de la actividad cerealera en algunas de las provincias del litoral está estrechamente relacionado con la entrada de extranjeros, aunque ésta no haya sido la única variable importante. En el caso de la provincia de Buenos Aires, por lejos la que mayor cantidad de residentes extranjeros poseyó al menos hasta la década de 1890, el impacto inmigratorio estará en cambio en esos años mucho menos ligado al desarrollo agrícola que al ganadero, así como a una gran cantidad de actividades artesanales, industriales y de servicios, esto último especialmente en la propia ciudad de Buenos Aires. Se ha observado que, a nivel general, en el primer período intercensal 1869/1895, es mayor la correlación entre el crecimiento de la población rural y el de la población extranjera, a diferencia del segundo período (1895/1914), en donde la correlación es mayor si se considera la población urbana, un fenómeno por otra parte ligado al mismo proceso de modernización, con su correlato de desarrollo de industrias y servicios con base en las ciudades[104].

Otro indicio interesante en ese sentido es que la llegada de inmigrantes, especialmente en los primeros años de la colonización, muestra una amplia predominancia de varones; pero, a medida que se avanza en el siglo, esa predominancia comienza a descender, y da paso a casi un

---

[104] Míguez, E. (2008).

10% de mujeres hacia 1890. Esto muestra también la llegada de familias y el afincamiento de éstas, en la medida en que el proceso se consolida[105]. En cuanto a las profesiones declaradas, es de destacar que la de "agricultor" y sus similares son ampliamente predominantes, aun cuando en los hechos muchas declaraciones no se correspondieran con la realidad. De todas formas, la cantidad de personas en esa categoría pasa de 9365 en el período 1857/60 a 444.872 en el período 1881/90[106].

3. Estado, inmigración y colonización en el debate intelectual del tercer cuarto del siglo XIX

Las ideas de cambio social y económico que algunos pensadores habían ligado a la inmigración y a la colonización ya desde la década de 1810 continuaron presentes en la producción intelectual de los emigrados de tiempos rosistas. Los representantes de la generación de 1837 encontraron en estas ideas parte esencial de sus programas; sin embargo tanto la experiencia propia como nuevos elementos de juicio hubieron de variar la óptica con que se analizaban como motor del cambio. En primer lugar, porque no sólo los sufrimientos, sino la experiencia concreta en el exilio, había aportado multitud de nuevos elementos de juicio y una visión más rica y más amplia del proceso. Para el Sarmiento de 1841-45, la industriosidad de los europeos contrastaba con la ociosidad e incapacidad criolla ya en los puertos mismos sudamericanos abiertos al comercio con el mundo; se trataba entonces básicamente de incorporar

---

[105] El porcentaje de varones, entre 1857/60 fue del 80,51%; disminuye a 76,45% entre 1861/70, a 70,36% entre 1871/80 y a 69,557% entre 1881/90. Beyhaut, G.; Cortés Conde, R., Gorostegui, H. y Torrado, S. (1961).
[106] *Ibíd.*

inmigrantes como anticuerpos de conductas indeseables. Pero posteriormente esa visión esquemática fue muy matizada mediante el descubrimiento, en su viaje a los Estados Unidos, de que en realidad la diferencia no radicaba en determinados caracteres étnicos, sino en la integración plena de esos inmigrantes en un conjunto orgánico de desarrollo común que luego será descripto, aunque con otras palabras, como un auténtico mercado nacional. Para ello, un instrumento básico y fundamental será la educación: ésta proveerá la necesaria homogeneidad cultural y social entre el diverso conjunto conformado por criollos y extranjeros, para tender a nivelar las oportunidades de todos en la dura aventura del progreso[107]. El papel del Estado no podía ni debía limitarse así a fomentar la llegada de inmigrantes y colonos y en todo caso a observar su desarrollo: por el contrario, tenía que controlar y encauzar ese fenómeno, ya que de ello dependería que su resultado fuera un mosaico heterogéneo con islas de progreso individual, o un todo integrado del que los viejos atavismos hubieran sido definitivamente erradicados.

Pero no sólo se trataba de ello, sino de los frutos de experiencias aún más íntimas. Uno de los más lúcidos pensadores del grupo de exiliados rosistas, Juan María Gutiérrez, había visitado en 1845 las colonias alemanas de la provincia de Río Grande del Sur en el Brasil; su informe, publicado el año siguiente en la *Biblioteca del Comercio del Plata*, describe prolijamente los rápidos adelantos de los colonos, el orden, limpieza y prosperidad que reinaban en su pueblo. Las reflexiones tejidas a partir de ello constituyeron un insumo no despreciable para quienes comenzaban por entonces a pensar en repetir esos intentos en las llanuras del Plata: "Un patio limpio, una plantación de naranjos y un enjambre de niños son cosas que no faltan en

---

[107] Ver el análisis de Halperín Donghi, T. (1987), pp. 198-9.

casa alguna de la colonia. Muchas hay que tienen rosales, árboles de lima y otras plantas de adorno y recreo. Crían gallinas y puercos con mucho aseo y comodidad para estos animales. Tienen los caballos a pesebre, y leche y manteca les sobra para exportar. La conducción de los productos se hace hasta el puerto a lomo de caballo o en carros de excelente construcción, tirados por caballos"[108]. Se trataba de ese modo, para cualquier observador medianamente culto, de una deseable copia del paisaje agrícola europeo, un referente y un modelo, cuya imitación podía ser un objetivo a mediano plazo, toda vez que una nación vecina había podido lograrlo.

Esa realidad, esas colonias no sólo constituían un prolijo contraste con el usual paisaje pampeano, dominado por la explotación ganadera y con aislados y pobres bolsones agrícolas que se esforzaban por sobrevivir en medio de las adversidades; eran además parte de una agenda interrumpida que esos intelectuales consideraban que había que cumplir. En ello, resultaba muy claro que el control político de la situación y el compromiso de todas las instancias gubernamentales con el proceso aparecían como claves imprescindibles. Las colonias del sur del Brasil eran el fruto de una situación política concreta; las autoridades, además de encontrarse plenamente convencidas de la necesidad de instalarlas, poseían la suficiente solidez y continuidad como para permitir que esas colonias pudieran afianzarse y prosperar. Las instituciones no sólo habían prestado allí un apoyo concreto en leyes benignas y acaso en dinero; en la existencia de paz y de seguridad habían afianzado esos emprendimientos con mucha mayor solidez que con cualquier norma legal. Quedaba así plenamente expuesta la necesidad de ciertas precondiciones para el arranque de proyectos de colonización.

---

[108] Gutiérrez, J. M. (1846).

A diferencia de los frustrados proyectos rivadavianos de los inicios del siglo, ese convencimiento acerca de la necesidad de un rol más activo del Estado en el marco de un plan integral de cambio social y económico formaba así parte de la nueva etapa: también para Alberdi la incorporación de inmigrantes debía ser apoyada desde el Estado con medios muy concretos. Pero por eso mismo ese apoyo habría de ser a la vez limitado: los gobiernos no tenían por qué entrar en la aventura de hacerse empresarios de colonización para garantizarle mejores resultados; por el contrario, sólo la presencia de oportunidades, es decir, de una base material consistente, habría de atraer y de asentar a los extranjeros industriosos, más aún de lo que lo había hecho hasta entonces. Se trataba así tan sólo de garantizar un espacio económico previsible, y de defenderlo contra las amenazas de las fuerzas de la retrogradación y de la barbarie: y, sobre todo, de remover los obstáculos locales que enfrentaría la ola civilizadora, para lo cual no hacía falta prodigar escuelas por doquier. La educación, en la visión de Alberdi, debía proveer los necesarios instrumentos para la participación en la nueva economía y los hábitos de subordinación y disciplina que largos siglos de indolencia (y algunas décadas de revolución) habían desarraigado de las masas, para lo cual incluso podía ser dejada a cargo de los mismos demandantes de trabajo, en tanto ellos conocían mejor que nadie las calificaciones necesarias de la mano de obra[109].

El papel del Estado, así, era, en estas visiones, decisivo de una forma u otra. Pero si bien en torno a ello podía haber relativo acuerdo, no lo había en lo que respecta al alcance de ese papel. Uno de los puntos que generó mayor controversia fue hasta dónde debía llevarse ese apoyo estatal:

---

[109] Halperín Donghi, T. (1987), pp. 201-202; Cuccorese, H. J. y J. Panettieri (1971); Halperín Donghi, T. (1982), *passim*.

si, por ejemplo, debía limitarse a crear un marco general propicio y a difundir en Europa sus bondades; o si hacían falta medidas más concretas, como el pago de pasajes o el alojamiento inicial y la obtención de puestos de trabajo para los recién llegados. Las medidas no terminaban ahí: si bien incluso para Sarmiento o para Avellaneda atraer la inmigración espontánea era lo más conveniente, era necesario además propender al desarrollo agrícola y a la conformación de una burguesía agraria en la que tuvieran fuerte protagonismo los pequeños y medianos propietarios, ya que se suponía que eso habría de garantizar mayores niveles de compromiso social, más dinamismo productivo y una mejor distribución de la riqueza. En este aspecto, incluso podía esperarse una acción consistente del Estado en el planeamiento y organización de colonias. El ejemplo más clásico en ese sentido es el famoso discurso de Chivilcoy, en el que Sarmiento encontraba como en ninguna otra parte la plena confirmación de sus puntos de vista: allí algunos gauchos antaño díscolos y errabundos y una consistente masa de inmigrantes del interior y del exterior habían creado una réplica de la democracia rural norteamericana, conseguida por otra parte en mucho menos tiempo que aquélla[110]. Algunas de las ideas de Sarmiento al respecto eran compartidas por diversos estadistas ligados a la colonización, como Nicasio Oroño[111].

Pero el choque con la realidad, o mejor aún su propio devenir, fue minando ese convencimiento. A pesar del entusiasmo de Sarmiento, la transformación de las pampas no había sido al parecer tan grande; en ese mismo Chivilcoy, en 1868, Mitre, en otro discurso, exaltaría la libre iniciativa individual, que había labrado la riqueza bonaerense por medio de la ganadería, contra los proyectos

---

[110] Halperín Donghi, T. (1982), pp. 132 y ss.
[111] Ver al respecto Bonaudo, M. y Sonzogni, E. (2000), p. 13.

de colonización agrícola dirigidas por el Estado, que no constituían sino una construcción artificial[112]. La aparente paradoja se explica yendo más allá de los discursos; en agosto de 1867, Eduardo Olivera creía conveniente llamar la atención de Sarmiento acerca de las causas de los magros resultados productivos de sus proyectos agrarios de Chivilcoy: el régimen de tierras allí ensayado había producido una prosperidad artificial; luego de algunas buenas cosechas, los colonos pronto habían agotado los rendimientos con prácticas de cultivo inadecuadas, y debieron emigrar hacia partidos vecinos. En éstos, donde predominaba una rentable y moderna ganadería ovina, el gobierno se proponía aplicar las mismas leyes que, más allá de sus buenas intenciones, habían provocado en Chivilcoy tan ruinoso resultado, imaginando que bastaba con alterar el régimen vigente de propiedad para extender la agricultura y para solucionar esos problemas forzando la introducción de actividades más intensivas en valor agregado. Para Olivera esto era un grave error: todo progreso sólido era intrínsecamente refractario a medidas violentas que le levantaran resistencias, las cuales tarde o temprano habrían de derogarlo de hecho; en un país donde todo estaba por hacerse y donde crear implicaba grandes costos en trabajo y en dinero, era de todo punto absurdo destruir primero una industria pujante que proporcionaba altas ganancias y contribuía como ninguna a la recaudación fiscal, para crear luego otra que pocos o nadie ejercían todavía bajo reglas positivas y a la cual, para que pudiera sostenerse, habría que destinar ingentes fondos públicos[113].

---

[112] Mitre, B. (1889), pp. 280-281.
[113] Eduardo Olivera a Domingo F. Sarmiento, Buenos Aires 11 de agosto de 1867, en *Anales de la Sociedad Rural Argentina*, Buenos Aires, t. X, 1875, p. 413 y ss. También Beck Bernard, Ch. (1866), pp. 207 y s.

Exposición agrícola de Córdoba, 1871. Pabellón de maquinarias. Fotografía de Cesare Rocca, Museo Histórico Sarmiento.

Así, el espacio económico efectivo establecía límites concretos al accionar estatal: las condenas al latifundio y a la ganadería que una porción de los intelectuales esgrimía no tenían en cuenta el hecho básico de que la distribución de la tierra consolidada luego de siglos de actividad no respondía a medidas institucionales o a la voluntad de un grupo de terratenientes, sino a mecanismos básicos de óptimo económico, llevados a la realidad por las fuerzas del mercado; y la actividad que en ésta se llevaba a cabo era el resultado de un largo y complejo proceso, en el cual el aprovechamiento racional de ventajas de orden comparativo había instalado de preferencia las más rentables, es decir, aquellas que aprovechaban más eficientemente la ecuación de factores disponible. La ganadería era así la fuente de ingresos públicos y privados más sólida y más significativa, en tanto generaba negocios que permitían vivir y prosperar a buena parte de la población rural, y con cuyo gravamen el Estado podía sostenerse; romper institucionalmente las pautas de distribución de la tierra que esa actividad había determinado para desarraigarla con el objetivo de instalar una agricultura que se suponía más deseable sólo habría de conllevar a corto plazo el desorden, y más tarde la retrogresión. Como lo sugería Wilfrid Latham, en realidad el verdadero progreso, al menos en las áreas más intensivamente ocupadas, pasaba por la integración dinámica entre ganadería y agricultura, y producía, mediante técnicas científicas de rotación combinada, cereales y pasturas artificiales capaces de ofrecer rendimientos mucho mayores en ambas actividades[114].

La misma existencia de una política al respecto estaba sujeta a condiciones. El difícil proceso de construcción de los Estados nacional y provinciales implicaba que otros hechos debieran ser resueltos previamente a la puesta en marcha de complejos y costosos procesos de colonización; por ejemplo, era imprescindible definir una política comercial a nivel nacional, crucial con respecto a la estructura económica del futuro país y a su organización económica y financiera. Dado que las aduanas, tradicionales fuentes de ingresos para los fiscos provinciales, habían pasado a depender de la jurisdicción nacional, resultaba imperioso arbitrar nuevos medios de imposición tributaria, los cuales debían basarse en última instancia en la generación de recursos por las propias provincias. Estando éstos a su vez ligados a un creciente grado de desarrollo económico en las provincias, era necesario fomentar el poblamiento, la producción rural y las artesanías, todo lo cual se veía afectado sin dudas por las políticas de apertura comercial, la acción estatal para la atracción de migrantes y otros factores que escapaban al control de las administraciones provinciales[115]. En los hechos, las diversas limitaciones de los presupuestos y

---

[114] Latham, W. (1866).
[115] Un interesante ejemplo en Buchbinder, P. (2004), pp. 56 y ss.

los problemas políticos que esas administraciones debieron enfrentar (que incluyeron fuertes resistencias de la población local) impidieron, salvo en algunos casos, obtener resultados duraderos durante la difícil década de 1850 y aun más tarde. Por otra parte, partiendo de la existencia de sus recurrentes déficits, ninguna provincia estaba en condiciones de invertir fondos en proyectos de colonización de sus tierras públicas, modo supuestamente preferible a su enajenación directa, a fin de suplir las urgencias del erario; las ventas de tierras en porciones relativamente grandes a empresarios particulares para que los fiscos pudieran hacerse de dinero inmediato fueron de ese modo la norma en buena parte de las provincias, como hemos visto antes.

Paralelamente, la robusta dinámica de la llegada e instalación espontánea de inmigrantes, y la expansión del proceso colonizador privado en Santa Fe durante las décadas de 1860 y de 1870 fueron haciendo perder crédito a los sostenedores de una consistente acción del Estado en ambos campos. El mismo dictado de leyes favorables a la inmigración y a la colonización parece haber tenido efectos limitados; si bien posteriormente a su sanción los arribos de extranjeros adquirieron una dinámica cada vez más rápida, el hecho de que en ese proceso la inmensa mayoría de los arribos haya sido espontáneo, y no inducido por el Gobierno abona la tesis de que era una economía pujante la que incentivaba la inmigración, y no las políticas[116]. Para Mitre, quizá el más inteligente representante del pensamiento económico liberal, la inmigración y la colonización debían ser espontáneas antes que artificiales: pagarlas y organizarlas con intervención del Estado, ya fuera por sí mismo o a través de convenios con empresarios particulares, era de ese modo no sólo un desperdicio, sino

---

[116] Ver los comentarios al respecto en Devoto, F. (2004), esp. pp. 250 y ss.

un craso error[117]. En un brillante discurso ante el Senado nacional pronunciado en septiembre de 1870, combatiendo un proyecto de ley sobre inmigración artificial, afirmaba: "El hombre que se expatria por un acto deliberado de su voluntad nos da por ese hecho la garantía de que es un ser enérgico y responsable, que viene con un propósito; que trae un capital grande o pequeño, que se basta a sí mismo, que viene a enriquecer a la sociedad a la que se agrega incorporando a ella una nueva fuerza física y moral, que obedece libremente a sus inspiraciones, consulta sus conveniencias y toma su asiento en nuestro hogar concurriendo sin esfuerzo a la armonía general. Éste es el tipo del inmigrante voluntario. El inmigrante contratado, reclutado o comprado por empresarios que buscan sus conveniencias más que el porvenir de la colonización, es un ser irresponsable, que no obedece su libre albedrío, que viene esclavizado a un contrato de explotación. [...] Antes que promover colonias agrícolas artificiales en beneficio de sus reclutadores más que de los cultivadores, antes que buscar por primas miserables la ubicación de los colonos que deben ser impulsados a ello por su propia conveniencia, demos a la inmigración agrícola la base que constituye la grandeza de los Estados, la única que responde a las exigencias del presente y a las aspiraciones del futuro. [...] es necesario dar a la explotación agrícola la base de la propiedad, y a ésta la libertad".[118] Para un sistema estatal caracterizado por recurrentes déficits, el sistema de colonización artificial y el pago anticipado por parte del Gobierno de una parte o de todo el costo de pasajes y demás gastos eran así expedientes onerosos e innecesarios. A lo sumo el

---

[117] Ver, entre otros, sus escritos "Leyes agrarias", "El capital inglés", "Discurso de Chivilcoy", "Cuestión puerto de Buenos Aires", en Mitre, B. (1889). También Cuccorese, H. J. y J. Panettieri (1971).
[118] Mitre, B. (1870), pp. 17-20.

gobierno podría enviar agentes a Europa para ilustrar a la opinión pública sobre las ventajas que a tal efecto ofrecía el país; ir más allá no parecía racional y, sobre todo, tampoco necesario. Rawson, ministro del Interior de Mitre, decía en 1864 que, una vez afianzada la paz, dividida la tierra con regularidad y hecha accesible al poblador con precios adecuados, la corriente inmigratoria no se detendría; en 1870 volvería a insistir en las desventajas del sistema de facilitar los medios pecuniarios para el transporte de inmigrantes europeos hasta el Plata[119].

4. Las primeras instituciones ligadas al fomento inmigratorio

Hemos ya indicado que, a mediados del siglo XIX, para varias de las provincias litorales la colonización resultaba crucial al menos en un aspecto: dado que las rentas de las aduanas locales habían sido cedidas a la nación, urgía replantear la estructura fiscal, anteriormente ligada en gran medida a los gravámenes al comercio efectuado por los ríos interiores. Entre las opciones figuraban la venta de tierras públicas y el establecimiento de impuestos directos a la producción local y, tanto para una como para otra opción, el rápido crecimiento de la agricultura y de la población eran imprescindibles, ya que sólo mediante éstas se podría lograr un aumento sustancial en la base de tributación imponible: por un lado, con el incremento del valor de la tierra; por el otro, con el desarrollo de actividades, y por la inversión y movimiento de capital consiguientes.

Esta disyuntiva no se planteaba de la misma forma en Buenos Aires, cuya economía contaba con mucha mayor solidez que la de las demás provincias; pero de

---

[119] Gouchon, E. (1889); Rawson, G. (1891), t. II, pp. 206 y ss.

cualquier manera el fomento de la inmigración también se hizo presente allí tempranamente. En enero de 1857 se creaba, en el Estado de Buenos Aires, la segunda Comisión de Inmigración, formada ahora como antes por destacados comerciantes y empresarios rurales, entre ellos Felipe Llavallol, Vicente Casares, J. Martinez de Hoz, M. Nougués, José María Cullen, Mariano Casares, Daniel Gowland, Ignacio de las Carreras, Tomás Gowland, Tomás Anchorena, José G. Iraola, Manuel Lynch, Eduardo Olivera, así como representantes de las razones sociales Zimmerman y Frazier, Deetjen y Cía., y muchos otros[120]. La presencia de destacados productores rurales ligados al ovino y a las formas modernas de la ganadería, como Olivera o la Compañía de Zimmerman y Frazier, junto a otros más ligados al vacuno, como Iraola o Martinez de Hoz, nos indica la generalizada preocupación entre estos empresarios rurales por el fomento de la inmigración. Sin dudas se mezclaban allí tanto motivos de tipo ideológico o moral como intentos por cambiar cualitativamente la disponibilidad de mano de obra, incorporando trabajadores más ligados a formas productivas modernas, de modo de ir así desterrando fenómenos como la inestabilidad o la falta de especialización, al mismo tiempo que se podían generalizar conocimientos necesarios a los nuevos rubros de la producción lanar. Es evidente que además está presente aquí el intento de cambiar cualitativamente, a largo o mediano plazo, la orientación productiva hacia una presencia agrícola mayor, de manera de valorizar tierras dedicadas a la ganadería; pero probablemente esos otros objetivos tendrían mayor importancia para estos empresarios, toda vez que respondían a la necesidad de resolver cuellos de botella de la producción rural.

---

[120] Alsina, J. (1910), pp. 155-156.

A mediados de agosto de 1857, gracias al accionar de la nueva Comisión de Inmigración, quedó instalado el asilo de inmigrantes en la calle Corrientes N° 8 de esa ciudad, y el 13 de agosto fueron alojados allí los primeros inmigrantes que figuran en nuestra estadística inmigratoria, por cuanto los que habían entrado los años anteriores no habían sido registrados de modo específico[121]. Los sucesivos asilos de inmigrantes, luego llamados "hoteles", constituirán un elemento paradigmático; proporcionaban un apoyo concreto a la llegada de extranjeros, sobre todo a los más pobres en los primeros días de su estadía y hasta el momento en que podían instalarse en sus respectivos destinos. Su función, como veremos luego, llegó a ser en todo caso apreciable, si bien su impacto fue escaso durante mucho tiempo.

El accionar de la Comisión Protectora de la Inmigración (tal su título completo) no se limitó a Buenos Aires y al interior; además, hizo publicar en Europa folletos descriptivos del país y de las favorables condiciones que éste ofrecía. En la portada de uno de éstos, figuraban algunas convincentes cifras: los depósitos efectuados por inmigrantes en el Banco de Buenos Aires mostraban que, de cada 100 depositantes, había 13 vascos españoles y franceses; 30 italianos; 4 ingleses e irlandeses; 9 franceses; 13 españoles; y sólo 18 argentinos. La proporción de los depósitos también favorecía a los extranjeros: por cada 100 millones de pesos papel, los vascos contaban con 9 millones; los italianos con 20; los ingleses e irlandeses con 14; los franceses con 8; los españoles con 10 y los argentinos con 27 millones[122].

Indudablemente, esta propaganda se sumaba a los miles de folletos, artículos y avisos publicados paralelamente

---

[121] Ochoa de Eguileor, J. y E. Valdés (2000), pp. 71 y ss. Gouchon, E. (1889); Beck Bernard, Ch. (1872), pp. 55 y ss. Sólo se sabe que los inmigrantes ingresados en 1854 fueron 2524, en 1855, 5912 y en 1856, 4672.
[122] Alsina, J. (1910), p. 156.

por empresarios, particulares y Gobiernos; un inmigrante "ingenuo" mal podría orientarse en esa informe y heterogénea masa que intentaba arrastrarlo a uno u otro lado. Pero, de cualquier modo, constituían más elementos de juicio, los cuales, junto con otros, habrían de ayudarlo a tomar la decisión. En todo caso, podían llegar lejos; viajando por Suiza en 1856, Eduardo Olivera encontró, en la bella y aislada aldea de Grindelwald, a un hostelero con quien habló de ganados; éste, mostrándole las palizadas de piedra que dividían las áreas de pastoreo comunes, observó que en su pueblo no podía haber ganados alzados, como en la pampa. Inquiriendo las razones de la posesión de esos detallados conocimientos sobre tierras tan lejanas, Olivera supo que por esos años se había promovido allí la emigración a Santa Fe, y que se había escrito y había circulado mucha información de todo género para atraer población hacia Esperanza, aún en ciernes; con ese motivo, el posadero había leído diversas publicaciones que habían llegado a sus manos, con ánimo de evaluar las ventajas que hubiera podido obtener en el caso de trasladarse al Río de la Plata[123].

También el naciente Gobierno nacional se ocupó de estos temas. Una ley del Congreso promulgada en octubre de 1862 autorizó al Poder Ejecutivo a celebrar contratos para promover la inmigración extranjera, dando tierras por un máximo de 25 cuadras cuadradas a cada familia, a las que se les extendería el título de propiedad a los dos años de haber cumplido con los requisitos de poblamiento[124]. En 1863, el Gobierno autorizó que, en los equipajes de los inmigrantes, se despachasen libres de derechos los útiles de trabajo que trajeran, siempre y cuando no fueran destinados a la venta. En junio de 1864, se creó en Rosario una Comisión Protectora

---

[123] Olivera, E. (1879), t. II, pp. 323-324.
[124] Argentina. Gobierno Nacional (1879 y ss.), t. IV, p. 495 (ley de 11 de octubre de 1862).

de la Inmigración, integrada, como la de Buenos Aires, por personajes notables de la ciudad. El 4 de noviembre de 1864, fue nombrado el primer agente de inmigración en Europa, el Sr. Charles Beck Bernard, fundador de la colonia San Carlos, quien extendió su acción a Suiza y a Alemania. En 1869, el Gobierno nacional dispuso centralizar las tareas de las comisiones de inmigración en una Comisión Central de Inmigración. En ésta continuaron teniendo protagonismo fuertes figuras del quehacer productivo rural, especialmente ligados a la ganadería moderna: fueron primeros miembros de ella, por ejemplo, Leonardo Pereyra, Felipe Senillosa, Cecilio Jacobé, Juan J. Ledesma, Tomás Armstrong, Daniel Maxwell, Juan N. Madero, Francisco Halbach y otros.[125]

También en estos años los Gobiernos argentinos recurrieron al sistema de contratación organizado por agencias que actuaban en el exterior a través de agentes, promoviendo la llegada de inmigrantes a nuestro país. Hubo acción de particulares, muchos de ellos por cuenta de armadores marítimos, o ellos mismos actuaban como tales, a nombre del Gobierno nacional o provincial o al servicio de contratistas privados y agencias oficiales[126]. Hacia 1869, cuando comenzó a funcionar la Comisión Central de Inmigración ya mencionada, los agentes eran cinco, y su mantenimiento representaba para el erario público la cantidad de 9900 pesos fuertes anuales.[127] Todos los agentes dependían de esta comisión, la cual les exigía rendiciones periódicas; pero, al no estar bien reglamentada su labor, y debido a una serie de inconvenientes diversos, fueron perdiendo importancia, sobre todo al constituirse instituciones estatales de mayor alcance, que englobaban las funciones de esos agentes ya avanzada la década de 1870.

---

[125] Alsina, J. (1910), p. 163; Beck Bernard, Ch. (1872), p. 53.
[126] Cuccorese, H. J. y J. Panettieri (1971).
[127] *Ibíd.*

Es interesante evaluar el impacto real de estos intentos del Estado por orientar y organizar la creciente masa humana que se volcaba sobre el Río de la Plata: si bien las medidas gubernativas específicas no fueron regulares ni sus efectos demasiado relevantes frente al atractivo implícito de un país necesitado de mano de obra y de una Europa ansiosa por proveérsela, la entrega de pasajes subsidiados, las declaraciones de apoyo a la colonización y la insistente difusión de información fueron sin dudas factores que facilitaron de alguna forma el flujo de inmigrantes. Aunque el impacto de las dependencias públicas relacionadas con ellos, en especial las ligadas a su recepción, alojamiento y contacto con la demanda laboral, fue limitado con respecto al papel de las fuerzas del mercado o de las redes de vínculos de parentesco, amistad o paisanaje puestas en acción por quienes migraban, nadie podría pensar que esas dependencias hayan sido inútiles, en especial a partir de cierto momento. Es de destacar el papel cumplido por los asilos u hoteles de inmigrantes, que parece haber crecido en importancia a medida que pasaba el tiempo: en los primeros años (1857-1860) sólo un 3,03% de los inmigrantes arribados hizo uso de las instalaciones de alojamiento provistas por el Estado; pero ese porcentaje aumentó al 14,49% hacia 1870 y fue del 43% en el decenio 1891-1900, lo que demuestra la importancia de su funcionamiento y su progresivo afianzamiento.[128]

5. La definición de objetivos específicos para una política de inmigración

De ese modo, durante la década de 1870, apareció con claridad lo que podríamos denominar una política en

---

[128] Ochoa de Eguileor, J. y Valdés, J. (2000).

cierto modo orgánica de inmigración y de colonización, con todos los elementos que habrían de constituirla. Por un lado, la presencia estatal se convertía en un elemento clave en tanto era necesario planear y construir vías de comunicación que ayudaran a conformar un gran mercado nacional y quebraran el secular aislamiento territorial. De estas vías, los ferrocarriles en especial habrían de ser asimismo agentes de colonización, al fragmentarse y enajenarse las tierras que tocaban. Por otro lado, se hacía cada vez más evidente la necesidad de organizar y regular la llegada e instalación de inmigrantes, así como la de definir y sistematizar las múltiples iniciativas de colonización que surgían por doquier, otorgándoles un marco jurídico apropiado y creando las instituciones permanentes que habrían de servirla mejor. Por fin, otro elemento diferenciador de estos años con respecto a los anteriores radica en la existencia de un stock de tierras fiscales nacionales ya lo suficientemente amplio y de dominio incontestable, a la par que descendía el correspondiente a las provincias. Existían además por entonces ya recursos presupuestarios suficientes como para encarar su puesta en valor por medios propios, y no tan solamente esperar obtener de esas tierras los fondos necesarios para paliar las urgencias del erario. Surgió así por primera vez la posibilidad de encarar una política de poblamiento y de colonización orgánica por parte del Estado, cuya viabilidad, ejercicio, utilidad y objetivos habrían de ser objeto de debate arduo y constante, incluso hasta el siglo XX.

Esos múltiples objetivos comenzaron entonces a adquirir concreción ya durante la presidencia de Sarmiento (de 1868 a 1874). Un buen ejemplo lo tenemos en torno a los proyectos colonizadores relacionados con el trazado del ferrocarril de Rosario a Córdoba, el Central Argentino, que estipulaban el otorgamiento en propiedad a las empresas concesionarias de una legua de campo a cada lado de la vía, a ser luego colonizada. Son conocidas las difíciles circunstancias que hubo de atravesar el proyecto, pautado por múltiples idas y venidas, cambios diversos, intromisión de diferentes empresarios contratistas, críticas a su accionar y demás[129]. No podríamos entrar aquí en todos esos detalles, pero conviene recordar que las críticas centradas en la cantidad de tierra otorgada o en las formas en que la empresa las enajenó han sido analizadas por varios autores, a las que les encontraron pocos o ningunos fundamentos. Las tierras, al menos en su mayor parte, comenzaron justamente a valorizarse por la expectativa del paso de la vía férrea; por otra parte, todas las concesiones de ferrocarriles, incluso las efectuadas en Canadá o en los Estados Unidos, incluyeron cláusulas similares, a menudo aún más generosas[130]. Por otro lado, la discutida creación de una empresa subsidiaria para la enajenación de la tierra fue un expediente para obtener más capital en forma inmediata, y suplir así entre otras cosas la falta de aportes estatales[131]. La garantía al capital, otro foco de crítica, constituía también una cláusula usual; y no significó pérdidas al Estado ya que, a partir de 1880, el Central Argentino comenzó a devolver las sumas entregadas por el Gobierno Nacional desde 1866 en concepto de garantía de rentabilidad mínima. Estas cifras, hacia 1884, alcanzaban ya un millón de pesos fuertes anualmente[132]. Pero lo más significativo es que la pronta formación de colonias constituyó un éxito que sin dudas compensaba todas las inversiones y concesiones anteriores, y aun muchas más: no sólo por su valor como iniciativa de peso económico propio, sino también por la consolidación de la frontera,

---

[129] Ejemplos de la época en Brougnes, A. (1861), Castellanos, A. (1877).
[130] Wright, W. (1980); Zalduendo, E. A. (1975); Vázquez-Presedo, V. (1979).
[131] Míguez, E. (1985).
[132] Carrasco, G. (1886), p. 191.

aun muy cercana a la línea; por el aumento sustancial en el movimiento portuario rosarino, y el incremento consiguiente en la recaudación fiscal; y por la posibilidad de conectar mucho más rápida y eficientemente que antaño vastas zonas del interior, forzadas hasta entonces a depender de las aleatorias, costosas y lentas tropas de carretas.

Durante el Gobierno del discípulo, colaborador y sucesor de Sarmiento, Nicolás Avellaneda (de 1874 a 1880), la legislación y las acciones desarrolladas hasta entonces en forma bastante confusa comenzaron a ser mejor articuladas. Uno de los hitos al respecto se encuentra en lo que se conoce como la "Ley Avellaneda de Inmigración y Colonización" (Ley N° 817, del 19 de octubre de 1876), que recogió todas esas iniciativas en un cuadro orgánico, y brindó un marco normativo cierto para las distintas partes intervinientes, tanto a uno como a otro lado del Atlántico. Este proyecto constaba de dos partes, la primera dedicada a la inmigración y la segunda a la colonización. El mismo Avellaneda confesaba haber tenido en cuenta para su redacción diversos proyectos anteriores a los que también habían hecho aportes personalidades como Oroño, quien desde muy temprano en su acción de gobierno se dedicó a legislar al respecto, tanto en su provincia, Santa Fe, como con propuestas a nivel nacional en los momentos en que actuó como legislador. Esta ley clasificaba además los diversos sistemas de colonización existentes: 1) directa, efectuada por el estado en territorios nacionales y en tierras cedidas por los gobiernos de provincia; 2) indirecta, a través de empresas particulares, en tierras ya mensuradas y divididas o en lugares que no hubieran sido aún explotados; 3) la colonización por iniciativa individual; 4) la que realizaban los gobiernos provinciales estimulados por la nación y 5) la que podrían encarar los particulares, amparados por el Gobierno nacional. En los hechos, esta tipificación era útil a fin de ordenar pautas para la colaboración

Estado-particulares, aun cuando esos emprendimientos sólo constituyeran una mínima parte del total.

La Ley de Inmigración de 1876 estableció asimismo otras especificaciones, como la denominación de inmigrante "a todo extranjero, jornalero, artesano, industrial, agricultor o profesor, que siendo menor de 60 años y acreditando su moralidad y aptitudes, llegue a la República para establecerse en ella [...] pagando pasajes de segunda o tercera clase [...] o teniendo el pasaje pagado por la Nación, las provincias o empresas particulares protectoras de la inmigración y colonización". Las personas que, teniendo estas condiciones, sin embargo no quisieran ser considerados como inmigrantes sino sólo como simples viajeros deberían hacerlo presente al tiempo de su embarque ante el capitán del buque. Había viajeros que sólo llegaban para realizar visitas a parientes o amigos o realizaban trabajos temporarios, luego de los cuales regresaban a su país de origen y, por lo tanto, a los fines estadísticos, no debían ser considerados como inmigrantes. La ley establecía asimismo las condiciones de higiene y seguridad que debían reunir los buques conductores de inmigrantes y castigaba las infracciones con fuertes penas o con la pérdida de la patente. Cuando el barco llegaba al puerto, era visitado por empleados sanitarios o delegados de la Comisión de Inmigración, con el objetivo de investigar el estado higiénico de los pasajeros, y evitar la introducción de enfermedades. Sólo podían desembarcar aquellos donde no se hallaban problemas. Los inmigrantes tenían derecho a ser alojados y mantenidos convenientemente a expensas de la nación durante los cinco días siguientes a su desembarco, que podían prolongarse en caso de enfermedad. Los inmigrantes contratados por la nación para las colonias tenían derecho a alojamiento y manutención gratuitos hasta tanto fueran enviados a sus destinos, mediante transporte también gratuito. Si bien la ley Avellaneda puede ser considerada como una de las más importantes de este período, a lo largo de éste se fueron sucediendo otras disposiciones tanto nacionales como provinciales al respecto[133]. Es menester reconocer sin embargo que su peso real en el impulso al fenómeno fue bastante acotado, ya que éste había ya entonces, y desde hacía bastante tiempo, tomado pleno empuje por sí mismo[134].

Por otra parte, se reorganizaron, se redimensionaron y se expandieron las instituciones destinadas a la atención y control del flujo de inmigrantes. La Comisión Central de Inmigración fue acompañada, hasta 1874, por comisiones locales en cada capital de provincia y aun en otras localidades. Estas comisiones locales estaban usualmente compuestas por cinco miembros activos y dos suplentes, y todos los cargos eran honorarios. Realizaban múltiples acciones al respecto; por ejemplo, solicitaban a los gobiernos nacionales o provinciales concesiones de tierras con franquicias, obviando tramitaciones al inmigrante y facilitando de esa forma su radicación en éstas. Asimismo, llevaban estadísticas y memorias detalladas sobre producción agrícola, industrial y minera de cada provincia[135]. Esta función de recopilación de información constituyó un importante factor en la construcción de condiciones más eficaces de colonización, en tanto cualquier actor interesado podía seguir por aquélla la evolución de los procesos respectivos y sus condicionantes.

Además, como hemos dicho, la comisión central se ocupó de fundar y mantener un asilo para inmigrantes, si bien durante bastante tiempo los edificios adaptados a ese fin fueron muy deficientes[136]. El desembarque de los

---

[133] Ver Borea, D. (1948) y (1923).
[134] El impacto real de la ley, muy encomiado por diversos autores, ha sido discutido por Devoto, F. (2004).
[135] Gouchon, E. (1889).
[136] Ochoa de Eguileor, J. y E. Valdés (2000), pp. 81-2 y ss.

inmigrantes y sus equipajes estaba también a cargo de la comisión, para lo cual poseía lanchas a vapor para acceder a los buques de ultramar, en momentos en que no existía aún una rada cómoda en el puerto de Buenos Aires[137]. La comisión trataba de fomentar el envío de correspondencia por parte de los inmigrantes a sus parientes en Europa, a fin de lograr la difusión de las posibilidades ofrecidas por el país a través de medios que les merecieran plena confianza, lo que aseguraba el arribo de nuevos contingentes. Fundó también una agencia de empleos. En 1871, la comisión central nombró a Guillermo Wilcken para inspeccionar las colonias ya existentes y para presentar sobre éstas un informe que le permitiese dirigir con más acierto el flujo inmigratorio[138]. En la memoria de ese año, la comisión indica que Wilcken fue autorizado a elegir diez o doce colonos de los que más se hubieran distinguido y adelantado, a fin de que el Gobierno les diese pasaje gratis de ida y vuelta a Europa. Se tuvo en cuenta que fueran de distintas nacionalidades y residieran en varias provincias, a fin de que pudieran llevar a sus respectivos países una propaganda útil. Como veremos luego, esto no hacía sino repetir, con la venia y protección del Estado, una táctica creada y empleada ya desde los años finales de la década de 1850 por los mismos colonos y los empresarios privados, y que había dado muy buenos resultados para la consolidación y crecimiento de los emprendimientos. De allí que, en su informe, Wilcken consigne los datos precisos de un grupo de colonos, datos que muestran sus éxitos a partir de hábitos de trabajo y ahorro, y que permiten inferir hasta qué punto y con qué rapidez al menos un grupo consistente de ellos pudo prosperar y ascender socialmente[139].

---

[137] Beck Bernard, Ch. (1872), p. 54.
[138] Wilcken, G. (1873).
[139] En Apéndice 4 hemos transcripto parte de esa información, a fin de mostrar la importancia de la perspectiva del ciclo de vida para el aná-

Un incidente determinó cambios administrativos de importancia, que derivaron en la supresión de la Comisión de Inmigración y su reemplazo por otras dependencias. Hacia fines de 1873, la comisión central propuso al Ministerio del Interior la adopción de algunas medidas sanitarias, reprochando cierta inacción al respecto a las autoridades. El ministerio respondió que debían ocuparse de los asuntos de su competencia sin inmiscuirse en los asuntos de gobierno. Esos entredichos culminaron, en enero de 1874, con la renuncia de los miembros de la comisión, que se sintieron desautorizados. Las funciones de la comisión fueron entonces confiadas sólo al secretario, Guillermo Wilcken, y se propuso en 1875 que fuera un encargado o comisario el que se ocupara de los asuntos inmigratorios, en vez de un cuerpo con varios miembros. Ese año se creó la Comisaría General de Inmigración y, en 1876, el Congreso fijó los deberes y atribuciones de la repartición, que pasó luego a denominarse "Departamento General de Inmigración". Ésta fue la oficina que rigió de allí en más las acciones al respecto. Desde 1887, el Departamento pasó a ser una dependencia del Ministerio de Relaciones Exteriores y se creó nuevamente una Comisión central de inmigración, aunque con facultades más limitadas que su antecesora. De acuerdo con la ley de 1876 (Ley Avellaneda) fue creada también una Oficina de Tierras y Colonias, que dependió del Ministerio del Interior. Una de sus atribuciones era la de formar estadísticas de todas las colonias que existían o se fundaban en la república, determinando el número y clase de inmigrantes que a éstas ingresaban, así como también el estado y naturaleza y de las industrias existentes[140]. En 1886 una Ley del Congreso autorizó el establecimiento en Europa de oficinas de información y propaganda, para en

---

lisis no sólo de los casos, sino de la propia evolución del fenómeno colonizador.

[140] Gouchon, E. (1889), pp. 268 y ss.

especial captar inmigrantes de orígenes no tradicionales, como Bélgica, Austria-Hungría, Estados Unidos o Alemania. Los efectos de esta política, que culminó con la crisis de 1890, parecen haber sido limitados[141]. La Comisión de Inmigración también se encargaba de la revisión de los barcos, de recibir las quejas que se presentaran y de inscribir a los inmigrantes que desembarcaban. Quien quisiera internarse en la provincia de Buenos Aires recibía de la comisión un boleto para llegar hasta la estación ferroviaria más próxima a su lugar de destino. Para las otras provincias, también tenían derecho a un pasaje gratis hasta 15 días después de su llegada.

Existieron además otras dependencias ligadas a la organización del flujo inmigratorio. En marzo de 1871 se creó la Oficina de Trabajo, que empezó a funcionar al año siguiente (1 de junio de 1872), con el objeto de ocuparse de resolver diversos problemas ligados a la organización de la demanda y oferta laborales. Los empleados de esa oficina debían hablar varios idiomas y estaban obligados a escribir gratuitamente las cartas que los inmigrantes quisieran dictarles con destino a sus familiares Esta oficina se proponía dar a conocer los oficios que más se necesitaban en el país, y brindar así a los emigrantes en Europa elementos para evaluar mejor sus posibilidades de colocación, a la vez que procuraba evitar la concurrencia de agencias particulares, que ofrecían servicios similares, pero a un determinado costo[142]. Más allá de estos sensatos objetivos, no parece que esta oficina hubiera logrado canalizar parte importante del flujo, que continuó utilizando las tradicionales redes de circulación de información y los agentes de colocación privados, sin duda onerosos, pero también más eficientes y confiables[143].

---

[141] Devoto, F. (2004), pp. 80-81.
[142] Las atribuciones de la Oficina de trabajo quedarán legalmente determinadas por la Ley de inmigración de 1876. Cuccorese, H. J. y J. Panettieri (1971).
[143] Devoto, F. (2004), pp. 80 y ss.

6. La colonización oficial en el último cuarto del siglo: sus alternativas y sus resultados

Aunque perdiera fuerza la idea de una colonización organizada e inducida en las áreas nucleares del territorio ya ocupado, quedaba todavía en duda para ésta el vasto campo de las áreas de frontera. Muchas de esas tierras se encontraban todavía demasiado lejos de los mercados, y su viabilidad productiva no estaba demostrada, por lo que la acción de la colonización privada no podía sino ser muy acotada e incipiente, quizá por mucho tiempo. Además, quedaba pendiente el debate acerca de la disposición de las tierras públicas en los territorios nacionales, aumentados consistentemente por las campañas militares de fines de la década de 1870. Antes de la derrota definitiva de los indígenas, afianzar el dominio sobre esos territorios era considerado esencial para garantizar condiciones de seguridad a las áreas situadas más al interior; más adelante, primó la necesidad de asegurar los propios contornos de la jurisdicción nacional, para lo cual era imprescindible crear en el plazo más breve los elementos básicos de un mercado de tierras y de trabajo. El presidente Avellaneda ensayó, en los inicios de su mandato, la puesta en práctica de algunas medidas de fomento poblacional de los territorios nacionales. Se encararon incluso proyectos de colonización oficial, cuyos resultados fueron de momento dispares; pero, al menos en algunos casos, en el largo plazo tuvieron cierto éxito. Un ejemplo de ello es la colonia Resistencia en el Chaco, criticada acerbamente por Latzina y Zeballos a inicios de la década de 1880, pero que finalmente prosperó[144].

El apoyo oficial a la colonización fue nuevamente ensayado bajo Julio A. Roca, en este período el gobernante más seriamente convencido de las posibilidades de ésta. La aspiración

---

[144] Zeballos, E. (1883), p. 240; Lopez Piacentini, C. P. (1969); Geraldi, S. A. (1979).

era multiplicar por todo el país el éxito santafesino, para lo cual se hacía necesario aumentar en forma drástica el arribo de inmigrantes. En 1884 decía en un mensaje al Congreso: "El desarrollo de la inmigración será siempre lento si persistimos en negar al inmigrante toda cooperación del Estado. [...] Esperar a que el jornalero, el agricultor [...] que sienten la imperiosa necesidad de inmigrar en busca de trabajo [...] al amparo de nuestras leyes protectoras, cuenten con recursos propios para trasladarse a nuestro suelo, es condenarnos a la lenta progresión anual que venimos observando". En la misma línea, el ministro del Interior (y también productor rural de avanzada y empresario colonizador), Bernardo de Irigoyen, manifestaba en 1881: "Es indudable que la República ofrece grandes alicientes a la inmigración extranjera [...] pero estos atractivos no serán bastantes para decidir a hombres que carecen de recursos propios a separarse de la tierra natal. Es necesario que la protección oficial se ejercite; sin ella la inmigración arribará lentamente a nuestras playas y la colonización permanecerá por muchos años embrionaria"[145]. Algunos publicistas veían también en la inmigración subsidiada un factor necesario para compensar la competencia ejercida por América del Norte; Alexander Hume destacaba que, de 268.574 emigrantes partidos desde Gran Bretaña y los puertos de Hamburgo y Bremen en 1879, sólo unos 1.000 habían llegado al Río de la Plata; del resto, las dos terceras partes se habían dirigido a América del Norte. Si bien los costos del transporte transatlántico habían ido decreciendo, todavía en esos años un pasaje desde Europa al Río de la Plata implicaba un gasto mucho mayor que uno a Canadá o los Estados Unidos, por lo que el importe que una familia más o menos numerosa debía desembolsar para trasladarse hasta Buenos Aires podía significar un impedimento completo para concretar el viaje a ese destino. "Esta dificultad – escribía Hume– puede salvarse

---

[145] Citados todos en Gouchon, E. (1889); también De Irigoyen, B. (1905).

proveyendo la diferencia en el pasaje, y ofreciendo a los inmigrantes ventajas que los Estados Unidos no pueden o no quieren conferir"[146]. En todo caso, el panorama de la década de 1880 no parecía brindar el mismo mundo de oportunidades que veinte años atrás: los inmigrantes que llegaban eran ahora más pobres, mucho menos dotados de medios de progreso; masas proletarias que se movilizaban en busca de un futuro mejor gracias a tiempos de viaje transatlántico cada vez más rápidos, y a quienes iban desarraigando los avances sustanciales de la industrialización en un número creciente de naciones antes marcadamente rurales. La proporción de agricultores en esa masa desplazada tendía a ser mayor, lo cual podría en principio haber constituido una ventaja, aunque los métodos y formas de la agricultura extensiva constituían para ellos un aprendizaje sin dudas totalmente diferente de todo lo que hasta entonces conocían. Por lo demás, la competencia por captar esa marea era también más intensa; Australia, Nueva Zelanda, los Estados Unidos, Canadá, Brasil y otras naciones concurrirían a la par de la Argentina.

Por eso no era prudente adoptar un sistema; la ampliación de las áreas a colonizar implicaba una variedad de situaciones en las que la acción del Estado debía ejercerse de manera muy distinta. Y donde más habría esa acción de desarrollarse era en los territorios fronterizos, cuya transformación se esperaba de la mano del poblamiento artificial. Esos territorios constituían por entonces un inmenso conjunto de tierras muy escasamente pobladas, todas situadas en zonas limítrofes con estados nacionales vecinos en pleno proceso de consolidación, como Chile, el Paraguay y el Brasil; el Estado argentino, que había ganado dominio sobre esos territorios luego de la costosa Guerra del Paraguay y de vastas campañas militares contra las poblaciones aborígenes, aguardaba en casi todos los casos laudos definitivos sobre sus derechos

---

[146] Hume, A. (1881), p. 47.

a estas tierras por parte de árbitros internacionales. En esa situación, el establecimiento de colonias y la radicación de pobladores formaban parte no menor del conjunto de medidas de control de esos territorios que el centro del poder había encarado por entonces, además de una necesidad práctica para establecer con bases más firmes el gobierno de esos sitios. La actual ciudad de Resistencia fue fundada en 1878 con inmigrantes italianos organizados en colonia por funcionarios del Gobierno nacional; poco después, en mayo de 1879 sería fundada Formosa también como colonia nacional oficial. Roca se interesó personalmente por el progreso de la zona, y envió para administrarla a Enrique Victorica, el jefe de la Oficina de Tierras y Colonias. Esta acción se complementaba con el trabajo de los científicos y de los militares para brindar un conocimiento detallado de esas áreas; durante la década de 1880, diversas expediciones oficiales recorrieron el Chaco partiendo desde Resistencia, tanto para explorarlo y para cartografiarlo como para establecer nuevas poblaciones y vías de comunicación[147]. También en los territorios del sur ocurrió algo similar, con la fundación de diversas colonias militares, y el paso de una plétora de científicos y viajeros que exploraron el territorio[148].

La administración de Miguel Juárez Celman continuó esta política, y se manifestó resueltamente por la inmigración protegida. Se obtuvo incluso del Congreso una ley por la que se autorizaba al Poder Ejecutivo a garantizar subsidiariamente al Banco Nacional anticipos del importe de pasajes de inmigrantes. Las cantidades que no pudieran ser cubiertas por los firmantes de las letras correrían a cargo del ramo de inmigración, y constituirían un pasivo más. Esta acción estratégica y los procesos que se pretendía desencadenar con ésta se ligan con otros, que tienen que ver con la visión

---

[147] Peyret, A. (1889), t. I, pp. 354 y ss.; t. II, pp. 3 y ss.; Araoz, G. (1884).
[148] Ramayón, E. (1978), *passim*; Bandieri (2004).

que la élite dirigente argentina tenía de estos procesos. La inmigración oficialmente sostenida fue considerada un importante expediente para compensar la alta proporción de italianos que llegaba espontáneamente, y cuya integración a la vida social e institucional del país no era tan fácil como se había pensado. Al menos desde principios de la década de 1880, esa creciente cantidad de italianos en el flujo inmigratorio, la fortaleza de sus instituciones étnicas, e incluso ciertos escorzos de una política imperialista del recién nacido Estado italiano para con sus "colonias" libres fueron introduciendo elementos de alarma entre los intelectuales argentinos. A juicio de varios de éstos, el problema era grave: pocos inmigrantes se nacionalizaban; buena parte de ellos enviaba a sus hijos a escuelas donde aprendían el idioma de sus ancestros, no se preocupaban por participar en la política local y, en suma, mantenían y acrecentaban una división entre "productores" y "ciudadanos", funesta para la idea de nación que había imaginado Sarmiento[149].

Como veremos en el capítulo siguiente, estos temores no tenían en cuenta la intensa participación de los extranjeros en instancias locales de poder, en especial los municipios, y tampoco su papel en alternativas políticas menos formales, dentro de las cuales cabe incluso citar levantamientos armados. De todos modos, entre los proyectos que se manejaron para intentar solucionar esa supuesta falta de participación figuraron entre otros la nacionalización compulsiva de los inmigrantes, una fuerte acción educativa estatal, y una compleja política de rememoración fastuosa de las fechas patrias, pródiga tanto en festejos como en monumentos, que es una de las más destacadas características de los años finales del siglo XIX[150]. En ese orden también el apoyo oficial a ciertos grupos de inmigración constituía un expediente útil para

---
[149] Sobre todo ello ver Devoto, F. (2004), pp. 254 y ss.
[150] Ver al respecto Bertoni, L.A. (1992) y (1992b); también Lionetti, L. (2008).

encauzar la transformación social, y es una muestra de hasta dónde había llegado el poder del Estado nacional para ello: los intentos de variar la composición del flujo migratorio a través de la intervención estatal alcanzaron su mayor desarrollo justamente en los años de Juárez Celman, durante los cuales (al menos hasta que la crisis de 1890 acabara con su financiamiento) la política oficial de pago de pasajes estaba ligada a la promoción de migrantes de ciertos grupos étnicos, y no de todos. No es casual que las sumas gastadas por el Estado nacional en el fomento de la inmigración alcanzaran por entonces montos fabulosos comparados con las cifras usuales en los años anteriores; el total de 4.474.559 pesos oro gastados en 1889 más que multiplicaba por diez la cifra de 362.240 de 1888 o por veinte los 221.777 pesos. De todo ese festival de dinero, cuyos magros resultados estuvieron en absoluta desproporción con respecto a los gastos, quienes según parece lo aprovecharon mejor fueron los españoles[151].

Cuadro N° 5
Sumas erogadas por el Tesoro Nacional para el fomento inmigratorio. Totales discriminados correspondientes al año 1889 (en pesos oro)

Presupuesto	593.169
Pasajes subsidiados	3.059.836
Construcción de hoteles	416.667
Comisión Central de Inmigración	14.888
Comisario General de Inmigración	30.000
Oficinas de información	300.000
Subvención a la inmigración española	60.000
	4.474.559

Fuente: Gastos del Tesoro Nacional en el fomento de la inmigración en De la Fuente, D.; G. Carrasco y A. Martinez (dirs.) (1898), t. I, p. 649; cifras en pesos moneda nacional convertidas a pesos oro según las tablas de Álvarez, J. (1929).

---

[151] Sobre los beneficios recibidos por los inmigrantes españoles en esos años, ver Devoto, F. (2004), pp. 258-261.

Como se ve, la actitud oficial frente a la inmigración fue errática y cambiante, determinada por múltiples factores, y no sólo por la idea de favorecer el desarrollo económico; los observadores de la época, como es natural, miraban estos cambios bastante más acá de sus objetivos estratégicos. Gouchon concluye, en su tesis publicada en 1889, que la inmigración plenamente espontánea que tuvo lugar en los Gobiernos de Mitre y de Sarmiento fue la única que trajo verdaderos resultados, en tanto que los ensayos de inmigración y de colonización protegida, bajo los Gobiernos de Roca y de Juárez Celman, no fueron útiles dada la multiplicidad de casos en los cuales el Estado perdió dinero, y muchos inmigrantes y colonos debieron volver a Europa. Más allá de esas circunstancias concretas, lo que perseguía el Estado roquista con su apoyo selectivo a la inmigración y con sus proyectos de colonización oficial eran objetivos bastante más complejos que un simple mejor uso de los recursos fiscales disponibles.

Circunstancialmente, los problemas, fraudes e ineficacias que habían estado por otra parte ligados a muchos proyectos de fomento inmigratorio y a la colonización oficial constituían un cúmulo de pruebas contra ambos. Gouchon insistía en que el Gobierno no debía invertir considerables sumas de dinero para recibir a los inmigrantes, ya que éstos, finalmente, a menudo no cumplían con lo pactado; más bien el Estado debería dedicarse a fomentar la expansión de las vías férreas, ya que "ésta fertiliza todo lo que toca [...] a ella [...] América del Norte debe su colonización rápida y decisiva"[152]. La acción privada, por otra parte, había cosechado éxitos muy destacados y era preferible dejar la colonización a su arbitrio[153]. Incluso, el mismo Gobierno roquista debía reconocerlo en la memoria correspondiente

---

[152] Gouchon, E. (1889) p. 193.
[153] Véanse al respecto las fuentes citadas en nota 81.

a sus seis años de administración, remarcando las pautas de eficiencia que había adquirido el proceso: "En Santa Fe, donde la acción oficial del Gobierno ha desaparecido totalmente, la colonización ha tomado un desarrollo tan extenso como rápido. Pasa de cien el número de sus colonias, y muchas de ellas se establecen por la simple operación de mensura y subdivisión de la tierra en lotes de un área más o menos extensa según el mérito y fertilidad del terreno"[154].

También el relativo fracaso en la venta de tierras de los territorios nacionales había desalentado, hacia inicios de la década de 1890, la opción por una intervención estatal más firme en estos aspectos. Ese fracaso sin dudas se había debido en parte a la ola especulativa de unos años antes; pero en todo caso no cabía esperar una rápida acción pobladora en tanto no existieran condiciones efectivas de producción, y éstas no podían ser realizadas mientras el Estado pretendiera obtener, por esas tierras alejadas en las que todo estaba por hacerse, un precio mínimo y a la vez el cumplimiento de onerosas condiciones de poblamiento y puesta en producción, cuyos resultados nadie podía asegurar[155].

En ese sentido, Latzina impugnaba lúcidamente, ya en 1878, la opción declarada entonces por la llamada "colonización periférica", es decir de áreas nuevas y poco valorizadas situadas lejos de las vías de comunicación, y proponían en su lugar la colonización radial, esto es, el cambio productivo inducido en áreas nucleares o bien dotadas de medios modernos de comunicación, en lo que en cierta forma significaba un regreso a los antiguos postulados de Sarmiento refutados con buena lógica por Eduardo Olivera hacía ya más de una década[156]. Pero había

---

[154] Argentina. Departamento General de Inmigración (1886), p. 243.
[155] Oroño, N. (1891), pp. 34-36. Ver también pp. 116-120 de este volumen.
[156] Latzina, F. (1885), p. 506.

una gran diferencia: esta acción, en todo caso, sólo podía ser llevada a cabo a nivel local, dado que eran esas instancias las que podían conocer con cierto grado de certeza las posibilidades de su área y conducir el proceso con el suficiente cuidado y vigilancia como para evitar los efectos indeseados que Olivera había criticado en su momento.

La colonización radial de ejidos se practicó en diversos momentos y en varias provincias, y tenía antecedentes muy antiguos, que se remontaban a las reservas de tierras de "pan llevar" establecidas para áreas periurbanas en las Leyes de Indias[157]. A menudo se trató simplemente de retornar a esas antiguas disposiciones como forma de ordenar las actividades productivas y de evitar los sempiternos problemas entre ganaderos y agricultores por los daños que los ganados ocasionaban en las explotaciones de estos últimos, ante la generalizada falta de cercados eficientes.

Pero no fue tan sólo para remozar esas viejas normas que se implementaron proyectos de colonización ejidal a partir de la década de 1870. Si bien en general la fragmentación de las tenencias y la consiguiente difusión de rubros más intensivos o más dinámicos había ido acompañando el acelerado aumento del valor del terreno de las áreas periurbanas en las ciudades más grandes, en otras poblaciones más pequeñas ese reemplazo aparecía más complejo y más difícil. Ya muy avanzada la segunda mitad del siglo XIX, en los suburbios de diversas poblaciones de menor dimensión seguían conviviendo una agricultura tradicional de bajo rendimiento y rebaños de ganado criollo, con explotaciones de mayor nivel de inversión de capital, centradas a menudo en el ovino. La colonización radial de ejidos se encaró fundamentalmente como respuesta a la necesidad de fomentar un cambio productivo más acelerado en esas áreas, entre otras cosas porque se suponía que las propias

---

[157] Bejarano, M. (1962); *ibíd.*, (1969), p. 87.

fuerzas del mercado no lograrían ese reemplazo, sino en un tiempo demasiado largo. Por su carácter de centros de población, las áreas ejidales de pueblos ya existentes podían ofrecer desde el inicio un mercado, aunque fuera limitado, al producto de explotaciones intensivas, lo que podría a su vez brindar a éstas los medios de desarrollo suficientes para capitalizarse y para encarar apuestas más audaces en el futuro.

La aplicación de estas estrategias fue dispar. Como veremos luego, en Entre Ríos se encaró resueltamente una política de colonización radial de ejidos a partir de 1870, con el claro objetivo de forzar el paso a una pauta productiva más intensiva, y aproximar así a la provincia algo del acelerado desarrollo agrícola de Santa Fe. En Buenos Aires también se encararon proyectos similares, pero con resultados más escasos. En ambas situaciones, el papel del municipio era realmente clave en tanto constituía la instancia decisiva para la administración y enajenación del ejido; se dictaron diversas leyes en la materia, de las cuales las principales eran las relativas a la delimitación y disposición de las tierras correspondientes. Se establecieron plazos y condiciones para su subdivisión, para la instalación de actividades productivas, para la oferta pública de los lotes, y se buscaron los medios más diversos para llevar a cabo los objetivos, que incluyeron en el caso entrerriano la formación de *joint ventures* con empresarios privados, a fin de disponer más eficazmente la transformación que habría de encararse. Los resultados allí, fueron usualmente auspiciosos, aunque puede decirse que el ritmo del cambio no alcanzó a menudo los objetivos propuestos, generalmente por razones de índole económica más difíciles de modificar. En este aspecto, resultan hoy en día insostenibles afirmaciones como las de Bejarano, quien criticaba que el reparto de tierras fiscales y las condiciones relativas al establecimiento de poblaciones agrícolas hubieran quedado sujetas al arbitrio de "simples autoridades comunales"[158]. En primer lugar, todo se hacía dentro de un marco legal lo suficientemente taxativo como para evitar abusos de interpretación; en segundo lugar, el ámbito local era el más conveniente para llevar a cabo una transformación de esa índole, por su propia escala y por el grado de involucramiento en el proceso que podía esperarse de los niveles municipales de gobierno.

Durante la presidencia de Avellaneda y las de sus sucesores, se encararán nuevos proyectos de colonización oficial; la diferencia con los anteriores radicaba en que ahora el Estado nacional en expansión poseía un papel más destacado que antes, aun en algunas provincias donde actuaba a la par de los gobiernos locales. Una consecuencia de ello será la importancia que en esos proyectos habrían de adquirir los crecientes territorios nacionales, en especial los conquistados a los indígenas o aquellos que eran todavía objeto de disputas con países limítrofes. Era por entonces menester afirmar la soberanía sobre todos éstos a través del poblamiento y del desarrollo de instancias de Gobierno local que dependieran directamente del Poder Ejecutivo. Lógicamente, la visibilidad de estos proyectos, la circunstancia de ser llevados a cabo en sitios políticamente sensibles, y la ingente cantidad de recursos que insumían los hicieron particularmente vulnerables a las críticas, más allá de que, administrativa o financieramente, resultaran o no decepcionantes, y de que la suma de población y recursos en ellos involucrados fuera ínfima, comparada con la correspondiente a la acción privada. En general, el Gobierno firmaba contratos con empresas particulares para instalar inmigrantes agricultores destinados a la colonización oficial; estos contratos, por su propio carácter, eran a menudo sospechados de favoritismo o incluso peculado.

---

[158] Bejarano, M. (1969), p. 89.

Un solo contratista (Calvari) introdujo 300 familias, parte de las cuales debía instalarse en Resistencia. Esta operación, que le costó al erario público 61.194 pesos fuertes, concitó acerbos reproches entre los periodistas, que daban cuenta de su evolución: parte de ese contingente no constaba de agricultores, muchos eran de avanzada edad, y otros, enfermos, debieron ser devueltos finalmente a Europa[159]. A pesar de todo ello, Resistencia logró progresar; y, de cualquier forma, como hemos ya indicado, el implícito objetivo estratégico de la colonización oficial desdibuja el poco eficiente manejo de ésta como variable principal a tener en cuenta: aquélla formaba parte sin duda del complejo y difícil proceso de construcción del Estado nacional, aun cuando una obra clásica al respecto como la de Oszlak no le haya prestado particular atención[160].

Pero existieron además iniciativas consistentes en la compra de grandes superficies bien situadas, en áreas de antigua ocupación, para transformarlas mediante la colonización agrícola dirigida por el Estado, sobre todo el nacional. Si bien estos casos, poco numerosos, constituyeron a menudo posibilidades experimentales importantes, hoy en día bien y accesiblemente documentadas, no puede decirse tampoco que hayan constituido grandes éxitos. Un ejemplo útil al respecto es el de la colonia Yeruá, en Entre Ríos, sobre la costa del Uruguay y cerca de Concordia. Iniciada auspiciosamente en 1889 con la compra de un establecimiento de campo de 45.680 hectáreas, poco tiempo más tarde buena parte de éstas había sido enajenada. En el solo año 1891 se vendieron 27.381 hectáreas, 25.863 correspondientes a chacras y 1518 de quintas; los propietarios, 247 en total, poseían un promedio de 110,5 hectáreas para las primeras y 116,8 para las segundas, dado que varios de

---

[159] Gouchon, E. (1889), *passim*.
[160] Oszlak, O. (1982).

ellos habían optado por más de una concesión[161]. Cada chacra de 100 hectáreas costaba 5.500 pesos moneda nacional; las ventas se realizaron a precio de costo, a pagar en ocho años y en títulos. Bavio la describía a inicios de 1893: "Antes de mucho tiempo esta colonia será una de las más importantes, no sólo de Entre Ríos sino también de la República". Según Bernardo de Irigoyen, quien poseía propiedades en su cercanía, se trataba de "una colonia en tierra de primera clase, sobre las márgenes del río Uruguay, surcado por buques a vela y a vapor, que anclan con facilidad en el puerto de la misma colonia"[162].

Sin embargo, pocos años más tarde, la colonia se consideraba fracasada. Desde sus inicios había debido enfrentar diversas circunstancias críticas, entre ellas destructoras invasiones de langosta a partir sobre todo de 1893. Pero en realidad los problemas más graves habían sido otros, de los cuales tenemos un emergente en las dificultades experimentadas por la producción agrícola. Las cosechas de lino se reducían hacia 1897 a apenas la tercera parte de lo esperado; las tierras se habían agotado luego de siembras sucesivas de esa planta durante varios años en las mismas parcelas, y sin la necesaria renovación de semillas. El trigo se veía afectado por el fuerte calor de la zona, y sólo en años excepcionales alcanzaba buenos rendimientos[163]. Es singular que se presentaran estos problemas existiendo una quinta agronómica donde hubieran debido realizarse los experimentos necesarios para verificar cuáles especies

---

[161] "Relación de los terrenos vendidos en las colonias nacionales durante el año 1891. Colonia Yeruá", en *Boletín del Departamento Nacional de Agricultura*, t. XVI, 1892, pp. 53-58.

[162] [Bavio, E., et al.] (1893), p. 437; Bernardo de Irigoyen a Eleodoro Lobos, La Plata, 6 de marzo de 1901, en De Irigoyen, B. (1905), pp. 5-6.

[163] Mariano Jurado al Director de la Oficina Nacional de Agricultura, Ing. Ricardo J. Huergo, Colonia Yeruá, 19 de noviembre de 1897, en *Boletín del Departamento Nacional de Agricultura*, t. XXI, 1897, pp. 527-8.

resultaba más conveniente cultivar, con qué variedades de semilla y bajo qué condiciones; además, la colonia contaba con un cuerpo administrativo que hubiera debido comunicar a los colonos los cultivos más adecuados para el área, y controlar que las labranzas y rotaciones se efectuaran según principios convenientes. Por lo demás, la lucha contra la langosta resultó infructuosa en buena parte también por deficiencias administrativas: para enfrentar la invasión de 1893 se nombró una comisión central y varias locales; pero los miembros de estas últimas no cumplieron con sus compromisos, y la central debió nombrar empleados pagos para reemplazarlos; por lo demás, los recursos solicitados al Gobierno nacional llegaron demasiado tarde, y en una suma por otra parte irrisoria como para poder ser empleados con provecho[164]. Tan tarde como en 1897, se ensayaban todavía métodos muy poco útiles tomados de publicaciones completamente descontextualizadas, con resultados decepcionantes y que afectaban incluso el crecimiento de las plantas[165]. Resulta singular el contraste con respecto a los emprendimientos privados más dinámicos, en los que el propietario o su administrador estudiaban a menudo previamente y con mucho cuidado el carácter de los suelos, la existencia y calidad de las aguas, el régimen de lluvias, las producciones posibles y las posibilidades mercantiles del área a colonizar, así como las formas de lucha contra las plagas. Así se constituía un corpus de conocimientos que aseguraba el éxito o por lo

---

[164] El administrador don Juan E. Grieve al Presidente de la Comisión Departamental encargada de la extinción de la langosta, D. David O'Connor, Colonia Yeruá, 18 de abril de 1893, en *Boletín del Departamento Nacional de Agricultura*, t. XVII, 1893, pp. 254-55; AGN, Ministerio del Interior, 1892, leg. 4, expte. 1378 T; también 1890, leg. 22, expte. 4985.

[165] Mariano Jurado a Ricardo J. Huergo, Colonia Yeruá, 12 de diciembre de 1897, en *Boletín del Departamento Nacional de Agricultura*, t. XXI, 1897, pp. 614-15.

menos minimizaba los riesgos en el desplazamiento sobre áreas aún no bien conocidas[166].

De todos modos, esos eran sólo una parte de los problemas que sufría el emprendimiento. Mucho más estructural en sus dificultades fue sin duda la falta de financiamiento. A la inversa de los emprendimientos privados, en los que a menudo era la administración colonial la que oficiaba como proveedora de crédito a tasas convenientes, o de sus sucedáneos, en esta colonia oficial sólo se utilizó el expediente de otorgar plazos para el pago de las tierras, por otra parte muy caras[167]. La administración, a su vez, no parece haber previsto la incorporación de maquinaria para alquilarla convenientemente a los colonos, como sí se hacía en otros emprendimientos privados[168]. El mismo instrumental existente indica hasta qué punto la falta de capital y de crédito resultaba un serio impedimento para el progreso: en 1893, con buena parte de las casi quinientas concesiones ya vendidas, en la colonia sólo existían 3 trilladoras y apenas 6 segadoras. Los arados y las rastras eran el 94% de los 1.593 instrumentos disponibles. La superficie cultivada escasamente alcanzó ese año a 8.188

---

[166] Ejemplos del accionar de Eduardo Casey en Landaburu, R. (1988), p. 90 y ss.; sobre Lehmann en Bianchi de Terragni, A. (1971), pp. 164-5; 174; 179-181 y *passim*; sobre Clément Cabanettes ver Cabanettes, É. (1973), pp. 31 y ss.; además de lo que se verá más adelante.

[167] Los pagos podían hacerse en 10 anualidades. En 1899 los precios eran de 28,57 pesos m/n por hectárea sin casa ni alambrado, y de $57 con ambas mejoras. Los precios promedio de la tierra del distrito sólo eran en 1895 de 17,3 pesos m/n la hectárea. Pillado, R. (1899), p. 244; precios de la tierra en Argentina. Dirección General de Estadística. (1896), t. II, pp. 203 y ss.; también De Irigoyen, B. (1905), p. 7.

[168] Ver por ejemplo la descripción de Candelaria, de Casado del Alisal, en "Diario de trabajos de la Comisión de Agricultura del Rosario", reproducidos en el *Boletín Mensual del Departamento Nacional de Agricultura*, t. I, 1877, pp. 61-62; Zeballos, E. (1883), p. 246; y referencias acerca del papel de las administraciones en el alquiler de maquinarias en varios autores, por ejemplo Perkins, W. (1864), p. 73 *in fine*; Gallo, E. (1983), pp. 74-6.

hectáreas, o menos de un 18% del total, de la cual sólo había unas 2.013 cultivadas con trigo. Para estas últimas, empleando las pocas maquinarias existentes, la siega y la trilla debieran haber ocupado no menos de tres meses[169]. Por lo demás, el mismo tamaño de la colonia debió de haber constituido un fuerte desafío a la capacidad de otorgamiento de crédito por parte de los comerciantes locales: no sería de extrañar que, ante el impacto de la demanda de una cantidad considerable de explotaciones, el stock prestable resultara insuficiente, con la consecuencia de un aumento en las tasas de interés o falta de renovación de los vencimientos, al menos justamente en esos años cruciales en los que toda la provincia sufrió los efectos de plagas y de sequías. El propio Estado nacional cometió en este aspecto el error de no haberse constituido en respaldo anticíclico del emprendimiento: en enero de 1896, luego de ingentes calamidades, los colonos se encontraron con que, a pesar de ello, el Gobierno había dispuesto el cobro de las letras firmadas, enviando comisionados al efecto; el corresponsal de *La Agricultura* en Concordia observaba que mal podrían aquéllos satisfacer los compromisos contraídos para la adquisición de la tierra, no pudiendo solventar las deudas que tenían con prestamistas de esa localidad para llevar adelante los trabajos agrícolas. El artículo concluía: "No es de extrañar un principio de despoblación en el Yeruá si desde el año que viene no tienen los hombres que allí trabajan recompensa más halagüeña que la que hasta ahora han tenido"[170].

Pueden entreverse así las causas por las que esta colonia oficial fracasó donde incluso otras privadas sí habían tenido éxito. Por un lado, la dimensión misma del emprendimiento multiplicaba los problemas a enfrentar, ya de por sí

---

[169] [Bavio, E., et al.] (1893), p. 437; cálculo de hectáreas de trigo segadas por día con segadora en Frank, R.G. (1994).
[170] El corresponsal a los Directores, Concordia, 13 de enero de 1896, en *La Agricultura*, t. IV, nro. 158, 9 de enero de 1896, p. 73.

significativos dadas las condiciones ambientales existentes; por otro, no se acompañó esa dimensión con un paralelo respaldo en financiamiento y en gerencia adecuada, lo que derivó sin dudas en deficiencias de gestión, desperdicio de recursos y pérdidas evitables, cuyos efectos se vieron potenciados por problemas concretos de productividad. Parecía como que el Gobierno no hubiera sido capaz de obtener beneficios de la experiencia acumulada por los múltiples emprendimientos privados, en especial los de mayor magnitud, ya constantes para la época. Por la propia situación radial de la colonia, los productores, además, aun comprándola a plazos y a precio de costo, se veían obligados a pagar por la tierra precios mucho más altos que los que ofrecían las colonias de áreas más alejadas, a las cuales por otra parte la rápida expansión de los ferrocarriles podía asegurar en breve tiempo salidas mercantiles tan convenientes como aquellas de que disponía la colonia Yeruá. De esta forma, no es extraño que los ingentes fondos invertidos por el Gobierno en la formación y administración de esta colonia resultaran mayormente en pérdidas, y sus resultados fueran escasos; para 1901 Bernardo de Irigoyen lo entendía así en carta a Nicasio Oroño, al que ya hemos citado. Fracasos similares tuvieron asimismo lugar en otros casos de colonias oficiales en tierras valorizadas, como ocurrió incluso en algún momento con la de Caroya en Córdoba[171].

No puede así extrañar que, para los años finales del siglo XIX, la colonización oficial en las tierras pampeanas contara ya con pocos adeptos. En las áreas nucleares o de tierra más valorizada, resultaba muy difícil llevar a cabo emprendimientos en gran escala a costos convenientes, y con pocas posibilidades de lograr conformar planteles administrativos con la dimensión y eficacia necesarias; en

---

[171] Gouchon, E. (1889), *passim*.

las tierras de frontera que todavía quedaban en la región, resultaba más útil y conveniente la acción privada, y cuidar que la extensión de las vías férreas siguiera sus pasos lo más cercanamente que fuera posible. De ese modo, para la colonización oficial restaban más que nada los territorios nacionales, donde el capital privado, ya fuera bajo la forma de grandes empresas de colonización o de humildes chacareros con escasos ahorros, no habría de aventurarse por la existencia de mucho mejores oportunidades en las tierras más fértiles y mejor situadas de Santa Fe, Buenos Aires, Córdoba o Entre Ríos. O, si lo hacía, habría de ser bajo condiciones que compensaran el riesgo, la incertidumbre y la menor tasa de ganancia, es decir, solicitando al Estado superficies demasiado grandes al menos de las que éste estaba dispuesto a dar. Sin embargo, esos territorios tenían que ser poblados por razones estratégicas, para afianzar el dominio nacional sobre éstos ante sí y ante las naciones vecinas. Es de esa forma como los proyectos de colonización efectuados por el Gobierno nacional se centraron entonces en esos territorios, y la importancia de la colonización oficial como instrumento de cambio productivo adquirió nuevamente algunos de los caracteres estratégicos que había sabido poseer mucho tiempo atrás. En las áreas susceptibles de cultivo en secano, el desarrollo agrícola había ya adquirido ritmo propio, y no hacía falta impulsarlo mediante instrumentos artificiales o medidas de redistribución de la tierra; en cambio, sí era necesario hacerlo en áreas limítrofes en donde esa expansión agrícola resultaba más difícil, pero cuyo poblamiento y puesta en producción eran condiciones necesarias para un dominio efectivo.

Capítulo III
Los inmigrantes y la política en las comunidades rurales pampeanas

1. Introducción

Mucho se ha hablado de la compleja relación entre inmigrantes y política en Argentina durante la segunda mitad del siglo XIX y buena parte del siglo XX. Una de las corrientes predominantes, en la cual se enmarcan los estudios más clásicos sobre el tema, se inclinó por negar el interés de los inmigrantes por la política argentina. A través de hipótesis variadas, dichas investigaciones procedieron restringiendo el concepto de participación política a una actividad meramente electoral, argumento mediante el cual subrayaron tal desinterés. Algunos testimonios de época también apuntaban en ese sentido, y daban cuenta de una visión de la ciudadanía muy acotada. Así se desprende, por ejemplo, de la opinión de Guillermo Wilcken, Inspector de Colonias de Santa Fe, quien, en su informe sobre el estado de éstas presentado en 1872, afirmaba: "La vida política propiamente hablando no existe en las colonias; y se comprende, desde que sus habitantes no tienen ni voto electoral, ni acceso a los empleos públicos. Es verdad que pueden ejercer el derecho electoral cuando se trata de sus municipalidades; pero sucede lo contrario"[172].

Sin embargo, estudios posteriores profundizaron este marco de análisis y abarcaron más allá de la mera

---
[172] Citado de Wilcken, G. (1872), p. 309.

perspectiva electoral. Basándose en estudios y posturas teóricas más recientes, estas investigaciones ofrecieron una visión más amplia que conjugaba aspectos formales e informales de la participación, y dejaron de lado la supuesta "apoliticidad" de los inmigrantes[173]. Así buscaron evidenciar ciertas cuestiones relativas al accionar político de ellos, sobre todo en la esfera municipal, un espacio que abriría canales de participación y de representación para los inmigrantes que se asentaron en las distintas áreas rurales de la región pampeana. Si bien la evolución y el funcionamiento de ese espacio no fue uniforme en toda la región, en algunos casos permitió la formación de una suerte de esfera pública donde los inmigrantes rurales jugaron un rol importante.

En consecuencia, buscaremos analizar el origen y evolución de esos canales en las distintas provincias del área pampeana, haciendo especial hincapié en el desarrollo del régimen municipal como espacio de participación y en las distintas estrategias y acciones que llevaron a cabo tanto los inmigrantes como la clase dirigente.

2. La emergencia del régimen municipal como espacio de participación

Si bien el espacio municipal es un tema de debate que se remonta al siglo XVIII, adquirió en la Argentina una relevancia central a partir de la segunda mitad del XIX. Políticos e intelectuales de renombre, tales como Echeverría, Frías, Alberdi, Sarmiento, Mitre, Alem, Oroño o Lisandro de la

---

[173] Ver, entre otros, Míguez, E. (1987); Álvarez, Norberto y Malgesini, Graciela, (1987); Bonaudo, M., Cragnolino, S. y Sonzogni, É. (1988); Marquiegui, D. (1993); Cibotti, E. (2000); Bjerg, M. (2001); Sabato, Hilda (2001); (2003); González Bernaldo, P. (2006).

Torre, entre otros, dedicaron numerosos párrafos al debate sobre la importancia de la institución municipal. Según Marcela Ternavasio, el planteo de Tocqueville en torno a la distinción entre centralización política y descentralización administrativa tuvo una marcada influencia, no sólo en algunas de estas ideas, sino también en el marco jurídico-institucional que definió y delimitó funciones y atribuciones en los distintos órganos del Estado[174]. En este contexto puede ubicarse a Esteban Echeverría como uno de los precursores del debate, a partir de una férrea defensa del régimen municipal, involucrando directamente a este ámbito con el desarrollo de las instituciones democráticas y del progreso social, y criticando asimismo fuertemente a los defensores del centralismo[175]. Félix Frías, un pensador de corte más conservador, fue otro de los expositores en esta discusión, aunque con escasos adherentes en la época. Sus afirmaciones se orientaban más bien a favor de la centralización del poder en manos de los "mejores"; ya sea tanto en el ámbito nacional, provincial como municipal[176].

Estas ideas precedieron un debate posterior, llevado a cabo por Alberdi y por Sarmiento, cuyas posturas cobraron un alto grado de exposición, sobre todo por las diferencias desarrolladas en sus modelos teóricos. En términos generales, la postura alberdiana tenía algún tipo de similitud con el modelo de Frías, aunque no tan explícitamente. Por una

---

[174] Ternavasio, M. (2001), Cap. I
[175] Para Echeverría, "la institución municipal pues, debió ser el principio, la base *sine qua non* de la organización de la Sociedad Argentina..."Citado de Heras, C. (1949), p. 76
[176] Ternavasio, M. (2001), Cap. II. Sus ideas proclamaban una férrea defensa del centralismo y alertaban sobre la necesidad de no copiar sistemas extranjeros: "En los pueblos nuevos y atrasados la centralización política y administrativa es una necesidad imprescindible. [...] Entre nosotros los hombres son pocos y las luces escasas. La administración tiene que estar por lo mismo en pocas manos. [...] *Qui va piano va lontano*; marchemos despacio y traduzcamos menos". Frías, F. (1884), p. 236-239

razón coyuntural, Alberdi no realizaba una diferenciación entre el municipio y el poder provincial, sino en el momento en que se produjera el cambio de la "república posible" a la "república verdadera", por lo que limitaba el ámbito local a una cuestión meramente administrativa, y justificaba de este modo el otorgamiento del derecho al voto en dicha instancia a los extranjeros "avecindados". Para Sarmiento, la participación de los extranjeros en el plano municipal admitía ribetes diferentes: criticaba la dicotomía entre una esfera administrativa y otra política, apuntaba a igualar a nativos y extranjeros a través del otorgamiento de la carta de ciudadanía, pero también a equiparar la forma de representación municipal a la que regía en el orden nacional y provincial. De este modo, no centraba la participación local en la figura del vecino, sino en la del ciudadano[177].

Todas estas posturas, en gran medida encontradas, aportarían un substancial insumo en la delimitación del municipalismo a partir de su institucionalización en la segunda mitad del siglo XIX. La génesis de este proceso implicó un corte evidente con el andamiaje institucional característico de la primera mitad de ese siglo, que tuvo el cabildo como espacio político tradicional hasta 1820 en Buenos Aires, y hasta más tarde en otras provincias. Un ejemplo en este aspecto lo dio el Estado de Buenos Aires en 1821 al establecer un nuevo sistema representativo que otorgó el sufragio universal y el voto directo en todo su territorio, incorporando también la

---

[177] Ternavasio, M. (2001), Cap. II. En el seno de este debate, y particularmente por la importancia que adquirió el régimen municipal en Santa Fe, las ideas de Nicasio Oroño, un conocido dirigente de esa provincia, también hicieron eco: "Los extranjeros deben ser admitidos a los Concejos Municipales, aunque carezcan de ciudadanía. [...] ¿Quiénes deben ser los electores de los Concejos Municipales? En nuestra opinión, todos los individuos domiciliados en la ciudad, pueblo o aldea, deben tomar parte en la elección; pero es preciso que tengan al menos seis meses de domicilio y veintiún años de edad". Oroño, N. (2004), p. 174.

campaña[178]. Tal situación sería aprovechada por el régimen rosista que, a través de prácticas clientelares basadas en el accionar de estos funcionarios, ayudó a legitimar su permanencia en el poder, caracterizando así el funcionamiento del sistema político de la época[179].

Sin embargo, este centralismo provincial sería puesto en duda a partir la emergencia de los debates anteriormente postulados, los cuales delinearían el sistema jurídico prescripto en los años posteriores a la sanción de la Constitución Nacional, y pusieron punto final a ese período caracterizado por la ausencia de una instancia municipal. Con la progresiva institucionalización de los municipios, comenzaría a cobrar forma una instancia de participación a nivel local que permitiría a los extranjeros el derecho de elegir a sus autoridades o bien de ser elegidos, atribución que en el plano provincial y nacional estaba circunscripta a la condición de ciudadano. En este contexto la noción de "vecino" habría de jugar un papel fundamental ya que, al utilizar esta antigua caracterización proveniente de la tradición hispánica, la legislación convertiría a dicha figura en la protagonista principal del municipio. Esto permitiría generar una clara diferenciación con la representación del ciudadano que, a partir de 1853 con la sanción de la Constitución Nacional y de 1857 con la primera Ley de Ciudadanía, alcanzaría una delimitación específica. De este modo, mientras que a nivel nacional y provincial la participación política quedaba asociada a los "ciudadanos", en el plano local serían los vecinos, ciudadanos y extranjeros, los que pasarían a dirigir los asuntos públicos; importaba

---

[178] Ternavasio, M. (1995), pp. 92-93.
[179] Ternavasio, M., (1995). También pueden encontrarse planteos en este sentido en el tradicional trabajo de Benito Díaz. Díaz, B. (1959), pp. 28-29.

así, en la caracterización del vecino, la residencia fija en un lugar (el municipio), y no la nacionalidad[180].

El argumento esgrimido para justificar la equiparación de los extranjeros a los ciudadanos en este ámbito implicaba una disociación entre lo meramente administrativo y lo político; el municipio se remitía al primero de éstos exclusivamente. En este sentido la participación de extranjeros estaba íntimamente relacionada con lo administrativo, lo cual despojaba de toda connotación política sus actos participativos en el espacio público local. Sin embargo, esto fue sólo aparente, pues la capacidad de dirigir sus intereses locales, las formas de elección de funcionarios municipales, la capacidad de interferir en la toma de decisiones y las constantes restricciones a su participación en este ámbito recorren un sendero que va más allá de lo administrativo.

La emergencia de estos nuevos canales no surgió de manera uniforme en las diferentes provincias de la región pampeana. Por consiguiente se desarrolló la evolución de los regímenes municipales en estas provincias a partir de algunos ejemplos que ilustran cómo estos canales fueron aprovechados por inmigrantes rurales que no optaron por la naturalización. Debe destacarse en este sentido la influencia de algunos liderazgos en las diferentes comunidades de inmigrantes a la hora de tomar parte en acciones políticas. Específicamente, la figura de los *brokers* jugó un papel importante no sólo en la organización y funcionamiento de las redes sociales de inmigrantes, sino también en la inserción política de éstos[181].

---

[180] Vale de todos modos destacar que el concepto de ciudadanía esgrimido por dichas leyes era desde ya diferente del que conocemos actualmente. Un interesante análisis sobre la evolución de los conceptos de ciudadanía y de vecindad puede encontrarse en Cansanello, C. (2003). Ver también Aljovin de Losada, C. (2008), pp. 31-56.

[181] El *broker* se transformó en muchos casos en un engranaje fundamental para el funcionamiento de comunidades inmigrantes. Eran generalmente

3. Un temprano espacio público local

Podría afirmarse que fue en las primeras colonias agrícolas fundadas en la década del cincuenta donde se evidenciaron atisbos de participación de los inmigrantes en la esfera pública a partir de las prescripciones de los contratos de colonización. Específicamente en las primigenias Esperanza, San José y San Carlos, estos instrumentos establecieron la posibilidad de que los nuevos pobladores pudiesen formar una comisión comunal encargada de dirigir los intereses de la colonia, más allá de la tarea del propio administrador. Dada la activa vida pública que algunas de estas colonias adquirieron posteriormente, podría afirmarse que este espacio habría sido un interesante antecedente de participación comunal, aun teniendo en muchos casos alcances algo limitados.

El contrato de colonización que dio origen a la colonia Esperanza estableció el derecho de los colonos a nombrar una comisión de diez individuos residentes en la colonia, cuya incumbencia sería entre otras cosas el servir de consejo al juez de paz en casos precisos, votar la suma de fondos invertibles en algún objeto público colonial y representar al Gobierno la conveniencia o necesidad de mejoras justas y posibles[182]. La colonia San Carlos, de similares características a Esperanza en cuanto a su proceso de formación, también sentó un claro precedente en cuanto a la participación comunal, cuando el desarrollo del régimen municipal era muy inmaduro todavía

---

actores que, por vínculos étnicos, religiosos, comerciales o culturales lograron alcanzar un rol predominante tanto en la formación como en la evolución de dichas comunidades. Algunos ejemplos sobre la operatoria de distintos tipos de *brokers* pueden encontrarse en Bjerg, M. (2001); Bjerg, M. y Otero, H. (2006), entre otros.

[182] Peyret, A. (1889), pp. 207-211. Este derecho habría de plasmarse en mayo de 1861, cuando se instaló el primer Concejo Comunal en la Colonia. Las actas originales del Concejo pueden consultarse en el AMCE, Libro de Sesiones 1861-1872. También existe una traducción parcial de éstas en el Concejo Municipal de Esperanza (2007).

en la provincia de Santa Fe. El contrato suscripto por la empresa Beck & Herzog y el Gobierno provincial establecía que las familias contratadas para poblar esa colonia debían someterse a un reglamento que sería aplicado por la misma empresa, lo cual generó inmediatas rispideces entre su administración y los colonos, que aspiraban a la instalación de un gobierno comunal propio dirigido más que nada a defender sus intereses ante la empresa[183]. Si bien los argumentos excedían quizá la jurisdicción de la colonia y eran algo desmedidos (incluso la comisión fue mucho más allá y hasta llegó a proponer una ley electoral para aplicar a las elecciones locales), estos inmigrantes veían en la institución municipal una herramienta esencial, que finalmente conseguirían plasmar en noviembre de 1864, para contrarrestar el peso de las medidas tomadas por la administración[184].

Estos avances en materia municipal son significativos, sobre todo por la inexistencia de un modelo comparable en ese momento. Debemos considerar que, en la provincia de Santa Fe, donde se instalaron estas colonias, sólo Rosario, la ciudad capital y otras tres poblaciones de campaña contaban con una municipalidad, de modo que los lineamientos trazados por estos pobladores al componer el entramado municipal fueron realmente importantes. Esto trae aparejado un interrogante: ¿qué papel cumplieron las tradiciones y prácticas utilizadas por estos inmigrantes en los lugares de Europa de donde provenían, y en qué grado el ambiente que encontraron al llegar a las pampas favoreció o restringió su aclimatación y desarrollo? Puede pensarse que, además de contar con algo de experiencia en la materia, es probable que las difíciles condiciones locales hayan evidenciado la necesidad de desarrollar

---

[183] Ver Proclama con fecha 6 de febrero de 1862. En Gschwind, Juan J. (1958), pp. 139-140.
[184] Gschwind, J. (1958), p. 147.

algún tipo de institución para organizar el funcionamiento de esas colonias que se estaban fundando.

Stand del Tiro Suizo el día de su inauguración. Colonia San Gerónimo, 8 de septiembre de 1892. Colección Museo de la Colonización de Esperanza.

Por su parte, la colonia San José, si bien asentada en la provincia de Entre Ríos, tuvo similares características a la hora de regular su organización. El contrato que dio origen a la colonia permitía el establecimiento de una comisión comunal de cinco miembros encargados de discutir los asuntos generales de la colonia y planteárselos a la administración[185]. A diferencia de San Carlos, las atribuciones de los colonos entrerrianos eran más extensas, por lo que no necesitaron reclamar una municipalidad para contrapesar el poder de la administración.

---

[185] Guionet, H. (2001), p. 27.

Según Horne, la colonia se fue organizando con relativa rapidez, y creó efectivamente el Consejo de Colonos o Municipal, que ya funcionaba con cinco miembros electos en 1858[186]. Sin embargo, la composición de este órgano comunal no tuvo en sus orígenes una convivencia armónica, pues el predominio de los colonos suizos dentro del Consejo provocó quejas por parte de saboyanos y piamonteses, que también habitaban la colonia. Parecía evidenciarse la presencia de un espacio público con permanentes fricciones. Es de destacar en este sentido un hecho singular que tuvo lugar en la colonia San José en 1868. Con motivo de la elección de los miembros que integrarían la Junta de Fomento, un conjunto de colonos pidió que la votación se hiciera como en sus países de origen, de manera secreta. Alejo (o Alexis) Peyret, presidente de la mesa escrutadora y primer candidato de la lista que ganaría la elección, permitió tal solicitud. De esta manera se inscribieron los nombres de los electores y se procedió a realizar la elección a través del depósito de la boleta electoral en la urna. Una vez realizado el conteo y conocido el resultado, favorable a la lista encabezada por Peyret, algunos pobladores criollos impugnaron la votación y elevaron una queja que llegó a la Cámara Legislativa, la cual rechazó la elección debido a que se había violado una ley de 1861, que disponía que los votos debían ser por palabra o por escrito[187]. Estos hechos muestran de alguna manera la importancia que los colonos extranjeros otorgaban a los canales de participación en el ámbito municipal, adoptando pautas propias de sus países de

---

[186] Horne, B. (1957), p. 46; Vernaz, Celia, (1987), p. 23.
[187] Bosch, B. "Frustrado ensayo de sufragio secreto", *La Prensa*, Buenos Aires 03 de marzo 1963.

origen que muchas veces eran contrapuestas a las disposiciones nacionales.

En la provincia de Córdoba, por su parte, no se fundaron colonias a partir de contratos como los anteriormente mencionados, aunque sí se reguló esta situación en la Ley General de Colonias de 1871, que en su articulado establecía pautas similares a las de los contratos de colonización, ya que su régimen municipal en este entonces era también muy prematuro. En este sentido, disponía que la administración civil y judicial de cada colonia quedara a cargo de un juez de paz nombrado por el Gobierno entre los mismos colonos y permitía a su vez la instalación de una comisión comunal, que asistiría a este funcionario y se encargaría de los asuntos comunes de la colonia[188]. No obstante, los alcances de estas prescripciones fueron prácticamente nulos por la escasa dimensión que alcanzaron las colonias existentes en la provincia en ese momento.

4. Hacia la institucionalización del régimen municipal

En el recorrido que traza la evolución del régimen municipal en el mundo rural pampeano, podrían marcarse al menos tres etapas. En primer lugar, el estatus constitucional que alcanzó la institución municipal en las provincias luego de Caseros. En segundo lugar, con algunos matices según las diferentes provincias, la institucionalización del régimen en la década del setenta. Y por último, su definitiva consolidación a partir de los años ochenta como un canal de participación y de representación para los inmigrantes.

Una de las primeras provincias en instalar el régimen municipal fue Buenos Aires. Con la quiebra del espacio

---

[188] Ferrero, R. (1978), p. 52.

político centrado en la figura del cabildo en 1820, esa provincia comenzó un proceso de transición de un régimen político basado en la competencia internotabiliar a un régimen unanimista, centrado en la figura de Rosas, que expandió gradualmente la frontera política en la campaña[189]. El entramado institucional resultante de este cambio se fue conformando por una serie de redes de poder desplegadas a lo largo del mundo rural, desde poco antes de la ruptura del orden colonial, que finalmente revirtió el escaso interés que las élites urbanas tenían por la campaña. Entre dichas redes, que Fradkin y Barral denominan "militar-miliciana", "eclesiástica" y "judicial-policial", la última de éstas tuvo un desarrollo muy marcado a partir de 1821. En lo que respecta a sus miembros, la figura más importante era el juez de paz, con sus respectivos alcaldes, tenientes y partidas policiales[190]. A lo largo de este período, la autoridad de los jueces de paz fue *in crescendo*, sobre todo con la intención de facilitar el control del ámbito rural. En consecuencia, estas autoridades pasaron a cumplir funciones ejecutivas, legislativas y judiciales en poco tiempo. Según Díaz, el juez de paz era el eje y centro de toda la administración de la campaña. Las distintas reparticiones del Gobierno se entendían con aquel funcionario y mantenían correspondencia dentro de su propia esfera de acción[191]. Sumado a esto, su designación estaba a cargo del Gobierno Provincial y generalmente recaía en personas adictas al régimen.

Sin embargo, a partir de la caída de Rosas en Caseros, el poder de estos funcionarios fue cercenándose progresivamente a partir de una legislación orientada a establecer las bases de un régimen municipal[192]. Este proceso tuvo sus

---

[189] Ternavasio, M. (1995), p. 65.
[190] Fradkin, R. y Barral, M. (2003), pp. 3-5.
[191] Díaz, B. (1959), p. 98.
[192] Míguez, E. (1987) p. 356.

orígenes en 1854, cuando la provincia de Buenos Aires, escindida de la confederación urquicista, sancionó su primera Ley de Municipalidades, que no contenía prescripciones claras con respecto a la participación de extranjeros, ya que sólo se refería a vecinos propietarios en cuanto a los términos de su composición[193]. Cuatro años más tarde, la provincia reformó esa ley, creó corporaciones municipales con más facultades y otorgó el voto activo a los extranjeros, esto es, la facultad de elegir, pero no de ser elegidos[194]. Los únicos requisitos para poder votar en este caso eran dos años de residencia en el país y uno en el municipio, poseer bienes raíces y/o ejercer industria u oficio sujeto al pago de patentes[195]. A este respecto, el censo provincial de 1854 aporta datos ilustrativos al remarcar la importante presencia de extranjeros adultos en partidos como Azul, Tandil, Dolores y Chascomús, donde se contaban ese año 224 comerciantes, 233 artesanos, 424 en ocupaciones no especificadas y 213 hacendados y agricultores (82 de los cuales eran propietarios); es decir, 1094 extranjeros que en su mayor parte representaban un capital o una industria.[196] Si bien éstos son sólo unos pocos partidos –que de cualquier forma se ubican entre los más importantes de la campaña en términos económicos– se desprende de ello la existencia de una proporción considerable de extranjeros que podían ejercer sus derechos[197].

---

[193] Ketzelman, F. y De Souza, R., (1930), t. I, pp. 61-62; Marquiegui, D. (1993), p. 215.
[194] Míguez, E. (1987), p. 357.
[195] Marquiegui, D. (1993) p. 216.
[196] Argentina. Estado de Buenos Aires. *Registro Estadístico...* (1854), Nros. 3 y 4, p. 42.
[197] El censo de 1854 indica que, sobre un total de 15.620 propietarios, al menos 1607 eran extranjeros. Algunos artículos periodísticos de la época en este sentido dan cuenta de esta situación; por ejemplo, *El Monitor de la Campaña* hacía referencia a la formación del registro de extranjeros en Baradero, indicando la importancia que tenía su conformación y su publicación en la prensa.

Dos casos paradigmáticos de la provincia de Buenos Aires, donde dos colectividades extranjeras jugaron un papel importante en el espacio público local, fueron Baradero y Tandil. Los Registros de Extranjeros, en los que se empadronaban todos los vecinos nacidos fuera del país y no naturalizados a efectos de la emisión de su voto, resultan una fuente particularmente útil al respecto, en especial por ser voluntaria la inscripción en éstos. La municipalidad de Baradero, una comuna con una importante colectividad suiza, parece subrayar la importancia que tenía la participación de los inmigrantes en su Gobierno durante la década del setenta: así, en el Registro de 1875, por ejemplo, figuran 176 inscriptos; el de 1876 alcanza a 79; y en el de 1877, la cifra vuelve a aumentar, y se llega a 165 extranjeros que manifestaron su deseo de votar[198]. Estos datos son de consideración, teniendo en cuenta que, en las elecciones municipales de esos años, el número de sufragantes no superaba los 350. Esto permite suponer que, en ese período, el caudal de votos de los extranjeros en dicho partido era un factor a tener en cuenta. Igualmente no debe creerse que la simple conformación del Registro en estos partidos de campaña garantizaba su participación en la contienda; muchas veces tropezaban con escollos propios del juego electoral[199].

El caso de la colectividad danesa en Tandil, por su parte, es otra muestra de la relación de los extranjeros con la política y refuta a su vez el carácter administrativo que se les pretendía dar a los municipios. Es interesante en este sentido el rol de Hans Fugl, un inmigrante danés que desarrolló

---

[198] AHPBA, Serie Min. de Gobierno, Leg. 20, Exp. 803, Año 1875; Leg. 2, Exp. 61, Año 1877; Leg. 9, Exp. 425, Año 1877.

[199] "Pilar. Elecciones Municipales [...] hubo protestas por parte de los extranjeros porque no los dejaron votar y no se convocó al pueblo a su debido tiempo, dicen". *El Monitor de la Campaña*, Exaltación de la Cruz, 13 de abril de 1873.

una destacada actuación pública. Fugl, que había realizado variadas tareas agrícolas y artesanales en Buenos Aires, se radicó en Tandil al promediar el siglo XIX, como chacarero, carpintero y comerciante de campaña. En la primera década de su estancia allí, conoció un considerable crecimiento de su patrimonio personal, cultivando cereales y ampliando las dimensiones de su explotación gracias al beneficio de algunas donaciones municipales de tierra, o simplemente comprándola a los bajos precios entonces corrientes. Pronto logró convertirse en un activo miembro de la élite política local, ya que la política municipal le había abierto canales de interacción social con estancieros y comerciantes prósperos[200]. Las memorias que dejó este pionero de la inmigración danesa permiten imaginar el accionar cotidiano de un extranjero en la campaña. A través de estos relatos, Fugl da cuenta pormenorizadamente de la difícil situación política provincial tras las elecciones de 1874 (luego de la derrota en las urnas, Mitre se levantó en armas contra la coalición vencedora), en las cuales formó parte de la lista ganadora. La campaña bonaerense, en estos episodios, sirvió como escenario de enfrentamientos entre los bandos opuestos. Esto demuestra que los inmigrantes, al menos en Tandil, no eran extraños a los ajetreos de la política provincial, ni siquiera en épocas revolucionarias. En tal sentido, una frase de Fugl ilustra este interés por la política de los habitantes de la zona: "La mayoría de la población del pueblo y del distrito, argentinos nativos y también extranjeros, estaban con el partido liberal, que reunía a los leales, gente con hombría de bien, adeptos al alsinismo, y entre ellos yo"[201].

María Bjerg, en el mismo sentido, afirma que el panorama local empezó a complejizarse en la década de 1870, cuando los enfrentamientos en la política nacional entre

---
[200] Bjerg, M. (2001), p. 61; Míguez, E. (1987).
[201] Larsen de Rabal, A. (1988), p. 435.

mitristas y alsinistas comenzaron a gravitar en la política local. Un claro ejemplo se dio en 1873, al presentarse por primera vez dos listas opositoras en las elecciones municipales. En cuanto a los candidatos del alsinismo, éstos eran todos extranjeros. La lista estaba encabezada por Ramón Santamarina (español) y Hans Fugl, en tanto que Manuel Eigler, otro danés, era candidato a municipal suplente. El resultado fue positivo para los extranjeros, ya que obtuvieron algo más de 350 sufragios, y resultó así la lista vencedora[202]. Si bien es probable que Santamarina - uno de los más importantes estancieros de la zona- haya atraído a la mayoría de los votantes, Fugl y Eigler también parecen haber inclinado el resultado en su favor con el voto de sus compatriotas (cerca de 40), en muchos casos en razón de compensación por las deudas materiales y de honor contraídas con Fugl[203]. Esta idea de Bjerg y Otero busca también dejar en claro la influencia que tenían las redes sociales, no sólo en el terreno económico y social, sino también en el político.

Dejando de lado estos episodios, puede afirmarse también que el funcionamiento de la institución municipal tuvo importantes inconvenientes, en gran medida debido a la injerencia que tenía el juez de paz en el manejo de los asuntos municipales[204]. Algunos periódicos de la campaña, como *La Aspiración*, de Mercedes, mostraron opiniones terminantes en este aspecto: "Las municipalidades de la campaña hasta hoy no son sino cuerpos sin vida, poderes y representantes negativos, de sus pueblos respectivos. Lo que falta es la ley del nuevo régimen municipal"[205]. Los periódicos publicados por

---

[202] Bjerg, M. (2001), pp. 136-37.
[203] Bjerg, M. y Otero, H. (2006), p. 52.
[204] Ketzelman, F. y De Souza, R. (1930), t. I, p. LXXXI.
[205] *La Aspiración*, Mercedes, 21 de diciembre de 1875.

colectividades extranjeras también se hacían eco de esta problemática. L'*Operaio Italiano*, por ejemplo, tenía una actitud bastante crítica respecto de los jueces de paz y su utilización como maquinaria electoral, lo cual ponía en evidencia la importancia de esta figura en el manejo de las municipalidades[206]. Esta preocupación también se manifestaba en el Poder Ejecutivo bonaerense[207]. Sin embargo, una serie de largos desencuentros, producto de la conflictiva situación política provincial, no permitiría el correcto funcionamiento del régimen municipal hasta bien entrada la década del ochenta[208].

Un derrotero menos problemático tuvo la institucionalización del régimen municipal en la provincia de Santa Fe, que sancionó su Ley Orgánica de Municipalidades en 1872. Este proceso no nació de una simple concesión del Estado provincial, sino que fue producto de dos factores yuxtapuestos: por un lado, la necesidad de organizar administrativamente la creciente cantidad de pueblos y colonias producto del desarrollo del proceso de colonización; y por otra parte, la existencia de presión social creciente al respecto, proveniente de algunas colonias ya establecidas[209]. Mediante la mencionada ley, se dispuso la creación de municipalidades en toda ciudad, villa o población que tuviera por lo menos mil quinientos habitantes residentes. Serían instituciones compuestas por dos Concejos, uno Deliberante y otro Ejecutor, y podían ser electores municipales todos

---

[206] L'*Operaio Italiano*, Buenos Aires, 24 de marzo de 1877.
[207] Así lo evidenciaba el Gobernador Casares en su Mensaje a la Honorable Asamblea Legislativa en mayo de 1876 al tildar de defectuosa la organización municipal de la campaña por la acumulación de funciones en el Juez de Paz y bregar por la sanción de una nueva Ley Orgánica. Ver *Registro Oficial de la Provincia de Buenos Aires*, 1876, p. 83.
[208] Una explicación de la coyuntura política bonaerense durante el segundo lustro de la década de 1870 y su relación con el poder municipal puede encontrarse en Míguez, E. (1987), pp. 357 y ss; Barba, F. (1976), pp. 27-30.
[209] Bonaudo, M., Cragnolino, S. y Sonzogni, E., (1988), op. cit., p. 304.

los vecinos nacionales y extranjeros que tuviesen diecisiete años de edad, pagasen impuestos locales y se hallaran inscriptos en el Registro Municipal[210]. También se establecían prohibiciones para quien tuviese problemas en materia civil o penal. Las mismas características para ser elector se contemplaban para los que quisieran ser elegidos. Si el criterio numérico fijado para conseguir el estatus municipal no permitía a muchas colonias adquirir tal condición, la ley determinaba que las que no llegaran a cumplir con los requisitos señalados pero que a través de los contratos de colonización ya tuvieran un Consejo Comunal, podrían continuar con la vigencia de dicho régimen. En este marco, los extranjeros se verían beneficiados, puesto que podrían administrar los intereses de la colonia, aunque no alcanzaran el criterio numérico prefijado. Sin embargo, hubo casos en que algunas colonias perdieron el poder municipal otorgado previamente por contratos de colonización, aunque por conflictos internos entre los mismo colonos. Ése fue el caso de la colonia Helvecia, donde un conflicto entre el empresario colonizador, Teófilo Romang, y los colonos, terminó por suprimir la municipalidad. Esta problemática parece haber tenido aristas similares a la ocurrida en los primeros años de formación de la colonia San Carlos, donde existió una evidente confrontación entre los colonos y la empresa administradora. Los colonos de Helvecia habían gozado de estatus municipal desde antes de la sanción de la Ley Orgánica de Municipalidades, pero la conflictividad surgida de ese espacio había llevado a Romang a solicitar al Poder Ejecutivo provincial la supresión de la municipalidad, que finalmente fue aceptada. Según Romang, "esta corporación siempre ha sido la que ha puesto obstáculos al verdadero progreso de la colonia, buscando todas sus inspiraciones en

---

[210] Comisión Redactora de la Historia de la Provincia de Santa Fe (1972), Tomo VII, p. 28.

fuentes impuras, guiada por la pasión política, por el odio y la venganza"[211]. Esta situación denota la existencia de un juego de fuerzas que parecía tener un trasfondo político, llamativamente en una colonia con un claro y homogéneo perfil étnico: a pesar de éste, el empresario colonizador y los colonos, que no se resignaban a perder ese espacio de poder, debieron acudir al Gobierno para resolver sus disputas[212].

Podría pensarse entonces que la dimensión comunal, ya fuera bajo la forma de municipio o comisión de fomento, adquirió un valor central en la organización político-administrativa santafesina. Las elecciones municipales se desarrollaron permanentemente en muchas poblaciones de campaña, y adquirieron matices diferenciados de los existentes en las elecciones provinciales y nacionales, puesto que los niveles de fraude y violencia de éstas usualmente no se reproducían en las colonias. A este respecto, Gallo destaca el nivel de competencia existente en las elecciones comunales desarrolladas en las colonias, debido a que se presentaban dos listas contendientes, formadas por vecinos, a diferencia de otros actos eleccionarios a nivel provincial en los cuales era común la existencia de una lista única, impuesta por el Gobierno de turno. Un ejemplo que resalta esta competitividad se dio en 1872, cuando sólo cuatro votos (162 contra 158) separaron del triunfo a las dos listas en Esperanza; o dos años más tarde en San Carlos, donde la diferencia fue de cinco votos[213]. Por otra parte, también existía una marcada diferencia en los niveles de participa-

---

[211] En AGPSF, Ministerio de Gobierno, Tomo 39, 1873-74, fs. 374-5.
[212] Los colonos incluso elevaron sus demandas al Gobernador Bayo en mayo de 1874, ante quien denunciaban la destitución de la Municipalidad por parte del Poder Ejecutivo provincial y el posterior nombramiento de un juez de paz, lo cual violaba las prescripciones del contrato de colonización que había dado origen a la colonia. *La Unión Nacional*, Santa Fe, 9 de julio de 1874.
[213] Gallo, E. (1983), p. 380-81; Bonaudo, M., Cragnolino, S. y Sonzogni, E (1988), p. 317.

ción electoral en las colonias, en relación con los distritos ganaderos, donde predominaba la población criolla. Un caso fue el distrito ganadero de Coronda, donde la participación electoral en los 12 comicios celebrados durante la década del setenta registró una concurrencia promedio del 1,6 % de la población total, con un máximo del 6% en 1876. En Helvecia, en cambio, los niveles de participación alcanzaron el 14% en 1873; en la colonia Roldán, participaron en las elecciones de 1874 y 1876 el 19 y el 12% de los habitantes respectivamente; y en la colonia Esperanza el 24 % de sus pobladores concurrieron a los comicios municipales en 1879[214]. Estos datos muestran, entonces, un aumento progresivo de los índices de participación en cada colonia, lo cual advierte la creciente importancia que fue adquiriendo el voto comunal a lo largo de ese lapso.

En las provincias de Entre Ríos y Córdoba, en tanto, la participación de los extranjeros en el régimen municipal parece estar menos probada. Al igual que en Santa Fe y en Buenos Aires, el proceso de institucionalización de los municipios en la campaña también se produjo en la década del setenta. El régimen municipal en la provincia de Entre Ríos tuvo sus orígenes en la sanción de la Constitución Provincial de 1860[215]. En este marco, debe destacarse que la instauración de este nuevo régimen poco tenía que ver con las colonias ya que en ese entonces sólo existía una colonia agrícola en la provincia, San José, que a su vez contaba con administración propia, regulada por medio de un contrato de colonización. La sanción de de la Ley de Municipalidades fue contemporánea a la de la provincia de Santa Fe y con similares alcances para con los extranjeros. Así, disponía el establecimiento de Municipios en cada ciudad o villa de la provincia, comprendiendo el territorio de sus respectivos ejidos. En el caso de las

---

[214] Gallo, E. (1973), p. 12.
[215] Martínez Soler, F. (1922), p. 61.

ciudades, la municipalidad se componía de once miembros, mientras que en las villas alcanzaba sólo a siete. La diferencia radicaba aquí en la cantidad de población con que contaba cada una. En lo referente a las elecciones municipales, las prescripciones eran muy claras: podían ser electores municipales los vecinos ciudadanos, mayores de diez y ocho años y extranjeros mayores de veinte y dos años que ejercieran algún arte o profesión, o que pagaran ciertos impuestos, que supieran leer y escribir y que estuviesen domiciliados en el municipio desde un año antes de la elección[216]. Por su parte, los extranjeros también podían ser elegidos para los cargos municipales, siempre y cuando cumpliesen con las características transcriptas en el artículo citado.

La implementación y funcionamiento del régimen, empero, parece no haber sido fácil. Así lo intentó reflejar el periódico *La Tribuna* en un artículo de febrero de 1876: "Mientras en Buenos Aires se trabaja por arribar a las últimas conclusiones de la Constitución Provincial en materia municipal, en otra provincia argentina, en Entre Ríos, se proyecta su supresión. [...] Suprimir la Municipalidad es mutilar el sistema constitucional vigente en aquella provincia, atentar contra uno de los preceptos más terminantes de la ley fundamental en Entre Ríos"[217]. La implementación de este régimen significaba además un intento de reforma que venía a suplantar de alguna manera el viejo poder de los caudillos. No obstante, las rebeliones de López Jordán en este sentido demarcaron los obstáculos que por entonces debían sortear estos avances institucionales. El poder municipal tendrá así un papel muy importante en la modernización productiva de los ejidos de los pueblos, pero recién luego de la derrota de aquel jefe.

En Córdoba la institucionalización del régimen municipal fue bastante posterior a la década de 1870. Si bien

---

[216] Argentina. Provincia de Entre Ríos (1875-77), t. VII.
[217] *La Tribuna*, Buenos Aires, 9 de febrero de 1876.

se sancionó una Ley de Municipalidades en septiembre de 1856 y posteriormente la Ley de Colonias de 1871 reglamentó las prácticas comunales en la campaña, fue recién en la década del ochenta cuando el proceso de colonización, y por ende el arribo de población extranjera, comenzó a profundizarse, y el régimen municipal alcanzó cierta importancia en la campaña. Según Albarracín, "antes que se reformase la Constitución en 1883, la institución municipal no había podido radicarse en la campaña"[218].

5. La consolidación del municipio

La radiografía del espacio rural pampeano desde los años ochenta mostrará una creciente proliferación de pueblos y colonias en las diferentes campañas provinciales y un importante crecimiento demográfico, sustentado principalmente en la inmigración europea. Esta situación no sólo tuvo impacto en la esfera socioeconómica, sino también en la sede política, y volvió el espacio municipal una suerte de esfera pública en la que los inmigrantes pudieron jugar un papel importante.

Fue principalmente en Buenos Aires y en Santa Fe donde el espacio municipal adquirió ribetes más complejos y tuvo a los extranjeros como protagonistas. En Entre Ríos y en Córdoba, en cambio, los inmigrantes no parecieron haber tenido una participación tan marcada. En Entre Ríos, el funcionamiento de la institución municipal no había arrojado buenos resultados desde su instauración en los años setenta, hasta que una reforma constitucional sentó las bases de una nueva organización comunal, con mayor autonomía. Todas estas disposiciones quedaron reglamentadas a través de una nueva Ley Orgánica de

---

[218] Albarracín, S. (1889), p. 134.

Municipalidades, sancionada finalmente en junio de 1884. Si bien no contamos con registros que puedan arrojar más datos sobre la dimensión de la participación de extranjeros, existen algunos indicios que permiten inferir que pudo haber sido considerable[219]. Aparejado a esto, debe indagarse también acerca de la funcionalidad que los municipios tuvieron en la provincia. A diferencia de Buenos Aires, donde la descentralización obedecía a una cuestión de control local, el perfeccionamiento del régimen municipal entrerriano estuvo asociado más bien a una necesidad económica, vinculada con el desarrollo de colonias en la campaña y su consiguiente expansión agrícola. Sobre la base de los alcances de la Ley de Ejidos, las municipalidades fueron importantes en cuanto a la creación de colonias, con la participación de muchos extranjeros. Así, se puede mencionar el nombre de Eugeen Schepens, quien realizó una destacada labor en el ejido de Villaguay formando y organizando allí una colonia, y favoreciendo el arraigo de inmigrantes belgas captados por medio de redes[220].

En la provincia de Córdoba, la participación de inmigrantes en la zona de colonización agrícola tampoco parece haber sido considerable antes de 1886, en que, en paralelo con la sanción de una nueva ley de colonias, la inmigración comenzó a afluir con mayor intensidad hacia esa zona[221]. Un dato ilustrativo en este sentido lo aporta un Inspector de Colonias, quien afirmaba que la provincia había recibido en 1888 la misma cantidad de inmigrantes que en el

---

[219] Según Ripoll, hacia 1888, "en casi todas las municipalidades actuales el número de extranjeros es casi igual al de argentinos". Ripoll, C. (1889), Tomo 2, p. 344.

[220] Sobre la colonia belga de Villaguay, pueden consultarse: Peyret, A. (1889); De Groof, B.; Geli, P.; Stols, E.; Van Beek, G. (comps.) (1998); Beaurain Barreto, J. (2001); entre otros.

[221] Debe tenerse en cuenta que, de las colonias existentes hasta esa fecha, únicamente Sampacho pudo solicitar la institución municipal.

quinquenio 1876-1880[222]. El crecimiento demográfico de la campaña operó en pos del desarrollo del régimen municipal. A este respecto, el Gobernador Olmos expresaba, unos meses antes de la sanción de esta Ley de Colonias, la necesidad de garantir a los inmigrantes la posibilidad de elegir a sus propias autoridades: "Conceder ciertos beneficios respecto al pago de impuestos, colocar la tierra en condiciones de ser apetecida, y establecer garantías de orden y justicia para la comunidad, es la fórmula sencilla con que a juicio del PE, se puede atraer a la provincia en provecho de la agricultura el capital y el trabajo particular. En cuanto a lo primero es necesario ofrecer mayores liberalidades que en Santa Fe [...] y respecto de lo último, apenas el desenvolvimiento de una colonia llegue a una altura que haga precisa una inmediata vigilancia, puede poseer sus autoridades locales que aseguren los derechos de todos"[223].

Una fiesta de colonos hacia inicios de la década de 1870. En Lonfat, G. (1870).

---

[222] Albarracín, S. (1889), p. 256.
[223] Argentina. Provincia de Córdoba (1895), Compilación de leyes..., p. 74-75.

El desarrollo del proceso colonizador hacia la década del noventa hizo que muchas colonias se beneficiaran con los alcances de esta ley. Así lo destacaba el periódico cordobés *La Patria*, al dar cuenta de la importante labor del empresario Hugo Stroeder, e informaba que el Gobierno había sancionado varios decretos acordando a sus colonias La Agrícola, General Cabrera, Columbus, San Bernardo y La Palestina los privilegios establecidos por la Ley del 2 de agosto de 1886[224]. Esas colonias podían así elegir, de entre sus habitantes, los miembros de concejos comunales encargados de su administración, siempre y cuando contaran con 50 familias como mínimo. De todos modos, la dimensión de la participación de extranjeros en ese espacio municipal pareció quedar muy alejada de la que había alcanzado en Buenos Aires y en Santa Fe, en razón del menor peso numérico de éstos en Córdoba.

El caso de los municipios bonaerenses de la campaña estuvo rodeado de desavenencias hasta mediados de la década de 1880, cuando la sanción de una nueva ley de municipalidades disipó en principio el déficit institucional que existía en cada municipio, y atemperó la inclinación centralista que basaba su poder en la figura del juez de paz. Fue así como, luego de casi una década de estar bajo la órbita del Ejecutivo, la nueva ley buscaría establecer nuevos mecanismos de representación en el terreno local, aunque con importantes restricciones para los extranjeros. Si bien obtuvieron nuevamente el voto activo y pasivo en las elecciones municipales, se estableció que no podrían ejercer el ejecutivo municipal (dicha ley creó la figura del intendente municipal, cargo que sólo podría ser desempeñado por quienes contaran con nacionalidad argentina), se limitó su presencia en

---

[224] *La Patria*, Córdoba, 23 de julio de 1894.

el Concejo Deliberante a la mitad de su quórum, y se restringió su voto en ciertos temas atinentes específicamente a los ciudadanos[225].

Pese a la sanción de la ley, que supuestamente reforzaría la autonomía de las poblaciones de campaña, pareciera ser que el control sobre éstas seguía estando, al menos implícitamente, en manos del Ejecutivo. El decreto reglamentario de ésta, al establecer –de acuerdo a la cantidad de habitantes– qué partidos gozarían de un Gobierno propio municipal en toda la amplitud de la Ley Orgánica, cuáles elegirían sólo un Concejo Deliberativo (sin potestad para elegir al intendente) y cuáles tendrían una Comisión Municipal (que sería elegida por el Poder Ejecutivo entre los propios vecinos), estaba restringiendo los mecanismos de participación a aquellas poblaciones de más tardía ocupación[226]. Tal como había ocurrido desde la temprana instalación del régimen municipal a mediados de 1850, esta nueva ley también tuvo sus críticas. Desde la prensa periódica, el *Eco de Tandil* se mostró fuertemente contrario al contenido de la nueva ley. Por un lado, criticaba duramente los requisitos impuestos para acceder al gobierno municipal propio, afirmando: "Sólo unos veinte partidos escasamente, de los ochenta y tantos en que se divide el territorio de la provincia gozarán de los derechos [...] el resto de esos distritos permanecerá bajo la patria potestad del Ejecutivo que les nombrará intendentes como tutores, y en gran parte de ellos comisiones enteras"[227]. En el caso de los periódicos de alcance nacional, los comentarios también apuntaban a la existencia de luchas políticas en algunos municipios y, por ende, al peligro de que

---

[225] Míguez, E. (1987), pp. 357-358.
[226] Argentina, Provincia de Buenos Aires (1886), p. 581.
[227] *El Eco de Tandil*, Tandil, 2 de mayo de 1886.

se produjeran disturbios o actividades fraudulentas[228]. Este punto también fue destacado por los órganos de comunicación de las colectividades extranjeras. Uno de los periódicos de la colectividad italiana, por ejemplo, se encargó de remarcar que las elecciones habían tenido connotaciones políticas, y se dividieron los electores en pacistas y en achavalistas, en referencia a los candidatos a las próximas elecciones para gobernador, Máximo Paz y Nicolás Achával, y que en algunos municipios la elección había sido acompañada con incidentes[229].

En este difícil contexto, el 10 de junio de 1886, se celebraron las elecciones municipales según las prescripciones de la nueva ley vigente. Siendo evidentes las pugnas del poder político por el control de los municipios, resulta interesante analizar los registros de inscripción y las actas electorales resultantes de dichas elecciones en algunos partidos de la provincia para intentar realizar así algunas inducciones con respecto a la participación de los extranjeros en el terreno municipal.

---

[228] El diario *La Prensa*, por ejemplo, afirmaba: "Los actos preparatorios de la elección adolecen de vicios en algunos partidos, no podemos precisar si son la mayoría o la minoría. [...] Para la política militante, los comicios de hoy tienen una gran importancia, porque su resultado acentuará los rumbos de la cuestión electoral que se inicia para la Gobernación de la Provincia". En *La Prensa*, Buenos Aires, 10 de junio de 1886.

[229] *L'Operaio Italiano*, Buenos Aires, 11 de junio de 1886.

Cuadro N° 6
Participación electoral de extranjeros en 16 partidos de la Provincia de Buenos Aires (elecciones de junio de 1886)

Partido	Total de votantes	Cantidad de votantes extranjeros	Cantidad de votantes nacionales	Porcentaje de extranjeros sobre el total de votantes	Porcentaje de extranjeros masculinos adultos sobre el total de la población s/censo 1881
Arrecifes	279	20	259	7,20%	15%
Ayacucho	224	35	189	15,60%	21%
Baradero	224	44	180	19,60%	15%
Benito Juárez	268	56	212	20,90%	15%
Cañuelas	353	16	337	4,50%	12%
C. de Areco	62	7	55	11,30%	16%
Chivilcoy	1299	116	1183	8,90%	16%
Dolores	633	83	550	13,10%	17%
Las Flores	297	86	211	29%	15%
Nueve de Julio	725	16	709	2,20%	9%
Pergamino	207	13	194	6,30%	9%
Rauch	77	19	58	24,70%	16%
Rojas	351	13	338	3,70%	9%
Salto	196	10	186	5,10%	10%
Saladillo	282	13	269	4,60%	14%
Tandil	228	39	189	17,10%	20%
Totales	**5705**	**586**	**5119**	**10,30%**	**14,30%**

Fuente: elaboración propia sobre la base de los siguientes documentos de la Serie de Gobierno del AHPBA (a pesar de que los datos de padrones electorales municipales corresponden a 1886, los padrones de extranjeros figuran catalogados en el año 1887): Arrecifes (Leg. 9, Exp. 717 de 1886 y Leg. 7, Exp. 649 de 1887); Ayacucho (Leg. 11, Exp. 760 de 1886 y Leg. 7, Exp. 630 de 1887); B. Juárez (Leg. 9, Exp. 716 de 1886 y Leg. 7, Exp. 632 de 1887); Baradero (Leg. 11, Exp. 768 de 1886 y Leg. 7, Exp. 622 de 1887); Cañuelas (Leg. 10, Exp. 736 de 1886 y Leg.

7, Exp. 645 de 1887); Carmen de Areco (Leg. 10, Exp. 738 de 1886 y Leg. 8, Exp. 660 de 1887); Chivilcoy (Leg. 10, Exp. 735 de 1886 y Leg. 8, Exp. 661 de 1887); Dolores (Leg. 10, Exp. 745 de 1886 y Leg. 8, Exp. 659 de 1887); Las Flores (Leg. 9, exp. 715 de 1886 y Leg. 7, Exp. 634 de 1887); Nueve de Julio (Leg. 10, Exp. 729 de 1886 y Leg. 7, Exp. 628 de 1887); Pergamino (Leg. 11, Exp. 754 de 1886 y Leg. 7, Exp. 646 de 1887); Rauch (Leg. 10, Exp. 721 de 1886 y Leg. 8, Exp. 657 de 1887); Rojas (Leg. 10, Exp. 730 de 1886 y Leg. 7, Exp. 647 de 1887); Saladillo (Leg. 10, Exp. 739 de 1886 y Leg. 8, Exp. 653 de 1887); Salto (Leg. 11, Exp. 750 de 1886 y Leg. 8, Exp. 662 de 1887); Tandil (Leg. 9, Exp. 719 de 1886 y Leg. 8, Exp. 654 de 1887). También se utilizaron datos del Censo de la Provincia de Buenos Aires de 1881. Ver Argentina, Provincia de Buenos Aires (1883).

Según los datos del cuadro anterior, puede afirmarse que, en todos los partidos hubo un porcentaje de participación de extranjeros, pero con una alta dispersión. Ya habíamos hecho referencia al importante número de extranjeros inscriptos para sufragar en elecciones municipales en Baradero en la década del setenta. Dicha tendencia parece continuar en este partido, ya que es uno de los pocos que supera (junto a Las Flores, Rauch y Benito Juárez) el 20% de extranjeros sobre el total de sufragantes. En menor medida se destacan Tandil[230], Ayacucho, Dolores y Carmen de Areco[231], que superan el 10% y luego hay ocho partidos donde la participación es insignificante si se tiene en cuenta su influencia en el resultado de la elección. De todas formas, pese a ello,

---

[230] Al respecto, el periódico *El Eco de Tandil* hacía referencia la importancia que podían alcanzar los extranjeros en el derrotero de la elección, ya que muchos de éstos había sido sorteados para componer las mesas escrutadoras: "Ni achavalistas ni pacistas tienen por sí solos mayoría en ninguna de las mesas. La mayoría será formada por electores extranjeros y por los que pertenecen al Partido Nacional". En *El Eco de Tandil*, Tandil, 2 de junio de 1886.

[231] Llama la atención el bajo número de votantes en Carmen de Areco, aunque según se desprende del diario La Prensa, la lista ganadora no tuvo oposición. *La Prensa*, Buenos Aires, 11 de junio de 1886.

el hecho de que, en 8 de los 16 partidos el índice de participación supere el 10% de los sufragantes, permite pensar que existía un cierto interés en el manejo de los asuntos públicos locales por parte de los extranjeros. El promedio general de sufragantes extranjeros arroja, no obstante, un número inferior al porcentaje de población extranjera adulta masculina en los partidos analizados. En todos los casos, ese porcentaje abarca entre el 10 y el 20% de la población total del partido, y se corresponde en cierta medida ese número en la participación de éstos en el resultado de la elección.

CONVOCATORIA

El Concejo Deliberante de la Municipalidad de Esperanza, de conformidad con lo dispuesto en el artículo 6° de la Ley Orgánica de las Municipalidades---CONVOCA: a todos los electores de esta Colonia para el día DOMINGO CINCO DE NOVIEMBRE del corriente año, de nueve de la mañana á tres de la tarde, á fin de que concurran á la Oficina Municipal, en donde se hallará instalada la Mesa Escrutadora, á emitir su sufragio en la eleccion que tendrá lugar de:

Un Juez de Paz,
Un Teniente Juez para la Seccion Este, } por un año.
Un Teniente Juez para la Seccion Oeste,
Cuatro miembros en propiedad para el Concejo Deliberante Municipal, tres por dos años y uno por un año, en reemplazo de los salientes D. Guillermo Lehmann, D. Juan Vogt, D. Jorge Antony y D. Eugenio Dupuy.
Un miembro como suplente del mismo Concejo Deliberante, por dos años, en reemplazo de D. Celesiano Fritschy.
Un miembro en propiedad para el Concejo Ejecutor, por dos años, en reemplazo de D. Juan Bamb.
Un miembro como suplente para el mismo Concejo Ejecutor, por dos años, en reemplazo de D. Federico Meiners.

Lo que se hace saber al público para su conocimiento.
Colonia Esperanza, 22 Octubre 1882.

El Presidente Municipal—

GUILLERMO LEHMANN
FRANCISCO BARCO
SECRETARIO.

Imprenta ESPERANZA—22—10—1882

Convocatoria a elecciones. Esperanza, 22 de octubre de 1882. En AMCE, tomo Notas, Solicitudes y Contratos, años 1882/3.

Otro punto interesante para destacar, siguiendo la línea de la última afirmación, se relaciona con el interés de los sufragantes extranjeros en la participación en los asuntos locales. Si tenemos en cuenta el número de inscriptos en el Registro de Extranjeros y la posterior asistencia a la elección, el porcentaje resultante en casi todos los distritos fue bastante alto. Este dato recobra importancia al compararse con los Registros Cívicos Nacionales, de acuerdo a los cuales dicha proporción era marcadamente baja. Una de las causas de ello puede haber sido la desactualización de dichos registros, cuestión que no se daba en los Registros de Extranjeros, puesto que éstos se realizaban antes de cada elección[232].

Cuadro N° 7
Relación entre inscriptos en el Registro de Extranjeros y sufragantes en algunos partidos de la provincia de Buenos Aires

Partido	Total de extranjeros inscriptos	Cantidad de votantes extranjeros	% de extranjeros votantes sobre el padrón respectivo
Ayacucho	102	35	34%
Baradero	89	44	49%
Benito Juárez	84	56	67%
Cañuelas	50	16	32%
C. de Areco	13	7	54%
Chivilcoy	205	116	57%
Dolores	100	83	83%
Las Flores	139	86	62%
Nueve de Julio	51	16	31%
Pergamino	30	13	43%
Rauch	23	19	83%

---

[232] Puede verse esta problemática, a modo de ejemplo, en el partido de Arrecifes. AHPBA, Ministerio de Gobierno, Leg. 7, Exp. 649, de 1887.

Partido	Total de extranjeros inscriptos	Cantidad de votantes extranjeros	% de extranjeros votantes sobre el padrón respectivo
Rojas	39	13	33%
Salto	25	10	40%
Saladillo	27	13	48%
Tandil	77	39	51%
Totales	**68,25**	**36,6**	**54%**

Fuente: ídem cuadro anterior.

Como puede verse, existió una alta proporción entre extranjeros inscriptos y sufragantes: en algunos partidos la asistencia al comicio de los inscriptos en el registro superó el 60% (incluso en Las Flores la asistencia fue del 83%). Esto hace suponer entonces que muchos de los extranjeros que tomaban parte en las elecciones eran participantes activos dentro del municipio, quizá en muchos casos actuando bajo la influencia de un líder. De todos modos, resulta dificultoso inducir los móviles que llevaban a los extranjeros a utilizar estos mecanismos de participación y en muchos casos de representación (ya que en la mayoría de los partidos las listas contendientes tenían extranjeros entre sus filas).

Por su parte, pese al peso de los sufragantes extranjeros en muchos de los partidos analizados, no debe tomarse al porcentaje total de éstos como una masa homogénea. De acuerdo a los registros analizados, en ninguno de los partidos hubo una predominancia de sufragantes de una misma nacionalidad, y resultó así más complejo formar una clientela importante que permitiese asegurar un numeroso caudal de votos. No obstante, si miramos los datos, en la mayoría de los partidos la nacionalidad predominante fue la española, seguida por la italiana y por la francesa en menor medida.

Cuadro N° 8
Nacionalidad de los sufragantes extranjeros por partido en la provincia de Buenos Aires

Partido	Cantidad de votantes extranjeros	Nacionalidad				
		Españoles	Italianos	Franceses	Suizos	Otros
Arrecifes	20	60%	10%	25%		5%
Ayacucho	35	48%	20%	17%		15%
Baradero	44	2%	39%	5%	41%	13%
B. Juárez	56	34%	44%	11%	7%	4%
Cañuelas	16	63%	31%			6%
C. de Areco	7	57%	29%		14%	
Chivilcoy	116	24%	53%	16%	2%	5%
Las Flores	86	36%	28%	30%	1%	5%
N. de Julio	16	44%	56%			
Pergamino	13	54%	15%			31%
Rauch	19	42%	37%	21%		
Rojas	13	31%	23%	31%		15%
Salto	10	40%	40%	20%		
Saladillo	13	69%	23%	8%		
Tandil	39	36%	15%	28%		21%
Totales	**503**	**43%**	**31%**	**14%**	**4%**	**8%**

Fuente: ídem cuadros anteriores. Aclaración: este cuadro no toma en consideración al partido de Dolores por no tener éste discriminadas las nacionalidades en el Registro de Extranjeros.

Resulta llamativa la participación mayoritaria de españoles, más si se tienen en cuenta los porcentajes de población por nacionalidad en los partidos analizados sobre la base de los datos arrojados por el censo provincial levantado en 1881, según el cual los italianos eran mayoría en nueve de estos partidos, mientras que los españoles primaban en los siete restantes[233]. En tanto, los porcentajes de los

---

[233] [De la Fuente, Diego G. (pres. comis. dir.)] (1883), pp. 233-34.

suizos de Baradero se corresponden con su situación en el censo; una de las principales comunidades extranjeras (junto con la italiana) en ese partido fueron mayoría en el total de sufragantes extranjeros. El caso de los daneses en Tandil también llama la atención; habíamos visto que, en la elección municipal de 1873, habían votado 40 daneses, un número considerable si se tiene en cuenta que la lista de Fugl triunfó por sólo 33 votos. En este caso, la participación de daneses en Tandil fue muy baja: sólo votaron seis personas (todos ellos agricultores), esto es, un 15% del total de sufragantes extranjeros y un 2,6% sobre el total de la elección. En cierto sentido los planteos acerca de la importancia de los liderazgos étnicos en algunas comunidades rurales a la hora de formar clientelas políticas parecen aportar aquí una buena explicación, si se tiene en cuenta que Fugl se había radicado en Dinamarca desde unos años antes y por lo tanto no podía ejercer la misma influencia política que en elecciones anteriores.

Este importante rol parece verse también en el caso de Clément Cabanettes, fundador y promotor de los intereses de la colonia francesa de Pigüé, ubicada en el sudoeste bonaerense. En 1886, por ejemplo, los pobladores elevaron un petitorio a la gobernación provincial, en el que solicitaban la creación de un nuevo partido ya que habían instaurado una comisión municipal propia, de carácter provisorio[234]. Si bien la colonia estaba en pleno proceso de formación (según consta en el petitorio, contaba con 608 habitantes), los colonos, con el apoyo de Cabanettes, plantearon la necesidad de establecer autoridades legales propias en la colonia, debido a la distancia que los separaba de las autoridades del extenso partido de Coronel Suárez, del cual dependían[235]. Este caso de la colonia Pigüé pre-

---

[234] Citado de Monferrán Monferrán, E., (1955), pp. 109-10.
[235] Monferrán Monferrán, E., (1955), p. 108.

senta algunas similitudes, como veremos, con las colonias santafesinas, sobre todo por el interés de los colonos en establecer autoridades propias en el municipio, aunque lo destacable es la existencia, al igual que Tandil, de un líder que nucleaba las demandas de su comunidad étnica.

El caso de los municipios de campaña santafesinos, resulta también por demás interesante, particularmente en algunas colonias agrícolas, como Esperanza. Ha sido analizado ya que, desde los años setenta, las elecciones municipales se desarrollaron permanentemente en varias poblaciones de campaña, y adquirieron en muchos casos matices diferentes a los existentes en las elecciones provinciales y nacionales. En este escenario la colonia Esperanza se volvió un caso paradigmático. Probablemente el temprano funcionamiento de órganos comunales haya operado como germen para la emergencia de un espacio público sumamente complejo, en un contexto en el cual la gran mayoría de los actores era de origen inmigrante.

Desde la década del setenta había comenzado a advertirse en Esperanza una evidente presencia de distintas facciones que habrían de tener disputas (no sólo en el plano electoral) de alto contenido político en los años subsiguientes. Los bandos en pugna agrupaban, por un lado, a un sector vinculado al accionar de la Iglesia Católica y, por otro, a una vanguardia liberal y predominantemente laicista[236]. Los liberales, también denominados "Partido Liberal Progresista", tenían entre sus filas a Guillermo Lehmann, un inmigrante suizo que jugó un importante rol de liderazgo en Esperanza hasta su muerte, a mediados de los años ochenta. Lehmann había llegado a la colonia en el segundo lustro de la década del sesenta y, a la par de su actividad comercial de carácter privado, había ganado espacio en el sector público al desempeñar numerosos

---

[236] Bonaudo, M., Cragnolino, S. y Sonzogni, E (1990), op. cit., p. 256.

cargos en la colonia[237]. A partir de su designación en el juzgado de paz, había logrado cimentar un liderazgo que luego lo llevaría a desempeñar un papel fundamental en el funcionamiento de la municipalidad y en la administración pública local[238]. Las fricciones existentes entre Lehmann y sus opositores encontraban lugar en una suerte de esfera pública que no sólo se circunscribía a la realización de *meetings* políticos o de actos eleccionarios en la colonia, sino que también se zanjaban mediante petitorios elevados a las autoridades provinciales y a través de la prensa periódica[239].

Uno de los episodios más tensos en estas disputas se dio en noviembre de 1881, cuando el gobierno provincial suspendió las elecciones al existir un conflicto entre Lehmann y el subdelegado político Salvio Montenegro quien, con manifiesta intencionalidad, había hecho lugar a ciertos reclamos del bando católico de la colonia[240]. La acusación de Montenegro asumía que la municipalidad se atribuía facultades privativas de la Subdelegación de Policía. La cuestión adquirió una trama compleja que llevó a la suspensión de las elecciones y a un abierto conflicto de intereses entre la municipalidad y

---

[237] Su primer cargo importante fue el de juez de paz, cuya designación data del 25 de octubre de 1867. Ver AGPSF, Archivo de Gobierno, Tomo 31, Año 1867, f. 322.

[238] Durante buena parte de 1868 se registra su presencia en carácter de presidente de las sesiones de la Municipalidad de Esperanza, debido a que ejercía el cargo de juez de paz. Luego esto cambia, al elegir la misma Corporación a su titular, entre los miembros de su propio seno. Ver Concejo Municipal de Esperanza, Libro de Sesiones 1861-72, fs. 274 y ss.

[239] Lehmann utilizaba para ello su propio periódico *El Colono del Oeste* –que editó entre fines de los setenta y principios de los ochenta– mientras que sus opositores se expresaron por esos años a través de distintas publicaciones esperancinas: *Der Argentinische Bote, El Serrucho* o *Las colonias*.

[240] El sumario que iniciará en la Subdelegación Política de Esperanza parece tener origen en un petitorio elevado por la oposición que, entre otras cosas, criticaba el abuso de poder ejercido por el sector liberal. En AGPSF, Archivo de Gobierno, Tomo 62, Año 1881, fs. 28-31.

el representante del gobierno[241]. Finalmente, las elecciones se realizaron el 16 de abril de 1882, y se impuso nuevamente el sector liberal encabezado por Lehmann[242]. Esta lucha facciosa habría de generar un viso de preocupación en los órganos superiores del gobierno santafesino, más que nada porque las disputados habían alcanzado una intensidad que podía poner en riesgo el control político del Estado provincial sobre la colonia. Es de destacar que, pese a la instauración del régimen municipal en la campaña, el Estado provincial no dejó librado al azar el control político de las colonias. En este sentido, la existencia de jefaturas políticas por Departamento permitía ejercer un control territorial efectivo. De ahí que la progresiva tensión existente en el espacio público esperancino y los cortocircuitos generados entre el subdelegado político y la municipalidad hayan podido ser una de las causas de la reforma de la Ley Orgánica de Municipalidades de 1883, que quitó a Esperanza el estatus municipal[243]. Como ha señalado Marta Bonaudo, este freno, con miras a restringir un espacio municipal conflictivo, se logró a partir de un recorte de participación en lo cualitativo (elevó a 5.000 personas el piso de población mínimo para poder acceder a una municipalidad) y en lo cualitativo (ya que sumó la condición de alfabeto al representante en los concejos municipales)[244].

Si bien existieron repercusiones en toda la zona de colonias –incluso también la noticia hizo eco en medios de tirada provincial y nacional–, la movilización de la población esperancita adquirió una dimensión considerable[245]. Se or-

---

[241] Puede verse descripción detallada de este episodio en Bonaudo, M. (1990), op. cit., pp. 257-258. Sobre los expedientes que atañen al conflicto, ver: AGPSF, Archivo de Gobierno, Tomo 62, Año 1881, fs. 8 y ss.

[242] Gallo, E. (1983), op. cit., p. 399.

[243] Una explicación sobre la importancia de las jefaturas políticas en el entramado institucional santafesino puede verse en Bonaudo, M. (2008).

[244] Bonaudo, M. (1999), p. 275.

[245] Ver *La Tribuna Nacional*, Buenos Aires, 23 de diciembre de 1883. Algunos periódicos de colectividades extranjeras también dieron a conocer su

ganizaron casi inmediatamente actos de protesta y se ejerció una fuerte presión sobre el Presidente de la República[246]. Como consecuencia de estas manifestaciones, el Poder Ejecutivo nacional recomendó al gobierno santafesino modificar la ley en cuestión para evitar así "sembrar gérmenes de descontento y de desunión en aquellos pueblos"[247]. Finalmente, en 1884 una modificación al articulado de la ley permitió la restitución de las municipalidades a muchas de las colonias que habían quedado excluidas por no cumplir el piso de población requerido[248].

Estos vaivenes en la legislación comunal en la década del ochenta tuvieron un claro contenido político; la lucha facciosa había alcanzado ribetes seguramente no imaginados por la dirigencia, que promovió la instauración del régimen municipal en la provincia. Los constantes ajustes en materia legislativa buscaron contrapesar estas turbulencias y mantener así un relativo equilibrio en el control político del área de colonias[249]. Sumado a esto, si bien partícipe de la lucha facciosa esperancina, con la desaparición física de Guillermo Lehmann se perdería una pieza clave en la articulación con sectores de poder en la provincia y en la nación[250].

---

descontento con la medida. Ver, entre otros, *La Patria Italiana*, 19 de diciembre de 1883 y *L'Avenir*, 23 de diciembre de 1883.

[246] Gallo, E. (1983), op. cit., p. 400.

[247] Bonaudo, M., Cragnolino, S. y Sonzogni, E (1990), p. 261.

[248] La reforma del 10 de diciembre de 1884 bajó el piso de población a 2000 habitantes. No obstante, en 1886 se produjo una nueva reforma a la Ley Orgánica de Municipalidades, que quitó la posibilidad a los extranjeros de alcanzar el cargo de Intendente Municipal. Ver Comisión Redactora de la Historia de la Provincia de Santa Fe (1972), Tomo VII, pp. 50 y ss.

[249] Bonaudo, M. (2008), p. 270. Vale notar, en este sentido, que el 1 de enero de 1884 se crea la jefatura política de Esperanza, institución de mayor jerarquía que reemplazaba a la Subdelegación Política. Ver AGPSF, Archivo de Gobierno, Tomo 75, Año 1884, fs. 430-31 y AMCE, Notas, Solicitudes y Contratas, Año 1884, Doc. N.° 11.

[250] Ver también Bonaudo, M., Cragnolino, S. y Sonzogni, E (1990), p. 263 y ss. Vale recordar que Lehmann tuvo un papel importante en el pedido

El año 1890 abrió una nueva etapa de conflictividad y de efervescencia en el espacio público del *hinterland* colonial cuando una reforma de la Constitución Provincial suprimió el derecho al voto de los extranjeros en el ámbito municipal. Las razones esgrimidas para tal modificación no son fáciles de apuntar concretamente, ya que la reforma pareció explicarse en una situación coyuntural mucho más amplia, que superaba en muchos casos los contornos políticos de la provincia. Esta restricción se dio en un momento de inestabilidad en la arena política nacional, iniciado a partir de la emergencia de un nuevo grupo opositor que buscó contrapesar la hegemonía política de la coalición gobernante (el Partido Autonomista Nacional), y que habría de experimentar posteriormente importantes adhesiones en la provincia de Santa Fe. En este contexto, el Gobierno santafesino apeló a ciertas medidas tendientes a contrarrestar cualquier conato de inestabilidad que pudiera poner en jaque su control político territorial; por tanto, el régimen municipal no quedaría indemne[251].

Puntualmente se produjeron dos significativas modificaciones que redujeron tanto las posibilidades de extensión de la experiencia municipal en localidades pequeñas, en cuanto afectaron las condiciones de representación y de legitimidad preexistentes. Por un lado, se suprimió el carácter electivo del intendente –que pasaría a ser designado por el Ejecutivo Provincial– y por otro, se restringió la base electoral potencial, enajenando el derecho al voto municipal a los extranjeros[252]. Casi simultáneamente a la reglamentación

---

al presidente Roca por la reforma de la Ley de Municipalidades de 1883.

[251] El galvismo (en referencia al grupo liderado por José Gálvez, gobernador provincial entre 1886 y 1890, que hegemonizó la política santafesina entre mediados de los ochenta y principios de los noventa) debió retrogradar ante la presión ejercida por los colonos en los meses que siguieron a la modificación de la LOM de 1883. Evidentemente este traspié en sede política unos años antes pudo haber pesado a la hora de decidir los cambios en los derechos municipales.

[252] Bonaudo, M.; Cragnolino, S. y Sonzogni, E. (1990).

de esta reforma, una nueva medida de carácter tributario impuesta por el Gobierno provincial terminaría moldeando definitivamente –e incluso radicalizando– la resistencia por parte de los colonos. La medida en cuestión se trató de un impuesto a la comercialización de cereales (a razón de 10 cts. por cada 100 kilos de cereal vendido, mayormente trigo y lino). Estas modificaciones despertaron inmediatamente una ola de protestas en el área de colonias, en las que Esperanza operaría como caja de resonancia y que derivarían finalmente en la opción armada [253].

En el terreno de la praxis política, la supresión del voto impactó directamente en los índices de participación electoral en la colonia, no sólo en la cantidad de inscriptos, sino también en el perfil etario de los votantes.

Cuadro N° 9
Registros electorales municipales de Esperanza

Fecha de elaboración del Registro	Cantidad de inscriptos	Promedio de edad
01 y 02/1882	377	37,5
08 y 09/1882	455	35,8
02 y 03/1887	503	35,5
02 al 04/1891	153	27,2

Fuente: elaboración propia basada en los Registros Municipales de Esperanza, 1882-1901, disponibles para consulta en el AMCE.

Si bien las fuentes más apropiadas para realizar una aseveración de ese tipo serían quizá las diferentes actas

---

[253] Debe destacarse que, para el primer lustro de la década del noventa, la cantidad de colonias y por ende la población del *hinterland* colonial había aumentado considerablemente, de modo que colonias que antes no tenían tanto peso (Humboldt, Grütly, Las Tunas, Franck, San Agustín, Gessler, Emilia) y otras que surgieron entre fines de la década de 1870 y principios de los ochenta (Pilar, Nuevo Torino, Rafaela, Progreso, Felicia, entre otras) reforzaron en gran medida los reclamos nucleados desde Esperanza.

electorales de cada comicio, a partir del análisis de los registros electorales municipales podemos arriesgar que el impacto al que hacíamos referencia fue considerable. En este cuadro se puede evidenciar el alto caudal de inscriptos durante la década del ochenta y la disminución abrupta que produjo la supresión del voto a los extranjeros. Un breve repaso por la lista nominal de inscriptos muestra a su vez que la mayoría de inscriptos eran hijos de extranjeros, de ahí la marcada disminución en el promedio de edad de los votantes[254]. Sumado a esto, la injerencia del Gobierno provincial parece no haberse circunscripto exclusivamente al ámbito legislativo, sino que dicho control también se habría extendido al plano territorial. Ello puede deducirse de las quejas de los colonos en las primeras elecciones que se practicaron en la colonia con posterioridad a la reforma, las cuales parecen haber estado viciadas por prácticas fraudulentas. Al menos así se desprende de un panfleto – impreso en cuatro idiomas y firmado por muchos colonos extranjeros– dirigido al pueblo esperancino, que denunciaba el fraude en las elecciones y llamaba a un *meeting* de protesta por tal motivo:

"Lo que ha hecho el oficialismo con nosotros y nuestros hijos argentinos en las elecciones del Domingo, es un insulto grosero a nuestra identidad republicana, ¿y no es este suceso más que suficiente para despertarnos del letargo en que estábamos cuando vemos peligrar nuestros intereses comunales? Un gobierno sin respeto, sin conciencia, quitó a los extranjeros el derecho de votar en los comicios municipales, y esos mismos representantes del gobierno han negado también

---

[254] Es de destacar también que en el registro del 1891 el porcentaje de naturalizados inscriptos fue residual. A partir de un cruce con los fichas censales de 1895 correspondientes al Departamento de Las Colonias encontramos que sólo 5 de 153 inscriptos se habían naturalizado. Este dato presta consideración habida cuenta de la importante campaña de naturalización que tendrá lugar en el *hinterland* colonial dos años más tarde.

el Domingo pasado a nuestros hijos con pretextos indignos el derecho de votar. [...] ¿Debemos permitir estos abusos incalificables? [...] ¡NO, NO y mil veces NO! [...] Domingo 26 próximo, a las 3 de la tarde nos reunimos todos en la plaza principal de Esperanza, donde discutiremos las medidas a adoptar. [...] Vivan las libertades de Esperanza!!"[255]

La creación del Centro Político de Extranjeros (CPE, en adelante), que contó con importantes adhesiones en el seno de las colonias santafesinas, es una prueba de la afirmación anterior. Esta agrupación surgió en medio de un debate en torno a la naturalización de los extranjeros hacia finales de la década del ochenta y principios de la del noventa[256]. En Santa Fe, sobre todo en la zona de colonias, el CPE tuvo una labor muy activa en las reivindicaciones y petitorios que los colonos llevaron a cabo entre 1890 y 1893[257]. El accionar de esta agrupación denota la intencionalidad política que iría decantando en el ámbito de las colonias y sumaría a los reclamos la cuestión de la naturalización de los extranjeros. A la par de la actividad de esta agrupación, la Unión Cívica habría de convertirse también en un aliado central de los colonos al tomar como propios sus principales reclamos[258]. Es de destacar asimismo la creación de numerosos comités de este partido en la zona de colonias, que generó una importante cantidad de adherentes[259]. En el mismo sentido, la

---

[255] Documento en AMCE.
[256] Según sus estatutos, el CPE fue fundado el 21 de septiembre de 1891, con el objeto de "reunir a todos los Extranjeros de cualquier nacionalidad, residentes en esta parte del país, para conseguir aquella posición que por su importancia les pertenece." Estatutos del CPE. Documento disponible para consulta en el AMCE.
[257] Una descripción detallada de estos acontecimientos se puede ver en Bertoni, L. (1992).
[258] Bonaudo, M. (2000), p. 5.
[259] Una revisión del periódico *La Unión* entre los años 1892-1895 permite conocer incluso nominalmente a los miembros y simpatizantes de la Unión Cívica en las colonias. Esto queda reflejado también en la prensa

aparición de nuevos medios de expresión en las colonias fue otra característica distintiva[260].

Estas dos agrupaciones tendrían una influencia directa en el devenir del accionar político de los colonos, puesto que harían las veces de marco de referencia a partir del cual los colonos encuadrarían sus respuestas. El año 1893 sería testigo de un cambio en las modalidades de resistencia al optar los colonos por un camino más radicalizado, la vía de las armas. La opción armada por parte de los colonos no admite razones claras en su fundamentación aunque, a modo de explicación, podría destacarse el gran descontento existente en el seno de muchas colonias debido a la supresión del voto municipal, enmarcado en un difícil contexto provincial en el cual todavía se hacían oír los ecos de la revolución del noventa. Con este conflicto en ciernes, el impuesto a los cereales aumentaría la tensión en el ámbito colonial. Además de la medida, los discutidos métodos utilizados por los cobradores para con quienes se resistían al pago también generarían reacciones violentas por parte de los colonos[261]. En este contexto, la importante adhesión que tuvo la Unión Cívica Radical en las colonias, así como la situación política nacional, habrían de llevar a algunos batallones de colonos a sumarse a las revoluciones lideradas por dirigentes radicales, que estallaron en territorio santafesino en julio y septiembre de 1893[262].

---

oficialista; así se refería irónicamente el periódico *La Tribuna Popular* a la presencia del radicalismo en Rafaela: "Langostas en Rafaela. El encargado de Correos de Rafaela avisa que ha llegado allí una gran manga de langosta. Por Dios! Langosta, pobreza y radicales. [...] Las siete plagas de Egipto". En *La Tribuna Popular*, Santa Fe, 27 de octubre de 1893

[260] Además de *La Unión*, de Esperanza, se destacaba el periódico *El Liberal*, de Rafaela, que sostenía *"los principios de la Unión Cívica Radical"*. En *El Liberal*, Rafaela, 3 de septiembre de 1893.

[261] Gallo, E. (1977), pp. 33 y ss.

[262] Una explicación de los hechos puede encontrarse en Gallo, E. (1977); cfr. también Bonaudo, M. (2000).

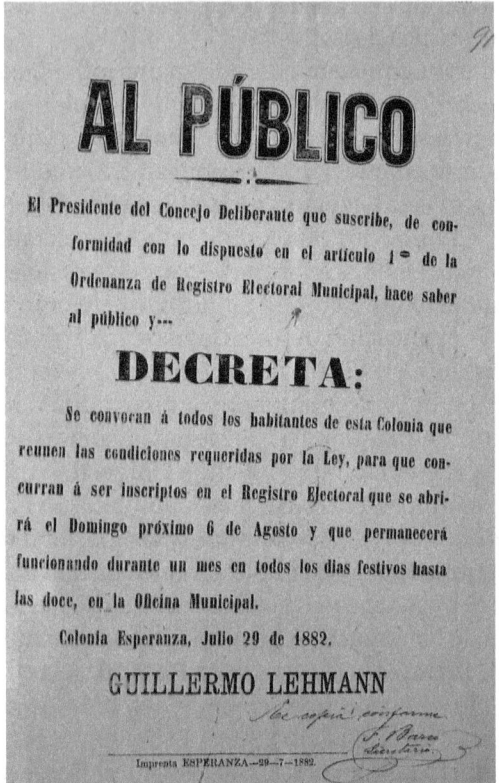

Nota que convoca a elecciones. Esperanza, julio 29 de 1882. En AMCE, tomo Notas, Solicitudes y Contratos, años 1882/3.

Luego de la resistencia armada, que resultó poco efectiva en términos de resultados concretos para cumplir sus demandas, los colonos optaron por otra estrategia anteriormente poco capitalizada, la campaña de naturalización de extranjeros. Podría aventurarse que, si en 1891 los reclamos se habían centrado principalmente en los derechos municipales, a partir de 1893 –con dichos reclamos aún presentes[263]– el principal foco de conflicto parece haber sido el impuesto a los cereales y la cuestión de la naturalización como principal respuesta al momento que atravesaban. Nuevamente los colonos parecieron sentir la prácticamente nula efectividad de sus reclamos, de modo que la naturalización apareció como una opción más –aunque definitivamente marcada por un claro contorno político– para dar una vuelta de tuerca a esa situación[264]. En este terreno, como dijimos, la prédica por los derechos municipales seguiría siendo importante, aunque se vería subsumida por esta opción que dejaba ya al municipio como principal espacio de participación y buscaba insertar electoralmente al colono en un espacio más amplio, de alcance provincial y también nacional.

En lo que respecta al plano electoral local, esa campaña se vería reflejada en los comicios municipales. La campaña de naturalización, con una fuerte impronta a partir de 1893, pareció haber alcanzado relativo éxito si se tiene en cuenta el importante aumento del caudal de inscriptos en el registro electoral municipal[265].

---

[263] Por ejemplo, el periódico *El Amigo del Colono*, de Rosario, caracterizado por una menor parcialidad en sus notas en comparación con los editados en el seno de las colonias, continuaba publicando prédicas afines a la devolución del voto municipal todavía a fines de 1893. Ver *El Amigo del Colono*, Rosario, 23 de diciembre de 1893.

[264] Va de suyo aclarar que las campañas de naturalización de extranjeros saltaron a la palestra hacia fines de los ochenta y que el CPE comienza a operar ya en 1891. Sin embargo, creemos que es a partir de 1893 cuando los colonos toman en serio la naturalización como estrategia política.

[265] Más información sobre esa campaña de naturalización puede encontrarse en Micheletti, M. G. (2006).

Cuadro N° 10
Registros electorales de Esperanza, 1892-5

Meses de inscripción	Cantidad de inscriptos	Promedio de edad	Naturalizados
08 y 09/1892	256	28,5	6
08 y 09/1893	19	27,4	0
10 y 11/1894	70	36,4	54
10 y 11/1895	57	38,6	26

Fuente: elaboración propia basada en los Registros Municipales de Esperanza, 1882-1901, disponibles en el AMCE y de las fichas de población del Departamento Las Colonias del Censo de 1895, disponibles en el AGN. También se utilizaron listas de extranjeros naturalizados publicadas en *La Unión*, Esperanza, 22 de abril de 1894 y en el suplemento en alemán de dicho periódico, *Deutschen Vocheübersicht*, 19 de septiembre de 1894.

Como se puede apreciar, a partir de 1894 la campaña de naturalización impacta en el registro, al haber alcanzado los naturalizados el 77% de los inscriptos ese año y el 45% el siguiente[266]. Esto se tradujo a su vez en un importante aumento en el promedio de edad de los votantes y en la cantidad de inscriptos si se compara con las cifras que arrojaba el registro de 1893.

Más allá de la participación en el plano local, los colonos también avanzarían en el terreno electoral provincial, bien presentando candidatos propios a cargos legislativos[267] o apoyando la candidatura a gobernador de José Bernardo de Iturraspe, opción de la Unión Provincial en las elecciones de 1894, en las que resultó derrotado en los

---

[266] Debe remarcaste un dato al menos llamativo a propósito de este análisis: en el cruzamiento de datos entre los inscriptos al Registro Electoral, las listas de naturalizados publicadas en La Unión y las Fichas del Censo de 1895, encontramos que 31 de estos inscriptos se sindican como extranjeros en el Censo.

[267] En *La Unión*, Esperanza, 15 de febrero de 1894.

comicios generales, aunque victorioso en el Departamento de Las Colonias[268]. A propósito de haberse realizado las elecciones de 1894, La Unión afirmaba: "Hace tiempo que el Departamento Las Colonias viene dando pruebas de virilidad y patriotismo en las luchas eleccionarias. [...] Votaron 627 miembros del partido popular, quedando sin votar más de 39 ciudadanos, que se ausentaron temprano. Resultaron electos los siguientes honorables y conocidos ciudadanos [...] Senador: Eduardo Yost. Diputados: Carlos Bosch y Manuel Mantaras. Es cierto que para muchos de nuestros amigos de las colonias ha sido un sacrificio venir a las urnas [...] pero les queda el consuelo de haber llenado sus deberes cívicos y triunfado canónicamente en toda la línea porque eran la mayoría".

La intensidad de la participación electoral de los colonos ya argentinos o naturalizados seguiría siendo importante en el sistema político provincial, incluso posteriormente, más allá de la injerencia de su principal aliado, el radicalismo. Pese a ello, recién en 1900 volvería a permitirse el voto a los extranjeros en las elecciones municipales, lo que demuestra a las claras la desconfianza de la clase dirigente para con estos actores ya politizados.

6. Un recorrido por las cuatro provincias

A través del desarrollo de la evolución del régimen municipal en las provincias de la región pampeana, debe advertirse la creciente importancia que fue adquiriendo la participación comunal de los extranjeros. Consustanciados con el proceso de colonización, los dirigentes parecen haber encontrado en el desarrollo del ámbito municipal una herramienta institucional propicia para organizar

---

[268] Gallo, E. (1983), p. 422-23.

administrativa y aun económicamente esa maraña de pueblos y colonias que iban surgiendo. Pero por otra parte no debe olvidarse que la colonización fue sólo una parte de la expansión que experimentó el área pampeana en sus fronteras agrícolas en la segunda mitad del siglo XIX. A la vez, el campo municipal sirvió en muchos casos como espacio de participación/representación para todos aquellos inmigrantes -en efecto, la gran mayoría- que no optaron por la ciudadanía argentina. Variadas parecen haber sido las razones por las cuales los extranjeros no se naturalizaron (salvo el caso puntual de los colonos santafesinos en el segundo lustro de la década del noventa). Si bien las leyes de la época fueron flexibles en ese sentido y otorgaron además ciertos beneficios y exenciones, los extranjeros no encontraban limitaciones para trabajar, expresarse o ejercer su culto, aun reteniendo su nacionalidad de origen[269]. Si bien las limitaciones a los derechos políticos que ello conllevaba fueron ciertas, los inmigrantes supieron usufructuar sus derechos civiles y muchas veces ejercer una activa participación en la esfera pública local. El caso de la colonia San José en las elecciones de 1868 demuestra de algún modo esta afirmación; los colonos en ese caso pudieron amoldar los mecanismos de elección a las prácticas traídas de sus países de origen, desconociendo tácitamente así las prescripciones de la ley nacional respectiva.

Por otra parte, aunque legislativamente los canales de participación fueron abriéndose en forma casi simultánea en las diferentes provincias, la evolución en cada una de éstas fue diferente debido a que los alcances de la expansión agraria y la afluencia de inmigrantes fueron también

---

[269] Un somero análisis sobre la condición legal de los extranjeros en el país puede encontrarse en la conocida obra de Emilio Daireaux, quien destacaba que la liberalidad legislativa llevaba a que el extranjero no encontrara ventajas materiales en la naturalización. Daireaux, E. (1888), t. II, p. 43.

disímiles. En rigor, puede afirmarse que, en Buenos Aires y en Santa Fe hubo más similitudes, probablemente porque por sus características socioeconómicas en la campaña eran algo diferentes a las de Córdoba y de Entre Ríos. Nos referimos específicamente a que, en las dos primeras, la cantidad de colonias o poblaciones de campaña con mayoría de inmigrantes eran mucho mayores a las de estas dos últimas. Si bien en Buenos Aires el proceso colonizador tuvo una estructura diferenciada con respecto a las demás provincias, en la campaña la afluencia de la inmigración fue importante. Tal cuestión también estuvo presente en Santa Fe, donde la expansión agraria tuvo una gran dimensión. Es por esto por lo que las prácticas comunales en estas provincias tal vez hayan estado mucho más arraigadas. De todos modos, la campaña santafesina tuvo algunas diferencias con la bonaerense, sobre todo porque, en la primera de éstas, la mayoría de las poblaciones se establecieron a la par del proceso colonizador, mientras que en Buenos Aires no se dio así. Córdoba, por cierto, no fue al menos hasta 1886 una provincia "colonizadora", ya que sólo a partir de entonces la expansión agrícola comenzó a profundizarse. Y en Entre Ríos, si bien tuvo en sus inicios resultados significativos, el proceso adoleció de interrupciones y de problemas; aunque debe destacarse la labor que tuvieron los municipios en la creación de colonias debido al régimen de colonización ejidal a partir de inicios de la década del setenta[270].

Lo cierto es que, a pesar de estos vaivenes, debe resaltarse la importancia de los canales establecidos sobre la base de esta legislación municipal, en el sentido de que estos inmigrantes, que en su mayoría no optaban por la naturalización, podían administrar sus intereses en el plano local, y hacerlo mediante procedimientos democráticos, ligados a

---

[270] Djenderedjian, J. (2008e); Rodríguez, D. y Flores, S. (2006).

las elecciones comunales. El accionar de los *brokers* o líderes locales de las distintas comunidades extranjeras –quienes parecen haber tenido mucha influencia no sólo en el plano económico, sino también en el terreno político– es uno de los principales puntos a destacar en este aspecto, ya que los casos se corresponden en las diferentes provincias: Eugeen Schepens o Alejo Peyret en Entre Ríos, Hans Fugl o Clément Cabanettes en Buenos Aires, Lorenzo Bodenmann en Santa Fe. Por otra parte, también debemos tomar en cuenta la competitividad que se registró en algunas elecciones. Tal como vimos, las realizadas en algunas colonias santafesinas alcanzaron índices de participación inusuales, y en muchos casos fueron muy parejas. Estas características no eran habituales en las prácticas electorales criollas.

Por último, no debemos dejar de lado la íntima relación existente entre el control político provincial y el desarrollo municipal. En otros términos, cuando alguna disposición otorgaba ciertas liberalidades que no eran funcionales a los gobiernos de turno, o cuando parecía estar comprometido el control político de los municipios de campaña, estas disfuncionalidades se traducían en restricciones a la participación de extranjeros emanadas desde el poder central provincial. Un claro ejemplo de esto se deduce de los continuos recortes de participación de los extranjeros en Buenos Aires. En igual medida estas limitaciones sucedieron en la provincia de Santa Fe, aunque contaron con un rigor más pronunciado. Esto se vio en 1890, cuando se prohibió directamente el voto a los extranjeros en las elecciones municipales, lo cual desató constantes protestas por parte de los inmigrantes rurales, en una provincia donde el proceso de colonización llevaba más de tres décadas, y donde los inmigrantes gozaban de ese derecho desde 1872. Esta restricción, sumada a otra medida igualmente impopular, generó una suerte de modificación en el perfil ciudadano de estos extranjeros. Ya no serían sólo las libertades civiles la base de sus pautas participativas, sino que éstos pasarían a acudir a un amplio abanico de acciones que incluirían también la violación de los parámetros legales establecidos y, por ende, de las libertades prescriptas. La vía de las armas, en este sentido, denota ya a un colono extranjero marcadamente politizado, imbuido en la lógica política provincial y/o nacional, hecho que se terminaría de confirmar a partir de la campaña de naturalización iniciada a gran escala en 1893. Esto demuestra que ese perfil ciudadano que fueron forjando en un principio en el espacio municipal y a partir de los noventa en el terreno provincial con otro repertorio de acciones, había sentado un precedente. Ante los magros resultados arrojados por las estrategias elegidas, los colonos verían en la vía de la naturalización otra (quizá la última) opción para influir en el proceso de toma de decisiones en el plano político provincial.

Capítulo IV
La colonización estratégica y militar

1. Introducción

La fundación de colonias agrícolas que habrá de cambiar en breves décadas el paisaje productivo y social pampeano reconoce, durante la primera mitad del siglo xix, diversos antecedentes fracasados, los cuales han sido estudiados en el tomo iv de esta colección, por lo que no los trataremos aquí. Esos antecedentes incluyen la paulatina apertura, en el imaginario colectivo o al menos en el pensamiento de algunos de los principales actores de la época, de la idea de que algo parecido a lo que luego se llamó "colonización agrícola" resultaba un instrumento adecuado para resolver una a veces larga lista de problemas definidos de antemano. Ello, por supuesto, más allá de que los proyectos o los emprendimientos que a tenor de esa idea se llevaron a cabo resultaran o no desmesurados o inadecuados a la realidad que pretendían transformar.

Entenderemos aquí por colonización agrícola al fenómeno de creación de núcleos para el establecimiento de labradores o agricultores, sobre todo extranjeros, aunque no en forma exclusiva, formados sobre tierras públicas o privadas, delimitadas y parceladas previamente dentro de un conjunto homogéneo, y que les eran entregadas en forma gratuita, en arrendamiento o en venta a plazos, ya fuera desde el momento de arribo o luego de un determinado período de permanencia allí. El objetivo de la producción agrícola llegaba en ese esquema incluso a ser accesorio: lo fundamental podía muy bien ser simplemente lograr la permanencia de ese núcleo, a fin de consolidar o extender un dominio sobre fronteras aún inseguras. Por lógica, ese núcleo debía abastecerse y, dada su posición, era evidente que debía él mismo procurarse sus medios de subsistencia mediante la producción agrícola. El término "colono" cubre así un abanico muy amplio de situaciones, que incluyen por tanto fenómenos como los diversos intentos de radicar poblaciones en las fronteras encarados en el Río de la Plata desde finales del siglo XVIII, y que continuará utilizándose profusamente durante la centuria siguiente. Esta amplitud en el uso del término es frecuente en las fuentes de la época, y no encontramos razones para no aplicarla aún hoy[271].

A la inversa de lo que usualmente ha sido afirmado por algunos de los autores más clásicos que trataron el tema de la expansión agrícola, la colonización sólo tuvo en sus inicios, y en los hechos en forma muy relativa, el carácter de antemural o de protección de los espacios ya ocupados por la producción ganadera. En esos inicios vacilantes, difíciles y complicados, los objetivos de defensa estratégica del territorio primaron por sobre los puramente productivos en la planificación de los emprendimientos, por lo que no es de extrañar que se intentara instalar colonias justamente en las áreas alejadas de los núcleos de ocupación. Hizo falta que esos intentos fracasaran enfáticamente antes de que, una vez demostradas las posibilidades del fenómeno en emprendimientos situados en zonas menos expuestas, la colonización comenzara a abrirse paso por sí misma, independientemente de las necesidades de defensa estratégica o de las supuestas aspiraciones de los ganaderos por contar con defensas contra las depredaciones indígenas.

---

[271] Ver por ejemplo Calvo, C. (1875).

Lógicamente, tanto por las mismas características del proceso como por otras diversas causas (entre las que cabe mencionar la inestable situación política), las fundaciones concretadas fueron escasas hasta mediados del siglo XIX. Las nuevas perspectivas ofrecidas por el renovado impulso de la economía desde la década de 1840, así como una menor conflictividad política interna, fueron creando las condiciones para reeditar proyectos de colonización, a fin de introducir cambios productivos y sociales mediante la radicación de extranjeros. Esta nueva etapa, cuyo comienzo puede datarse desde las nuevas propuestas que comenzaron a ser presentadas por empresarios privados a los caudillos de Corrientes, Entre Ríos, Buenos Aires y Santa Fe ya desde 1850, se caracterizó primero, como había ocurrido previamente, por el objetivo de asegurar fronteras tanto con los indígenas como con los demás Estados provinciales. Surgió así lo que Francisco Latzina (1885) denominó posteriormente "colonización periférica", efectuada sobre tierras marginales. En todo caso, en esos inicios fueron muy pocos los emprendimientos que lograron prosperar, y ninguno terminó finalmente situado en los confines en que se había pensado instalarlos.

Esa etapa estuvo marcada entre otras cosas por la intención de repetir ciertas pautas de la fundación de colonias llevada a cabo por algunas naciones vecinas, fundamentalmente el Imperio del Brasil, donde desde décadas antes se había ido buscando que los núcleos poblados con extranjeros estuvieran situados en áreas de frontera, limítrofes con otros Estados o con los dominios indígenas. Esta política también había sido seguida por el Gobierno chileno con la fundación de varios núcleos de colonización alemana en el sur del país[272]. Los caudillos

---

[272] Sobre la colonización estratégica en Brasil, puede verse por ejemplo Zarth, P. (2002), pp. 57-69; sobre Chile, Blancpain, J-P. (1974) y Guarda,

de las provincias rioplatenses buscaban con ello objetivos bastante más modestos que la Corona brasileña, pero no necesariamente muy distintos: afianzar el dominio en zonas sensibles, asegurar líneas de comunicación, e implementar puntos de abastecimiento para casos de conflicto. Por lo demás, desde la década de 1840, las pautas del desarrollo económico iban mostrando la necesidad de ampliar la producción agrícola, que en provincias como Santa Fe o Entre Ríos decaía al menos proporcionalmente frente a la más dinámica ganadería, y se registraban importaciones de harina y trigo de provincias vecinas y aun de ultramar. En ese sentido, el establecimiento de colonias habría de constituirse también en una manera de reforzar un sector clave, ya que resultaba estratégicamente riesgoso depender de envíos externos en rubros de consumo básico, sobre todo para las ciudades en crecimiento en esa etapa de expansión económica y demográfica.

Pero, con la excepción dudosa de Buenos Aires, ninguna provincia de lo que luego sería la Argentina podía acumular los elementos imprescindibles como para implementar, sostener y controlar una política de fundaciones coloniales, destinada a asegurar sus límites. Jaqueadas por el aislamiento, la inestabilidad, una eterna falta de fondos y guerras esporádicas con los caudillos vecinos, las prioridades eran la mera supervivencia, y los recursos casi nunca alcanzaban ni siquiera para cubrir las erogaciones más básicas. De esta forma, los emprendimientos de colonización estratégica sólo podían ser propuestos y llevados a cabo fundamentalmente por empresarios privados, los cuales habrían de visualizar los retornos financieros que podrían asegurarles a través de la puesta en valor de territorios muy escasamente ocupados y, a la vez, presentarlos

---

G. (1982), esp. pp. 10-15.

a los caudillos provinciales como ventajosas avanzadas protectoras de su dominio territorial.

Si bien eso explica el nada brillante papel de las administraciones provinciales e incluso del balbuciente Estado nacional en esta etapa de tanteos, la improvisación y falta de experiencia determinaron el surgimiento de dificultades que sólo luego de mucho esfuerzo y contrariedad lograron superarse. Admitida relativamente pronto la imposibilidad de establecer colonias de extranjeros en áreas de frontera, sujetas al asedio indígena, aisladas y faltas de comunicación con los imprescindibles mercados en los que habría de realizarse su producción, quedaba todavía el problema de la inexistencia de los elementos básicos para tomar decisiones duraderas sobre los elementos constitutivos de cualquier colonia. No había certezas en torno a elementos fundamentales al respecto: no existían registros de propiedad fundiaria ni catastros; los derechos de propiedad sólo tenían efectividad en el papel, a veces las tierras se encontraban ocupadas bajo una heterogénea variedad de situaciones y los límites de las tenencias eran mayormente teóricos. La tierra rural era un bien cuyo acceso se encontraba reglado por viejas pautas de costumbre y que, en el decurso de las guerras de la primera mitad del siglo XIX, había sido la única moneda de cambio que podía ofrecer un caudillo sin dinero a sus seguidores. La población criolla no comprendía ni necesitaba títulos de propiedad; las explotaciones agrarias, mayormente dedicadas al ganado y con cortos espacios de cultivo cerca de las poblaciones, no poseían ni cercos ni límites concretos, más allá de arreglos de palabra o de ciertos puntos de referencia situados en el inmenso espacio vacío de las pampas. Introducir pautas de tenencia útiles para la producción agrícola, con espacios delimitados y cercados, aptos para ser enajenados por contrato, y comprensibles para un inmigrante europeo, implicaba así chocar de frente con las formas aceptadas desde antaño, y nada podía asegurar que ese choque no produjera consecuencias. Por lo demás, no se contaba con los imprescindibles conocimientos de la topografía y de los recursos de la región; no había fondos para auxiliar a los colonos en las duras etapas iniciales; y la población local no tenía por qué aceptar pasivamente los privilegios que se otorgaban a esos extranjeros, cuando ellos habían dado su sangre para defender a los a menudo vacilantes caudillos de turno. Colonos exentos del servicio militar, a los que se beneficiaba con tierras, animales, instrumentos de trabajo e incluso dinero y casas, constituían de ese modo, a los ojos de la sufrida plebe criolla, no sólo una injusticia, sino un absurdo desperdicio, habida cuenta de la utópica aspiración de convertirlos en labradores de un medio del que desconocían prácticamente todo. Los Gobiernos provinciales debían de ese modo evaluar cuidadosamente qué hacían con la tierra pública, si es que querían evitar la eclosión de problemas quizá inmanejables por la vulneración de esos derechos adquiridos.

Pero además, los límites del planeamiento de esas colonias primigenias impuestos por los imperativos de la estrategia y por la falta de experiencia previa adjuntaron bien pronto otros factores de fracaso. En primer lugar, las mismas características de administración y manejo estaban pautadas por la experiencia militar. Los colonos eran "reclutados" en Europa mediante no sólo información no necesariamente fidedigna, sino también halagadoras promesas; una vez en su lugar de destino, debían someterse a rígidas cláusulas operativas regladas por contrato, que a veces recuerdan las pautas disciplinarias propias de los establecimientos fabriles de la época. Ello, en un medio en el que el valor del trabajo era alto, y sin posibilidades efectivas de controlar el cumplimiento de esas pautas por la misma inmensidad abierta del territorio y la inexistencia de fuerzas policiales eficientes, constituía una plena invitación a la huida. Pero, además, existieron razones económicas mucho más importantes para el fracaso de esas colonias. Pensadas a menudo tan sólo como apoyos a un destacamento militar del que debían ser sus núcleos de abasto, las extensiones de las parcelas otorgadas resultaban irrisorias; no se previó la necesidad de estudios adaptativos de especies y técnicas nuevas, imprescindibles si es que se pretendía aprovechar las diferencias de valor agregado propias de la agricultura intensiva; no se tuvo tampoco en cuenta que, en un medio de población escasa y dispersa, habrían de faltar los mercados a los que la producción excedente de esas colonias debía necesariamente dirigirse, si es que sus impulsores pretendían recuperar de alguna forma los fondos adelantados en concepto de pasajes, viáticos y subsistencias. Por fin, tampoco fue advertido un tema absolutamente fundamental: la imperiosa necesidad de un sostén financiero hasta que se lograra desarrollar mínimas pautas sustentables de producción, y se pudiera construir no sólo los elementos más básicos, sino otros también imprescindibles para toda comunidad transplantada, como iglesias, escuelas y vías de comunicación.

De esa forma, los pocos emprendimientos fundados en esta etapa y que lograron sobrevivir sólo lo hicieron luego de terribles vicisitudes, y en todo caso arrastraron siempre problemas estructurales derivados de las fallas de planificación con que habían sido llevados a cabo. La experiencia acumulada en esos años constituyó de todos modos un valioso antecedente sobre el cual comenzar a construir, en los siguientes, sobre bases un poco más estables y seguras, nuevos emprendimientos con mejores posibilidades de desarrollo.

2. Las prioridades impuestas por la defensa territorial

Como se ha indicado ya, los intentos de colonización efectuados desde finales de la década de 1840 estuvieron ligados a diversos objetivos concretos de los respectivos Gobiernos provinciales. Uno de los principales, sin duda, fue la necesidad de establecer puntos de defensa estratégica en las fronteras indígenas alejadas de los centros de decisión y de comercio, o en los lindes con otras provincias. Esos puntos debían, respectivamente, constituirse en núcleos poblados para que la posesión de esas tierras por parte de los criollos tuviera un carácter permanente y quedara resguardado el espacio productivo interior; o asegurar medios de defensa, abasto, comercio y comunicación eficientes, a fin de prevenir agresiones externas en una época en que los conflictos políticos y militares eran frecuentes entre las distintas soberanías provinciales. Se aspiraba asimismo a fomentar el crecimiento poblacional a mediano plazo, de manera de contar, por un lado, con más soldados en un momento en que todavía el peso numérico de los ejércitos era factor de poder decisivo; y, por otro, con una estructura productiva de mayor dimensión, ligada a actividades más intensivas en trabajo, cuyos aportes fiscales pudieran aportar al erario público fondos capaces de suplir los obtenidos mediante imposiciones al comercio exterior de cada provincia, las cuales deberían ser cedidas al naciente Estado nacional, al que le correspondería la recaudación aduanera. Asimismo, se buscaba limitar la dependencia de abastos externos de alimentos, sobre todo en esas áreas fronterizas, a fin de evitar que esas dependencias pudieran ser un factor crítico en momentos de conflicto[273].

---

[273] Ejemplos algo tardíos pero muy claros en la correspondencia entre los comandantes de frontera bonaerense y el ministro de Guerra, en

Por otra parte, el balbuceante Estado nacional aspiraba a contar con un ejército propio, lo que suponía que éste debería actuar con plena independencia de los Gobiernos provinciales, que habían sido hasta entonces los dueños de la fuerza militar. Esto implicaba arbitrar medios para que tanto el reclutamiento como el abastecimiento de las tropas dejaran de depender de los poderes locales. Todo ello explica el carácter militar de algunas de las primeras colonias fundadas, ya que se pensaba que éstas, en esas condiciones, cumplirían un papel eficaz en el abastecimiento y provisión de reclutas para el ejército, a la vez que constituirían avanzadas en áreas sensibles y generarían una economía productiva de carácter más intensivo que la dispersa ganadería tradicional[274]. Al ser formadas esas colonias preferentemente con inmigrantes extranjeros, los gobernantes pensaban que esa población, exenta del reclutamiento, podría dedicarse a producir y a abastecer a las tropas a la vez que, por los lazos que los unían con los centros de poder provincial, estarían más o menos fuera de las disolventes influencias de los comandantes locales, que constituía una amenaza incluso para los más asentados Gobiernos. Por otra parte, al instalar las colonias de extranjeros en áreas de frontera y por ende menos pobladas, se tenía la certeza de no introducir elementos de conflicto con los habitantes, que no podían observar con gusto que se otorgaran diversas ventajas a quienes nada habían hecho por sostener a los vacilantes Gobiernos de sus provincias. Por lo demás, incluso se podía pretender que el antemural que constituyeran esas colonias otorgara mayor seguridad a las explotaciones de la retaguardia

---

AGN X-19-8-2, en especial las cartas intercambiadas entre 14 de julio y 14 de septiembre de 1857, informando la indispensable necesidad de establecer cultivos y pidiendo y remitiendo útiles de labranza.

[274] Referencias al tema en Buchbinder, P. (2004), pp. 78 y ss.

ante la posible conflictividad con los indígenas[275]. Se ha dicho ya que esa actitud copiaba en buena parte la política brasileña de fundaciones coloniales para asegurar las fronteras y las áreas menos controladas del territorio, así como para consolidar líneas de abastecimiento y comunicación esenciales, y controlar el territorio sobre el cual se pretendía ejercer soberanía; como ha sido señalado por Paulo Zarth, la Corona del Brasil buscaba actuar específicamente sobre zonas de frontera donde la tendencia a la conformación de grandes propiedades era más marcada, y se intentaba revertirla creando núcleos de población más densa que sirvieran para resguardo del territorio y para crear los abastos necesarios para el sostén de las unidades militares de defensa[276]. También debió inspirarse en los emprendimientos de colonización alemana en la zona chilena de Llanquihue, iniciados en 1845 con fuerte énfasis en la defensa territorial y en los avances sobre la frontera indígena. Esa política intentó incluso ser implementada en el Paraguay, con el efímero emprendimiento de Nueva Burdeos, una colonia fundada con familias francesas en la región chaqueña en 1855, las cuales la abandonaron poco tiempo después[277]. En realidad, se trataba de una política con mucha antigüedad en la región, como que había sido puesta en marcha ya en las últimas décadas del siglo XVIII en las zonas estratégicamente sensibles de la Banda Oriental y de Entre Ríos[278].

---

[275] Incluso Castellanos lo entendía así; Castellanos, A. (1877), p. 17.
[276] Zarth, P. (2002), pp. 57-69; Gomes, F. dos Santos (2005), pp. 274 y ss.; multitud de referencias al respecto en las fuentes de época: Menezes e Souza, J.C. (1875), *passim*; Nascimento, D. (1903), pp. 113 y ss. Un ejemplo en Velloso da Silveira, H.J. (1909), pp. 485-6.
[277] Sobre Chile, ver las obras de Blancpain y Guarda ya citadas; sobre Paraguay, Du Graty, A. (1862), p. 170; Peyret, A. (1889), t. I, p. 6.
[278] Djenderedjian, J. (2008c).

Le fort Romero. — Dessin de Riou, d'après un croquis de M. Charnay.

Un fuerte de la frontera sur en el interior hacia 1876. El fortín Romero, cerca de Villa Mercedes, San Luis, en un dibujo de Riou según croquis original de Charnay, D. (1877), p. 392.

Como se comprende, en un esquema de esas características, los intentos de radicar inmigrantes tenían teóricamente que ser llevados a cabo con una fuerte intervención estatal, o incluso sólo mediante la acción y dirección gubernativas. El papel de los empresarios privados debía limitarse en todo caso al de meros agentes de las decisiones fiscales. Esta visión está muy claramente expuesta en la memoria que Eduardo Hopkins presentó en 1855 al Gobierno de la Confederación, muy contraria a los proyectos de colonización a cargo de particulares, contra los cuales decía: "No puede contentarse el Gobierno con unas pocas colonias aisladas traídas por individuos, cuyo deseo es más bien especular con sus semejantes que otra cosa [...] la introducción de colonos en masa para habitar ciertas localidades, es falsa en principio y excesivamente perjudicial e injusta para la nación adonde vienen a residir. Por este sistema, siempre quedan como extranjeros en medio de nosotros [...] no aprenden nuestras leyes, ni costumbres, ni siquiera el idioma; no se establece ninguna asimilación ni afinidad entre ellos y nosotros [...] como ahora se traen por compañías no son otra cosa que esclavos blancos. Se trafica con ellos cual otras especies de mercaderías; vienen como hombres de servicio, hipotecando sus personas, para pagar sus deudas"[279].

Pero en realidad, esta fuerte intervención estatal en los proyectos de colonización, muy presente en los llevados a cabo en el Brasil y en Chile (que involucraron el traslado de decenas de miles de inmigrantes), e incluso, aunque a escala muchísimo menor, en el frustrado intento paraguayo de Nueva Burdeos, era algo absolutamente utópico entre las menesterosas administraciones provinciales argentinas de mediados del siglo XIX: se ha dicho ya, éstas no poseían ni los recursos, ni la capacidad administrativa, ni aun siquiera la estabilidad suficiente como para encarar proyectos de largo plazo como ésos. Por lo demás, no se trataba en modo alguno de una visión hegemónica: existían al respecto no sólo diferentes opiniones, sino sobre todo distintos grados de convencimiento acerca de las formas de llevar esos objetivos a la práctica, e incluso la oposición concreta a éstos era a menudo dominante. Pero sobre todo fue la absoluta imposibilidad de los Gobiernos de reunir los múltiples elementos de capital y gestión necesarios para encarar algún proyecto de colonización o inmigración lo que finalmente fue abriendo el campo a la acción privada.

---

[279] Hopkins, E. (1857), p. 140, transcripto en Ensinck, O.L (1979), p. 32.

3. La concreción de los primeros emprendimientos y sus limitaciones

Esto coincidió con la visión de algunos empresarios de la época que se apercibieron de las enormes diferencias inversas de productividad de las tierras y del trabajo a ambos lados del Atlántico, y que pensaron en aprovechar esa brecha para resolver tanto el problema de la subutilización de recursos en las tierras rioplatenses como de la sobreexplotación de los mismos en Europa, obteniendo además, como intermediarios, una buena ganancia. Retomando de ese modo los objetivos de los empresarios británicos de colonización de la década de 1820, pero ahora con más atención a las sutilezas políticas propias del medio en que operaban, varios de esos nuevos emprendedores comenzaron a presentar proyectos de colonización a los gobiernos provinciales; en éstos es evidente la voluntad de conciliar los objetivos propios de la defensa estratégica de los territorios mediante su puesta en producción, la difusión de conocimientos útiles, la generación de rentas fiscales, de ganancias para los intervinientes y de mejores condiciones de vida para los proletarios europeos. Esos proyectos, en general medulosos y optimistas, otorgaban siempre un papel bastante destacado a los gobiernos provinciales o a los caudillos de turno, en tanto éstos deberían otorgar, primero, un apoyo oficial taxativo; luego, recursos, en especial la tierra; y, por fin, fondos, ya fuera bajo la forma de exenciones impositivas o de aportes concretos para la instalación de los inmigrantes, o ambas a la vez. Un papel tan amplio asignado a gobiernos menesterosos e inestables, mal leído por la historiografía clásica, constituía más probablemente una consecuencia de las escasas posibilidades de captar inversores europeos, renuentes ante los desastrosos resultados del viejo empréstito Baring, impago casi desde el momento mismo de su efectivización, y ante las nulas referencias que podían mostrar en el Viejo Mundo entidades más bien ignotas o en todo caso tenidas por primitivas e imprevisibles, como las distintas provincias de la Confederación, o ésta misma.

Así, los empresarios Antonio Cuyas y Sampere en 1850 y Augusto Brougnes algún tiempo más tarde comenzaron a presentar planes para colonización en Entre Ríos y en Buenos Aires, los que fueron en su oportunidad propuestos al general Urquiza, como gobernador de Entre Ríos y director provisorio de la Confederación después de Caseros. Cuyás y Sampere, un comerciante español de larga actuación en Entre Ríos, se describe a sí mismo en sus memorias como un interlocutor de varios de los personajes políticos más destacados de las décadas de 1830 a 1850. Su proyecto hace expresa referencia a las ventajas de orden político y militar que tendría la colonización: tanto para el resguardo de los puntos fronterizos como para el aumento poblacional, clave en la visión de los caudillos de la época como base a largo plazo para el reclutamiento de ejércitos respetables[280]. Tanto este proyecto como el de Brougnes incluían condiciones bastante rígidas: se convocaba exclusivamente a familias, incluso con una cantidad mínima de personas; en el de Brougnes, cada colonia debía constar de 200 familias, y se establecía también que la mitad del terreno debía dedicarse a determinados cultivos, y era a libre voluntad del colono la disposición del resto. Se dejaba específicamente en claro que las colonias a fundarse deberían depender del Gobierno provincial, y no de ningún otro Estado, y que, si bien los colonos estarían exentos de cargas fiscales inmobiliarias o personales, deberían sin embargo satisfacer los correspondientes derechos de exportación o de importación[281].

---

[280] Cuyás y Sampere, A. (1888), pp. 145; 311 y s.
[281] Brougnes, A. (1855), pp. 72-79; Cuyás y Sampere, A. (1888), pp. 145; 311 y s. También Martin de Moussy, V. (1860-64), t. 2, pp. 376-7.

El proyecto de Cuyás y Sampere no se concretó; no hubo acuerdo acerca de los fondos a aportar que, dada una cláusula especial, debían recaudarse preferentemente en la provincia, y el Gobierno sólo tenía la posibilidad de suscribir acciones más allá de un determinado límite, lo que significaba convertirlo en el accionista principal. Además, los privilegios a otorgar a los colonos parecieron en ese momento demasiado generosos: cada familia recibiría gratuitamente 16 cuadras cuadradas de terreno de labor (alrededor de 27 hectáreas), y los hombres estarían exentos del servicio militar durante una década. La empresa, en tanto, entregaría pasajes, útiles de labranza y animales, con cargo de devolución. La exención del servicio militar constituía en especial una apreciadísima ventaja por sobre los labradores criollos.

3.1. Brougnes y la fundación de la colonia San Juan

Brougnes, a diferencia de Cuyás y Sampere, tenía preparación agrícola y numerosas relaciones en el país y el exterior. Preocupado por la creciente pobreza que había visto en algunas regiones de Francia, decidió estudiar las posibilidades que la región rioplatense ofrecía para encarar su solución, y escribió al respecto dos monografías, una de las cuales fue traducida a costa del Gobierno confederal. La publicación de un folleto en 1852 le dio un cierto renombre, y recibió consultas de varios gobiernos de provincias argentinas[282]. Luis de la Peña, ministro de Gobierno de Urquiza, le propuso encargarse de un vasto plan de colonización en la provincia de Buenos Aires, que la revolución del 11 de septiembre abortó, al provocar la separación de esa provincia del resto de la Confederación. La idea fue luego retomada por el gobernador correntino Juan Pujol. Éste, preocupado por promover

---

[282] Brougnes, A. (1882), pp. 4 y ss.

el desarrollo agrícola, por regularizar el régimen de la tierra e incrementar su valor para aumentar así la recaudación fiscal, lo convocó para convenir un contrato de colonización. Pujol, un ex emigrado de tiempos rosistas, tenía asimismo el objetivo de contrarrestar, de alguna forma, el poder acumulado en las décadas de 1830 y 1840 por los jefes militares de la frontera del sur provincial; muchos de ellos participaban además de la floreciente expansión ganadera que tenía lugar en esa área[283]. Tanto él como su sucesor, José María Rolón, intentaron recortar las facultades de esos jefes, para lo cual decidieron fortalecer los núcleos urbanos y las poblaciones agrícolas, implementando, a través de un proceso controlado de enajenación de la tierra pública, frenos efectivos a su traspaso al sector productivo más concentrado y dinámico de los ganaderos[284]. El proyecto de colonización fue así parte de esa estrategia, en tanto el propio Pujol reconocía los efectos económico-sociales y el impacto en la opinión pública que podía causar la presencia de extranjeros. En 1853 informaba a la Sala de Representantes local: "En nuestra provincia no hay hombre, por poco dispuesto que esté hacia la inmigración, que no considere que el único medio eficaz para acrecentar nuestra prosperidad nacional consiste en la introducción de extranjeros que, con su inteligencia y su trabajo, fomentarán nuestra industria, estimularán a nuestros compatriotas y les inspirarán, con su ejemplo, el deseo de bienestar, sentimiento inseparable del amor del trabajo y agente poderoso de moralización entre las masas"[285].

En 1853 el gobernador Pujol firmó entonces con Brougnes el contrato respectivo, en el que se estipulaba que la colonia se constituiría con familias, a cada una de las

---

[283] Sobre la expansión de la ganadería en el sur provincial, ver Maeder, E. J. (1990).
[284] Buchbinder, P. (2004), pp. 49 y ss.; 59 y ss.
[285] Transcripto en Brougnes, M. A.(1855), p. 48.

cuales se le suministraría ayuda para instalarse y se le otorgaría la propiedad de la tierra luego de cinco años de labor continuada. Brougnes fundó así la sociedad colonizadora La Correntina, que se obligaba a introducir 40.000 trabajadores agrícolas en 6 años, girando con un capital de 540.000 pesos fuertes, suscriptos en su mayor parte por el Gobierno. Brougnes se haría cargo de los gastos de convocatoria y traslado de los colonos, y se les cobraría luego con parte de sus cosechas. El 25 de enero de 1853, la Legislatura correntina sancionó la ley respectiva; la provincia entregaría 20 cuadras cuadradas a cada familia para que en éstas cultivaran trigo, maíz, caña de azúcar, tabaco y algodón. Se les darían semillas y animales; pero no instrumentos de labranza, dado que, con llamativa ingenuidad, se suponía que los colonos habrían de valerse de los que empleaban en Europa, como si cultivar allí y en Corrientes fuera exactamente lo mismo[286]. Los colonos quedaban exentos del servicio militar y de impuestos. Se pensó en elegir terrenos primero en la zona de Misiones (entonces bajo la jurisdicción de Corrientes, y cuyo dominio el Paraguay le disputaba) y luego sobre los ríos Uruguay y Paraná; pero el lugar finalmente elegido fue otro, más cercano a los núcleos de población tradicionales y las áreas ocupadas; según el propio Brougnes, contra su parecer[287]. El 25 de enero de 1855, llegaron las primeras 160 personas provenientes de Burdeos, traídas por Brougnes y que terminaron formando la colonia San Juan, en el puerto de Santa Ana, situado en las cercanías de la capital frente a la confluencia del Paraná con el Paraguay. En mayo de 1856, se hallaban establecidas 74 familias, con alrededor de 500 personas, quienes ya habían obtenido para ese entonces sus primeras cosechas de maíz.

---

[286] Ver al respecto Brougnes, A. (1855), y la transcripción resumida efectuada en la *Revista del Plata*, nro. 12, Buenos Aires, agosto 1854, pp. 176.
[287] Brougnes, A. (1882), p. 5.

Sin embargo, este proyecto fracasó, tanto por las dificultades inherentes a éste tanto en su falta de adecuación al medio como por los avatares que experimentó el principal sostenedor de la colonización desde la dirigencia política provincial, Pujol. El grupo gobernante del que éste formaba parte intentó favorecer un proyecto que, en gran medida, ignoraba a muchos de los nuevos actores y de las fuerzas económicas en ascenso en vastas regiones de la provincia: esas fuerzas lograron articular su oposición a esos emprendimientos; hallaron apoyos en los niveles gobernantes de Buenos Aires, y asediaron, en la legislatura, a Pujol y sus aliados. Las tierras elegidas para la colonia San Juan, en tanto, resultaron ser disputadas por particulares; los colonos debieron instalarse sobre la única media legua de terreno que, por pertenecer al fisco, pudo ser enajenada en su favor. Hacia 1857, el geógrafo Victor Martin de Moussy pudo afirmar, quizá no con total verdad, que a pesar de todo estaban en una buena posición, con plantíos prósperos y ganado creciente; los colonos que no habían podido ser ubicados allí habían sido enviados a Yapeyú. Sin embargo, poco tiempo más tarde la colonia comenzó a disolverse; en todo caso, los varones adultos ya se habían ido desgranando por la atracción de los altos salarios y por las posibilidades ofrecidas por la economía circundante, mucho más convenientes que la permanencia en un emprendimiento sometido a múltiples y constantes dificultades[288]. Incluso, quedaron varados en Montevideo y en Entre Ríos 77 colonos de una expedición destinada allí, compuesta por un total de 257 personas. En 1857 llegaron a territorio correntino las familias enviadas por Juan Lelong, quien había también firmado un contrato de colonización;

---

[288] Beck-Bernard, Ch. (1865), p. 191; Martin de Moussy, V. (1860-64), t. 3, p. 137. La colonia establecida en las cercanías de Yapeyú, llamada San Martín, continuó desde 1863 bajo jurisdicción del Gobierno nacional; para 1878 la situación de los colonos era bastante próspera, según el inspector Samuel Navarro. Ver Brougnes, A. (1882), pp. 5-6.

sin embargo, éste ya había sido rescindido unilateralmente por las autoridades provinciales, con lo que el emprendimiento no se concretó[289]. Y, en 1861, luego de varios tensos años, José María Rolón, sucesor y colaborador de Pujol, fue finalmente derrocado por una rebelión militar, y se marcó así el final de la acción política proclive al fomento agrícola que ambos habían apoyado[290].

Más allá de la animosidad que el proyecto de la colonia San Juan despertó y de los no menores problemas políticos, parece evidente que existieron otras razones mucho más estructurales para ese fracaso. En principio, un emprendimiento de esas características sólo hubiera logrado sobrevivir a sus dificultades iniciales mediante una constante inyección de fondos. Brougnes no parece haber sido hombre de fortuna, ni logró convocar a los capitalistas necesarios para suplirla; una tarea sin dudas extremadamente difícil, dado el carácter muy riesgoso e incierto del proyecto y el alto costo del dinero en la economía rioplatense de entonces, y las escasas posibilidades de captar, además de inmigrantes, capitales de inversión importantes en Europa. La provincia, falta de recursos pecuniarios, ni siquiera pudo cumplir con las más básicas cláusulas estipuladas, que preveían el otorgamiento de medios de vida y semillas a los habitantes. Los colonos, arribados con escaso o nulo capital, lo necesitaban no sólo para poner en producción esas tierras nuevas, sino además para hacer frente a los gastos de la primera cosecha y a las eventualidades propias del medio, pautado por sequías, exceso de humedad e invasiones de langosta. Sólo un apoyo financiero continuado hasta que la colonia pudiera generar por sí misma excedentes suficientes le hubiera garantizado permanencia; en la inestable situación política correntina de la década de 1850, ello no fue posible.

---

[289] Gori, G. (1964), p.51.
[290] Buchbinder, P. (2004), pp. 117 y ss.

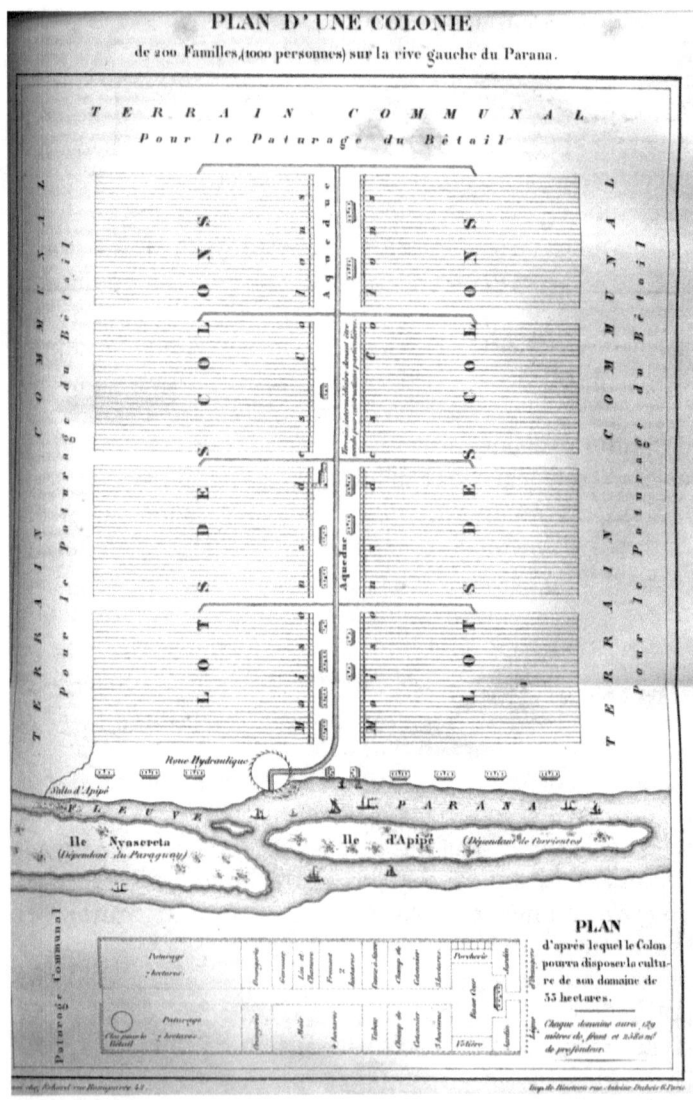

Plano de una colonia de la etapa inicial, hacia mediados de la década de 1850. En Brougnes, M. A. (1855).

Por otra parte, no parece haber existido una guía consciente y avezada en los problemas técnicos productivos del medio. El mismo contrato estipulaba que el colono ejercería su industria "libremente y sin control, ni supervisión externa", y debiendo tan sólo conformarse a las estipulaciones del contrato[291]. Esta "libertad" en realidad no es más que una patética muestra de ingenua confianza en las posibilidades del transplante: se dejaba librado al buen criterio de personas de muy diverso origen rural o urbano, que a veces sólo habían tenido un contacto esporádico y lejano con las tareas concretas del campo, el planeamiento desde cero de nuevas explotaciones agrarias. Pero incluso en el caso en que se tratara de campesinos con experiencia en el trabajo rural, no debe olvidarse que provenían del norte europeo. Estaban por tanto acostumbrados a inviernos nevados y a primaveras y veranos bien definidos, e ignoraban por completo las complejas sutilezas de su propia adaptación a una agricultura tropical. Esos campesinos, que nada conocían del ambiente local, y que incluso ni siquiera hablaban el idioma castellano, debían así hacerse cargo de la casi totalidad de las cruciales decisiones acerca de qué cultivar, cuándo, cómo hacerlo, en qué forma cuidar los plantíos de las para ellos desconocidas plagas existentes, cómo vigilar ganado semisalvaje y de qué manera obtener de él provecho. Más aún, también eran responsables de decidir cómo, cuándo y bajo qué condiciones habrían de llevar los productos excedentes a los mercados, sobre los que, por otra parte, poco o nada conocían, y en donde la rápida saturación relativa propia de las limitadas dimensiones de las ciudades y pueblos existentes, la competencia de las explotaciones criollas, y las barreras culturales volvían extremadamente difícil operar con mínimas probabilidades de éxito. Todo ello a

---

[291] Brougnes, A. (1855), p. 61.

la vez que la propia propaganda del proyecto específicamente buscaba atraer a proletarios desposeídos de capital, es decir, quienes menos capacitados estarían para hacer frente a un necesariamente costoso y quizá largo período de adaptación, hasta lograr conocer y manejar más o menos convincentemente la labranza y venta de productos en las particulares condiciones del nuevo y desconocido lugar al que habían arribado. A tal punto llegaba la ingenuidad del organizador de la colonia, y de quienes en esos años conocieron el proyecto y no vislumbraron sus dificultades, que incluso Brougnes no consideró necesario proveer a los colonos de arados, pensando que los que habían usado en Francia serían útiles también en Corrientes, a pesar de las abismales diferencias ambientales de ambos contextos[292].

De esta forma, la falta de una administración inteligente, que participara de los universos culturales de ambos mundos, y que por tanto pudiera constituirse en intermediaria eficaz entre los colonos y el medio, fue probablemente uno de los principales factores de la fragilidad del emprendimiento. No es nada casual que esas lecciones fueran aprendidas: la administración será un elemento clave en los proyectos posteriores. Los colonos del plan de Brougnes, situados en un medio a menudo hostil y afectados por la conflictividad política local, encontraron de ese modo que el proyecto de instalar granjas de tipo europeo en las selváticas soledades correntinas no se avenía con la realidad: y el hecho de que algunos miembros de la élite política local proyectaran ambiciosos y deslumbrantes emprendimientos no significaba para éstos un grado de inserción más concreto en aquélla, ni, por consiguiente, mayores posibilidades de progreso. Pero aun en el improbable caso en que el apoyo de esa élite política hubiera logrado

---

[292] Artículo "Colonización", en *Revista del Plata*, Buenos Aires, agosto 1854, nro. 12, p. 176.

perdurar, el necesario período de prueba y adaptación hasta lograr ajustar la producción a los factores disponibles no encontró, de cualquier modo, quien pudiera hacerse cargo de su costo. Como resultado, a pesar de los esfuerzos realizados por su impulsor, las familias destinadas a la colonia terminaron dispersándose por Entre Ríos y por Corrientes.

3.2. La fundación de Esperanza

Más duraderas consecuencias tendrían otros intentos que comenzaron lentamente a gestarse también en estos años en Santa Fe y en Entre Ríos. El 15 de junio de 1853, se suscribió, entre el gobernador de la provincia de Santa Fe, Domingo Crespo, y el empresario Aarón Castellanos, un primer contrato que daría origen a la colonia Esperanza[293]. Castellanos había elaborado sus planes de colonización durante los años previos, y había ido recabando información y apoyos para éstos tanto entre los empresarios y medios locales como europeos[294]. Este contrato era similar al firmado en Corrientes por el empresario Brougnes para la instalación de la colonia San Juan, si bien algunas de las condiciones más rígidas de aquél habían sido ya matizadas. El carácter estratégico de esta iniciativa, idéntico al de otros emprendimientos de la época, resulta evidente en el hecho de que, según lo manifiesta Wilcken en su informe al glosar el contrato firmado, los puntos destinados en principio a establecer las colonias fueron "la margen derecha del río Paraná y ambas márgenes del río Salado, desde la altura del pueblo viejo de San Javier al Norte", esto es, zona por entonces dentro de la frontera indígena. El mismo Castellanos afirmaría más tarde de esas tierras, en poder de los indios: "Yo [las] iba a conquistar con mis colonias"[295].

---

[293] Gianello, L. (1949), p. 350; Carrasco, G. (1884).
[294] Castellanos, A. (1877).
[295] Wilcken, G. (1873), p. 19; Oggier, G. y Jullier, E. (1984), p. 23; Castellanos, A. (1877), pp. 18 y ss.

Fragmento del mapa incluido en el censo provincial de Santa Fe de 1887 que muestra la posición de Esperanza, fundada fuera de la línea de fronteras. En Carrasco, G. (dir.), 1887-8.

Sin embargo, el sitio por el que finalmente se optó fue otro, bastante más cerca de los núcleos de ocupación tradicionales, aunque aun fuera de la línea de fronteras[296]. El lugar, elegido por una comisión presidida por el hacendado Ricardo Foster, coincidía con el cantón Reyes o Piquete, un puesto militar de avanzada, por lo que la colonia se hallaría así "en el desierto, tierra adentro de Santa Fe [...] es decir, los ponían de trincheras contra los indios"[297]. Si bien el emprendimiento continuaba formando de ese modo parte de la visión estratégica y militar de la colonización,

---

[296] En el mapa con la sucesión de las líneas de fronteras publicado por Carrasco en el censo santafesino de 1887, puede verificarse que Esperanza, a la fecha de su fundación, se hallaba fuera de la línea de fronteras, que recién habría de incluirla a comienzos de la década de 1860. Carrasco, G. (dir. y comis. Gral.) (1887-1888), l. xi.

[297] Schobinger, J. (1957), p. 68.

de cualquier forma había habido algún cambio de perspectiva, debido quizá al largo tiempo transcurrido entre la firma del contrato y la instalación efectiva de la colonia, en el año 1856. Es significativo al respecto que fuera Juan María Gutiérrez, quien había conocido en sus viajes las colonias alemanas del sur del Brasil, quien comunicó a Castellanos que sus colonos no debían ser remitidos a San Javier, sino a un puerto más accesible[298]. Ocurre que, como veremos luego, ya hacia 1855 comenzaba a admitirse que la colonización agrícola con extranjeros era un instrumento de carácter distinto de la vieja colonización criolla de fronteras, por lo que no se podía circunscribir sólo en función de ciertos limitados objetivos estratégicos, y llevarla a tierras salvajes y poco consolidadas, donde no habría muchas posibilidades de supervivencia.

De todos modos, existieron diferencias entre este emprendimiento y el encarado por Pujol en Corrientes: fundamental, sin duda, es al respecto que el grupo dirigente de Santa Fe no se veía, como en esa otra provincia, jaqueado por el peso de un ascendente sector de poder, apoyado en la actividad ganadera y contrario a los emprendimientos de colonización, al menos en los términos encarados por esos empresarios. Es probable también que algunos inmigrantes hubieran traído un pequeño capital. En todo caso, la fundación de Esperanza comenzó bajo mejores auspicios que los frustrados proyectos de los años anteriores.

Como es sabido, el contrato firmado con Castellanos fue de inmigración y de colonización, y a la vez de donación de tierra pública, ya que por éste se estableció la entrega a ese empresario de 32 leguas cuadradas de tierras (o unas 86.400 hectáreas), única responsabilidad del Gobierno para con él; además de ello, Castellanos percibiría un interés por los adelantos hechos a los inmigrantes en

---

[298] Castellanos, A. (1877), p. 26, n.

concepto de pasajes, vestimenta, herramientas y el tercio de las cosechas que debían pagarle los colonos durante cinco años. Es decir que, por un lado, aquí la enajenación de la tierra pública no constituía un objeto de negociación y de conflicto como en Corrientes, ni se pedía al menesteroso Gobierno provincial un imposible sostén financiero bajo la suscripción mayoritaria de las acciones del emprendimiento. Asimismo, los avances sobre la frontera garantizaban la disponibilidad de tierras a costos mucho más bajos que en esa última provincia, lo que constituía ya entonces, y continuaría siendo por largos años, una de las mayores ventajas comparativas del proceso colonizador santafesino. Castellanos, por su parte se comprometía a introducir cien familias por colonia en el término de dos años, cada una compuesta al menos por cinco miembros, y con la idea de llegar a establecer cinco colonias, en las que se adjudicarían 20 cuadras cuadradas (o 33 hectáreas) a cada familia, que luego de cinco años pasarían a ser de su propiedad[299]. Castellanos, que en los años previos había impreso y hecho distribuir, en Alemania, Suiza y el norte de Francia, folletos de información y propaganda sobre la inmigración al Río de la Plata, debió enfrentar la dura acción de las compañías organizadas de emigración, que en el Viejo Continente concentraban el negocio del traslado de inmigrantes. Estas agencias de emigración eran los únicos operadores legalmente constituidos para estos casos; debían depositar fianzas en garantía, y se hacían cargo de los riesgos que implicaran los traslados entre ambos continentes, y certificaban así a los colonos que no serían víctimas de fraudes. A los empresarios que contrataban sus servicios, les ofrecían la puesta en el punto de llegada de los colonos necesarios, y les evitaban de ese modo inconvenientes y complicaciones organizativas. Las críticas a

---

[299] Wilcken, G. (1873); Castellanos, A. (1877), ambos *passim*; Gori, G. (1964).

estas agencias fueron sin embargo muy frecuentes, no sólo por el costo de sus servicios, sino sobre todo por aspectos más cruciales como el poco cuidado en la selección de emigrantes[300]. La acción de Castellanos se tornó de ese modo tanto más difícil por cuanto los agentes de esas compañías alegaron que el desconocido país al que se quería llevar colonos estaba en guerra permanente y allí la vida humana era un bien que apenas valía nada, mientras que los Estados Unidos y otros destinos ya consolidados eran una inversión mucho más segura. La lucha no sólo se trabó en los periódicos; los agentes llegaron a difundir folletos y hojas sueltas hasta en las iglesias de las aldeas[301].

Luego de la firma del contrato y con su ratificación por parte del gobierno confederal, Castellanos consideró necesario acordar con algunos de esos agentes para evitar su feroz oposición; y, a fin de darles mayores seguridades y a los colonos mejores incentivos, ofreció hacerse cargo del pago de los pasajes, cuyo costo era mucho mayor que los correspondientes al viaje hacia Norteamérica. De esta forma, contrató con Juan J. M. Vanderest y Compañía de Dunkerke; C. H. Textor, de Francfort, y Beck y Herzog, de Basilea (se destacó especialmente en los inicios la acción del primero[302]). De todos modos, Castellanos conocía el alto costo de intermediación que significaba operar con esas agencias, por lo que su intención fue que, una vez instaladas felizmente las primeras familias, sus miembros le entregaran cartas donde certificaran el fiel cumplimiento

---

[300] Una excelente descripción de las agencias de emigración europeas en Oggier, G. y Jullier, E. (1984), p. 16; ver también Carron, A. y Ch. (2009), t. I, pp. 42-44. "Todos saben cuán fácil es presentar un certificado de moralidad a un agente de emigración, quien tiene todo el interés en no ver muy cuidadosamente ni en ser demasiado exigente". Mantegazza, P. (1870), p. 381.
[301] Djenderedjian, J. (2008b).
[302] Castellanos, A. (1877), pp. 84-6; Gschwind, J. (1958), p. 26.

de las condiciones contratadas, con las que, nuevamente en Europa, Castellanos podría inducir a otras muchas familias a migrar, sin tener que volver a depender de las onerosas agencias de emigración. Este ingenioso sistema sería perfeccionado y empleado con provecho luego en otras colonias, como veremos[303].

Los primeros colonos llegaron en enero de 1856, durante el gobierno de José María Cullen, quien sucedió a Crespo y ocupó su cargo entre 1854 y ese último año. Según el contrato, el gobierno santafesino debía encargarse de su traslado hasta el lugar asignado a la concesión, donde debían haberse ya efectuado las mediciones y construcciones necesarias para la instalación de los colonos. Nada de ello se había realizado; e incluso los fondos correspondientes a la venta de una estancia perteneciente al gobierno provincial, que se había prometido afectar a la instalación de los colonos, habían sido derivados a otros gastos. Por lo demás, a pesar de que el contrato con Castellanos ya tenía principio de ejecución, Cullen trató de desligarse de él bajo el pretexto de que le parecieron algo excesivas las obligaciones a que se había comprometido al gobierno, tales como la de suministrar animales a los colonos y la construcción de sus ranchos, lo que provocó un grave disgusto al empresario, no sólo por el quiebre de las condiciones pactadas, sino por la urgente necesidad de resolver la situación de las familias ya arribadas. Presionado, finalmente Cullen parece haberse comprometido con la experiencia, y continuó apoyándola tanto desde su gobierno como una vez fuera de él[304]. Finalmente entonces, la colonia Esperanza se fundó en tierra ubicada a la derecha del río Salado, bastante más cerca de la antigua zona ocupada, pero no en la vera del Paraná, como había sido establecido anteriormente.

---

[303] Castellanos, A. (1877), p. 28.
[304] Gschwind, J. (1958), p. 26; Schobinger, J. (1957), pp. 67-68.

Pero eso no significó el fin de las dificultades. Ese mismo año 1856 el gobernador Cullen fue derrocado por Juan Pablo López, según Beck Bernard, "el jefe [local] del partido de los gauchos", es decir, de los sectores más refractarios a la aceptación de colonos extranjeros[305]. Si bien el nuevo gobernador no se mostró hostil a la colonización, el apoyo que le brindó estuvo lejos del que podía esperarse de Cullen. Disgustado ante la volubilidad del apoyo oficial, Castellanos planteó la rescisión del contrato luego de haber introducido las primeras 200 familias.

Pero no fue sin dudas ésa la única razón que el empresario debió meditar para apartarse del proyecto. El largo tiempo transcurrido hasta su puesta en marcha; la necesidad de hacer frente a los ingentes gastos que demandaba; la circunstancia evidente de que, aun una vez puesto en marcha, habría que continuar supliendo fondos hasta que los colonos lograran sus primeras cosechas; la posibilidad de que alguna de éstas se malograra, y se retrasara aún más la devolución de esos fondos; la omnipresente tentación de dejar sus deudas impagas, atraídos por los altos salarios que les eran ofrecidos para integrarse en la producción agraria o artesanal, y la nula posibilidad consecuente de recuperar esos fondos; el siempre alto costo del dinero en una economía de frontera como la rioplatense de entonces; la nueva ubicación, que no era la pactada y podía entrañar nuevos riesgos; y, sobre todo, los sucesivos incumplimientos por parte de los gobiernos provincial y confederal en lo que respecta a sus compromisos, que implicaban la necesidad de prever su reemplazo, echando mano de fondos propios o de créditos onerosos, hicieron comprender a Castellanos que el emprendimiento habría de exceder no sólo su propio respaldo financiero,

---

[305] Beck Bernard, Ch. (1865), p. 195. Sobre el tema ver también Ensinck, O.L. (1979), pp. 187 y ss.

sino también su capacidad de gestión, por lo que buscó la forma de ser reemplazado asegurando a la vez de alguna forma el futuro de los colonos. Es evidente que la falta de experiencia previa había hecho subestimar los enormes costos, riesgos y complicaciones de un emprendimiento de estas características, por lo que, a semejanza de otros proyectos anteriores, también en éste el empresario encargado de llevarlo a cabo prefirió retirarse antes de seguir acumulando pérdidas[306]. Castellanos intentó recuperar al menos parte de su inversión, solicitando la entrega de las tierras que se le habían prometido; en 1876, veinte años después de la fundación de Esperanza, aún no lo había logrado[307]. De la colonia se hizo cargo el gobierno de la Confederación, con asiento en Paraná; luego de diversas marchas y contramarchas, finalmente ésta se traspasó al gobierno de la provincia de Santa Fe[308].

Fueron momentos de gran incertidumbre, no sólo para los colonos, sino incluso para los funcionarios encargados de su administración, cuya experiencia en asuntos de esta índole era absolutamente nula. Durante sus primeros cuatro años, la colonia luchó además por sobrevivir a las graves dificultades propias de un emprendimiento nuevo llevado a cabo por personas que nada o muy poco conocían del país. Faltos de las técnicas de manejo del ganado locales, los díscolos animales criollos de los colonos no rendían lo suficiente e incluso se perdían a menudo; éstos y otros inconvenientes tenían por resultado que las superficies cultivadas no pudieran

---

[306] Un agudo relato acerca de las dificultades de Castellanos en Perkins, G. (1864), pp. 16 y ss.; cfr. con Castellanos, A. (1877), pp. 29 y ss.
[307] Por convenio se le entregaron también 40.000 pesos en bonos con un 15 a 18% de quebranto, y sólo una parte de los intereses devengados. Castellanos, A. (1877), pp. 18; 66; 80-82. Según Martin de Moussy la cifra fue mayor. Martin de Moussy, V. (1860-64), t. 2, p. 377.
[308] Gori,G. (1952).

ser muy amplias, y que los rendimientos de éstas fueran bajos. Como plaga que arrasaba con cierta frecuencia los emprendimientos nuevos, por tres años consecutivos la langosta devoró las sementeras, y redujo algunas familias a la miseria (otras tuvieron que recurrir a plantas y frutos silvestres para alimentarse). Los efectos de todas estas contrariedades fueron graves; un memorialista indica, aunque con exageración, que "con frecuencia se veían invadidas las calles de la ciudad de Santa Fe por gran número de estos pobres colonos mendigando de puerta en puerta y, justo es decirlo, las familias santafesinas socorrían generosamente a estos desgraciados, contribuyendo en mucho a aliviar sus padecimientos"[309]. Por lo demás, las inclemencias del tiempo, las trabas burocráticas, la nula experiencia en métodos de labranza adecuados, las dificultades que presentaba el propio suelo asignado y la escasez de instrumentos y semillas se acumularon sobre esas otras desgracias, ante las cuales y, a fin de mitigarlas en parte, el Gobierno provincial resignó el cobro de los adelantos efectuados, e incluso también el de la entrega del tercio de las cosechas, que le correspondía al hacerse cargo de las obligaciones de Castellanos. Pero ello apenas bastó para impedir que la colonia se disolviera.

Otra fuerte amenaza sobre el emprendimiento estuvo dada por la presión de la economía real. Los colonos de Esperanza recibían múltiples ofertas para contratarse como medieros en chacras y quintas, tanto en Santa Fe como en Entre Ríos. Contaban con las condiciones más ventajosas, como la provisión de semillas, bueyes e implementos por parte del titular de la explotación, y el colono aportaba tan sólo su trabajo. Algunos parecen no haber resistido de ese

---

[309] *La agricultura*, nro. 41, 12 de octubre de 1893, pp. 1-2; cfr. asimismo Burmeister, H. (1943-4), t. I, p. 458. San Carlos sufrió también en sus inicios con similares dificultades. Perkins, G. (1864), p. 58.

modo la tentación de abandonar sus concesiones y dejaron impagas sus deudas[310].

Una de las cláusulas establecidas en el contrato inicial especificaba que el gobierno cedería a beneficio comunal cuatro leguas cuadradas de terreno para pastoreo; esta circunstancia fue un arma de doble filo: por un lado, ayudó al mantenimiento físico de los colonos en tanto la cría de animales, aun cuando no necesariamente diera allí más provecho que el cultivo, era sin embargo una actividad mucho menos riesgosa, y aportaba fondos a lo largo de todo el año. Apuntaba Perkins que "un colono con cincuenta vacas está al abrigo de los perjuicios que le traería un año desgraciado para sus cosechas", afectadas por sequías y langostas[311]. Sin embargo, la ampliación de la actividad ganadera terminó siendo un escollo para el desarrollo agrícola de la propia colonia. De esas tierras comunales se aprovechaban principalmente los "colonos hacendados" que vivían en los límites de la colonia pero, a medida que la agricultura se expandía, otros interesados comenzaron a exigir que esas tierras fueran destinadas para uso agrícola. Tanto esta circunstancia como la adjudicación de una sola concesión por familia de cinco miembros (que trababa el desarrollo de los hijos de los colonos) fueron derivando población hacia los nuevos emprendimientos que iban surgiendo y no presentaban esos problemas. De todos modos, durante la década de 1860, la colonia logró por fin prosperar, como veremos más adelante.

---

[310] Castellanos, A. (1877), p. 31; testimonios acerca de la fuerte demanda de mano de obra para la labor agrícola en la época en Gerstäcker, F. (1854), p. 42; Burmeister, H. (1943-4), t. I.
[311] Perkins, G. (1864), pp. 66.

3.3. La colonia Las Conchas y los últimos proyectos de colonización militar

También, a inicios de la década de 1850, se fundó en Entre Ríos la colonia agrícolo-militar de Las Conchas, por parte del coronel Manuel Clemente, quien fue recomendado por Urquiza, entonces presidente de la Confederación, al gobernador entrerriano Antonio Crespo. Esta población nació aparentemente en septiembre de 1853, con un contingente de soldados alemanes que habían peleado en Caseros. Según Hutchinson, el Gobierno confederal otorgó a cada colono cien pesos, arados, azadas y otros implementos agrícolas, y los proveyó de maíz e incluso de tabaco. Pero ninguno de esos soldados logró éxito, y poco tiempo más tarde abandonaron sus concesiones. En 1855, un inmigrante alemán llamado Rosenbrok se instaló allí espontáneamente con su familia, y subsiguientemente arribaron otros alemanes, suizos, franceses y vascos, algunos de ellos originalmente destinados a la colonia correntina de Santa Ana[312].

El gobierno de la Confederación otorgó también en 1856 a los señores Vanderest y Saint Hilaire una concesión de 12 y ½ leguas (algo menos de 34.000 hectáreas) de tierras para colonizar, una parte de éstas cerca de la colonia de Las Conchas; según el contrato, allí debían instalarse 10.000 inmigrantes, a razón de diez cuadras (16,8 hectáreas) por familia o grupo de cinco personas. Los inmigrantes debían llegar dentro de los diez meses de la firma del acuerdo, y el gobierno debía instalar escuela, iglesia y otras dependencias[313]. Se otorgó asimismo en 1856 al conde de Berlaymont una superficie de 400 cuadras, aumentadas el año siguiente a 600, o poco más de 1000 hectáreas, donde se instaló un

---

[312] Pérez Colman, C. (1945); Hutchinson, Th. (1865), p. 94.
[313] Bosch, B. (2004), pp. 14-15.

contingente de familias belgas[314]. Pero, al poco tiempo, los concesionarios abandonaron sus empresas, sin dudas ante las numerosas dificultades que surgieron en emprendimientos sobre los que había poca o nula experiencia previa, por lo que el gobierno confederal debió hacerse cargo de éstas, y se fundó, en 1858, la colonia Urquiza, sobre la costa del Paraná y a cierta distancia de la ciudad del mismo nombre. Por ley del 7 de septiembre de 1860, el centro urbano fue erigido como Villa Urquiza, con cuyo nombre se conoce desde entonces[315].

Junto con Esperanza, ésta constituye una de las pocas colonias fundadas en estos años que logró mantenerse; aunque como hemos visto estuvo a menudo a punto de ser disuelta, y de todos modos arrastró diversos problemas desde su misma fundación, consiguientes con la inexperiencia y rigidez de planificación que caracterizaron a esos primeros proyectos. Uno de esos problemas, sin dudas el fundamental, fue la escasa extensión de la misma colonia, y también de las concesiones. En su más amplia extensión alcanzada antes de 1870, esta colonia contaba con sólo una legua cuadrada de superficie, es decir alrededor de 2700 hectáreas[316]. Los lotes agrícolas, otorgados gratuitamente, fueron asimismo de una exigüidad muy marcada: apenas tres cuadras y media de 150 varas, poco menos de 6 hectáreas[317]. Esta limitada extensión fue siempre un poderoso

---

[314] AGN, X-30-4-3, Congreso de la Confederación, año 1856, Alfredo Du Graty al ministro del Interior Santiago Derqui, Paraná, 4 de noviembre de 1856; providenciada en 26 de noviembre; X-30-4-4, Alfredo Du Graty al ministro Bernabé López, Paraná, 25 de marzo de 1857, providenciada 28 de marzo.
[315] Pérez Colman, C.B. (1945); Reula, F. (1969), t. II, pp. 53 y s.
[316] Wilcken, G. (1873), p. 205; Pérez Colman, C.B. (1945); Peyret, A. (1887).
[317] Ripoll, C. (1888), t. I, p. 262; Hutchinson, Th. J. (1865), p. 94, indicando una superficie de 200 yardas de frente y 400 de fondo, o unas 6,6 hectáreas. La traducción española de esa obra indica equivocadamente varas por yardas. Hutchinson, Th. J. (1945), p. 154.

freno a la capacidad mercantil del emprendimiento; en 1865, Villa Urquiza fue desfavorablemente retratada por Hutchinson como un escuálido poblado con trece casas de ladrillo y con un centenar de ranchos, ocupados por apenas unas setecientas almas; sólo la mitad de la superficie disponible se hallaba ocupada y cultivada. Se amontonaban allí unos 2.500 vacunos y alrededor de 300 caballos, así como los diversos cultivos. Esto explica en buena medida la exigua cantidad de trigo obtenida el año anterior, apenas unos 2.000 *bushels*, o alrededor de 70.000 litros, lo cual contrasta con las ventajas situacionales de la población, a sólo dos leguas en línea recta de la ciudad de Paraná, que de todos modos se transformaban en siete por efecto de los meandros de distintos arroyuelos. Se entiende así que el cónsul británico no recomendara a sus compatriotas solicitar lotes en ella, a pesar de las muchas facilidades para obtener la propiedad plena de éstos, que se limitaban a pagar una mínima tasa de registro y a cercar y construir un rancho[318]. Sólo hacia inicios de la década de 1870, se incorporaron a la colonia tres leguas más; entretanto, muchos agricultores simplemente abandonaron o traspasaron sus concesiones, y los remanentes lograron así constituir tenencias un poco más viables. De todos modos, esos problemas estructurales habrían de arrastrase largo tiempo: todavía en 1890, de las 176 concesiones efectivas (descontando las correspondientes a bañados, zanjones y anegadizos), sólo 145 se encontraban pobladas; el promedio era de siete cuadras cultivadas por concesión, o unas 11,5 hectáreas, y el 79% de los 119 colonos poseía apenas una concesión (existían 25 con dos o más). Es decir, se trataba de un núcleo sin posibilidades reales de expandirse, marcado por los límites impuestos por las exiguas superficies

---

[318] Hutchinson, Th. J. (1865), p. 95; sobre la distancia a Paraná, Wilcken, G. (1873), p. 205.

del inicio, y cuya supervivencia sólo podía estar ligada al desarrollo de núcleos de consumo cercanos y a una producción muy intensiva y diversificada[319].

También existieron colonias militares en las demás provincias pampeanas. En 1855 el Gobierno de Buenos Aires dispuso el establecimiento de una colonia agrícola militar en Bahía Blanca, que serviría como antemural en la lucha contra los indígenas. Esta concesión dio origen a la Legión Agrícola Militar, constituida por italianos, cuyo jefe fue el coronel Silvio Olivieri. El primer contingente de colonos se instaló en julio de 1856, sobre el arroyo Sauce Chico, a 25 kilómetros de Bahía Blanca, y fundó la colonia agrícolo-militar de Nueva Roma, de efímera existencia; el final sobrevino con una rebelión de los colonos, quienes asesinaron a Olivieri y luego se dispersaron[320]. Bastante más tardíamente, en 1866, todavía se estudiaba en Córdoba el establecimiento de una colonia agrícolo-militar en las riberas del Saladillo, Departamento Unión, que aseguraría las vidas y las propiedades de los pobladores de Fraile Muerto y zonas cercanas. Esta colonia, que habría de asentarse sobre unas diez leguas de tierras fiscales, fue propuesta por estancieros criollos y británicos del área, interesados en obtener más seguridades para sus explotaciones. Si bien ésta no se concretó, hubo algunos de esos estancieros que encararon su defensa tratando de poblar sus tierras con compatriotas más jóvenes y pobres, a quienes arrendaban parte de sus terrenos a fin de formar una pequeña comunidad defensiva[321]. Puede mencionarse también otro proyecto cordobés de esos años, el propuesto por Eduardo

---

[319] Estadística de Villa Urquiza, enero de 1890, en AHAER, VII, Estadística y censos, carpeta 13, leg. 19.

[320] Zingerling, H. M. (1987); Schopflocher, R. (1955); Artículo "Inmigración y colonización", *Revista del Plata*, Segunda época, nro. 4, febrero de 1861, pp. 62-63..

[321] Seymour, R. (1947), pp. 323; 312.

J. Etchegaray al Gobierno de la provincia, consistente en la compra de una inmensa extensión de mil leguas cuadradas, o casi tres millones de hectáreas, entre los ríos Cuarto y Quinto, entonces zona indígena; debían establecerse allí diez colonias de 200 familias cada una y darles las usuales 20 cuadras de terreno; del resto de esa vastísima superficie, la Compañía a formarse obtendría réditos para hacer frente a los gastos de traslado e instalación de los colonos, que debían ser de todos modos reembolsados tres años después de llegados, con un interés anual del 10%. Este proyecto no se concretó, no sólo por las inusuales exigencias de la Compañía, sino también por el absurdo de pretender instalar esos núcleos a inmensa distancia de cualquier centro poblado, y por la consiguiente imposibilidad de extraer los productos con los que los colonos hubieran debido satisfacer sus deudas[322]. La utopía de la colonización estratégica habría de resurgir en forma intermitente; tan tarde como en 1876, una carta publicada en los *Anales* de la Sociedad Rural Argentina cuestionaba duramente un proyecto de colonización a efectuar en la nueva línea de fronteras bonaerense, afirmando que sería mucho más racional vender esas tierras a los ganaderos a precios irrisorios, y con ese dinero comprar parcelas pequeñas, pero ubicadas cerca de las ciudades, en áreas ocupadas por ovinos, y regalarlas a los interesados en encarar allí explotaciones agrícolas[323].

---

[322] Hutchinson, Th. (1868), pp. 178-80. Éstos y otros proyectos tenían además por objetivo generar recursos fiscales para el Gobierno cordobés, y probablemente sentar precedentes de dominio sobre tierras de frontera. Un ejemplo es el contrato con Adolfo Van Gelderen. Ver Ferrero, R. (1978), pp. 44-45; Río, M. y Achával, L. (1904), t. II, pp. 168 y ss.; sugerencias respecto del tema en Tognetti, L. (2008b). También hubo un proyecto relacionado con la política de constitución de una red fluvial de comunicaciones, utilizando el río Salado, cuya navegabilidad se intentó verificar. Río, M. y Achával, L. (1994), t. II, p. 166.

[323] N.N. a José María Jurado, Buenos Aires, 13 de junio de 1876, en *Anales de la Sociedad Rural Argentina*, vol. X, pp. 229-30.

4. El nuevo panorama de mediados de la década de 1850

De esta forma, hacia mediados de la década de 1850, sólo dos de las decenas de proyectos estudiados y aun encarados desde inicios de la década, se encontraban en funcionamiento. Esta tendencia habría de persistir; como lo remarcaba el cónsul inglés Hutchinson unos años más tarde, los proyectos de colonización que aún estaban en las nubes eran muy abundantes[324]. Pero de todos modos es importante notar las diferencias que separarán a esos diversos proyectos de la primera mitad de la década de 1850 de aquellos que vendrán en la etapa siguiente: la primera, que hasta entonces no había parecido incongruente planear las colonias desde el escritorio de un estratega o de un comerciante, sin asignarles una situación determinada, esto es, sin tener en cuenta las condiciones ambientales concretas propias de un lugar específico, y otorgando prioridad a objetivos de defensa estratégica fronteriza por sobre los puramente productivos o incluso poblacionales, pensando con excesivo optimismo que el afianzamiento y viabilidad económica vendrían por sí solos una vez asegurada la defensa fronteriza. A favor de este razonamiento, de cualquier modo, podían esgrimirse pruebas cercanas: si en Buenos Aires la población criolla había ido avanzando persistentemente sobre las fronteras indígenas, y había creado por sí misma en pocos años núcleos con varios cientos e incluso miles de habitantes, ¿por qué no podría hacerse algo más rápido y mejor instalando organizadamente agricultores europeos?

La segunda diferencia es justamente que la idea de un mero transplante a las vastas soledades rioplatenses de granjas europeas de trabajo agrícola intensivo en exiguas superficies era una verdadera utopía: no se comprendía

---

[324] Hutchinson, Th. (1868), p. 177.

entonces que el problema era crear un sistema organizativo y productivo radicalmente nuevo, que no se parecería ni a la antigua y compleja granja familiar de alto valor agregado propia del Viejo Mundo, ni al esquema de la agricultura periurbana tradicional del Río de la Plata, ni tampoco a la producción agrícola esporádica y migratoria de las fronteras del mismo, propias de la colonización criolla. Se trataba por el contrario de formar un tipo de explotación diferente, que combinara eficazmente los factores abundantes que constituían la ventaja comparativa americana con la oferta de mano de obra traída desde Europa, desarrollando a la vez las técnicas necesarias para aprovechar esa combinación de factores en las particulares (y a menudo extremadamente variadas) condiciones productivas de los vastos espacios pampeanos, en un esquema de características específicas cuya adaptación al medio habría de otorgarle rasgos únicos. Ni siquiera la agricultura extensiva que se había comenzado a desarrollar desde unas décadas antes en las nuevas áreas agrícolas norteamericanas podía ofrecer una respuesta completa, aun cuando el producto final de ambos procesos resultara mucho más cercano en términos productivos, técnicos e incluso sociales y económicos, que los esquemas del Viejo Mundo o de la agricultura tradicional rioplatense. Tampoco constituían una guía útil los prósperos establecimientos alemanes de Rio Grande do Sul o del sur chileno, que lidiaban con una geografía muy distinta y contaban con un apoyo gubernativo mucho más concreto y útil.

Así, si bien todavía faltaría mucho tiempo hasta llegar a ajustar todos los elementos de las nuevas formas productivas coloniales y, más aún, sería necesario encontrar en el desemboque final en el mercado mundial, hacia inicios de la década de 1880, la respuesta orientadora más acorde con el nuevo paradigma que surgía, ya en la segunda mitad de la década de 1850 se vislumbraba que la colonización debía adoptar rumbos más acordes con la realidad en que operaba.

Esto puede intuirse a través de otra diferencia fundamental entre estos primeros proyectos y los que surgirán más adelante: en estos últimos habrán de realizarse diversos ensayos de adaptación de las superficies de los lotes, que no sólo tenderán a un promedio de mayor tamaño, sino a menudo incluso permitirán su combinación dinámica con las necesidades específicas de cada familia. En todo caso, la rigidez del período inicial fue poco a poco abandonada: la extensión de las tenencias comenzará de ese modo perceptiblemente a aumentar, si bien todavía no alcanzarían la versatilidad que habría de otorgarles, luego de 1870, un más ajustado conocimiento del óptimo productivo necesario para operar una agricultura extensiva de secano en las soledades pampeanas. Las exiguas superficies de las parcelas de la colonia de Las Conchas, pensadas en todo caso para el abasto de un núcleo militar muy reducido y nada más, completamente fuera de escala para cualquier otra actividad agraria medianamente rentable en las condiciones locales, serían pronto señaladas por muchos autores como la causa primordial de las dificultades de esos colonos[325]. En fin, la última de las diferencias fundamentales entre los proyectos colonizadores de la primera mitad de la década de 1850 y las realizaciones de la segunda mitad de ésta estriba en la actitud hacia un elemento clave: la inversión de capital, sobre todo en lo que respecta a la escala del respaldo disponible para sostener a los colonos durante el duro período inicial, y la consiguiente capacidad financiera de las empresas colonizadoras.

En los proyectos de Cuyás y Sampere, Brougnes o Castellanos, el empresario desarrollador constituía poco más que un intermediario que sólo se hacía cargo de aportar

---

[325] Mulhall, M.G. y E. T. (1875), p. 61; Hutchinson, Th. J. (1865), pp. 94-6. La concesiones de la colonia Corondina, situada en torno a la ciudad de Coronda y fundada en 1867 por el Gobierno provincial, fueron planeadas tan sólo con entre 6,3 y 7,5 hectáreas, justamente por su situación periurbana. [Lezica y Lanús] (1876), p. 23.

la gestión y algunos de los elementos más indispensables ligados al punto de partida del emprendimiento, como los pasajes, la provisión de útiles de labranza y en todo caso algunos gastos iniciales. La división de tareas esquematizada de ese modo asumía que el suministro de esos bienes era de todo punto imposible por complejo y engorroso para la contraparte estatal; y esos empresarios esperaban a su vez que ésta, encarnada por otra parte en los menesterosos Gobiernos provinciales, tomara sobre sí la oferta de factores clave, como la tierra, la infraestructura y el respaldo último que significara su presencia en cuanto a seguridad jurídica y efectiva. Una ecuación así subestimaba o incluso ignoraba completamente no sólo la capacidad real del actor estatal para cumplir con la provisión de esos elementos, sino sobre todo los fuertes costos del período de adaptación inicial, de los cuales nadie parecía tener que hacerse cargo. Esos costos incluían no sólo los servicios básicos esperables por toda comunidad acostumbrada a gozarlos, y que incluso ligaba su supervivencia a éstos (iglesia, escuelas, transportes, abastecimiento de bienes manufacturados), sino también los consiguientes al largo período de tiempo, incluso de varios años, que habría de demandar la puesta en producción de esas tierras nuevas y la obtención de los fondos producto de la venta de la primera cosecha exitosa.

En este aspecto, el desafío era doble. Por un lado, la frecuente aleatoriedad de los primeros cultivos, provocada tanto por desconocimiento de las prácticas más adecuadas al nuevo medio como por las diversas contingencias que acompañaron a menudo, y no sólo en nuestro hemisferio, los inicios de toda colonia: langostas, sequías, inundaciones, plagas[326]. Por otro lado, en ese período inicial muchos

---

[326] Invasiones de langosta en los tres primeros años de operación en algunas colonias norteamericanas situadas en Oregon, en áreas de clima similar al de la santafesina Esperanza, en Gibson, J. (1985), p. 11.

grupos familiares no podían prescindir de la ayuda de brazos externos para las tareas, dado que no poseían aún el número de miembros propios en edad laboral suficiente como para hacerles frente sin necesidad de pagarles salarios. Por lo demás, operaban en un medio en el cual el costo de la mano de obra era altísimo, y subían más aún en época de cosecha; ese costo incluso debía a menudo pagarse en dinero en efectivo dada la condición itinerante de muchos peones, elementos todos a los que sólo se podía resistir contando con un respaldo financiero adecuado[327]. Ese respaldo, entre las tradicionales explotaciones agrícolas criollas, era provisto por los comerciantes, pulperos o incluso estancieros de las cercanías, con quienes los productores se enlazaban a través de líneas de crédito abiertas con límites variables en razón de su capacidad de repago, su antigüedad de permanencia en el lugar, sus relaciones sociales e incluso su facultad de negociación. Todos estos elementos de inserción local estaban completamente fuera de las posibilidades de colonos extranjeros recién llegados, con escaso o ningún capital propio, reclutados mayormente entre las masas pobres de Europa, que no conocían el idioma, y cuyo único vínculo con las autoridades y el medio corría a través del empresario que los había traído. Si éste no contaba con los medios suficientes como para suplir todos esos inconvenientes, su suerte estaba echada.

En la etapa siguiente se encararán algunos de todos estos problemas, y se intentará resolverlos, lo que sólo podrá lograrse sin embargo luego de varios años.

---

[327] Martin de Moussy resumía este convencimiento hacia 1858: "Es necesario que [los emprendimientos de colonización] sean llevados a cabo por compañías poderosas, lo suficientemente ricas como para no contar con la menor porción del reembolso antes del final del tercer año". Martin de Moussy, V. (1860-64), t. 2, p. 381.

Capítulo V
La colonización autocentrada

1. Introducción

Hemos visto en el capítulo anterior que, al iniciarse la segunda mitad de la década de 1850, ocurren cambios sustanciales en la forma de encarar el proceso colonizador. El ejemplo más paradigmático de estos cambios lo constituye la colonia San Carlos, fundada por la empresa Beck y Herzog en 1858. San Carlos marcó un claro cambio de rumbo: se trataba, por primera vez, de un emprendimiento encarado por una empresa sólidamente constituida, con un buen respaldo de capital, con objetivos específicos limitados a la acción colonizadora y con un muy alto grado de compromiso en la gestión, a lo que podían adjuntar la corta, pero aleccionadora experiencia recogida en su previa actuación en Esperanza. El gobierno provincial fue liberado de tareas de las que era bastante improbable esperar que cumpliera, como la construcción de ranchos y la entrega de animales a los colonos; estos deberes pasaban a formar parte de los correspondientes a la empresa, mejor capacitada operativa y financieramente para llevarlos a cabo. Las obligaciones del gobierno se limitaron entonces a entregar la tierra, y, a diferencia del contrato firmado con Castellanos, ésta sólo habría de ser destinada al proyecto colonizador, no para buscar compensar los gastos del empresario con extensiones fundiarias en otros sitios; ello es sin dudas un indicio de que los costos y beneficios habían sido medidos con mayor exactitud que antes, a fin de confirmar que el emprendimiento debía y podía ser rentable por sí mismo, sin necesidad de apelar a recursos adicionales para disminuir riesgos. Se eligió, y se especificó también, ya desde la solicitud inicial, un lote en las cercanías relativas de la capital provincial, lo que culminaba de alejar el emprendimiento de las restricciones y problemas propios de la colonización estratégica de áreas fronterizas. En este aspecto, el cambio en la actitud oficial también se hizo evidente: en julio de 1857, el gobierno de la provincia de Santa Fe creó una comisión encargada de recibir y asentar inmigrantes, y buscaba para ello terrenos aptos, lo que equivalía en cierto modo a dejar de lado la antigua y limitada colonización estratégica de las fronteras en favor de una visión más integral del papel y ventajas sociales y económicas del proceso[328].

La escala del proyecto de Beck Bernard fue asimismo diferente: la dimensión de la colonia San Carlos fue desde un principio considerable, lo que apuntaba a constituir un centro de producción y consumo cuya misma magnitud le asegurara condiciones de supervivencia mejores. Pero el cambio más importante estuvo en las formas de organización y gestión concretas del proyecto: por vez primera, todos los preparativos necesarios se hicieron antes de la llegada de los colonos; la administración se ocupó de dirigir escrupulosamente los trabajos, llevando diarios de éstos, siguiendo la situación familia por familia, elaborando censos periódicos e intentando resolver los problemas e imprevistos que se presentaran[329]. No sólo se limitó a distribuir semillas, instrumentos de labranza y animales para esperar luego el

---

[328] Oggier, G. y Jullier, E. (1984), pp. 23-24.
[329] Beck Bernard, Ch. (1865), pp. 206 y ss.; Gori, G. (1954), *passim*; Perkins, G. (1864), p. 63; la versión inglesa es aún más enfática respecto de la vigilancia que el administrador ejercía en San Carlos.

resultado; por el contrario, se prestó atención a importantes aspectos sociales, como el culto religioso, el establecimiento de escuelas o el orden policial. Asimismo, se fundó una granja experimental, en la cual habrían de ensayarse y difundirse prácticas agrícolas adecuadas al medio, y todos los nuevos adelantos técnicos que pudieran importarse o generarse localmente[330]. Este crucial papel de la administración fue un rasgo recurrente en los proyectos colonizadores de las décadas siguientes, y constituyó el campo fundamental de experimentación de las nuevas pautas tecnológicas de la agricultura extensiva especializada que habría de surgir de éstos, así como un lugar de entrenamiento de futuros empresarios colonizadores: no fueron pocos los fundadores de colonias que se habían iniciado anteriormente en las duras tareas propias de los administradores.

Se marcó así un cambio radical con respecto a los anteriores proyectos: Perkins, en 1864, opinaba que el más grave de los problemas de Esperanza había sido justamente la falta de una administración eficaz e inteligente. Si bien existieron allí sin dudas autoridades celosas y preocupadas por el bien común, como se desprende por ejemplo de los relatos recogidos por varios autores respecto del juez de paz Adolfo Gabarret, es bastante evidente que esos esfuerzos individuales no bastaban para resolver los múltiples problemas que se podían presentar, entre otras cosas, porque las órdenes que se impartían no eran unánimemente obedecidas[331]. Sin dudas, la organización y administración de un emprendimiento de tales características debió exigir una particular disciplina, y construirla y llevarla a cabo no fue tampoco sencillo. Se experimentó con el empleo de un estricto sistema

---

[330] Gori, G. (1958).
[331] Perkins, G. (1864), p. 27; Zingerling, H. M. (2002); Oggier, G. y Jullier, E. (1984), pp. 63-4.

disciplinario inspirado en las pautas organizativas de los establecimientos fabriles de la época; pero, a la vez que éste resultó de aplicación en extremo difícil, no necesariamente garantizó una mayor eficacia de la gestión, e incluso parece haber generado fuertes resistencias. En un arranque de furia ante las presiones que sufrían, los colonos de San Carlos incendiaron la casa de la administración colonial, tal como lo hubieran hecho en el marco de alguna protesta campesina europea de los tiempos del antiguo régimen[332]. Por lo demás, la firme actitud de los administradores de San Carlos ante un intento de gestión autónoma por parte de los colonos, al que ya hemos aludido, es otro ejemplo significativo acerca de cuán intensa entendían aquéllos que debía ser su autoridad, y cómo y hasta dónde debían extenderla. Pero, a la vez, el hecho de que tuvieran que acudir al gobierno provincial para la represión de ese movimiento autónomo es un dramático indicio de que no contaban ni con los elementos ni con el liderazgo necesarios como para poder sostenerla convenientemente[333]. La colonia San José, fundada por Urquiza en Entre Ríos, compartió muchas de esas características: como veremos, la dirección de Alexis Peyret allí se parece en varios aspectos a la de Enrique Vollenweider en San Carlos. Incluso, puede decirse que esa rigurosa disciplina resonó aún largo tiempo en la organización y administración de la colonia San José y de sus extensiones; todavía en 1872 Peterken opinaba púdicamente que ésta estaba "dirigida de una manera un poco demasiado militar"[334].

Otro ejemplo de este cambio de actitud, y también de una estrategia operativa distinta que tendrán sin embargo

---

[332] Schobinger, J. (1957), p. 138.
[333] Gschwind, J.J. (1958), pp. 139 y ss.
[334] Peterken, E. (1872), p. 35; ejemplos en APSJ, bulto 186, libretas de colonos de la década de 1870.

vigencia paralela a la de las grandes compañías a lo largo de todo el proceso, lo constituye la colonia de San Gerónimo. En principio, su fundador, Ricardo Foster, simplemente subdividió sus tierras y las ofreció gratuitamente con la única condición de permanecer poblándolas durante un cierto período, habilitando además préstamos en dinero para la puesta en producción. Por otro lado, y a diferencia del caso de San Carlos, allí la convocatoria de los colonos debió gran parte de su impulso a un emprendedor campesino del Alto Valais, llegado en un grupo de familias suizas de habla alemana que había arribado espontáneamente, es decir, no convocados y protegidos por empresas especializadas. Ese colono, llamado Lorenzo Bodenmann, entreviendo las ventajas que el país podía ofrecer a sus compatriotas, puso en marcha una tradicional red de contactos interpersonales a fin de atraerlos. Comenzando a muy pequeña escala (con sólo cinco familias), el emprendimiento fue progresivamente creciendo con nuevos contingentes traídos personalmente por Bodenmann, y con el aporte de algunos otros colonos provenientes de Esperanza, luego de haber vendido allí sus propiedades con excelentes ganancias[335]. La uniformidad étnica de esta colonia fue desde sus inicios muy marcada, circunstancia por otra parte lógica dado el crucial papel de las redes de relación social en su conformación. Una desventaja adicional de ese papel fue que la dimensión del emprendimiento que, en esas condiciones y en esa época, nunca hubiera podido ser muy grande. Se constituyó así en un ejemplo de la forma en que se llevaron a cabo ciertas fundaciones a escala relativamente modesta, por parte de emprendedores sin mucho capital financiero, pero que en compensación gozaban de un valioso capital relacional, que hicieron fructificar). Además, si la dimensión

---

[335] Beck Bernard, Ch. (1865), pp. 207 y ss.; Wilcken, G. (1873), p. 29 y ss. (indican equivocadamente Rodemann); Oggier, G. y Jullier, E. (1984), pp. 50 y ss.; 81 y ss.

de este tipo de proyectos fue por cierto limitada, esta desventaja fue de todos modos compensada por los menores costos (incluso administrativos) derivados de la uniformidad étnica y religiosa, que minimizó los conflictos, evitó la necesidad de imponer una férrea disciplina, y posibilitó espacios de acuerdo más frecuentes, así como menores gastos de instalación y de gestión.

De cualquier manera, como veremos luego, este período estuvo asimismo marcado por grandes dificultades, que amenazaron seriamente la supervivencia de los proyectos colonizadores pioneros e incluso hicieron fracasar a otros. Wilcken resumía la historia de esa etapa en 1872, afirmando que, en el período 1856-1859, las cuatro colonias existentes sufrieron terribles vicisitudes, de las cuales las peores fueron devastadoras sequías, invasiones de langosta y falta de medios de comunicación. Recién a partir de 1861-62, comenzaron a prosperar, y únicamente sobre la base de esos resultados favorables el movimiento colonizador logró afianzarse mejor[336].

Perkins hacía hincapié en las enormes dificultades inherentes a trasladar varios cientos de familias absolutamente pobres, cuyos miembros, escogidos entre los proletarios urbanos, a menudo ignoraban por completo los rudimentos de la agricultura, y concentrarlos en medio de un desierto; y lo absurdo de pretender que por el solo hecho de entregarles herramientas, algún ganado y unos pocos alimentos y semillas, pudieran ponerse a vivir y producir en un medio desconocido y donde tanto el manejo de los animales como el cultivo se realizaban en condiciones técnicas absolutamente distintas de todo lo que podían conocer[337].

---

[336] Wilcken, G: (1873); también [Lezica y Lanús] (1876), p. 19, y [Mulhall, M. G. y E. T.] ([1862]), pp. 190-1, quienes comentan que "los inmigrantes [...] sufrieron mucho por las contingencias que generalmente ocurren a los europeos que se instalan en distritos hasta entonces no cultivados".

[337] Perkins, G. (1864), pp. 16-21; también artículos en *El Ferrocarril*, Rosario, 18 de noviembre de 1863, citados en Ensinck, O. (1979), p. 348.

A continuación veremos con más detalle las características de estos emprendimientos y las que fue adoptando el proceso colonizador en la de todos modos difícil mitad inicial de la década de 1860.

2. Un claro cambio de rumbo: San Carlos

Hemos ya relatado que, hacia 1854, cuando se encontraba en Suiza, Castellanos tomó contacto con Charles Beck Bernard, un inteligente empresario de poco más de treinta y cinco años, quien comenzó así a interesarse en la colonización en el Río de la Plata[338]. Tuvo asimismo relaciones con Brougnes y Lelong, para quienes llegó a contratar un cierto número de los inmigrantes destinados a Corrientes. La experiencia recogida en esos emprendimientos fue mostrarle a Beck en dónde debían efectuarse ajustes fundamentales, y qué era lo que podía esperar de gobiernos inestables, cambiantes y escasos de recursos como los que existían entonces. En uno de sus libros relata amargamente cómo el derrocamiento de Cullen y su reemplazo por Juan Pablo López significó para los colonos de Esperanza entregas de animales y de semillas mucho más defectuosas y menoscabadas, por lo que él mismo se vio obligado a distribuir la simiente que el estado provincial no suministraba, a fin de evitar que los colonos se vieran privados de sembrar. En cuanto a Castellanos, sin dudas con alguna dosis de rencor, escribió: "No había previsto todas las dificultades de una empresa semejante; en particular, no había tenido en cuenta las necesidades morales e intelectuales de una

---

[338] Gori, G. (1964), *passim*; Charles Beck Bernard había nacido en Holanda en 1819, y se instaló luego en Basilea, Suiza; en 1857 viajó con su familia a Santa Fe, donde residió hasta 1864. Regresó a Suiza con el cargo de Agente de Inmigración otorgado por el Gobierno. En 1868 fue nombrado cónsul argentino en Suiza. Falleció en Lausana en 1900.

sociedad por crearse. Habituado a establecer estancias, que se desarrollaban por sí mismas con la simple introducción, en un punto cualquiera de la pampa, de uno o muchos miles de animales, creía ingenuamente que era lo mismo con hombres, y que, para fundar una colonia, no había más que hacer que ir a buscar familias en Europa y transportarlas al medio del campo de Santa Fe. Pensaba que todo marcharía por sí mismo, que las cosechas serían abundantes, y que el tercio que debía recibir, según su contrato, le significaría un ingreso magnífico [...] La administración que estableció en la colonia no tenía otro fin que velar por los intereses personales del empresario; no es nada raro que no pudiera ganarse ni el respeto ni la simpatía de los colonos"[339].

En el Río de la Plata desde 1857, Beck se dirigió a Santa Fe, donde gestionó ante el gobernador Cullen un contrato con el objeto aparentemente difuso de fundar "establecimientos fabriles, agrícolas y rurales", de los cuales un primer ensayo sería una nueva colonia agrícola a instalarse "a inmediaciones de esta capital". Una vez aprobado el contrato por la Legislatura y escriturado el terreno, éste sirvió como base para la formación, en Basilea, de la Sociedad Suiza de Colonización en Santa Fe, en comandita, bajo la razón social Beck-Herzog y Compañía, y con un capital inicial de 500.000 francos[340]. Charles Beck-Bernard sería su director principal.

El contrato, firmado en 25 de noviembre de 1857, establecía claramente la situación de la colonia e incluso los linderos de las tierras a entregar, aun cuando éstas no habían sido todavía mensuradas; antes de dos años contados a partir de la fecha del título de propiedad a otorgarse, debía existir allí una colonia con un mínimo de 50 familias, cada una con no menos de tres miembros. Éstas debían ser escrupulosamente escogidas en Europa, y las tierras no

---

[339] Beck Bernard, Ch. (1865), p. 196.
[340] Beck, Ch. (1865), pp. 190 y ss.; Gschwind, F.J. (1959), pp. 11-12.

podían ser enajenadas, sino con el objeto de poblarlas con colonos extranjeros. Éstos, siendo varones adultos, estarían exentos del servicio militar activo, pero obligados al que les correspondiera en su lugar de residencia. Se concedía asimismo a los colonos la facultad de cortar y elaborar las maderas de los montes públicos vecinos, sin oblar por ello retribución alguna[341]. Los terrenos, escogidos personalmente por Beck Bernard, eran, según el juicio de observadores, muy favorables para el cultivo de cereales y hortalizas; y la vasta área de pastoreo que existía allí hacia 1875 le recordaba a un viajero suizo las existentes entre las montañas de su país[342].

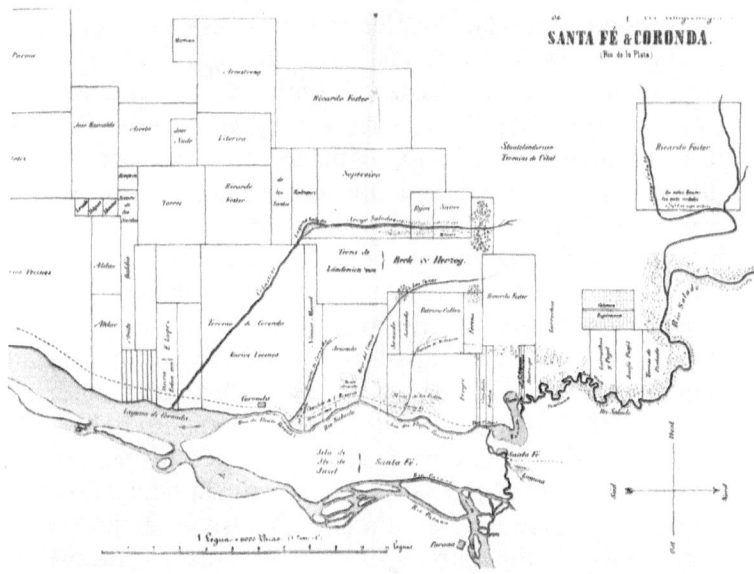

Plano catastral de Santa Fe con las tierras de la compañía Beck y Herzog y las de Ricardo Foster, donde se asentó San Gerónimo. En Schobinger, J. (1957).

---

[341] Gschwind, J. (1958), pp. 53-55.
[342] Lonfat, G. (1879), p. 66.

Los señores Beck y Herzog, contando entonces con el respaldo de algunos capitalistas de Basilea, comenzaron inmediatamente los trabajos necesarios para organizar la colonia. A fin de alentar la emigración hacia Santa Fe, la empresa realizó una activa labor propagandística a través de folletos y de comisionados; además, utilizó contratistas dedicados específicamente a esa tarea, gratificándolos por cada familia que radicaran en la colonia. Se prefería reclutar a piamonteses de los alrededores de Pignerolle, excluyendo los que pudieran embarcarse en Génova, lo que revela la voluntad de seleccionar en lo posible personas con alguna experiencia agrícola, sorteando la variopinta multitud de indigentes que rondaba por los grandes puertos europeos de entonces. De todos modos, las familias que finalmente arribaron procedían tanto de Suiza como de Italia, Francia y Alemania[343]. Más aún, la escala del proyecto, la necesidad de cumplimentarlo en los plazos fijados, e incluso la propia práctica previa típica de las empresas de emigración, parecen haber derivado en que la selección de los inmigrantes no fuera todo lo rigurosa que debió de haber sido.

Es importante además destacar los obstáculos interpuestos por la falta de conocimiento acerca del medio, la competencia de los reclutadores para otros destinos, la difusión de noticias acerca de algunas dificultades experimentadas recientemente por colonos alemanes del sur del Brasil o del Perú, y la prédica de quienes se oponían a la emigración[344]. Entre la empresa y cada familia de colonos, se firmaba un contrato en el que se especificaba la composición del grupo y los datos de cada uno de sus miembros, así como sus obligaciones. Debían proveer certificados de moralidad, aptitud agrícola y salud, así como

---

[343] Gori, G. (1964), *passim*; ver el diario de Enrique Vollenweider en Gori, G. (1958); Gschwind, J. (1958), pp. 40-59; Gschwind, F.J. (1959), pp. 11 y ss.
[344] Calvo, Ch. (1875), *passim*; Gschwind, J. (1958), pp. 57-8.

procurarse vestuario, implementos de cocina y aperos de labranza; la sociedad se obligaba a entregar a cada familia una concesión de 20 cuadras cuadradas, o 33 hectáreas[345]. Cada una recibiría además el material necesario para la construcción de una vivienda "al uso del país", es decir, un rancho; podían albergarse en un gran edificio de la administración hasta que aquél estuviera concluido, o no más allá de tres meses; se les entregarían cuatro bueyes, dos caballos para la labranza y dos vacas lecheras con sus crías, así como el maíz indispensable para sembrar 720 áreas; maní para 144 áreas; trigo para 360 áreas y diversas hortalizas para cultivar 72 áreas. Finalmente, la sociedad suministraría los víveres necesarios hasta la primera cosecha. En compensación, cada familia contraía el compromiso de entregar a la administración de la colonia, durante cinco años, la tercera parte de sus respectivas cosechas; también, de tener cultivados 20 *jucharten* al finalizar el primer año (o unas 7,25 hectáreas), y 50 al cumplirse el quinto año. El incumplimiento de cualquiera de estas cláusulas traía aparejada la rescisión, y la empresa podía privar al colono responsable de su concesión, e incluso expulsarlo. Una vez satisfecha la deuda, la concesión y todo lo construido en ella, así como los semovientes, serían de propiedad del colono; quedaba así la tierra hipotecada hasta que esto sucediera[346]. Existía además un rígido reglamento, al que todos los colonos debían ajustarse; éste prescribía obediencia a la administración de la colonia y a un tribunal de justicia, compuesto por el administrador como presidente y dos jueces elegidos por los colonos. Este tribunal debía

---

[345] Las 20 cuadras equivalían a 93 *jucharten* suizos (o *journaux*), o 90 *poses*, medidas todas que aparecen frecuentemente en las fuentes. Wilcken, G. (1873), pp. 65 y 274-5. Ver las equivalencias con el sistema métrico en Apéndice 6; también Rowlett, R. (2004), *sub voce*.

[346] Gschwind, J. (1958), pp. 67 y ss.; Gori, G. (1954), pp. 35 y ss.

juzgar los casos por mayoría de votos, basándose en la jurisprudencia local[347].

En agosto de 1858, llegaron las primeras familias y, a fines del mes siguiente, se fundó formalmente la colonia San Carlos, que pronto habría de ser una de las más importantes entre las establecidas en las primeras dos décadas del proceso colonizador. Fue situada a alrededor de 50 kilómetros de la capital provincial, y ocupó un área de 8 leguas cuadradas de terreno (21.600 hectáreas) de las 20 que el gobierno había concedido a la firma, con lo que se reservaba así posibilidades de expansión futura; de ese modo, las últimas concesiones vacantes, ya pertenecientes a la comuna, terminaron de venderse en subasta en 1870[348]. Antes de la llegada del contingente principal de familias, existían ya allí trabajadores europeos traídos por la administración de la sociedad para todas las tareas preliminares y para trabajar tierra reservada a la que luego se denominaría Granja Modelo, que debía ocupar las ocho concesiones centrales del conjunto. Allí los colonos prestaban trabajos personales, en compensación de préstamos otorgados para la contratación de peones que los ayudaran a levantar sus casas y a arar la tierra[349]. Al mismo tiempo servía como centro de enseñanza experimental de la práctica agrícola para toda la colonia. Se previeron y se realizaron tareas como el zanjeo perimetral a fin de evitar invasiones de animales, y plantación de árboles para la obtención de material de cercos, leña y madera una vez que se hubieran terminado los bosques naturales; Wilcken opinaba en 1872 que esto último demostraba la previsora inteligencia de los colonos de San Carlos: "Mientras que en la Esperanza y demás colonias, que acabaron con los

---
[347] Gschwind, F.J. (1959), pp. 17 y ss.
[348] Calvo, Ch. (1875), p. 179.
[349] Sobre la granja modelo puede verse Gori, G. (1954).

bosques circunvecinos, se ven obligados a buscar su combustible a 12 leguas de distancia, la de San Carlos tiene en los magníficos bosques de duraznos y demás árboles plantados, a lo menos, el combustible necesario para su propio consumo"[350]. Se efectuaron asimismo ensayos con plantas industriales exóticas, como el maní y el tabaco, así como con gusanos de seda[351]. Si bien luego se sabría que las condiciones ambientales y los suelos del lugar no eran aptos para esas actividades, la experimentación da cuenta de la voluntad de obtener el máximo provecho posible del gran recurso que diferenciaba a la colonia del resto del espacio productivo circundante: la abundancia de mano de obra.

    Los colonos de San Carlos tuvieron de todos modos que luchar contra varios de los inconvenientes que pusieron al borde del abismo a los de Esperanza y de otras colonias posteriores, pero llevaban la ventaja de ser dirigidos y asistidos por una administración creativa y eficiente, que contaba con un buen respaldo de capital, que había planificado su inversión teniendo en cuenta los múltiples aspectos involucrados en una empresa de ese tipo, y que se apoyaba en celosas y activas autoridades. Sin embargo, a pesar de todas esas ventajas y previsiones, el negocio en sí resultó un fracaso. Ya hacia 1863, la asamblea de accionistas corroboraba los malos resultados financieros de la empresa: la pérdida de algunas cosechas por adversidades ambientales había retrasado la recaudación de los cánones; los colonos faltaban al pago de sus deudas, y es probable además que los diversos experimentos de adaptación de especies abultaran los gastos sin producir por el momento beneficios, aun cuando brindaran un inmejorable punto de investigación y ajuste de métodos agrícolas cuya utilidad

---

[350] Wilcken, G. (1873), p. 53.
[351] Gori, G. (1954), pp. 33-4.

a futuro sería sin dudas cardinal. Beck perdió su fortuna en el emprendimiento, y tanto él como su socio Herzog fueron separados de la sociedad, que quedó en manos de los acreedores, aun cuando Beck continuó ejerciendo el cargo de director de la colonia hasta 1864, teniendo en sus manos las relaciones con el Gobierno provincial y demás autoridades, y vendiendo los lotes de campo a los precios que se le comunicaban desde Basilea[352]. La situación no mejoró mucho; continuaron sin poder pagarse no sólo los dividendos, sino tampoco los intereses de las acciones preferidas. En ese último año, el directorio volvió a reunirse y, entre la quiebra y la liquidación, optó finalmente por esta última. Se resolvió el retiro definitivo de Beck, y quedó como administrador de los remanentes Enrique Vollenweider hasta su renuncia en 1873. En esos años, por fin, la sociedad fue recuperando parte de sus capitales y pudo destinarlos a la fundación de nuevas colonias: Humboldt, Humboldt Chico y Grütly, constituidas todas en 1869. De todos modos, la capacidad financiera se había resentido para siempre: en ninguno de esos casos los colonos recibieron adelantos; afortunadamente, al menos en los dos primeros, tampoco los necesitaron, dado que se trataba de agricultores ya avezados provenientes de colonias más antiguas y deseosos de ampliar su capacidad productiva[353].

Se corroboraban así las enormes dificultades para poner en marcha un emprendimiento de estas características. Los colonos, entrampados por los erráticos e imprevisibles resultados de sus cosechas y el descenso de los precios de sus productos ante sus perspectivas de venta en mercados pequeños y con demanda inelástica, sólo podían sobrevivir gracias a un apoyo financiero continuo y constante, que les permitiera hacer frente a las adversidades hasta lograr

---

[352] Gschwind, J. (1958), pp. 85-6.
[353] Fernández, A. (1896); Wilcken, G. (1873); [Lezica y Lanús] (1876), p. 24.

afianzarse. Además, la capacidad productiva de cada familia era muy distinta, según fuera la mano de obra con que contara en su propio seno. La diferencia en el costo de oportunidad de operar con mano de obra propia y contratada era muy grande; varios colonos que no poseían familia o cuyo número de personas en edad laboral era insuficiente prefirieron incluso emplearse como peones en las concesiones de sus vecinos antes que contratar los trabajadores necesarios para sus propias explotaciones. En ello tuvo también su papel la disponibilidad de dinero en efectivo, necesario para pagar salarios. En todo caso, éste y otros factores eran sustanciales en la evolución económica del grupo. Así, la paralela puesta en marcha de actividades complementarias como el comercio o la artesanía; el monto de dinero que el colono hubiera traído; la creatividad en la obtención de ganancias y en la inversión de sus fondos; la capacidad de obtener eventualmente salarios por parte de miembros de la misma, e incluso la suerte, determinaron pronto una multiplicidad de situaciones que está crudamente expresada en los apuntes de Beck Bernard, en los que siguió, con minuciosidad de orfebre, los avatares de cada grupo familiar desde sus inicios. Baste como ejemplo la trayectoria del colono Lefebre, quien en octubre de 1859 había perdido a su asociado Alexandre; se retrasó en el trabajo y debió ocuparse de ayudar a otros hasta que llegara su familia; el 10 de agosto de 1860, casi un año después de haberse reunido con ésta y con 3 personas a cargo, sólo tenía 5 *jucharten* sembrados y 12 arados, o un total de poco más de seis hectáreas. En cambio, la familia Reale, compuesta de cinco personas mayores y cuatro menores, para esa misma fecha poseía 44,5 *jucharten* bajo cultivo, y roturados otros 14, es decir, más de 21 hectáreas en total[354]. O la familia Taverna, cuyo titular, un hombre emprendedor

---

[354] Gori, G. (1954), pp. 74-5; 82-3.

e inteligente, había llegado en 1859 tan desprovisto de fondos que debió recibir recursos de la administración para instalarse. Sin embargo, ya para 1861, sus plantíos prosperaban bien; los había diversificado con maíz, maní, batatas, papas, porotos, un hermoso jardín e incluso con una viña cuyas semillas había traído de Europa. Desde 1865, sin dejar de ser agricultor, se dedicó al comercio, y acumuló siete años después una fortuna estimada en 35.000 pesos fuertes[355].

Si bien en promedio cada una de las 41 familias registradas en los apuntes de Beck Bernard publicados por Gori tenía sembrados 18,1 *jucharten* en agosto de 1860, más de la mitad de ellas no llegaba a los 20, con lo que indudablemente habían incurrido en incumplimiento de contrato, según las cláusulas que hemos detallado antes. El rígido reglamento y la severa antipatía de la administración no habían sido por lo visto muy eficaces; si la sociedad no pudo deshacerse de esos colonos omisos, eso se debió sin dudas a que las pérdidas a afrontar en el caso de despedirlos hubieran sido demasiado significativas como para poder aceptarlas. Era preferible, ante esa dura disyuntiva, continuar vigilando el trabajo para tratar de lograr resultados, e incluso seguir apoyando financieramente a quienes tuvieran dificultades, aun cuando eso pudiera derivar en más pérdidas, antes que malograr definitivamente todos los adelantos ya efectuados con la huida del colono. Así, por lo demás, se puede entender otra parte del fracaso: al concentrar las decisiones de cultivo y las formas de hacerlo en una administración que al mismo tiempo debía experimentar las diversas posibilidades y técnicas porque nadie las había ensayado antes, era lógico pensar que el efecto de los errores sería por lo menos tan amplio como el de los aciertos. Las decisiones equivocadas, inevitables

---

[355] Gori, G. (1954), pp. 84-85; Perkins, G. (1864), Wilcken, G. (1873).

en un contexto en el que todo estaba por hacerse, tenían un costo, que alguien debió de pagar; no podemos hoy saber qué parte de culpa le cupo a la administración de San Carlos por el escaso rendimiento de esos colonos, pero puede admitirse que alguna debió tener, toda vez que buscaba controlar tantos aspectos y no se poseía todavía la experiencia necesaria como para hallar el óptimo económico de todos.

En un emprendimiento a escala importante como éste, era además inevitable incurrir en errores en la selección de las familias, aun a pesar de los recaudos tomados; al respecto, resulta aleccionadora una nota puesta por Beck Bernard con respecto a uno de los colonos que menos parecía prometer: "No podemos comprender que se acepte esta clase de gente y tan luego con un adelanto tan grande"[356]. En esto es probable que incluso las propias prácticas de una agencia de emigración, como lo había sido la de Beck Bernard, hayan operado en contra del emprendimiento; en un agudo análisis, el médico y viajero Paolo Mantegazza acusaba a esas agencias de no ocuparse demasiado de factores clave como la capacidad e inteligencia de los emigrantes, los cuales, por lo demás, "no son elementos que puedan pesarse o medirse ni ponerse en catálogo"[357].

La falta de experiencia y las lisonjeras ilusiones de los accionistas derivaron asimismo en gastos demasiado grandes; Guillermo Perkins criticaba en 1863 la liberalidad de los desembolsos de los primeros años, en que la administración adelantó abundantes fondos a las familias, "no tomando bastante en cuenta el carácter de los hombres con que tenía que poblar su colonia", lo cual a su juicio estaba entre las causas principales de la falta de resultados

---

[356] Gori, G. (1954), p. 103.
[357] Mantegazza, P. (1870), pp. 381-2.

financieros de la empresa[358]. Más aún: la diversidad étnica y religiosa fue factor de incomprensión, fallas en la comunicación e incluso graves problemas: a poco de ser fundada la colonia, se produjo una crisis que originó una división: los católicos se instalaron en 1861 en otro núcleo al norte del antiguo, y dejaron a los protestantes en éste[359].

Por lo demás, una vez establecidos y ya más prácticos en el conocimiento del país, los colonos fueron comprendiendo la real dimensión del escenario en que se encontraban. La oscura y miserable situación personal que muchos habían abandonado en Europa ya no podía continuar amenazándolos; formaban parte ahora de un núcleo de población extemporáneo en el que abundaba la mano de obra, rodeado de una dinámica economía productiva donde aquélla era extremadamente escasa; mientras en su colonia se desperdiciaba buena parte de esa valiosa mano de obra en el intento de aclimatar actividades agrícolas intensivas, complejas y de resultados azarosos, los rodeaba una frontera ávida de hombres de trabajo, que ofrecía oportunidades muy atractivas tanto en la tradicional agricultura periurbana, el tráfico fluvial o en la más segura y fácil ganadería local; y por fin, las tierras, que el gobierno de una u otra forma les hubiera cedido gratuitamente, les habían sido hipotecadas al oneroso costo de la tercera parte de sus cosechas[360]. Asimismo, la rígida disciplina impuesta por los reglamentos resultaba ridícula frente a la inexistencia de una policía eficaz que

---

[358] Perkins, G. (1864), p. 53.
[359] Gschwind, J.J. (1958), p. 92.
[360] Al respecto Beck Bernard, Ch. (1865); Castellanos, A. (1877), p. 31; Burmeister, H. (1943-4), t. I, pp. 465 y ss., donde relata lo difícil que le resultó encontrar personal idóneo, a pesar de la disponibilidad de inmigrantes. Todavía hacia 1871 se seguían ofreciendo oportunidades muy tentadoras en la agricultura periurbana, que no siempre eran aceptadas. Ver informe de la Comisión de Inmigración de Rosario, en *La Capital*, Rosario, 18 de mayo de 1871.

pudiera ejercer autoridad válida sobre esa población, a las múltiples posibilidades de inserción laboral en la economía circundante, y a la imposibilidad de imponer pautas en tanto los mismos colonos eran quienes controlaban la totalidad del ciclo productivo, lo que dejaba en sus manos los resultados efectivos de éste. El sistema disciplinario, por otra parte, resultaba muy poco propicio para la convocatoria de nuevos inmigrantes. Carlos Pellegrini efectuaba algunas agudas consideraciones al respecto cuando afirmaba: "Mientras la atracción de familias a nuestra tierra tenga alguna semejanza con el tráfico de negros [...] nada de bueno hemos de conseguir [...] puesto que [...] aunque se desbaraten las empresas, [y se] gane algo por la adquisición de nuevos brazos, el mal efecto producido por una ruidosa disolución, retumbando a lo lejos, retrae de emigrar a un número mucho más crecido de individuos, atendido que [...] son casi únicamente las cartas que privadamente cada colono dirige a sus deudos y amigos, [...] [lo] que decide la accesión de nuevos colonos"[361]. Es cierto que los miembros de la colonia contaban en ella con el apoyo de sus connacionales, en un núcleo donde hablaban en su idioma y mantenían muchas de sus viejas tradiciones; pero la ecuación económica continuaba siendo de todos modos una contradicción difícil de sostener sin resultados. La férrea autoridad ejercida por la administración y la obligación de seguir sus indicaciones en materia de economía agrícola fueron quizá útiles para difundir conocimientos imprescindibles y para experimentar con los cultivos más adecuados; pero constituían asimismo un motivo de fricción y de disputas entre los colonos y la empresa y, como hemos dicho ya, en caso de equivocación, los perjuicios se multiplicaban en tantos colonos como los habían aplicado.

---

[361] Pellegrini, C. "Inmigración y colonización", en *Revista del Plata*, segunda época, nro. 4, Buenos Aires, febrero de 1861, p. 63.

Afortunadamente, luego de esos difíciles años iniciales, San Carlos logró prosperar. Ya en 1864 Perkins podía inventariar con entusiasmo sus logros: sobre todo en la trayectoria de algunas de las familias colonizadoras, que Wilcken retomaría en 1872 y que por su interés figuran transcriptas en Apéndice 4. Para ese año, San Carlos era ya la más importante colonia por sus índices de producción; en su informe, Wilcken registraba con satisfacción la alta proporción de colonos que eran propietarios de más de una concesión, sin contar las que poseían en otros emprendimientos o en las cercanías. Esa ingente cantidad de tierra por labrar excedía plenamente sus fuerzas, por lo que convocaban a sus parientes europeos y los instalaban allí, sosteniéndolos con crédito y fondos, y entregándoles nada menos que las dos terceras partes de la cosecha. El sistema constituía, a escala reducida, un eficiente ajuste que permitía compartir y difundir los conocimientos ya poseídos por colonos más antiguos con los recién llegados, a la vez que ofrecía mayores y mejores oportunidades a estos últimos[362].

La clave de este éxito parece haber así radicado en buena medida en la capacidad de acumular experiencias en los años malos para aprovechar mejor los más propicios que los sucederían. Por lo demás, la alta productividad del trabajo, que diferenciaba a los núcleos de colonización con respecto a la economía rural circundante, ofrecía buenas posibilidades de ganancia toda vez que se ingresara en algún rubro con demanda y precios más o menos sostenidos, diversificando a la vez la producción en varios otros diferentes para evitar saturar en poco tiempo los estrechos mercados locales[363]. Una vez ajustados estos as-

---

[362] Wilcken, G. (1872), p. 59.
[363] Esto está expuesto claramente en la amplia variedad de productos exportados; ver por ejemplo Beck Bernard, Ch. (1865), p. 208.

pectos clave, lo esencial para que el emprendimiento en su conjunto funcionara estaba prácticamente dado; quedaba la capacidad de trabajo de cada familia como la variable clave de la acumulación. San Carlos se transformó así en formadora de colonos, más allá del lamentable resultado financiero de la empresa. Y resulta una paradójica ironía del destino que Charles Beck Bernard, la persona a quien la colonia más debía su progreso, haya debido separarse de la empresa justamente cuando ésta comenzó a recuperar parte de las pérdidas de esos difíciles años iniciales.

3. La versión entrerriana: San José

San José, fundación entrerriana casi contemporánea de la santafesina San Carlos, guarda con ésta algunos rasgos comunes: férrea y eficaz organización, elección cuidadosa de su sitio, respaldo financiero abundante, e incluso intervención de un mismo actor, Charles Beck Bernard. Sin embargo, existieron otras diferencias importantes. La primera es que esta fundación fue planificada en mucho menos tiempo (surgió prácticamente de un hecho fortuito); la segunda, que la disposición de recursos (que en San Carlos había formado parte del cuidadoso planteamiento inicial) fue más bien un factor derivado de las bien dotadas tierras de su sostenedor, el general Urquiza, así como de la munificencia financiera de éste, basada en una fortuna mucho más sólida que el capital accionario de Beck y Herzog. Otra diferencia fundamental fue su posición geográfica, a escasa distancia del río Uruguay, que la ponía en buena y barata comunicación con los más consistentes mercados regionales y aun con el gran centro de consumo, la ciudad de Buenos Aires. Todos estos factores están en la base del éxito de este emprendimiento, y constituyeron, para todos los que veían en la colonización un instrumento de cambio social y económico, una lección de lo que había que tener en cuenta para lograrlo. De todos modos, la evolución del proceso colonizador entrerriano encontraría fuertes dificultades, y no se logró repetir ese éxito inicial hasta ya bien avanzada la década de 1870, luego de superada la fase conflictiva que significaron las revueltas de inicios de la misma, y se pudo encauzar el difícil cambio de las formas de acceso a la tierra, pautadas hasta entonces por las tradiciones heredadas de una época de luchas en que aquélla era una recompensa y un derecho.

Como se sabe, San José fue una empresa particular del general Justo José de Urquiza, cuyo inicio puede calificarse de casual. En 1857, ante la caducidad del contrato de colonización firmado entre el gobernador de Corrientes y Brougnes justo en momentos en que arribaba un contingente de colonos, Charles Beck-Bernard se dirigió a Urquiza para encontrar una solución para éstos, que derivó en que el caudillo decidiera como emprendimiento propio la fundación de la colonia San José, en una superficie de 13.500 hectáreas de su pertenencia, situada sobre la costa del Uruguay, en las cercanías de Concepción, luego de que se descartara ubicarla en las tierras anegadizas del Ibicuy, en el sur provincial[364].

Una vez desembarcados los primeros colonos, se los auxilió con víveres enviados desde el Palacio San José, la cercana residencia de Urquiza. El 1 de julio de 1857, la colonia contaba con 103 familias, formadas por 409 personas mayores de diez años y por 118 niños menores de esa edad; además, había 53 colonos sin familia, de edades que oscilaban entre los 20 y 41 años[365]. La mayoría de ellos eran suizos del cantón de Valais, y en particular del "bajo" Valais, de habla francesa. Las condiciones del contrato

---

[364] Horne, B. (1957), pp. 35 y ss. ; Castellanos, A. (1877), pp. 126-7.
[365] Horne, B. (1957), pp. 101-110.

estipulaban que cada familia recibiría 16 cuadras de tierra, o 27 hectáreas, es decir, la superficie de una tradicional suerte de chacra[366]. Se entregarían también 100 pesos por familia a la administración, para ser empleados por ella en la compra de semillas y de objetos de primera necesidad a utilizar por los colonos; además, cuatro bueyes de labranza, dos caballos y dos vacas lecheras con su cría, madera y leña a voluntad, y el mantenimiento de la familia durante un año a partir de la llegada. Todo esto constituiría una deuda a pagar a más tardar en cuatro años, con un 2% mensual de interés. Una vez cancelada la deuda, la tierra pasaría a propiedad de la familia. Los colonos estaban exentos de servicio militar, pero debían organizarse en milicia para la seguridad de la colonia[367]. El agrimensor de origen francés Carlos Sourigues, a la sazón comandante de Gualeguay, decidió que el mejor lugar para la instalación de la colonia era el conocido como Rincón de Espiro, tanto por la buena aptitud de la tierra y por la abundancia de bosques como por la cercanía a Concepción del Uruguay, de la que apenas distaba siete leguas, y que se constituiría así en el principal mercado local para la producción de la colonia. Allí se iniciaron prontamente los trabajos de delineación y construcción de albergues[368]. Otro francés, el ya mencionado Alejo Peyret, fue designado como administrador. De

---

[366] Ver el *Registro estadístico de la provincia de Buenos Aires*, nro. 8, septiembre de 1822, pp. 152/3. La porción oriental de Entre Ríos se guiaba por los pesos y medidas bonaerenses.

[367] Contrato transcripto en Guionet, H.R. (2001). El interés parece excesivamente alto, aun para las suculentas tasas cobradas en operaciones comerciales de esas plazas; es evidente que se buscaba desincentivar el alargamiento de los plazos de pago. En una transacción familiar, un depósito a censo de 9.000 pesos plata devengaba un interés anual del 8%. Contrato de disposición de bienes de Agustina Mónica Morlius y su hijo respecto de sus estancias en Gualeguaychú, 10 de mayo de 1855, en AIPOM, Archivo García de Zúñiga, paquete 19, sin foliar.

[368] Ripoll, C. (1888), t. I, p. 309.

esta forma, los colonos disponían de interlocutores que dominaban su idioma y el de la tierra de adopción. Estos últimos contaban a su vez con muy buenas relaciones sociales y políticas a nivel local. La extensión de las concesiones osciló finalmente entre 26 y 28 hectáreas, dependiendo de su ubicación. De todos modos, muchas familias parecen haber recibido sólo media concesión[369].

Aquí como en Santa Fe, el contraste entre las formas productivas que esos inmigrantes habían dejado atrás y las que encontraban no pudo ser más grande. En sus pueblos suizos, los ahora colonos apenas disponían de algunos metros cuadrados en las laderas de los Alpes; desde los valles al pie de éstos debían transportar tierra en canastos hasta sus parcelas, para reemplazar la que se perdía arrastrada por los aludes; seis meses al año debían encerrarse en sus chalets a causa de las nieves que tapaban caminos y montañas, y que impedían la actividad y aun la comunicación. Se encontraron de pronto trasladados a vastos prados naturales, ondulantes y verdes, con aislados bosques en los que pululaba infinidad de animales; la tierra desierta apenas era hollada cada tanto por dispersos rebaños de vacunos criollos; el suave clima posibilitaba el trabajo agrícola durante todo el año, y las altas montañas habían sido reemplazadas por ríos anchos como mares. La caza pronto brindó variedad a la dieta, pero el trato con caballos y con bueyes tuvo principios difíciles, dado que muchos colonos jamás los habían manejado, y menos aún a animales semisalvajes y rústicos como los criollos. Los terrenos boscosos debían ser desmontados y destroncados, tareas arduas aunque no exentas de provecho por el uso de la madera así obtenida y por la circunstancia de que los terrenos cubiertos de árboles eran justamente los más feraces. El trabajo del arado en tierra virgen resultó

---

[369] Beck Bernard, Ch. (1872), p. 116; APSJ, Colonia San José, documentos varios.

mucho más complejo, duro y difícil; el maíz, cultivo iniciador, era plantado por los colonos por primera vez en sus vidas, y a una escala inmensamente mayor de lo que jamás habían realizado. Para estas complejas tareas los colonos sólo contaban con el consejo de los administradores, de los lugareños o de algún manual agrícola traído de Europa, desajustado casi por completo a las características del medio; las tradiciones ancestrales de cultivo servían en todo caso de muy poco, y no todos las poseían acabadamente, no sólo por provenir a menudo de zonas urbanas. Muchos colonos del Valais, por ejemplo, habían sido ante todo criadores de animales en su tierra de origen, dado que la naturaleza muy montañosa del terreno no favorecía la agricultura; allí habían elaborado leche, quesos y manteca, productos todos que, aun cuando por su carácter perecedero y por diferencias en la dieta no poseyeran todavía en su nueva tierra un mercado de proporciones, al menos contaban con demanda y con buenas posibilidades de colocación. Esto obligó también a muchos a encarar actividades radicalmente nuevas. Los primeros años, tanto por esta compleja adaptación como por otras razones, fueron necesariamente muy difíciles. La presencia de cultivos atrajo a las plagas; ya en 1857 una invasión de langosta dio cuenta de buena parte de la cosecha[370]. Es probable asimismo que otras plagas propias del área también las hayan afectado. Esto obligó al fundador Urquiza a continuar la distribución de víveres por un tiempo adicional al inicialmente pactado; sin esa munificencia, quizá la colonia no hubiera sobrevivido. Surgieron además problemas con los estancieros vecinos, cuyos ganados invadieron repetidas veces los sembrados; ante las quejas, argumentaron que la posición de la colonia quitaba las aguadas a los ganados, y que los perros de los colonos asustaban a las ovejas. A diferencia de Santa Fe, donde Esperanza y San Carlos pudieron

---

[370] Peyret, A. (1889), t. I, p. 15.

crecer con relativamente pocos conflictos con los escasos y dispersos criadores de ganado allí existentes, en Entre Ríos la mayor densidad de la ocupación del espacio y la circunstancia de no existir fronteras despobladas obligaron a convivir estrechamente, de una u otra manera, a ambas formas productivas. Por lo demás, pronto resultó evidente que la extensión de las concesiones era demasiado pequeña, y que hacían falta áreas de pastaje para el ganado de los colonos que, como hemos dicho, era siempre una importante alternativa productiva, menos riesgosa y capaz de ofrecer ingresos más regulares que la agricultura. Esta circunstancia retrasó el desarrollo de una agricultura a mayor escala, y se desaprovecharon algunas oportunidades comerciales y la más fácil salida hacia el mercado porteño que poseía la colonia; hacia fines de la década de 1860, contando con la misma superficie que Esperanza, San José apenas producía la mitad del trigo que ésta[371].

De todos modos, en relativamente pocos años la colonia logró asentarse y prosperar. Uno de los factores más importantes de sus avances fue el intenso tráfico fluvial, para el cual los colonos proveían alimentos con buenas ganancias, como lo habían hecho desde antaño a otra escala las estancias situadas en la costa. Ya antes del final de la década de 1850, comenzaron a llegar espontáneamente otras familias; en 1859, Urquiza decidió incluso encarar el envío de agentes a Europa para contratar más. Para inicios de la década siguiente, la situación estaba en franco progreso, de manera similar a lo que ocurría en San Carlos y a las demás colonias de su área. Hacia 1863 todo el terreno inicialmente asignado había sido ya ocupado; se lo había cercado asimismo perimetralmente para evitar las invasiones de los ganados y, en abril de ese último año, en el considerable espacio de terreno que mediaba entre el

---

[371] Beck Bernard, Ch. (1872), p. 116.

límite de las concesiones y el río Uruguay, se fundó la villa de Colón, lo que dotó a la colonia de un puerto desde el cual embarcar sus productos. Tan rápido fue su crecimiento que pronto la villa fue convertida en delegación política y, en 1869, en capital de un nuevo departamento[372]. El puerto pronto independizó a la colonia de los estrechos mercados locales, y facilitó el envío de los productos hacia otras ciudades de la costa; la demanda de éstas, pobladas por ingente cantidad de extranjeros, aseguraba mercados ávidos para ciertos bienes de granja, como huevos, manteca, papas, aves domésticas y hortalizas. Al menos, según la opinión de Charles Beck-Bernard, los dos primeros rubros podían venderse a muy buen precio; en la colonia San Carlos, de Santa Fe, existían familias que obtenían de ambos el dinero necesario para cubrir todas sus necesidades[373].

4. Una alternativa con futuro: San Gerónimo

San Gerónimo fue fundada en Santa Fe en 1858, a cierta distancia al norte de San Carlos. Su fundador fue Ricardo Foster, quien había obtenido una gran extensión de tierras fiscales del Gobierno provincial, y se había comprometido a destinar parte de éstas a la instalación de una colonia compuesta por cincuenta concesiones. La propiedad, con frente al río Paraná, daba por sus fondos a una antigua reducción indígena; en esos fondos se reservó una franja de terreno para la colonia, de unas 10.800 hectáreas[374]. Llamada también "San Gerónimo del Sauce" (nombre de la aldea aborigen, al que luego se agregará el de "San Jerónimo Norte" para diferen-

---

[372] Peyret, A. (1889), t. I, pp. 19 y ss.
[373] Mulhall, E.G. y E.T., (1885) p. 48; Beck-Bernard, Ch. (1865), pp. 211-13; también Burmeister, H. (1943-4), t. I, p. 469.
[374] Oggier, G. y Jullier, E. (1984), p. 29; Fernández, A. (1896), p. 249.

ciarla de la colonia homónima fundada en 1870 en el sur de Santa Fe por la Compañía de Tierras del Ferrocarril Central Argentino), el emprendimiento lindaba hacia el sur con el vasto terreno de la casi contemporánea colonia San Carlos; y, hacia el norte, con la colonia Esperanza. Constituía así la tríada inicial de fundaciones. Compartía además con esta última una traza en damero dividido por un gran espacio central, cuya propiedad se reservaba el propietario Foster, y en el cual se instaló luego el núcleo urbano. Sin embargo, San Gerónimo tuvo una conformación bastante distinta de los proyectos que ya hemos enunciado. Aquí, fundamentalmente, se trató de un ejemplo de iniciativa privada con la mira puesta en la valorización de las tierras, predominando en ello entonces una visión empresaria de mediano plazo, no ligada como los otros proyectos a un aleatorio apoyo oficial, o al de algún gran personaje de la época. Fue de este modo la primera fundación planeada y concretada como negocio por sí misma, independiente de los vínculos o justificativos políticos que pudieran esgrimirse para obtener la aquiescencia y el apoyo oficial que pudieran afianzar su éxito, o al menos garantizar que no debería enfrentar una sorda oposición.

No sólo en ello resultó un proyecto innovador, sino también en otros aspectos. El primero, que se pobló con un grupo de colonos llegados en forma espontánea, es decir, sin apoyo oficial ni reclutamiento organizado a través de compañías especializadas. Más allá de los juicios de los contemporáneos, es bastante evidente que se trataba de ese modo de un grupo humano de características distintas, con menor proporción de indigentes, más recursos por familia y un carácter emprendedor más marcado, dispuesto a no pagar el costo de endeudarse a altas tasas para minimizar los riesgos de la relocalización y afrontarlos ellos mismos a pesar de las incomodidades y problemas que pudieran significar. Ello estuvo además ligado a una marcada homogeneidad étnica, religiosa y de origen geográfico, lo que indica que el papel de los vínculos comunitarios e interpersonales reemplazaban la acción concertada de una empresa, y no con peor resultado. Por otra parte, el grupo gozaba de un acceso a la información más amplio y más confiable de lo que podían contar otros migrantes, incluso aquellos cuyo traslado era gestionado por operadores profesionales. En ello tuvo parte fundamental un *broker* que se constituiría en el organizador de la convocatoria y del traslado, y que realizaría luego nuevos viajes a Europa a fin de atraer más miembros para la colonia. Todo esto constituye a San Gerónimo en una muestra temprana de un fenómeno que tendrá gran desarrollo, vigencia y peso decisivo en los años siguientes.

Otro aspecto innovador fue que esta colonia se instaló en un área más cercana a la frontera, es decir, menos valorizada todavía e incluso considerada entonces muy expuesta y peligrosa[375]. En la vecindad existía una reducción indígena; según el detallado trabajo de Gabriel Oggier y Emilio Jullier, se buscaba con ello interactuar con los nativos a fin de precaverse, gracias a su ayuda diplomática, de las hostilidades de quienes no habían aceptado el dominio del blanco; pero es probable asimismo que se intentara también así solucionar la falta de mano de obra en los momentos más álgidos del ciclo productivo, problema que acuciaba ya entonces a las colonias. Se lograban así aprovechar dos importantes diferencias cualitativas: la tierra más lejana y por tanto más barata, y una fuerte dotación de trabajo que permitiera una producción intensiva[376].

---

[375] Wilcken, G. (1873), p. 29; Oggier, J. y Jullier, E. (1984), pp. 117; Perkins, G. (1864).

[376] En efecto, el cacique Nicolás Denis, jefe de la reducción indígena, prestó ayuda para levantar los ranchos de los colonos y auxilió el corte de maderas del monte, siendo considerado "un generoso benefactor de la colonia". Oggier, J. y Jullier, E. (1984), p. 69. Con los colonos de San Carlos los indígenas tuvieron una relación al parecer mucho menos cordial, que culminó en 1869 con el asesinato de una familia de colonos y el inmediato linchamiento y asesinato de Denis. Ver Gschwind, J. J. (1942).

Vivac de los carabineros de Urquiza en Santa Fe, 1861. Grabado de C. Maurino, publicado en *Le Monde Illustré*, París, 1861.

Una tercera diferencia la constituye el hecho de que no se obligó a los colonos a entregar por contrato una parte de sus productos durante varios años hasta suplir la deuda por gastos de traslado y de alimentos. Por el contrario, el único requisito era asentarse durante un tiempo mínimo de algunos años, pasado el cual, si habían persistido, se les otorgaría la tierra gratuitamente[377]. Es cierto que los gastos de traslado, tratándose de migrantes espontáneos, no eran aquí parte del compromiso; pero sí los de asentamiento, por los cuales los colonos se endeudaron con el propietario Ricardo Foster (existían al respecto quejas por los altos precios a los que vendía sus productos). Pero lo fundamental es que esa condición constituyó una

---

[377] Oggier, J. y Jullier, E. (1984), pp. 77 y *passim*.

diferencia muy importante a favor de San Gerónimo, y muestra con claridad que la intención del propietario no era especular comercialmente sobre los productos de la colonia, sino valorizar las tierras remanentes, las cuales además constituían el camino recto más corto hasta la salida fluvial. La posición equidistante de las otras dos colonias fue también probablemente un indicio de que se esperaba que la afluencia de familias de éstas contribuyera a poblarla, como en efecto ocurrió.

Una cuarta diferencia fue el carácter mucho más ganadero y capitalizado que la colonia adoptó desde sus inicios, y que mantuvo bastante exitosamente a lo largo del tiempo. El censo realizado en 12 de enero de 1867 indica, para las 145 familias existentes, un promedio de 30 vacunos por cada una. Había colonos como Ignacio Heimo, que contaban con 150, o Antonio Salzmann, con 100, además de 18 equinos. El promedio era de 1,23 concesiones por familia, con 38 que poseían dos o más[378]. Hacia 1872, la cantidad de ganado vacuno de cría era todavía en San Gerónimo de casi 27 cabezas por familia, más del doble que en Esperanza y unas seis veces la cifra de San Carlos; sólo cuatro colonias de las 35 que registra Wilcken, incluyendo a las entrerrianas, tenía más ganado por familia que San Gerónimo. La inversión en implementos agrícolas por familia era también allí considerable: apenas tres colonias en Santa Fe la superaban, ninguna de ellas sus contemporáneas[379]. Incluso, uno de los colonos de San Gerónimo, Adrián Kalbermatten, había logrado renombre hacia mediados de la década de 1870 fabricando arados de muy buena calidad[380]. Los colonos, muchos de ellos arribados

---

[378] AGPSF, Gobierno, t. 31, 1867, fs. 383 y ss.
[379] Índices elaborados a partir de los cuadros publicados en Wilcken, G. (1873).
[380] Lonfat, G. (1879), p. 67.

ya con algunos fondos propios, se volcaron a la ganadería desde los comienzos, no sólo como forma de obtener una rentabilidad más segura de su capital, sino también para acumular y preservar ganancias en el período inicial de asentamiento y precaverse contra los imprevistos de la más aleatoria agricultura[381]. Éstos fueron probablemente factores que aseguraron su éxito, así como la tendencia a un menor endeudamiento por parte de las familias. Debe tenerse en cuenta también que se adaptaron así mejor a las prácticas y medio locales, al menos en un grado mayor que en los esquemas productivos aplicados en las otras dos colonias. Beck Bernard criticaba a los colonos de San Gerónimo en 1865, afirmando: "Se encuentran tan felices de poseer grandes terrenos y numerosas tropas de ganado, que no se preocupan en embellecer sus propiedades ni en mejorar sus habitaciones", juicio reprobatorio que en realidad sugiere que estas últimas se habían visiblemente adaptado mejor a las pautas de las explotaciones criollas que las granjas pseudoeuropeas de Esperanza o de San Carlos, cosa que en realidad no necesariamente tenía que ser una desventaja[382].

De todos modos, la escala fue mucho más modesta que en los otros casos. Sólo cinco familias fundaron la colonia: las de Ignacio Heimo, Ignacio Falchini, Bartolomé Blatter, Pedro Perrig y Luis Hug. Pero además, los dos primeros estaban casados con mujeres de apellido Blatter, con lo que en realidad se trataba sin dudas de familias vinculadas entre sí. Lentamente, sin embargo, comenzaron a afluir más familias: y el éxito fue tal que, para 1866, San Gerónimo estaba ya tan poblada como San Carlos, y en 1872 la había incluso superado. En ello tuvo parte esencial

---

[381] Perkins afirmaba que algunos de los colonos habían llegado hasta con 20.000 francos. Perkins, G. (1864), p. 42.
[382] Beck Bernard, Ch. (1865), p. 208.

la acción del colono y *broker* Lorenzo Bodenmann quien, como hemos dicho ya, realizó a partir de 1859 varios viajes a Europa y a su cantón suizo a fin de atraer nuevos colonos. Se trató aquí de una iniciativa múltiple, ya que esos viajes fueron financiados por el gobierno provincial, a propuesta del propio Bodenmann. Iniciativa múltiple y además constante, dado que todavía en 1864 Perkins informaba que continuaba viajando y trayendo colonos como cosa de rutina[383]. Bodenmann logró la confianza de las autoridades suizas mediante declaraciones firmadas por los colonos que garantizaban el cumplimiento de las condiciones pactadas, así como las ventajas del viaje por el puerto de Génova, itinerario más barato que el usual a través de Amberes o El Havre, pero también factor de inquietud ante los numerosos problemas suscitados allí. Esas declaraciones motivaron que el Departamento del Interior del gobierno del Valais las considerara "certificados tranquilizadores", autorizando y respaldando la emigración a San Gerónimo[384]. Cartas de los colonos ya instalados sirvieron asimismo como testimonios fehacientes del cumplimiento de las condiciones pactadas y de la bondad de la nueva vida, de manera de convencer a los amigos y parientes de la viabilidad de viajar. Este método que, como hemos dicho, ya parece haber sido ideado por Aarón Castellanos, fue muy eficaz para hacer descender los altos costos de intermediación de las empresas especializadas y de la propaganda gráfica, así como para contrarrestar los esfuerzos denigradores de los otros agentes de emigración. Además, fue una estrategia útil para atraer a ciertos colonos con buena experiencia agrícola y/o fondos más o menos consistentes, más reacios a migrar que los desocupados o indigentes. Con ello se lograba asegurar que el contingente

---

[383] Perkins, G. (1864), p. 45.
[384] Oggier, J. y Jullier, E. (1984), pp. 81 y ss.; Wilcken, G. (1873), p. 29.

tuviera una menor proporción de trabajadores no especializados de origen urbano, cuyas condiciones de éxito como productores agrícolas en la nueva tierra eran menos seguras, aumentando paralelamente la de quienes poseían un pequeño capital, cuyo rendimiento en una tierra escasa de él sería en proporción mucho mayor[385]. El éxito de la iniciativa la hizo repetirse luego; en San Carlos, Federico Goetschy cumplió a partir de 1860 un papel muy similar al de Bodenmann, viajando a Europa para atraer familias de agricultores, para lo cual lo habilitaba particularmente bien su condición de capitán de infantería del regimiento cantonal de Basilea, posición que debió permitirle conocer estrechamente a muchos jefes de familia. Joseph Place lo continuó unos años más tarde, y llevó incluso una fuerte suma de dinero en letras bancarias para asistir a quienes no pudieran pagar sus pasajes. Hacia inicios de la década de 1870, Jorge Bieler Haas, colono también de San Carlos, realizó una tarea análoga, comisionado por el Gobierno de Sarmiento. En 1882, Eugeen Schepens hizo algo muy semejante al fundar en Entre Ríos la colonia belga de Villaguay, en tierras municipales. Ya hemos mencionado antes el caso de Clément Cabanettes; y, por fin, en 1887, el exitoso colono y empresario Armando Tixier pensaba emplear una estrategia similar para sus tierras cordobesas[386]. Y éstos son sólo algunos ejemplos.

---

[385] Ford, F. (1867), p. 56. También Schobinger, J. (1957), p. 113.
[386] Wilcken, G. (1873); Gschwind, J. J. (1958), pp. 330-336; Schepens, E. (1883), quien reproduce diversas cartas de colonos belgas ya instalados en Entre Ríos; Argentina. Provincia de Córdoba. Oficina de Estadística. (1888), p. 96. La estrategia también fue ampliamente utilizada en las convocatorias de claro perfil étnico, como la efectuada por Clément Cabanettes entre familias francesas de Aveyron en 1883-84 para la colonia de Pigüé en Buenos Aires. Cabanettes recorrió los diversos pueblos de la región, estableciendo días y horarios de consulta para responder las dudas, y difundiendo a la vez profusamente información. Cabanettes, É. (1973), *passim*.

La acción de Bodenmann resulta especialmente destacable, además, porque es evidente que utilizó con intensidad las complejas redes de relación campesinas tradicionales, entablando a uno y otro lado del Atlántico un intenso flujo de comunicación e intercambio de informaciones que fue un factor clave en el desarrollo del emprendimiento, y que dejó valiosas lecciones para el futuro, mostrando hasta qué punto esa información circulaba por canales mucho más complejos y profundos que los provistos por avisos, propaganda impresa u otros medios más formales. Si bien este método de atracción sólo podía tener por resultado emprendimientos de escala en sus inicios más modesta que los organizados por grandes compañías, la misma multiplicación del fenómeno en años posteriores nos indica que debemos tenerlo muy en cuenta a la hora de evaluar cómo y hasta qué punto penetraba la información en los lugares de emigración. En especial, sugiere la magnitud de procesos como la paulatina difusión de datos concretos, abundantes y confiables para el traslado y para la instalación en las nuevas tierras, y nos indica la importancia y grado de calidad de la información que llegaba a los a veces aislados campesinos europeos, poco propensos a confiar en un material publicado que podía ser de incierta veracidad.

Por lo demás, el éxito de esta estrategia lo marca el rápido crecimiento de San Gerónimo, aun cuando su dimensión inicial, como hemos dicho, fuera irrisoria. Para 1864 la colonia contaba ya con 85 familias, que ocupaban el mismo número de concesiones; las restantes, hasta las 112 que existían delimitadas a ese año, estaban sin embargo ya pedidas por los mismos colonos para amigos y parientes que habrían de llegar de Europa. Para 1872, las familias eran 196, instaladas en igual número de concesiones, y se había completado la superficie disponible[387]. Otro aspecto clave relacionado con esta forma de conformar el plantel de colonos es la marcada uniformidad de caracteres que fue su resultado. Ésta se mantuvo en el tiempo; todavía para 1882 el 75% de las familias era del mismo origen suizo, y el 99% de la misma religión[388]. Si bien algunos de esos caracteres comunes no parecen haber sido siempre ventajosos, la homogeneidad de origen, lengua y religión fue un factor muy importante en la organización y devenir social del emprendimiento[389]. A diferencia de San Carlos, por ejemplo, no existieron en San Gerónimo problemas religiosos de importancia; por lo demás, la homogeneidad étnica y de creencias resultó un poderoso estímulo para la acción comunitaria, la cual constituía un factor crucial en momentos y en lugares en que todo estaba por hacerse y donde, ante cualquier problema, era imposible esperar ayuda del Gobierno o de las lejanas ciudades. El activo juez de paz de Esperanza, Gabarret, relataba que, ante la invasión de langostas sufrida por la colonia en la Navidad de 1858, le resultó extremadamente difícil movilizar a los colonos menos afectados por la plaga en favor de quienes sí tenían sus cosechas en grave peligro; en contraste, los colonos de San Gerónimo se prestaron con el mayor entusiasmo y desde los inicios a la construcción de su templo, y cada familia se comprometió unánimemente a la entrega de lotes pautados de materiales[390]. Una vez

---

[387] Wilcken, G. (1873), pp. 29-30. Sin embargo, luego parecen haber descendido, o al menos eso es lo que se deduce de los informes de Agustín Aragón, de 1881, y Víctor Bouchard, de 1882; hecho factible por el traslado a otras colonias recién formadas. Ver Aragón, A. (1882), p. 13; AGPSF, Ministerio de Gobierno, t. 107, Años 1883-4, Notas, leg. 10.

[388] Memoria de Víctor Bouchard, 1882, AGPSF, Ministerio de Gobierno, Notas, t. 107, leg. 10.

[389] Perkins, G. (1864), pp. 42-3; abundantes datos y juicios al respecto en Schobinger, J. (1957), esp. pp. 112 y ss.

[390] El relato de Gabarret glosado en Zingerling, H. M. (2002); la construcción de la iglesia de San Jerónimo en Perkins, G. (1864), p. 43.

finalizado el edificio, éste resultó una magnífica e inmensa iglesia gótica, bastante desproporcionada con respecto a la dimensión del pueblo; a juicio del inspector Aragón, esa iglesia era en 1881 "lo más artístico que posee la provincia [...] no se sabe qué admirar más en ella, si la obra de arquitectura que es completa, o los adornos que adentro se encuentran. Las ventanas del presbiterio son riquísimas y sus cristales traídos expresamente de Europa"[391]. Según Lonfat, que la visitó un domingo en 1875, la colonia de San Gerónimo "se distingue de lejos por una iglesia cuyas proporciones y arquitectura hacen creer en una inmensa catedral. Hemos visto [...] una muchedumbre de colonos arrodillada sobre las baldosas glaciales del santuario, rogando a Dios con el mayor recogimiento. En torno de esta iglesia se ven, por centenares [...] caballos y vehículos elegantes"[392]. Es obvio que ese fastuoso edificio no sólo era un ostentoso lugar de culto o de reunión social: se trataba, más que nada, de una marca de afianzamiento y de dominio, y de un símbolo de fuerte cohesión grupal, hacia adentro y hacia fuera de su espacio.

5. Buenos Aires: un proceso con características propias

La provincia de Buenos Aires permaneció separada de la Confederación hasta 1862. Esta circunstancia, entre otras, motivó que tradicionalmente la fundación de colonias haya sido vista allí como un fenómeno muy distinto de los procesos que se dieron en Santa Fe y en Entre Ríos[393]. En realidad, si bien existieron diferencias, algunas bastante marcadas, es necesario atribuirlas a causas mucho más

---

[391] Aragón, A. (1882), p. 13.
[392] Lonfat, G. (1879), p. 66.
[393] Ver por ejemplo Bejarano, M. (1969).

profundas que las pautadas por la política o incluso por una legislación particular. Por otro lado, existen semejanzas, en general hasta ahora desatendidas, que sugieren que ambos procesos guardaron algunas importantes líneas en común.

Más allá de ello, es cierto que la economía productiva de esta provincia distaba de encontrarse en el estado de la santafesina o entrerriana. En principio, la base de la riqueza bonaerense era en esos años la ganadería lanar, desarrollada con amplitud sobre todo en la vasta y rica área de la provincia que se encontraba al norte del río Salado. En las décadas de 1830 y de 1840, tuvo allí lugar un primigenio proceso de mejoramiento de razas con el consiguiente desarrollo de infraestructura útil para una producción destinada a un exigente y competitivo mercado externo. Hacia mediados del siglo, el rebaño ovino en la provincia de Buenos Aires superaba ya muy holgadamente al vacuno; para algunos autores había llegado a 15 millones de animales, mientras que otros reducen esta cifra a la tercera parte. Pero lo realmente importante es que, en 1854, en los 29 partidos con datos de los 52 censados ese año, figuran más de cuatro millones de ovinos, de los cuales más del 65% es ya de raza fina o mestiza, y no el barato y rústico animal criollo. Esto marca claramente la importancia y rapidez del proceso de cambio genético implementado en las décadas previas[394].

Esto, por consiguiente, había ya valorizado en forma notable las tierras de antigua ocupación del área norte de la provincia. También, había dado una dimensión diferente a las fortunas de sus productores, con un sector dinámico capitalizado, capaz de encarar aventuras innovadoras gracias a un mayor respaldo financiero. Asimismo, el rápido crecimiento de la ciudad de Buenos Aires como centro

---

[394] Barsky, O. y Djenderedjian, J. (2003); Censo de la campaña de Buenos Aires, agosto de 1854, en Argentina. Estado de Buenos Aires. (1855b).

de consumo y concentrador de productos exportables implicó que las tierras más cercanas a la urbe o las que más fácilmente se podían comunicar con ella, como las linderas al Río de la Plata, también se vieran afectadas por procesos de valorización y de fragmentación. De este modo, una agricultura intensiva y diversificada pero bajo pautas todavía poco avanzadas como la practicada en las colonias santafesinas o entrerrianas a fines de la década de 1850 no siempre podía ofrecer en esas áreas bonaerenses (o aun en el sur de Santa Fe, limítrofe con Buenos Aires) un rendimiento que compitiera con la más rentable y menos riesgosa ganadería lanar. Ésta, por otra parte, no sólo era el sostén de un amplio abanico de sectores sociales, sino incluso del mismo Estado provincial, en tanto origen de buena parte de las rentas que éste recaudaba. En tanto, las nuevas zonas de frontera, donde la tierra sí era barata y accesible, estaban demasiado lejos de los mercados como para que pudiera allí prosperar una agricultura intensiva cuyos productos debían transportarse en lentas y pesadas carretas por largas leguas no siempre fácilmente transitables. Mucho más aún que en la frontera de Santa Fe, en la bonaerense el transporte hasta algún mercado de relativa importancia era demasiado costoso en tiempo y en dinero.

Sin embargo, como hemos dicho antes, algunos empresarios y miembros de la élite política provincial favorecían la búsqueda de cambios económicos y sociales mediante la implantación de núcleos agrarios modernos. Pero ello no era visto por esos empresarios, a diferencia de lo que ocurría en Santa Fe, como una actividad ligada al poblamiento y puesta en producción de territorios vacíos. En Buenos Aires la incorporación de agricultura formaba parte de una sucesión incluyente, y constituía un paso más allá de la ganadería ovina moderna que, hacia mediados del siglo XIX, estaba allí ya plenamente afianzada. Se buscaba agregar valor a tierras en las que la agricultura tradicional de baja rentabilidad no había podido hacerlo, y en las que, en cambio, la combinación con ganadería lanar moderna sí podía ofrecer buenas perspectivas de desarrollo. Esta visión empresarial no coincidía siempre con la de los líderes políticos de la época, para quienes la agricultura era y debía ser una actividad a desarrollar por sí misma, como si pudiera proporcionar mejores condiciones para aumentar la población en áreas que supuestamente lo necesitaban. De todos modos, las condiciones de implantación de esos núcleos agrícolas no eran tampoco para ellos necesariamente las mismas que en Santa Fe; la evidencia cotidiana mostraba que las suertes de chacras coloniales constituían parcelas demasiado estrechas para la expansión de una agricultura que se pretendía moderna, y que por tanto no era sólo cuestión de repetirlas. Quizá el más lúcido y conspicuo miembro de ese grupo fue Sarmiento, quien parecía haber tenido en claro que, para el desarrollo agrícola y siguiendo el ejemplo norteamericano, era necesario contar con una superficie bastante más grande que la tradicional suerte de chacra criolla de 16 cuadras o 27 hectáreas. Un experimento paradigmático en este sentido fue el realizado en Chivilcoy.

Convendría antes indicar brevemente qué era ese lugar en lo que respecta a su papel agrícola. En los años de altos precios relativos de los granos que jalonan la complicada primera mitad del siglo xix, fue surgiendo en Chivilcoy un núcleo triguero de creciente importancia. Al igual que algunos otros puntos de la frontera situados en la cercanía del Salado, como Lobos, el interés que generaba Chivilcoy estribaba en que, a pesar de esa lejanía, logró conformar tempranamente un sector de empresarios agrícolas de envergadura para la época, que contrataban planteles significativos de mano de obra para cultivar sus campos, y que vendían importantes cargamentos de trigo en el mercado de la ciudad de Buenos Aires, aun a pesar de los altos fletes que debían pagar hasta llegar allí antes de la existencia del ferrocarril. Los estudios de Bibiana Andreucci han puesto de manifiesto algunas características de los agricultores de amplia escala de ese lugar durante las décadas de 1820 a 1840: se trata a menudo de migrantes provenientes tanto del exterior como del interior, varios de ellos desde Santiago del Estero; combinaban la agricultura con el comercio y con el transporte, y lograban una integración vertical de actividades que tuvo sin dudas mucha importancia en el mantenimiento de su competitividad en el mercado cerealero bonaerense[395]. En Lobos también existieron, aunque a menor escala; en 1820, Jacinto Arauz efectuaba roturaciones "con peones" en la otra banda del Salado (había cosechado allí, el año anterior, 1.110 fanegas de trigo[396]). Pero el caso de Chivilcoy es interesante porque muy pronto se constituyó en un núcleo experimental de importancia, con ensayos agrícolas de los cuales surgiría probablemente, entre otras cosas, la variedad de trigo más útil para la futura expansión agrícola, el Barletta, un hito tecnológico de alto impacto que se adaptaba perfectamente a las condiciones del cultivo en llano propias de las pampas. Su amplia y rápida difusión posterior es al respecto el mejor indicador[397]. Para 1854-55, el núcleo agrícola del Oeste estaba muy bien posicionado; en esos años, alrededor de la mitad de la cosecha de trigo bonaerense se levantó en Chivilcoy y Navarro, con casi sesenta mil fanegas[398]. Es probable asimismo que esos núcleos agrícolas en torno al

---

[395] Andreucci, B. (2009).
[396] Expte. "Noriega Andres cn. Jacinto Arauz... sobre tierras en el partido de los Lobos", en AGN, Tribunal Civil, letra N, 2, 1815-1821, fs. 1 y 3 r.
[397] Djenderedjian, J. (2008), pp. 267 y ss. Carlos Pellegrini describía a Chivilcoy en 1853 como un "centro fecundo de ensayos cerealeros, [donde] se cultivan con éxito sorprendente variedades de trigo italiano..." Pellegrini, C. (1856), p. v.
[398] *Registro Estadístico del Estado de Buenos Aires*, en Argentina. Estado de Buenos Aires. (1854) y (1855), nros. 1 y 2, vs. locs.

Salado buscaran disminuir costos mediante el transporte por ese río, el cual podía, según un práctico, efectuarse con barcos pequeños, y, si bien el fondeadero situado en su desembocadura no era de los mejores, allí había hacia 1850 bastante actividad, y se encontraba incluso instalada una fábrica de ladrillos[399].

Es decir, cuando el poder público comenzó a interesarse en Chivilcoy en realidad hacía ya bastante tiempo que éste se había constituido en un centro agrícola de gran envergadura e importancia, y desarrollado por su cuenta una producción agrícola considerable. Hacia 1854, y en medio de un fuerte debate sobre el régimen de enajenación de tierras públicas y su necesario ordenamiento luego del rosismo, unos tres centenares de agricultores de esa zona se dirigieron al gobierno por medio de un petitorio y solicitaron la suspensión de los derechos de algunos antiguos enfiteutas, a quienes oblaban arrendamiento[400]. Unos pocos de estos agricultores eran inmigrantes de procedencia francesa, vasca e italiana, una tendencia que para la época también aparece en otros puntos del área de antigua colonización bonaerense; pero la mayoría eran antiguos residentes de origen criollo[401]. El debate, con gran

---

[399] Boucarut, M. (1858), pp. 86-8. De hecho, durante la Guerra del Brasil se permitió la descarga de buques en los puertos del Salado y Tuyú, medida que se revocó en octubre de 1828. Ver Angelis, P. de (comp.) (1836), p. 954. El puerto de Tuyú continuaba activo en 1881, y así figura en el censo provincial levantado por entonces. El ferrocarril había conectado ya en 1865 las zonas trigueras del Salado con el mercado de Buenos Aires; pero a éste llegaban en ese año trigos de Patagones, por medio del comercio de cabotaje. Ver *Anales*, Sociedad Rural Argentina, Buenos Aires, t. I, pp. 95 y ss.; 129 y ss.; 164 y ss.

[400] Schopflocher, R. (1955), p. 51; el debate sobre la tierra en Buenos Aires luego de Caseros en Valencia, M. (2005).

[401] Andreucci, B. (2009). En 10 de noviembre de 1853, había 212 labradores "porteños", 282 "provincianos" y 27 extranjeros; según la misma fuente, existían 39 propietarios y enfiteutas, y 559 arrendatarios. Villarino, M. (1854), p. 60. En San Isidro, hacia mediados del siglo, existían también

despliegue retórico, y en el cual estos agricultores fueron calurosamente apoyados por Sarmiento, culminó con la liberación de las tierras públicas del partido de la ya caduca enfiteusis y con el establecimiento de un régimen de venta de éstas. Las leyes de colonización de Chivilcoy, la primera de las cuales se aprobó en octubre de 1857, determinaron la partición de esas tierras en lotes de 20 cuadras de largo por 10 de ancho, divisibles en medios y cuartos de lote, es decir, superficies de 200; 100 y 50 cuadras, o 336; 168 y 84 hectáreas, que serían vendidos en pública subasta, partiendo de una base designada, estableciéndose que ningún comprador podría optar a más de un lote, y que los ocupantes existentes deberían ajustar la superficie que poseyeran a las medidas establecidas. Podían pagar por ésta el precio base designado, a razón de un tercio de éste en el acto de adjudicación, y el resto a seis meses y un año, por mitades[402]. En una recepción triunfal, Sarmiento pronunciaría en 1857 su famoso discurso de Chivilcoy, en el que comparaba ese pueblo de las agrestes pampas con las praderas norteamericanas, resaltando la acelerada transformación de un paisaje de ganadería extensiva en un vergel paradisíaco por obra de la agricultura[403].

Ecos de ese discurso continuaron resonando aún hasta no hace mucho tiempo. Roberto Schopflocher ofrece un apasionado relato de los supuestos beneficios recibidos por los agricultores, e incluso por el partido mismo. Más allá de su risueño comentario acerca de que entre 1854 y 1857 los habitantes del partido vivieron bajo un "régimen de comunidad ideal", a causa de haberse suspendido los derechos de

---

varios agricultores de origen europeo, especialmente italianos. AHMSI, Documentos del Museo Pueyrredón, caja 1, Agricultura; también varios viajeros, por ejemplo [Mulhall, M.G. y E.T.] ([1862]), p. 110.

[402] Ley del 14 de octubre de 1857, en Prado y Rojas, A. (comp.) (1877-79), t. IV, pp. 231-3.
[403] Sarmiento, D.F. (1883), pp. 57-58.

los antiguos enfiteutas, sus afirmaciones respecto de esos beneficios se basan en el aumento poblacional que dice haberse verificado entre 1854 y 1865, en que, según él, el partido pasó de 6.001 a 14.232 habitantes[404]. Sin embargo, su base de cálculo es errónea, dado que el censo provincial de 1854 sólo registró, en lo que respecta al partido de Chivilcoy, a los habitantes "nacionales", es decir argentinos, y no a los extranjeros. Por otra parte, el mismo censista de Chivilcoy, el juez de paz Manuel Villarino, calculaba en "más de 8.000" a los habitantes del partido en 1850-51[405]. También las cifras de "hacendados" y "agricultores" sólo abarcan a los argentinos, correspondiéndoles a los últimos la magra cifra de 677. Pero ese mismo censo de 1854 nos indica en otra parte que existían ese año allí 59 leguas cuadradas "ocupadas por labradores", y 21 "ocupadas por pastores", lo que llevaría a los primeros a un promedio de 235 hectáreas por explotación, lo cual suena muy alto por lo que hemos visto antes[406]. Además, según los datos transcriptos por Birabent, en 1865 Chivilcoy habría tenido sólo 11.600 habitantes, con lo que incluso esa progresión debería reducirse. Pero, más importante aún que todo ello, es que la agricultura convivía en el partido con una pujante ganadería, representada ese último año por nada menos que 108.000 cabezas de ganado vacuno, 12.000 bueyes, 5.000 vacas lecheras, 540 ovejas finas y 725.000 mestizas. Es decir, resulta algo aleatorio evaluar cuál de ambas actividades había crecido más[407]. Por consiguiente, los beneficios de

---

[404] Schopflocher, R. (1955), pp. 50 y ss.
[405] Villarino a Carlos Pellegrini, Chivilcoy 28 de diciembre de 1853, en *Revista del Plata*, t. I, nro. 5, enero 1854.
[406] Censo de la campaña de Buenos Aires, agosto de 1854, en Argentina. Estado de Buenos Aires. (1855b), tabla décima. Obviamente la categoría de "labrador" supone explotaciones mixtas.
[407] Birabent, M. (1941), p. 91; cifras de abundantes subproductos ganaderos en las colonias de Baradero y Chivilcoy para 1871 en Calvo, C. (1875), pp. 201-2.

la "reforma agraria" que habría tenido lugar en Chivilcoy parecen cuando menos desdibujarse.

Las leyes subsiguientes a la mencionada de 1857 apuntan a que esta última no estaba en efecto teniendo mucho éxito como factor de promoción de los agricultores. En septiembre de 1860, una nueva ley, firmada por Mitre y por Sarmiento, rememoraba las medidas aprobadas en beneficio de esos pobladores; sin embargo, se los acusaba de querer apoderarse de la tierra por el solo hecho de poseerla, sin adquirirla definitivamente, lo que equivale a decir que se mantenían como lo habían hecho siempre, ocupando predios ajenos, sólo que sin pagar el correspondiente canon de arriendo[408]. Por tanto, se establecía un procedimiento para que los pobladores cuyas tierras habían sido mensuradas fueran conminados a comparecer ante el juez de paz, a fin de que declararan su intención de comprar o, si no, perderían los derechos de prelación que les correspondían. Quedaba así vacante el predio para otros interesados. A quienes se decidieran por la compra se les ordenaría la entrega de los fondos en un plazo máximo de diez días; corría, a partir de entonces, un altísimo interés del 2% mensual, sin perjuicio de ser apremiados cuando el Gobierno lo considerara, todo ello con el objetivo de obligarlos a cancelar cuanto antes. El éxito de estas medidas no parece haber sido muy grande; en julio de 1863, una nueva ley flexibilizó las condiciones estableciendo que quienes no optasen por la compra podrían solicitar el arrendamiento por seis años de la superficie ocupada; no podían en tal caso concedérseles más de medio lote de tierras; el valor de la legua cuadrada (2.700 hectáreas) quedaba fijado en 200.000 pesos moneda corriente (o alrededor de 7.400 pesos fuertes), y el pago de los lotes debería hacerse un 20% al contado y el resto en anualidades de un 20%, con

---

[408] Prado y Rojas, A. (comp.) (1877-79), t. V, p. 38.

un 6% de interés anual sobre lo adeudado. En marzo de ese año, otra ley había reconocido explícitamente que las medidas de más de un lustro atrás no habían tenido la debida ejecución, y no se habían completado las mensuras; volvía a recordarse a los ocupantes que debían ejercer sus derechos, o perderlos. Se fijaba para ello nuevamente un plazo de diez días[409].

En realidad, más allá de todas estas poco efectivas y reiteradas conminaciones, parece evidente que muchos productores eran renuentes a distraer en la compra de tierras un capital que necesitaban en forma imperiosa para emplearlo con más ventajas en sus explotaciones. Entre otras cosas, porque en Chivilcoy los agricultores no podían optar por una versión remozada de la agricultura tradicional: era menester incorporar a la producción un valor agregado que sólo podían dar ciertos métodos modernos de alto costo, útiles no sólo para la agricultura como tal, sino incluso pensándola en combinación con una ganadería ovina avanzada, como la que preconizaba por ejemplo Wilfrid Latham en 1866[410]. No es así raro que sea justamente allí, en ese partido donde prosperaban codo a codo medianas y aun grandes explotaciones agrícolas y modernas estancias ganaderas como las de White, Lynch o Cramwell, en donde se ensayaron diversas máquinas agrícolas ya en la década de 1850. En 1857 existían seis segadoras y trilladoras a vapor, probablemente las primeras llegadas a la provincia[411]. Sin embargo, la incorporación de maquinaria exigía no sólo la compra o alquiler de ésta o incluso su adaptación más o menos compleja, sino sobre todo cambios fundamentales en los procesos productivos, cuya implementación fue objeto de difíciles

---

[409] Prado y Rojas, A. (comp.) (1877-79), t. VI, pp. 38 y s.; 230 y ss.; 255 y ss.
[410] Latham, W. (1866), p. 133.
[411] Birabent, M. (1941).

ensayos durante mucho tiempo. Entre otras cosas, Carlos Lemée criticaba todavía, a inicios de la década de 1870, las opiniones difundidas acerca de la mayor rapidez y aparente eficiencia observada en los ensayos de maquinaria agrícola con respecto a las tradicionales formas de producir. En la realidad, la incorporación de esa maquinaria significaba, por un lado, que el costo de la producción no sólo fuera más alto por el precio mismo de ésta, sino sobre todo por la frecuencia de las roturas, el valor de los repuestos y la dificultad de conseguir herreros especializados, todo lo cual retardaba en forma significativa las actividades, y volvían ilusoria la rapidez promocionada en los ensayos. Integrar en la cadena productiva máquinas construidas pensando en procesos europeos implicaba que todos los segmentos de esa cadena se correspondieran con los necesarios para el funcionamiento de la máquina; ello podía incluir procesos para los cuales la abundancia de mano de obra en Europa los volvía inviables en un contexto de escasez del factor como las pampas. De este modo, aun cuando el producto final ganara en calidad, también su precio debía ser más alto, lo que podía dejarlo fuera del mercado[412].

De este modo, los ensayos de incorporación de nuevos procesos productivos fueron, durante todos estos años, difíciles, costosos y poco rentables. Hasta que se lograra resolver la ecuación productiva más conveniente para una agricultura extensiva especializada capaz de competir con la rentable ganadería ovina, habría de pasar todavía bastante tiempo, durante el cual las ganancias para sostener la explotación habrían de provenir de otras fuentes. Así, la incorporación de maquinaria nos indica sobre todo los altos costos operativos de esos productores chivilcoyanos, y una cierta capacidad financiera, pero no necesariamente

---

[412] Ver los diversos artículos publicados en *El monitor de la campaña*, nros. 21 y ss.

una mayor eficiencia de su parte. La compra de esos lotes demasiado grandes implicaba además un gasto considerable, a ser efectuado en buena parte con el escaso efectivo disponible, dado que el financiamiento otorgado era en general de corto plazo. Algunos observadores de la época criticaban acerbamente que las ventas de tierras fiscales se efectuaran a precios demasiado altos como para encarar en ellos explotaciones rentables; esto, particularmente evidente en las tierras de frontera para la actividad ganadera, no lo era menos para la agrícola situada a cierta distancia de sus mercados, como ocurría justamente con Chivilcoy[413]. A los precios exigidos por el Estado, un lote de 336 hectáreas costaba allí poco menos de 25.000 pesos, lo que equivalía a casi 200 novillos de campo, o a unos 3.000 kilos de lana para exportación, puestos en Buenos Aires[414].

Pero no era ése el único problema. Dado que se trataba todavía de una agricultura de altos costos, pautada por los efectos de cuellos de botella complejos, evidentes en torno al muy considerable gasto en mano de obra y al desperdicio de grano en las etapas de la cosecha y la trilla. También eran pesados en lo que respecta al financiamiento de la producción; y su realización, recién posible en torno a la cosecha, implicaba que durante el resto del año hubiera que conseguir el dinero en efectivo necesario por otros medios, rigidez no tan presente en la actividad ganadera. De esta forma, en caso de no poder incursionar en ambos rubros, la familia productora debería vivir del oneroso crédito del pulpero durante el resto del año; y, por otra parte, el alejamiento relativo del único mercado consumidor de importancia, la ciudad de Buenos Aires,

---

[413] Ver al respecto el folleto anónimo firmado "B" (1866), *passim*.
[414] Precios de la lana sucia superior y de novillos de campo en *Boletín de la Bolsa de Comercio*, Buenos Aires, julio 1863 a enero 1864; precios corrientes de lana lavada por kilo y conversión de moneda corriente a pesos fuertes en Álvarez, J. (1929), vs. locs.

implicaba altísimos costos de transporte que, en la década de 1850, habían tendido fuertemente a aumentar, y que carcomían adicionalmente la ganancia del productor agrícola[415]. Agreguemos los efectos de la sequía, las plagas y la inseguridad individual, y tendremos un panorama aún más difícil, cuyas consecuencias para esos agricultores menos provistos de fondos, experiencia y técnicas aparecen bien descriptas por Eduardo Olivera en 1867: "Colocado el agricultor en estas condiciones, tenía que suceder lo que hoy vemos en Chivilcoy. Al principio, la facilidad de obtener la propiedad produjo una prosperidad artificial; digo artificial, porque no estaba fundada sobre bases sólidas ni bien establecidas [...] Se cultivó por algunos años: vinieron las malezas, las facultades productivas de la tierra se gastaron, el rinde disminuyó y con él empezaron a ser mayores las dificultades del chacarero. Pocos sabían que, arando tres pulgadas más abajo, encontrarían un suelo virgen, que esto lo podían hacer con un buen arado subsuelo; que si la fertilidad disminuye o la tierra *se cansa*, como decimos por acá, las ovejas mismas pueden restituirla por medio de los corrales movibles, acordando a cada animal un metro cuadrado por cada noche que permanezca sobre el suelo que se cultiva; y aquellos que lo sabían y podían hacerlo se hallaban impedidos por sus penurias y por el interés usurario que destruía toda esperanza de mejora"[416].

Así, recién la llegada del ferrocarril en 1865 sería capaz de ofrecer nuevas perspectivas para Chivilcoy, no sólo por la mayor facilidad del transporte que éste suponía, sino porque, a partir de entonces, el pueblo cabeza del partido se desarrolló en forma notable, constituyendo un mercado creciente por sí mismo y estimulando la valorización

---

[415] Zalduendo, E.A., (1975), pp. 384-5; Barsky, O. y Djenderedjian, J. (2003).
[416] Eduardo Olivera a Domingo F. Sarmiento, Washington, 11 de agosto de 1867, en *Anales SRA*, tomo 10, año 1875, pp. 413 y ss.

y fragmentación de la propiedad, así como facilitando el cambio hacia pautas productivas más intensivas a través de la mejora en la rentabilidad provocada por el descenso de los costos de transporte[417]. Cerrando de ese modo simbólicamente todo un ciclo de experimentación productiva y de debate ideológico, en ese mismo Chivilcoy en el que en 1857 Sarmiento había pronunciado su famoso discurso ensalzando la labor del arado, Bartolomé Mitre pronunció en 1868 otra lúcida alocución exaltando la libre iniciativa individual, que había labrado la riqueza bonaerense por medio de la ganadería. Y cosechó, como su antecesor, estruendosos y entusiasmados aplausos[418].

Contrastando con el reordenamiento fundiario de Chivilcoy en tanto éste constituyó un proyecto planeado y ejecutado con buena dosis de injerencia del poder central provincial, el recorrido de la colonia de Baradero, de carácter mucho más local y debido a iniciativas privadas, ofrece algunos elementos más auspiciosos. Es en parte comparable, hasta cierto punto, con el de las colonias santafesinas que hemos reseñado más atrás, aunque con las peculiaridades de un medio socioeconómico muy distinto y marcado por unos resultados también diferentes, que esta colonia deberá sobre todo a su situación relativa con respecto al mercado principal del área rioplatense. Como es sabido, Baradero es un partido del norte bonaerense costero al Río de la Plata, cuya existencia data de fines del siglo XVIII, y que constituyó desde entonces, gracias a su posición fluvial, un área de fácil acceso al mercado de Buenos Aires. Allí, hacia 1855, un grupo de ediles (entre los que se encontraban Patricio Lynch y su yerno, Germán Frers, joven alemán llegado al país doce años antes), quienes se

---

[417] Argentina. Dirección de Informaciones y Publicaciones Ferroviarias (1946), p. 50.
[418] Sarmiento, D.F. (1883), pp. 57-58; Mitre, B. (1889), pp. 280-281.

dedicaban a la ganadería ovina en el partido, discutió las conveniencias de extender la agricultura en la zona mediante el arraigo de gentes aptas para este tipo de actividades, en lo que puede interpretarse como uno de tantos ecos de los diversos proyectos de colonización con inmigrantes que se ensayaban por entonces. Según el clásico relato de la época, una tarde de enero de 1856, paseando por Buenos Aires junto a las barrancas del río, les llamó la atención un campamento de extranjeros instalados bajo los árboles de la costa. Se trataba de medio centenar de inmigrantes suizos, oriundos del cantón de Friburgo, llegados por su cuenta al país, que esperaban integrarse en alguna de las colonias a fundarse. Lynch y Frers conversaron con ellos y les ofrecieron instalarse en tierras bonaerenses, lo cual fue aceptado[419].

La colonia se situó en torno al pueblo; la municipalidad le destinó una superficie de tres leguas cuadradas, o poco más de 8100 hectáreas[420]. Se comenzó así a otorgar terrenos gratuitamente a todo aquel hombre adulto que los solicitara, bajo la única condición de construir allí una casa, plantar árboles y dedicarse a la agricultura[421]. Los terrenos se entregaban rodeados con alambre y con cerco vivo. Separaba a cada concesión un camino de 30 varas de ancho. Una misma familia recibía así tantos lotes de terreno como varones adultos contara en su seno, lo que otorgaba una inédita versatilidad al dominio y permitía ampliar la explotación según el tamaño que esa familia tuviera; además, la posibilidad de no tener que hacer frente a los gastos de compra inicial permitía llevar a cabo, con desembolsos

---

[419] Lynch Arribálzaga, E. (1895), pp. 32 y ss.; Gschwind, J. (1958), p. 27; Frers, E. (1918), t. I, pp. 171-2. otros autores sitúan los comienzos de la colonización en Baradero hacia 1854 y con tan sólo 4 familias.Ver Seeber, F. (1881), y Salaberry, I. (2009).
[420] Seeber, F. (1881).
[421] Varios testimonios al respecto; entre otros, Ford, F.C. (1867), p. 57.

menores, un período de ensayo y acumulación de capital, con el cual luego se podría ampliar la explotación mediante la compra de más tierra. De todos modos, la dimensión de los terrenos otorgados era en sí muy pequeña: apenas 200 varas por costado, o sólo unas tres hectáreas[422]. La intención de los ediles al otorgar terrenos tan pequeños radicaba en instalar una pauta productiva intensiva y diversificada, ligada tanto al abasto del propio pueblo como a la fácil exportación hacia la ciudad de Buenos Aires. Se buscaba asimismo mediante esa estrategia atraer al lugar al número más grande posible de colonos, lo cual hacia 1872 fue juzgado por Beck Bernard como un deseo perfectamente cumplido. En esos años, los agricultores se encontraban ya muy estrechos de tierra, por lo que se dirigían a los estancieros vecinos a fin de adquirir terrenos, los cuales se los vendían de buen grado, dada la valorización que esta presencia significaba para éstos[423]. De cualquier modo, es posible que la instalación en Baradero demandara más capital que en las colonias santafesinas que le eran contemporáneas, las cuales eran juzgadas por un colono como más aptas para quienes nada poseían[424].

Los colonos pudieron obtener buenos provechos de terrenos tan estrechos dedicando desde los comienzos gran parte de la superficie al cultivo de papas, que no exigía grandes espacios y para el cual el suelo del partido era eminentemente favorable. De este producto podían obtenerse dos cosechas al año, en enero y en junio. El cultivo tradicional del producto fue considerado "muy incierto" por William McCann a causa de la presencia de insectos nocivos

---

[422] Según las medidas del *Registro estadístico de la provincia de Buenos Aires*, nro. 8, septiembre de 1822, pp. 152/3.
[423] Beck Bernard, Ch. (1872), p. 110; ejemplos de la valorización de los terrenos en Calvo, C. (1875), pp. 200-1.
[424] Pierre Siegenthaler a un anónimo, Baradero, noviembre 1867, en Beck Bernard, Ch. (1872), p. 183.

y de la necesidad de garantizar la suficiente humedad a las raíces para asegurar el crecimiento correcto de la planta pero, bajo cuidado intensivo y aplicando algunas simples técnicas mejoradas, se podían controlar mejor ambos fenómenos, lo que explica la contraria opinión de Charles Beck Bernard acerca de que se trataba de un cultivo que tenía "éxito casi siempre" en manos de los colonos de la misma zona que había visitado el más escéptico McCann, un par de lustros antes[425]. A tal punto resultó adecuada esta práctica que las primeras familias se enriquecieron con la venta de su producción en Buenos Aires. Las cartas de los colonos insisten una y otra vez en las buenas ganancias proporcionadas por este cultivo; el cónsul inglés Francis Clare Ford afirmaba en 1866: "Muchas de las familias suizas llegadas a Baradero en 1856 y que se dedicaron al cultivo de la papa, poseen actualmente un capital de 1.000 libras esterlinas"; de todos modos, aún en esos años quedaban vastos terrenos sin entregar, y la municipalidad ofrecía alimento y alojamiento a todos los colonos recién llegados, a fin de que pudieran instalarse en ellos[426].

No sólo este rubro fue, sin embargo, el más ventajoso; atendiendo siempre a la voraz demanda de la gran urbe, los colonos plantaron gran cantidad de árboles, sobre todo durazneros, a fin de obtener leña, otro rubro de buena venta, según lo había constatado ya en 1851 el viajero sueco C. Skogman[427]. La historia posterior de la colonia está marcada por una evolución económica próspera y sin

---

[425] McCann enumeraba esos problemas en las plantaciones tradicionales criollas de papas. McCann, W. (1853), t. I, pp. 7-8. La opinión de Beck Bernard en Beck Bernard, Ch. (1872), p. 111; cfr. también Burmeister, H. (1943-4), t. I, p. 469, y sobre todo Pellegrini, C. (1856), pp. 80-83.

[426] Un ejemplo de cartas de colonos con referencias a las ganancias en el cultivo de papas en la citada carta de Pierre Siegenthaler, Baradero, noviembre 1867, en Beck Bernard, Ch. (1872), p. 182; Ford, F. C. (1867), p. 58; también Mantegazza, P. (1870), p. 409.

[427] Skogman, C. (1942), p. 87.

demasiados sobresaltos, gracias a su segura posición, que la ponía a cubierto de buena parte de los problemas de la época, y de los experimentados por otras colonias situadas en tierras no tan bien comunicadas. En octubre de 1870, el gobierno provincial dispuso la venta de terrenos del ejido a los colonos, a través del municipio, previa mensura y deslinde, a fin de consolidar el dominio; los terrenos se venderían a razón de 300 pesos moneda corriente la cuadra cuadrada (1,68 hectáreas), de la cual los ocupantes tenían la prioridad durante cuatro meses, plazo improrrogable; se debería pagar la tercera parte del valor al contado al recibir el boleto de venta, y las otras dos terceras partes a seis y doce meses respectivamente, sin interés. Las tierras en venta se agotaron prontamente[428]. Hacia 1876, esta colonia contaba con unos 2.000 habitantes, de los cuales dos terceras partes eran suizos y una tercera parte argentinos, además de italianos, españoles, franceses y alemanes. Ese año se cosecharon 252.000 arrobas de papas, 47.000 fanegas de maíz, 4.252 fanegas de trigo, así como cantidades apreciables de habas y batatas, lo que marca la continuidad de la pauta productiva intensiva de los inicios[429].

Por supuesto que también aquí la ganadería ovina era una actividad importante: en 1871 se exportaron 60.786 cueros lanares, 60.582 arrobas de lana, además de una buena cantidad de otros subproductos vacunos y equinos[430]. Pero esta ganadería era en todo caso muy distinta de la tradicional: en la búsqueda de mayores rendimientos y de un aprovechamiento más integral de los animales, se efectuaron en Baradero algunos tempranos intentos de refinamiento de razas, en los cuales tuvieron parte incluso estancieros criollos del área. Beck Bernard relata cómo los

---

[428] Prado y Rojas, A. (comp.) (1877-79), t. VII, pp. 414-5.
[429] Seeber, F. (1881)
[430] Calvo, C. (1875), p. 201.

colonos suizos establecidos allí elaboraban un excelente queso; con el fin de aprovechar este *know-how* y disponiendo de los capitales necesarios, los señores Demarchi y Quiroga, propietarios de una estancia vecina, hicieron traer desde Suiza un toro y algunas vacas de raza. Este toro no se dejaba manejar sino por vaqueros suizos y no soportaba la cercanía de ningún gaucho; destrozaba sus lazos como si se tratara de débiles telas de araña, y lanzaba sus monturas por el aire. A pesar de los cuidados y raciones extra que necesariamente debieron demandar, los terneros nacidos del cruzamiento con este toro se vendían en 1872 a 1.000 francos, y las vacas cruzadas daban mucha más leche que las indígenas, además de ser más dóciles[431].

En varios aspectos, estos hechos aproximan el recorrido de la colonia de Baradero al de la santafesina San Gerónimo; como allí, aquí se trató de un emprendimiento orientado a dar mayor valor a las tierras, llevado a cabo por personajes locales vinculados a la ganadería, y para lo cual se optó incluso por resignar la percepción de ingresos por la tierra entregada, al mismo tiempo que se incurría en gastos para favorecer el asentamiento de los colonos. Sin embargo, la cercanía a la gran ciudad de Buenos Aires, a la vez que derivó en mayores costos a la expansión ulterior por el más alto precio relativo de la tierra, favoreció la puesta en práctica y el mantenimiento de una pauta de explotación intensiva y diversificada, de valor agregado considerable, que garantizó los avances del emprendimiento agrícola en sí, más allá de la presencia sustantiva de actividad ganadera, con cuya rentabilidad debía competir. Por lo demás, la mayor disponibilidad de capitales posibilitó la puesta en práctica de innovaciones significativas, cuyo desarrollo debió de constituir un avance sustancial.

---

[431] Beck Bernard, Ch. (1872), p. 112.

Un caso que se diferencia de éste en ese aspecto pero se le asemeja en otros es el de la colonización danesa temprana en la zona de Tandil. Como se sabe, Tandil era todavía hacia la década de 1840 una avanzada situada casi sobre la frontera indígena. Allí arribó en 1848 un corto grupo de daneses entre los que se encontraba el ya mencionado maestro de escuela Hans Fugl, todos ellos emigrados de su país a causa de las difíciles condiciones de vida provocadas por el descenso de los precios internacionales de algunos productos agrícolas, el aumento de población y la escasez de tierras. A semejanza de Bodenmann en San Gerónimo, desde esas tierras hacía muy poco tiempo indómitas, Fugl comenzó a tender redes de contactos interpersonales entre su país de origen y el de adopción, realizando viajes a Dinamarca para proponer la emigración a Tandil a quienes jamás habían oído hablar de ese sitio. Se convirtió en un líder étnico que llegó a ejercer, como hemos visto, posiciones políticas en la creciente comunidad local, y a vincularse por todo ello con algunas de las más conspicuas figuras del Gobierno provincial y aun nacional. La desahogada posición económica de Fugl le permitió afianzar su rol de liderazgo a través de préstamos a sus connacionales recién llegados o desposeídos, o facilitándoles su instalación por medio de contrataciones laborales o alquilándoles inmuebles. Su puesta en marcha de un molino fue otra ocasión utilizada para desarrollar tanto esos contactos como sus servicios a la comunidad. Ésta creció así durante las décadas de 1860 y de 1870, centrada en la agricultura, lechería y diversas actividades. Se fue afianzando a la par que sus miembros consolidaban su ascenso económico y repetían, con otros, las ayudas recibidas a su vez. Como resultaba frecuente en los emprendimientos de carácter étnico homogéneo, el crecimiento demográfico de la comunidad puede quizá juzgarse lento; de todos modos, es indudable que la solidez de los vínculos así anudados constituyó un claro elemento de éxito a largo plazo. De los 16 daneses existentes en Tandil en 1860, la comunidad alcanzó a tener 250 miembros hacia 1895; eran 1400 en todo el país, y 4.000 en 1914[432].

Como vemos, la colonización bajo ciertas pautas de homogeneidad étnica poseía ventajas sustantivas en condiciones en que no abundaban empresarios con capitales lo suficientemente significativos como para hacer frente a los múltiples problemas de organizar el espacio, la población y la producción en áreas de frontera, aun cuando el tendido artesanal de redes de contacto a través del Atlántico entre comunidades pequeñas tuviera límites pautados por la escala misma de los emprendimientos. De todos modos, más allá de las posibilidades del creciente consumo local, la clave de un avance económico sostenido en las colonias situadas lejos de los grandes centros urbanos radicaba en la posibilidad de lograr resolver los cuellos de botella de la comercialización, en un esquema orientado hacia mercados externos. Si bien se tardaría todavía bastante tiempo en resolver todos los desafíos que ello habría de implicar, la tendencia hacia una agricultura extensiva especializada se irá haciendo cada vez más evidente en Santa Fe a lo largo de la segunda mitad de la década de 1860, como veremos luego; esta tendencia no se verificará en el recorrido bonaerense hasta la última década del siglo.

6. 1859-1864: un lento proceso de consolidación y de adaptación

Tradicionalmente, la primera mitad de la década de 1860 (o al menos los años que corren entre 1859 y 1864) no ha recibido gran atención historiográfica en lo que

---

[432] Bjerg, M. y Otero, H. (comps.) (2001); Bjerg, M. (2001); Larsen de Rabal, A. (1988).

respecta a la evolución del fenómeno colonizador. La circunstancia de no haber en esos años ninguna fundación de importancia no justifica esa actitud, simplemente porque habría que explicar ese hecho, así como la evolución de las colonias ya existentes, la cual no parece haber tampoco concitado mucho interés. Asimismo, la segunda mitad de esa década está pautada no sólo por el retomado brío de la fundación de colonias, sino sobre todo por la puesta en evidencia cada vez con mayor fuerza de la necesidad de encarar cambios radicales en el planteamiento del proceso de colonización. Preparando la nueva etapa que comenzaría a abrirse pronto, ese período está marcado por una gradual toma de conciencia de que la expansión agrícola no podía limitarse al universo local y a una práctica intensiva similar a la europea; también, se va abriendo progresivamente el panorama de una agricultura extensiva masivamente volcada al mercado exterior, que terminaría de diferenciar en forma radical a las colonias agrícolas pampeanas de sus hasta entonces similares llevadas a cabo en el vecino Brasil.

De todos modos, esa evolución fue muy compleja, y en modo alguno lineal. Entre otras cosas porque al comienzo de ésta ni siquiera se contaba con datos muy básicos para la toma de decisiones como, por ejemplo, estudios profundos sobre la aptitud agrícola de las tierras o cálculos de costos y beneficios de las diversas alternativas productivas. Primó, en consecuencia, el método de ensayo y error, a pesar de lo cual los resultados pueden hoy parecer muy similares a los objetivos trazados en los inicios, cosa que aparece reflejada en la bibliografía, y que rara vez correspondió a la realidad. Por otra parte, al mismo tiempo que se llevaban a cabo esos difíciles tanteos, se ponían en evidencia otros problemas. Uno de los más difíciles de resolver fue la ampliación del cambio productivo centrado en la colonización de modo que involucrara de manera mucho más definida a los núcleos de población criolla. Esto se volvía cada vez más acuciante en la medida en que esa población, mayormente dedicada a actividades agrícolas y ganaderas con métodos tradicionales de baja productividad, comenzaba a sufrir crecientemente el acoso de la producción mucho más competitiva de las colonias agrícolas y los nuevos rubros ganaderos, cuya presión tarde o temprano habría de desembocar en su expulsión de las tierras mejor dotadas. El mismo proceso de clarificación y regularización catastral que tenía lugar en esos años conspiraba contra las tradicionales formas de tenencia de la tierra, entre las que el contrato oral de arrendamiento o incluso la simple ocupación sin títulos eran frecuentes. La década de 1860, y también la siguiente, están jalonadas por múltiples intentos de arraigar colonias "criollas", pero éstos parecen haber dado magros resultados. Las razones sin duda fueron muy heterogéneas; pero una de las fundamentales estuvo en el peso del servicio militar, que recaía plenamente sobre los varones criollos, al contrario de lo que ocurría con los extranjeros. Además, a menudo esas colonias se instalaban por iniciativa gubernamental en áreas fronterizas, lo cual constituía una doble traba para su desarrollo, tanto por las condiciones de inseguridad y lejanía como por la falta de respaldo financiero y problemas de gestión que caracterizaban a los emprendimientos de los Estados provinciales de la época.

Hasta mediados de la década de 1860, las únicas colonias fundadas y operativas fueron las ya mencionadas, es decir, Esperanza, San Carlos y San Gerónimo en Santa Fe, y Villa Urquiza y San José en Entre Ríos, además de las bonaerenses. Más allá de otros proyectos fracasados o que no pasaron del papel, entre 1858, en que se funda San Gerónimo, y 1864, en que se constituye Guadalupe, sólo dos "colonias" se agregaron a la lista: San Javier, en 1859, y Santa Rosa, en 1861. Pero ambas fueron en realidad refuncionalizaciones de antiguas reducciones indígenas, devenidas a lo largo de las décadas en comunidades criollas. Su colonización, encarada en el primer caso por los señores Couvert y Mac Lean, y en el segundo por el Gobierno provincial, fue en todo caso un intento de reordenar recursos y población ya existentes, y en modo alguno creaciones *ex nihilo*. En ambas, pero sobre todo en Santa Rosa, el núcleo demográfico inicial fue mayormente local, por lo que no se pueden tampoco en este aspecto asimilar a los clásicos emprendimientos de colonización con inmigrantes[433].

De este modo, hasta 1864 el proceso de cambio social y económico que se pretendía implementar en torno a la colonización pareciera haber sufrido algo así como una *impasse*. En realidad, hay dos elementos fundamentales a tener en cuenta en el análisis de este período. En primer lugar, no debemos olvidar que la colonización, como fenómeno en sí, no era por entonces sino un experimento puntual, algo exótico aún, de mínima importancia todavía para la economía rural rioplatense, de impacto demográfico absolutamente acotado, y marcado por el desprestigio de multitud de proyectos previos fracasados, así como por la oposición que se le había opuesto desde diversos sectores sociales. Estas dificultades fueron lentamente removidas durante los últimos años de la década de 1850, y no es del todo seguro que lo hayan sido completamente hasta inicios de la siguiente. Recién en 1859 Martin de Moussy podía afirmar que los prejuicios que pesaban contra los extranjeros fuera de las más grandes ciudades habían desaparecido, y que la población había por fin comprendido las ventajas que comportaba la creciente llegada de inmigrantes a través del alza de los valores inmobiliarios por la demanda que éstos generaban[434].

---

[433] Fernández, A. (1896), p. 282.
[434] Martin de Moussy, V. (1860-64), t. 2, pp. 375-6.

En ese sentido, el período puede ser visto tanto en función del afianzamiento y persistencia de esas primeras experiencias, cuanto en lo que respecta a la aceptación social del fenómeno por parte del contexto en que se insertaba. Nada, a inicios de la década de 1860, podía hacer prever para los contemporáneos que esos intentos inseguros, menesterosos y ampliamente discutidos lograrían transformarse en el formidable factor de cambio de veinte años después. Los magros e incluso negativos resultados de las empresas de colonización encaradas por entonces no hacían más que reafirmar, pese a las esperanzadas apologías de los publicistas, que aquéllas como negocio habían hasta entonces constituido un fracaso; y las dificultades para la consolidación económica de los colonos, jaqueados por multitud de problemas y por el difícil desafío de la adaptación al medio, parecían mostrar que tampoco necesariamente tenían garantizado el éxito como obra de realización personal para los proletarios europeos. En todo caso, apenas podía esperarse, a largo plazo, una relativa y puntual prosperidad.

Pero, en segundo lugar, el período fue de consolidación y de adaptación, ambas imprescindibles para medir el peso y para encarar el manejo de los múltiples factores implicados en la actividad. Las actitudes y los procesos fueron bastante heterogéneos, pero podemos sintetizarlos sobre todo destacando que se intentó, de una u otra forma, que el transplante echara raíces como tal. Tanto colonos como administradores y empresarios, así como el propio Gobierno, visualizaban en estos años una simple traslación de personas, muebles e incluso prácticas europeas hacia los vastos desiertos pampeanos. Una vez más, tal como había sucedido en el sur del Brasil, sólo se pretendía que los colonos recrearan la economía productiva agrícola de pequeña escala, diversificación de rubros, alta intensidad en trabajo y complejidad relativa que caracterizaba a las granjas europeas de la época. El resultado, al menos allí, era muy evidente en el mismo paisaje rural: en 1872, luego de haber admirado la torre gótica de la iglesia de São Leopoldo, Michael Mulhall podía afirmar: "Uno se imagina situado en algún placentero pueblo rural del norte de Europa [...] la atmósfera es alemana, apenas puede creerse que se está cientos de millas en el interior de las forestas brasileñas"[435].

Esa traslación se refleja y simboliza muy claramente incluso en los lotes entregados: en los planos de Brougnes, la dimensión alargada, la distribución en torno a un eje vertical, la presencia en uno de los extremos de la casa estructurada alrededor de un patio al que daban los depósitos, establos, huerta y demás dependencias, y una extensión para el ganado en el fondo del lote, constituían una versión cimarrona del tradicional *Hufe* del medioevo alemán, parcela de tierra de forma alargada, adaptada al característico arado germánico, que se fue generalizando como medida agraria al menos desde el siglo XII. Poseía variaciones diversas según la región y, hacia mediados del siglo XIX, era incluso la base de proyección racional propuesta por los tratados agrícolas para las explotaciones europeas ideales. Esta distribución también fue aplicada en las colonias alemanas del sur brasileño, y mostraron hasta qué punto el modelo del transplante era una convicción compartida en esa época[436].

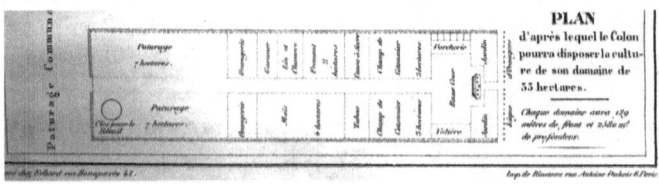

Planta de una concesión de 33 hectáreas. Mediados de la década de 1850. En Brougnes, M. A. (1855).

---

[435] Mulhall, M.G. (1873), pp. 88-9.
[436] Ver Seyferth, G. (1974), pp. 47 y ss.; Goeritz, M. (1850), *passim*; Pfeiffer, G. (1956), p. 263.

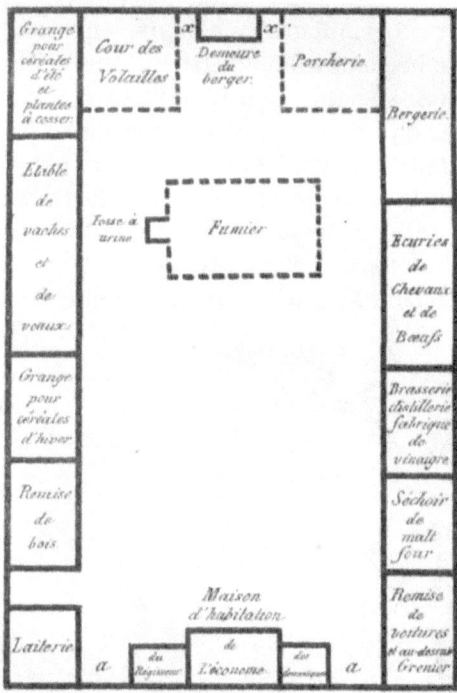

Planta ideal de una explotación agrícola centroeuropea de mediados del siglo XIX. En Goeritz, M. (1850), fig. 7, e/pp. 90-91.

Pero, en los años de consolidación que vendrían, esas convicciones se fueron modificando. En esa etapa inicial debió tener parte muy importante el desarrollo y aprendizaje de métodos y técnicas nuevas, adaptadas al medio local y que combinaran los tradicionales procedimientos criollos con los conocimientos aportados por los inmigrantes a partir de su experiencia agrícola europea. Nunca su mera aplicación hubiera podido cuadrar en las condiciones pampeanas: más allá de las gigantescas diferencias en la escala operativa, se trataba de procesos de trabajo enormemente distintos, efectuados con instrumentos no necesariamente similares, que debían enfrentar la acción de plagas e insectos muy diversos, y que se basaban por otra parte en especies y rubros también disímiles. En esos años iniciales, y hasta tanto se lograran pautas propias para una actividad de carácter renovado, parece haber sido muy significativa la atención e incluso la replicación de ciertos procesos productivos tradicionalmente empleados por la población criolla, así como era evidente el peso del cultivo de especies también propias del consumo local.

Casa de un colono inicial que ha progresado. Schobinger, J. (1957), e/ pp. 48-49.

Los métodos desarrollados por largos siglos de agricultura criolla eran de ese modo sin duda muy útiles; pero las condiciones de la agricultura en las colonias que, de una forma u otra debería distanciarse de aquélla, exigían el desarrollo de pautas nuevas y distintas, que combinaran su eficacia en el medio con métodos modernos propios de las condiciones en que debían operar y de los resultados esperados, cuyo rendimiento debería necesariamente ser mayor. De ese modo, desde los inicios la búsqueda de nuevos métodos, prácticas, procesos y rubros productivos fue también una presencia a veces angustiosamente recurrente; una vez lograda la supervivencia de las nuevas fundaciones, se trataba de lograr un crecimiento que fuera lo suficientemente consistente como para cumplir con los objetivos de puesta en valor del territorio que se les habían asignado.

Es sin embargo en la ganadería donde más resalta la conformación de una pauta productiva que resultaba una mezcla de prácticas europeas y criollas, particularmente conveniente dadas las condiciones de operación de esas explotaciones. Los colonos suizos de San Gerónimo, ganaderos en pequeña escala en su tierra natal, la replicaban en la nueva pero a mucha mayor amplitud, combinando prácticas de ambos mundos y desarrollando, sobre la base de éstas, híbridos en los cuales tanto unos como otros podrían reconocerse. Ello se refleja también en los nombres dados a los parajes de la colonia, que reproducían los usos productivos de los valles suizos: el campo comunal de pastoreo de San Gerónimo recibía el nombre de Foralpa, es decir *Voralpa*, la región más o menos llana del valle del Valais antes de los Alpes, que se extiende hasta las faldas de las montañas, y que se utilizaba también allí como campo comunal de pastoreo[437].

Hay varias derivaciones importantes de todo ello. La primera, que se explica así en buena parte, más allá de

---

[437] Oggier, J. y Jullier, E. (1984), pp. 162 y 206. Todo el capítulo de este libro dedicado a la ganadería en esta colonia es una muestra de esa amalgama de prácticas.

las posibilidades financieras existentes, el sorprendente arcaísmo tecnológico inicial de las colonias, donde el instrumental agrícola moderno apenas se limitaba a una serie de arados básicos y rastras y a ciertas máquinas simples encargadas de procesar el grano cosechado, y esto no siempre. Entre los campesinos europeos de mediados del siglo XIX, no se habían aún generalizado técnicas modernas de manejo de suelos, labranza y cultivo, en parte porque el mismo grado de fragmentación de sus tenencias, su productividad, sus pautas tradicionales de explotación y las condiciones de acceso al capital que para ellos estaban abiertas no eran muy apropiadas para transformar sus granjas hacia una pauta más avanzada que, por otra parte, apenas estaba comenzando a afianzarse en las explotaciones más importantes[438]. Por el contrario, el factor clave en esas unidades productivas campesinas seguía siendo la dotación intensiva en mano de obra, y así continuó siéndolo en sus inicios como colonos en sus nuevas tierras en Santa Fe o Entre Ríos, o incluso en América del Norte[439]. De esa forma, podría decirse que las explotaciones coloniales de esa etapa inicial eran, en este aspecto, bastante parecidas a la tradicional agricultura criolla en pequeña escala; su competitividad con respecto a ésta estaba dada sobre todo por un grado más intensivo de trabajo, en especial en torno al ingreso en más rubros y por ende en la puesta en práctica de un calendario agrícola más complejo y más activo, que ocupaba a toda la familia a lo largo de casi todo el año. Dicho de otro modo, esa competitividad se basaba en agregados horizontales, y no en un planteamiento radicalmente diferente de las condiciones de explotación.

---

[438] Luelmo, J. (1975).
[439] Ver al respecto por ejemplo la interesante descripción de la tecnología agrícola de las colonias del Saguenay, en el Canadá francés, en Bouchard, G. (1996), pp. 58 y ss., pero esp. p. 69.

La segunda es que esa reproducción de pautas ancestrales combinadas con la adaptación al nuevo medio estaba, en esta etapa temprana, lógicamente dirigida ante todo a asegurar la subsistencia, el consumo local, la reproducción ampliada del grupo familiar, y poco más allá de todo ello. Los excedentes, si los había, no formaban aún la porción dominante en el producto total; y, por otra parte, no era esperable que lo hicieran, dada la distancia que separaba a las colonias de cualquier mercado de relativa importancia, incluso los regionales. Además, del amplio abanico de rubros productivos sólo algunos podían enajenarse con provecho y por dinero; el ganado vacuno, cuya presencia en las colonias no sólo constituía una fuente de materia prima para carne, cueros, quesos y manteca, sino una reserva de valor, debía competir fuera de éstas con la ganadería criolla, mucho mejor adaptada a los mercados de exportación. Perkins se asombraba aún en 1864 de la escasa cantidad de mantequilla y huevos comercializada desde las tres colonias existentes en Santa Fe, teniendo en cuenta las aves y vacunos que poseían; no dudaba de que podrían triplicar esa cantidad, "si hubiera un mercado"[440]. Resulta en todo ello significativo que, al igual que en la mayoría de las explotaciones tradicionales circundantes, la presencia de ovinos fuera irrelevante en las colonias santafesinas y entrerrianas de la época, más allá aún de la aptitud del ambiente para ello: por un lado, el débil desarrollo allí de este rubro más avanzado sugiere hasta qué punto las pautas ganaderas criollas resultaban más adecuadas para el esquema colonial; por otro, nos marca tanto las dificultades de acceso a los mercados externos como la relativa marginalidad de éstos en el planteamiento económico. Un ejemplo bien claro del peso de esa pauta productiva diversificada lo tenemos en el siguiente cuadro.

---

[440] Perkins, G. (1864), pp. 40-1.

Cuadro N° 11
Producción de la Colonia Esperanza en 1865

Trigo	5895 fanegas
Maíz	12.370 fanegas
Avena	340 fanegas
Papas	1200 fanegas
Vegetales secos	754 fanegas
Manteca	843 quintales
Queso	600 quintales

Fuente: Argentina. Gobierno Nacional. (1869), pp. 15-16.

En estos aspectos, las colonias entrerrianas parecen haber gozado desde el inicio de una situación un poco diferente; tanto Villa Urquiza, cercana a la ciudad de Paraná, como San José, que lo estaba de Concepción del Uruguay, y ambas sobre anchas vías navegables, pudieron usufructuar mucho mejor que sus similares santafesinas el acceso a los mercados regionales. Pero en todo caso esa mayor cercanía no modificó ciertas líneas sustanciales del planteamiento de la explotación: la diversificación de rubros en estos años resulta también muy notable, como puede verse por los siguientes datos; y tampoco aquí está presente el ovino, el rubro ganadero moderno[441].

Cuadro N° 12
Producción anual término medio de diferentes rubros en la colonia San José (hacia 1863-65)

Trigo y cebada	4.136.580	Litros
Maíz	205.800	Litros
Papas	114.850	Kilogramos
Batatas	287.125	Kilogramos

---

[441] Sobre la diversificación productiva en Villa Urquiza ver por ejemplo Hutchinson, Th. J. (1865), p. 95.

Maní	1.320.775	Kilogramos
Tabaco	4594	Kilogramos
Manteca	120	Kilogramos
Huevos	170.000	Docenas

Cuadro N° 13
Animales en la colonia San José, 1865

Vacunos	6854
Caballos	1140
Cerdos	629
Gallinas	21.478
Abejas	170 colmenas

Fuente: [Hudson, Damián (dir).] (1865), t. i, pp. 101 y ss.; "Estadística de la Colonia San José al 1ro. de Noviembre de 1863", en AHAER, Gobierno VII, caja 10.

Más aún: aquí como en Santa Fe, los colonos continuaban pensando primordialmente en cubrir las necesidades del grupo doméstico y en su ampliación, y sólo luego en la producción de excedentes exportables. Su esquema continuó de esa forma siendo diversificado, en primer lugar como reflejo de la amplitud de rubros que posibilitaba la diferencia de productividad aportada por la abundante mano de obra disponible; pero además, y sobre todo, porque la especialización en torno a un abanico reducido de productos con salida mercantil hubiera significado para esos colonos un riesgo demasiado alto. Varios cientos de familias que producían lo mismo y, por ende, competían por escuálidos mercados locales o regionales que eran los únicos adonde hubieran podido dirigir sus productos, muy pronto se hubieran encontrado con que los precios de éstos descendían verticalmente hasta encontrar niveles demasiado bajos como para posibilitar la obtención de los retornos imprescindibles para cubrir las necesidades familiares. En momentos en que era imperioso no sólo llenarlas sino generar además los excedentes necesarios para pagar los compromisos contraídos, y aun acumular lo suficiente como para aumentar la competitividad de la explotación o para comprar nuevas parcelas donde instalar a los hijos, eso hubiera sido un gran desastre. De esta forma, la diversificación no era tan sólo una elección, ni una necesidad: estaba íntimamente imbricada con el momento, el propio planteamiento del fenómeno, y con la falta de medios de comunicación accesibles, rápidos y baratos para grandes volúmenes de productos agrícolas.

Se explica así otro rasgo de la economía de algunas de esas colonias del período inicial, sobre todo de las de Santa Fe: la escasez de dinero en efectivo. Mientras en áreas más ligadas a la economía mercantil, como Baradero en Buenos Aires o incluso San José en Entre Ríos, la presencia de la moneda parece haber sido más concreta, los aislados colonos de San Gerónimo o de Esperanza no contaban a veces ni siquiera con los pocos reales necesarios para pagar gastos mínimos, como la tasa del escribano por la redacción de sus títulos de propiedad[442]. El trueque, al igual que en las también relativamente aisladas colonias alemanas del sur brasileño, era una realidad cotidiana favorecida por algunos detalles colaterales, como la obligación, o posibilidad, de pagar los adelantos o las cuotas de las concesiones con la entrega de parte de las cosechas, lo que reducía la necesidad de procurarse dinero contante. Y, por lo demás, no era tampoco una situación muy distinta de la que esos campesinos alemanes o suizos habían conocido en sus remotos lugares de origen, donde el trueque era también el medio más frecuente de compensar deficiencias y sobrantes de producción en la economía de los pueblos rurales.

---

[442] Ver al respecto Oggier, J. y Jullier, E. (1984).

Casa inicial de colono. En Schuster, A. (1913), t. ii, p. 232.

No puede extrañar entonces que tanto ese relativo aislamiento como las propias características del transplante derivaran en que la población de esas colonias reprodujera también en buena medida las antiguas pautas de sociabilidad propias del mundo campesino europeo. Las reuniones y fiestas comunales, la cercana presencia de parientes, las sociedades para el desarrollo de actividades tradicionales, como el canto, el tiro o la caza, la fuerte impronta del mantenimiento del idioma y la religión comunes, incluso la pronta adopción de las criollas pulperías como lugares para la sociabilidad, la transmisión de noticias, los negocios o aun la adquisición de productos importados desde el viejo terruño, formaron gruesos lazos de unión que permitieron a esas aisladas familias hacer frente con buen ánimo al trauma del traslado y a las adversidades del nuevo medio[443].

---

[443] Ver por ejemplo Lonfat, G. (1879), p. 76; Oggier, J. y Jullier, E. (1984), p. 170; Avé-Lallemant, R. (1980), pp. 111 y ss.; Seyferth, G. (1974). Sobre el

La circunstancia de que incluso la propia organización administrativa de las colonias se basara en instrumentos ya conocidos, como los contratos firmados con los fundadores, y que se habilitara aun la posibilidad de elegir autoridades entre sus propios miembros, fueron otros medios para reafirmar la cohesión intragrupal. No es raro así hallar que quienes habían ejercido determinadas funciones en su país de origen las continuaran en el de adopción; en San Carlos, Federico Goetschy, capitán de infantería en Suiza, fue líder en el mantenimiento de la seguridad del grupo; en San Gerónimo, Mauricio Jost, que había sido notario en la comuna valesana de Ernen, fue largo tiempo secretario de actas del juzgado de paz de la colonia; e Ignacio Heimo, el titular del juzgado, había a su vez ejercido funciones análogas en su pueblo del Valais[444]. Más allá de que, a tenor de sus nombramientos, los funcionarios designados debían administrar justicia según las leyes del país, en la realidad es bastante evidente que lo hicieron más de acuerdo a las tradiciones y costumbres de sus coetáneos, toda vez que esa justicia local era administrada asimismo en su idioma, y en éste quedaba escrita. Esto sin dudas también se encuentra entre las causas de conflicto en las colonias de población más heterogénea; y no debió de ser tarea fácil para los administradores y funcionarios lograr un relativo equilibrio. No es extraño de ese modo que el período 1859-1864 fuera también de reacomodamiento y reorganización de la población: los traspasos de familias de una colonia a otra, con el fin de estar más cerca de sus amigos, sus compaisanos o de quienes profesaran su misma religión fueron bastante frecuentes.

---

tema también pueden leerse en ese sentido algunos aportes recientes, como por ejemplo Frid, C. (2006).

[444] Oggier, J. y Jullier, E. (1984), pp. 209 y ss.; *passim*.

Plano de la colonia Esperanza según el primer proyecto de Aarón Castellanos. En Schuster, A. (1913), t. ii, p. 189.

El contraste entre esta situación propia de las colonias de extranjeros sudamericanas de este período inicial, y el poblamiento productivo de otras zonas de agricultura templada, fue por consiguiente muy marcado. Los viajeros resaltaron las angustias que sufrían los agricultores europeos dispersos por las vastas extensiones de las praderas norteamericanas, sin nadie en las cercanías con quien alternar; Paul de Rousiers relataba el aburrimiento de un agricultor francés y su esposa, que, en medio de los vastos desiertos de Kansas, echaban de menos "la *buena compañía*, que en general no existe en el oeste, o bien la conversación agradable al amor del fuego, que es el bien común de todas las clases en Francia. El americano de origen anglosajón se basta a sí propio, y si le complace la sociedad, ésta se limita a su *home*, es decir, a su mujer y sus hijos"; un suizo, también en Norteamérica, se quejaba de que "la rueda placentera y el reunirse en el bar, a lo que estamos tan habituados, no se dan aquí [...] sólo se entra en el bar por un instante, para un refresco. Nunca se sientan para ello; prácticamente no dicen más palabras que las requeridas para pedir una copa, y tras beberla, rápidamente se alejan para seguir corriendo detrás de sus negocios"[445]. En las colonias dispersas en la soledad pampeana en las décadas de 1850 y de 1860, por el contrario, se formaba en cada aldea un pequeño mundo, con todas sus ventajas y problemas: no era raro que coexistieran allí, a renglón seguido de la confraternidad de las fiestas y de la vecindad de parientes y amigos, las fuertes disputas, antagonismos, enconadas facciones, hablillas y chismes que son propios de todas las comunidades pequeñas[446].

Pero de todos modos esa reproducción de ancestrales pautas de sociabilidad, y una economía centrada en el ámbito local y escasa de dinero en efectivo, no impidieron la acumulación de bienes, y por ende un creciente proceso de diferenciación que, con el pasar de los años, habría de continuar y de afianzarse. Ambos están muy bien retratados por Perkins en su estudio de

---

[445] Rousiers, P. de (1899), t. I, p. 154 ; Schelbert, L. (1976), p. 138, cit. en Oggier, J. y Jullier, E. (1984), p. 171.
[446] Ejemplos en Oggier, J. y Jullier, E. (1984), *passim*; Vernaz, C. (1987), pp. 32 y ss.

1864, en que evalúa la situación a esa fecha de varios colonos, transcriptos como hemos dicho en Apéndice 4; los apuntes de Charles Beck Bernard marcan una realidad muy similar para San Carlos ya entre 1859 y 1861; el mismo autor apuntaba que, para 1870, algunos colonos de Baradero habían ya amasado sumas de consideración, y se habían vuelto prestamistas. Algo muy similar decía Wilcken, reprobatoriamente, de los esperancinos un año después; y un viajero escribía todavía en 1883 que, entre los colonos suizos de Santa Fe, "su orgullo estriba en poder decir: ya poseo tantas vacas como el agricultor más rico de mi pueblo de Suiza". Según la glosa de Oggier y Jullier, ello constituía una "meta fácil que en breve tiempo es alcanzada por la mayoría de los colonos. Pero aspiran a más: ser propietarios de una cantidad de vacas 'igual a la suma total de las existentes en su pueblo natal'"[447].

Es bastante evidente que, residiendo en la alta dotación de mano de obra la fuerte diferencia de productividad de las colonias con respecto a la economía agraria tradicional, la falta de ésta era el factor esencial que impedía o retardaba el ahorro, y por ende la clave de la diferenciación económica. Perkins, luego del aleccionador inventario del sensacional progreso de una buena cantidad de familias de San Carlos, relataba: "Hay otras familias sin hijos que, por el contrario, han quedado pobres, pues por falta de brazos no pueden hacer nada". Proponía para ellos un sistema de asalariamiento transitorio de unos tres años, y después se les otorgaría un terreno que pudieran trabajar con la mayor experiencia adquirida y con la ayuda de

---

[447] Perkins, G. (1864), pp. 55 y ss.; sobre Baradero ver Beck-Bernard, Ch. (1872), p. 112; Wilcken, G. (1872), p. 27; relato de Johann Christian Heusser sobre los colonos suizos en 1883 en Oggier, J. y Jullier, E. (1984), p. 162; Gori, G. (1954), *passim*.

otros asalariados recién llegados[448]. De todas formas, esta posibilidad de ahorro relativamente rápido, inexistente en Europa, constituyó para los colonos no sólo la razón principal para emigrar, sino también uno de los factores que irá llevándolos, en complejo proceso, hacia un nuevo planteamiento del negocio agrícola: la especialización orientada hacia mercados externos.

Así, en esta etapa inicial el carácter experimental y todavía vacilante del proceso resulta muy claro en las diferencias de sus recorridos en cada provincia e incluso en las regiones dentro de éstas: mientras la colonización, luego de inicios siempre difíciles, lograba afianzarse en ciertas áreas, en otras los avances eran nulos, más allá de los proyectos y de las buenas intenciones. La falta de conocimientos básicos tanto acerca del proceso en sí como aun respecto de cuestiones tan primordiales como la calidad de los suelos o su aptitud agroganadera era también otro gran obstáculo: la prolongada vigencia de las teorías de un respetado naturalista que negaba la posibilidad del desarrollo agrícola pampeano esgrimiendo argumentos de orden ambiental es por sí misma un claro indicio de esta ignorancia y de las limitaciones que todavía rodeaban al proceso de colonización[449]. La creación de colonias durante la segunda mitad de la década de 1850 y la primera de la siguiente tuvo lugar sobre todo en tierras ubicadas en relativa cercanía de vías de comunicación ya existentes, o con fines específicos, lo que indica que la toma de riesgos de los empresarios particulares que las encaraban era todavía vacilante. En esa situación subsidiaria, no cabía esperar que la producción llegara más allá del ámbito local o apenas regional, de allí la orientación y características de ésta, y el aún limitado tamaño de las parcelas otorgadas.

---

[448] Perkins, G. (1864), p. 36.
[449] Burmeister, H. (1876); su crítica en Napp, R. (1876).

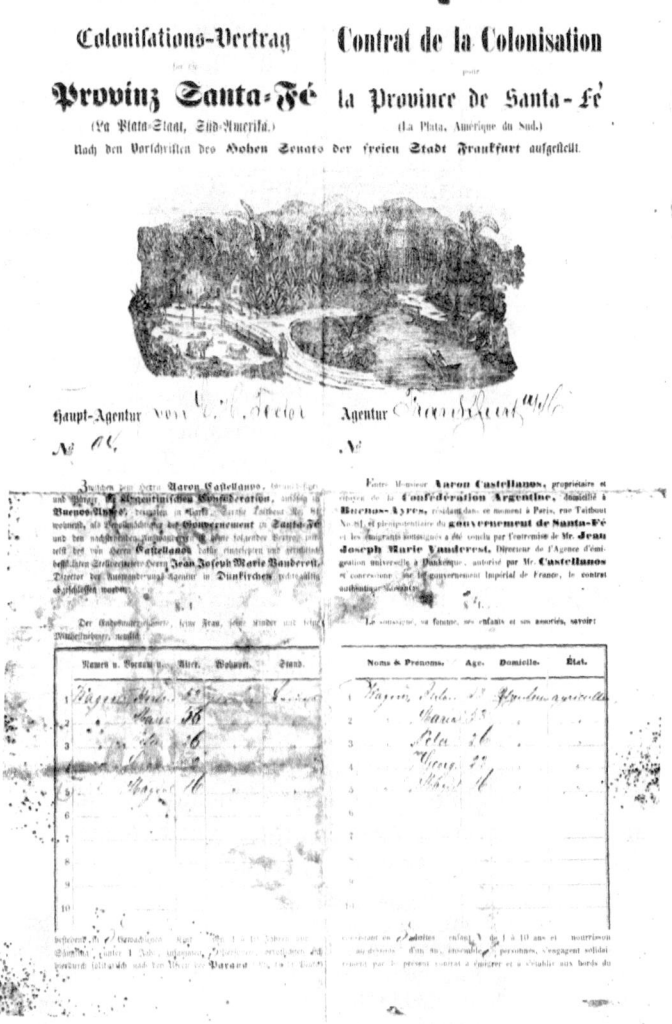

Contrato de colonización de una de las primeras familias alemanas de Esperanza. En Schuster, A. (1913), t. II, p. 192.

Si bien, como vimos en el capítulo anterior, la limitación al abasto de los puestos militares pronto fue abandonada, la estrechez del marco local no terminó de ser advertida sino cuando la producción, luego de haber sobrepasado las innumerables dificultades de los inicios, se encontró también estrangulada por la poca dimensión de los mercados regionales. En esas primeras colonias que lograron plasmarse, el rendimiento de la abundante mano de obra era tanto más considerable dado el estructuralmente alto precio del trabajo en el área pampeana y la muy baja rentabilidad por hectárea de la tradicional ganadería vacuna criolla. Asimismo, en buena parte de los casos esas colonias iniciales contaban todavía con buenos bosques naturales cercanos, apenas tocados por la escasa población local; además de proveer los indispensables elementos de construcción y combustible, el excelente negocio de la tala y venta de madera, carbón y leña, aun cuando a mucho menor escala que el análogo *défrichement* de los bosques canadienses o la *derrubada* de las florestas del sur brasileño, ayudó a sostener la vida económica de los colonos en esos tiempos primeros, en que aún era aleatorio pensar en cultivos extensivos y en modernas tecnologías ahorradoras de mano de obra, menos todavía en esas parcelas estrechas[450]. Pero, de cualquier modo, los avances planteados de esa forma eran demasiado lentos, no quizá para los propios colonos, sino sobre todo para los empresarios, para quienes la aceleración en la puesta en venta de las tierras

---

[450] Sobre el papel de los bosques en la colonización inicial, ver Molinas, F. (1910), p. 116; Beck Bernard, Ch. (1865), p. 198; Beck Bernard, Ch. (1872), p. 157; Perkins, G. (1864), p. 22; Perkins, G. (1869), pp. 64-5; Mantegazza, P. (1870), p. 406. Para épocas tardías el acceso a los bosques incluso con fines mercantiles continuó; las colonias fundadas en la región chaqueña eran consideradas muy aventajadas al respecto. Una nota en que los colonos de Reconquista solicitaban al Gobierno nacional les fuera permitido exportar maderas de los alrededores a causa de la pérdida de sus cosechas en *Las provincias*, Buenos Aires, 2 de diciembre de 1880.

era una función correlativa al aumento de las ganancias. De este modo, se hacía necesario romper de una u otra forma con esa actividad diversificada e intensiva en mano de obra que constituía uno de los rasgos más acusados de la producción de las colonias de entonces.

Si además era menester crear infraestructura mínima y proveer una serie de servicios más o menos básicos para que el emprendimiento resultara exitoso, así como vigilar de cerca los progresos y problemas de los colonos, asistiéndolos en su desconocimiento del medio productivo o su falta de recursos, ello llevaba aparejado no sólo graves riesgos por la incertidumbre y el necesariamente largo tiempo de amortización de esos desembolsos, sino también un alto costo operativo, cuyo financiamiento podía resultar ruinoso si la rotación del stock en tierras era lento. Esto se agravaba en una economía donde el capital era escaso y caro, y donde la recuperación de la inversión podía demorar décadas.

Esta forma inicial de colonizar constituía de ese modo algo parecido a un cuerpo extraño en un organismo incompatible. Una muestra de hasta qué punto la abismal diferencia de productividad tensaba la cuerda económica la tenemos en las recurrentes dificultades de los empresarios para lograr que los colonos, tentados permanentemente con ofertas de trabajo más fácil y mejor remunerado en la ganadería comercial o en las actividades urbanas, permanecieran en sus parcelas trabajando productivamente y honraran las deudas contraídas. Más allá de ciertas tareas básicas de control, o de una estructura organizativa y aun disciplinaria cuya efectividad no pudo en modo alguno haber sido muy alta, la clave fundamental para que el sistema lograra mantenerse y aun prosperar durante años lo constituyó, en lo social, la recreación de espacios de convivencia y trabajo similares a los dejados atrás por los colonos en sus lugares de origen, lo cual ayudó a cohesionar los grupos en los momentos cruciales; y, en lo económico, el hecho de que el esquema productivo estuviera aún centrado en el autoconsumo y no en los rubros exportables, lo que hasta cierto punto reducía los riesgos y minimizaba el impacto de los enormes costos de transporte.

Ese esquema habrá de variar sustancialmente con el salto cualitativo que se daría a partir del desarrollo de las posibilidades de acceso a mercados externos ampliados en la segunda mitad de la década de 1860.

Capítulo VI
Afianzamiento, nuevos desafíos y vuelco hacia los mercados regionales

1. Introducción

Se ha afirmado, con razón que, durante el segundo quinquenio de la década de 1860, la fundación de colonias tomó por fin impulso, y aumentó también sustancialmente la cantidad de tierra transferida[451]. En todo caso, en la segunda mitad de la década de 1860, tuvieron lugar diversos cambios de importancia, no sólo en lo que respecta a la evolución de las colonias, sino también a determinados aspectos socioeconómicos clave en las provincias. En principio, la bonanza económica de los años anteriores, labrada en torno al lanar, sufrió en 1866-67 una fortísima crisis, cuyos pormenores e impacto han sido ya relatados en el primer tomo de esta colección[452]. Sin embargo, las economías productivas de Santa Fe y de Entre Ríos sufrieron esa crisis con una intensidad bastante menor de lo que ésta impactó en Buenos Aires, en parte porque no existieron allí los problemas monetarios de esta última, pero también porque la producción ovina no poseía todavía en esas provincias la dimensión que tenía en Buenos Aires. Si bien se sufrió además por la relativa sobrecarga de los campos, poblados de ganados por los avances de los años previos, y afectados por nuevas ofensivas indígenas

---
[451] Barsky, O. y Gelman, J. (2001), p. 168.
[452] Ver Barsky, O. y Djenderedjian, J. (2003).

en momentos en que las pocas tropas disponibles debían luchar en el Paraguay, el impacto de estos problemas fue también menos intenso, si descontamos algunos hechos puntuales, algunos de ellos sin embargo de gravedad[453].

Por lo demás, en esa segunda mitad de la década de 1860, comenzaron a concretarse ciertos demorados emprendimientos de importancia fundamental para las provincias interiores. El principal de ellos fue sin dudas el tendido de los primeros tramos de vías férreas. Más aún que para Buenos Aires, donde las distancias eran relativamente más cortas y el aislamiento de los mercados menor, para el interior la conexión ferroviaria significó romper definitivamente con un viejo y ruinoso círculo vicioso que limitaba seriamente sus posibilidades de desarrollo. Las economías regionales constituían en general pequeños núcleos en torno a una ciudad de unos pocos miles de habitantes, que era su centro y el principal punto de realización del valor de las mercancías. No existía un mercado unificado cuyos precios pudieran tender al equilibrio, sino por el contrario diversos mercados locales con difíciles y esporádicos contactos entre sí y con el exterior. Los altos costos de transporte y el aislamiento relativo determinaban una escasa especialización, que se reflejaba además en la producción excedente, la cual sólo encontraba desemboque en unos pocos puntos de realización externos donde debía competir con la oferta similar de otras provincias. Los textiles cordobeses, correntinos

---

[453] Por ejemplo los problemas experimentados por las explotaciones agrarias del sur de Córdoba, o el incidente entre colonos extranjeros e indígenas en Santa Fe en 1869. Seymour, R. (1947), pp. 119 y ss.; 179 y ss.; 302; Gschwind, J.J. (1942), *passim*. Testimonios acerca de una grave necesidad de pastos en el sur entrerriano en la correspondencia pasiva de Mateo García de Zúñiga y su esposa, en especial por ocupación de tierras de su estancia por parte de ganaderos que ofrecían incluso pagar arriendo pero que no estaban dispuestos a retirarse, en AIPOM, legajos 8 y 9, *passim*.

o santiagueños eran dirigidos a Buenos Aires, donde la mayor dimensión del mercado podía facilitar las ventas; pero esa misma concurrencia hacía descender los precios, y los altos costos de transporte esmerilaban las ganancias al punto de transformarlas en pérdidas. Lo mismo ocurría con las mercancías importadas, cuyos márgenes de venta en el interior debían incluir, entre otras cosas, el cálculo del alto costo del transporte y el correspondiente al mantenimiento de importantes stocks, a fin de compensar los largos períodos de tiempo de reposición demandados por las morosas comunicaciones de la época. De ese modo, hasta que fue posible lograr una conexión barata y rápida entre las distintas provincias y desde éstas hacia el exterior, sus economías habían debido debatirse entre las difíciles e inciertas alternativas marcadas por la aleatoriedad de los medios de transporte tradicionales.

Casa de colono y carros. Colonia Santa María, hacia 1880. Colección Biblioteca Nacional.

A partir de la construcción del Ferrocarril Central Argentino, esos problemas comenzaron a solucionarse. La generación de medios de transporte más rápidos y baratos posibilitó también los inicios de una especialización orientada por la demanda de distintos puntos de venta y por las particulares dotaciones de cada economía regional; y concentró operaciones en puertos de desemboque fluvial, como Rosario, cuyo crecimiento fue espectacular. Además, la puesta en valor de las tierras linderas a la vía férrea fue un factor extremadamente importante en el afianzamiento del proceso colonizador: por primera vez era posible pensar en instalar a la vez poblaciones nuevas de alta intensidad en trabajo, en tierras anteriormente ociosas o apenas ocupadas por una producción ganadera muy extensiva, junto con medios de comunicación eficientes y rápidos para que los excedentes de aquéllas encontraran fácil venta en mercados externos.

Por otra parte, los avances en la cartografía y en la confección de catastros provinciales, si bien todavía incipientes, constituyeron una base para el ordenamiento de las tenencias fundiarias que habría de completarse en la década siguiente. Comenzó así a formarse un mercado de tierras de dimensión y dinamismo nunca vistos anteriormente; no se trataba sólo de aumentos de precio, sino de una crecientemente rápida rotación de dominios y sobre todo de puesta en valor económico de superficies que nunca antes lo habían tenido. Esto afectó particularmente a quienes ocupaban o poseían esas tierras, con títulos o sin éstos, y los forzó a perfeccionar sus tenencias, para lo cual se fueron dictando diversas leyes a fin de no violentar derechos adquiridos a lo largo del tiempo, pero otorgando a la vez eficacia a los crecientes traspasos y seguridad jurídica a los nuevos propietarios. Esos factores posibilitaron por fin un aprovechamiento integral de las ventajas de la fundación de colonias y mostraron las pautas que éstas habrían de adoptar en lo sucesivo.

Además, comenzaron a cambiar ciertas condiciones del contexto. Las primeras tres colonias que pudieron concretarse en Santa Fe a partir de 1856 eran similares a islas en un mar deshabitado; hacia 1870, cada una de ellas estaba ya rodeada no por campos desiertos o borrosas estancias de ganado cimarrón, sino por otras colonias, y aun su propia superficie se encontraba en su mayor parte ocupada. Charles Beck Bernard constataba con satisfacción este cambio: "El aspecto de San Carlos se ha vuelto muy alegre. No existe más el campo desierto y monótono de otra época; por todas partes se ven bonitas casas rodeadas de setos y paraísos, de durazneros y otros árboles frutales o forestales; campos cultivados, praderas verdeantes". Guillermo Perkins podía apuntar en 1867 que ya todas las concesiones de San Gerónimo se encontraban ocupadas, que se gozaba allí de mayores comodidades que nunca, y que se esperaban aumentos sustanciales de la producción[454].

Este factor fue de importancia fundamental para afianzar el proceso colonizador, ya que el aumento en la densidad poblacional era no sólo la forma más concreta de mostrar el éxito del transplante de esas comunidades, sino sobre todo una condición previa para la posibilidad de crecientes ahorros operativos en función de escala y de especialización relativa. Así, tanto en algunas tareas más dispendiosas en mano de obra (por ejemplo, la cosecha y la trilla) como en el envío de mercancías terminadas a los puertos de embarque, la mayor concentración de productores aseguraba la posibilidad de una más eficiente ayuda mutua primero, y luego la aparición de operadores especializados en determinados segmentos del proceso productivo a costos más competitivos. Además, el mercado local adquiriría así peso por sí solo: pocos registros existen acerca del volumen de intercambio de productos entre las

---

[454] Beck Bernard, Ch. (1872), p. 138; Perkins, G. (1869), pp. 63-5.

mismas colonias, pero sin dudas éste debió de ser muy distinto una vez que la población de aquéllas alcanzaba ya a algunos miles de personas. Por otra parte, el hecho mismo del adensamiento en la ocupación del espacio marcaba la consolidación no sólo de las colonias, sino sobre todo del negocio de la colonización en sí mismo. Hacia 1870 ya había sido necesario adicionar, aun en San Gerónimo, significativas porciones del terreno circundante a la extensión territorial inicial para fraccionarlas en nuevas concesiones, y poder así ubicar a los nuevos interesados. Por lo demás, los precios de las concesiones en esas colonias antiguas habían aumentado sustancialmente, y la tierra ya no era entregada en forma gratuita, sino en venta a plazos, lo que marca la constitución y afianzamiento de los aspectos puramente inmobiliarios del negocio. Si bien el Gobierno provincial continuó al menos hasta 1880 entregando tierras sólo con la condición de cultivarlas, para los empresarios privados de colonización ya no hacía falta impulsar y sostener la instalación de colonos con aportes permanentes de capitales y con ofertas generosas[455]. El nuevo mercado de tierras sería alimentado constantemente por la oferta barata de las nuevas colonias; así, comenzó a ser frecuente la venta de parcelas en las antiguas colonias ya plenamente valorizadas, para con el dinero resultante optar por la compra de tierras mucho más extensas en las nuevas fundaciones lo cual, si bien implicaba una toma de riesgos consistente en tanto el éxito de esos nuevos emprendimientos no estaba todavía asegurado, también constituía una manera de ampliar súbitamente la escala operativa o conseguir mejores posibilidades de progreso para los hijos del colono inicial.

---

[455] Sobre entregas de tierras a título gratuito todavía en 1880 ver Carrasco, G. (1882), p. 154.

La casa del colono Santiago Reutemann. Colonia Grütly, hacia 1880.
Colección Biblioteca Nacional.

Marcando otra diferencia sustancial con el previo período de colonización autocentrada, la viabilidad de los rubros exportables comenzó además a afirmarse de la mano de la presión de los administradores y de los empresarios de la colonización, en tanto ellos eran los mayores interesados en que se les pagara en dinero o bienes transables por los adelantos financieros realizados y por el valor de la tierra hipotecada. Estos actores encararon esa difícil tarea sobre todo a través de una cuidadosa y paciente estrategia de reducción de los altísimos costos de transacción y transporte aún existentes, y desarrollando constantes esfuerzos por abrir mercados a esa producción diversificada, evitando a la vez saturarlos. Su papel determinante se refleja en las frecuentes discusiones acerca del rol de los intermediarios comerciales, los intentos por independizarse de ellos, la insistencia en proveerse de medios de locomoción propios, y la creatividad en la experimentación y difusión de cultivos y rubros alternativos.

Más aún cuando el recorrido desde los años iniciales había sido en otros aspectos largo: los viejos bosques nativos cercanos a las colonias se habían ya agotado, y el acceso a otros más lejanos significaba mayores gastos de transporte o una renovación dispendiosa; el vasto uso de mano de obra inherente a una producción intensiva resultaba un absurdo desperdicio aislado entre desiertos, con costos de transporte que siempre habrían de ser necesariamente muy altos, y absorbían así la parte más significativa de las ganancias. La presión de un entorno de actividades lucrativas ávidas de hombres de trabajo, y la circunstancia de que, de todos modos, aunque la producción fuera diversificada bastaba apenas un pequeño aumento circunstancial en algún rubro para que los sensibles mercados regionales reaccionaran con precios a la baja, fueron mostrando con claridad los límites de esas formas organizativas iniciales y la necesidad de superarlas. El acceso a una demanda ampliada implicaba también la especialización, la que a su vez exigía el desarrollo de condiciones técnicas particulares y una utilización racional de la abundante mano de obra disponible en las colonias, que era la clave de su diferenciación con la economía del entorno. Además, para ello era imprescindible la previa generación de un capital lo suficientemente significativo como para encarar esas reformas, e incluso para hacer frente a los costos del necesario período de ensayos, en el cual las ganancias no podían estar aseguradas. Por otra parte, para alcanzar esa demanda era imprescindible contar con comunicaciones mucho más rápidas, eficientes y baratas, que permitieran llegar hasta los mercados concentradores más importantes con costos competitivos.

Hacia finales de la década de 1860, el modelo de colonización encarado a mediados de la anterior se había agotado entonces largamente: era evidente la necesidad de una flexibilidad mucho mayor en el otorgamiento de superficies, y era ya muy claro que la producción intensiva diversificada perdía terreno por sus altos costos, la competencia, las dificultades del transporte, y la posibilidad de acceder a mercados ampliados más lejanos con producción mercantil especializada y en gran escala. Esta última poseía una lógica de utilización de mano de obra muy distinta, marcada por el ahorro masivo a través de la incorporación de procesos productivos más modernos, con uso de maquinaria en los segmentos laboralmente más costosos, cuya precondición era justamente la formación de unidades productivas más grandes. En ello, el abasto a los ejércitos movilizados por la Guerra del Paraguay constituyó una excelente escuela, que puso en evidencia tanto las ventajas del acceso a esos mercados como el camino para llegar a ellos; y que se manifestaba además en la trayectoria de los colonos exitosos que se derramaban fuera de los núcleos colonizados por la estrechez a que los condenaban éstos.

Se pasó así a planificar colonias con parcelas de mayor tamaño, organizadas en grupos de dos o de cuatro concesiones, con la posibilidad de que el colono que adquiriera una de éstas tuviera reservadas por un tiempo las restantes del grupo, a fin de permitirle ampliar su escala productiva sin exigirle una inversión inicial tan grande como la que le hubiera significado el pago de las cuotas correspondientes a la superficie completa. En Santa Fe, el mismo recorrido expansivo del fenómeno fue mostrando, además, que el apoyo estatal podía limitarse a inocuas exenciones impositivas, sin necesidad de proveer gratuitamente la tierra ni de embarcarse en complicadas garantías a la instalación de migrantes. Si bien los distintos niveles del estado (nacional, provincial y municipal) continuaron intentando organizar parte del proceso, sobre todo fomentándolo en áreas marginales o en provincias donde existían más resistencias a ese cambio, a partir de inicios de la década de 1870 ya no se discutía que el impulso fundamental de la colonización había de provenir del capital privado. En ello, además de la demostración de la viabilidad del negocio como tal, tuvo parte primordial el propio planteamiento de nuevas pautas productivas: la producción extensiva especializada implicaba una racionalización del trabajo bajo normas y técnicas específicas, cuya creación, prueba y difusión debían hacerse con rapidez, para buscar la diferenciación en el máximo ahorro de factores para contrarrestar así la creciente competencia de los otros centros dedicados al mismo rubro, y que no se limitaban a los regionales, sino que incluían, en un horizonte cada vez más cercano, las más avanzadas áreas de agricultura templada del mundo. De ese modo, la incorporación de procesos modernos de mayor eficacia debía ahora abarcar todo el proceso productivo, y no tan sólo aplicarse a algunos segmentos más dispendiosos como los posteriores a la cosecha; mas aún, no se trataba simplemente de lograr producir con menores costos lo mismo que antaño, sino de cambiar el producto final, adaptándolo a las exigencias de mercados mucho más selectivos. Todavía en 1865 nadie o muy pocos pensaban en exportar productos agrícolas a mercados ultramarinos, como no fueran algunos rubros puntuales de alto valor agregado y aprovechando nichos de demanda específica; sólo cinco años más tarde las cosas habían cambiado en forma sustancial[456].

---

[456] Ver por ejemplo el informe de A. Peyret sobre la colonia San José en 1865, en [Hudson, D. (dir.)] (1865), pp. 101 y s.; cfr. el informe de Wilcken, G. (1873).

Iglesia anglicana. Colonia Alejandra, Santa Fe, hacia 1880. Colección Biblioteca Nacional.

Así, la agricultura colonial, antes lo suficientemente autocentrada como para que los movimientos de los mercados externos la afectaran bastante poco, comenzó a experimentar cambios cualitativos que fueron la base de una expansión cada vez más dinámica, al menos en Santa Fe, y en la cual la demanda externa adquirió importancia cardinal. Entre otros muchos factores concurrentes, no pueden dejar de mencionarse también la acumulación de capitales y experiencia técnica y administrativa en los años previos, y la repentina creación de un importante y muy cercano foco de demanda de productos a causa de la Guerra del Paraguay. Éste, además de buena escuela para la producción y colocación de excedentes agrícolas, será la base para el posterior asalto al gran mercado regional por excelencia, la ciudad de Buenos Aires, de la cual las harinas y trigos coloniales habrían de desalojar en forma definitiva a sus similares importados en 1877.

En Entre Ríos, estos mismos procesos tardaron bastante más que en Santa Fe, y tuvieron un carácter mucho más limitado, por causas que veremos luego; así, también fue en estos años cuando Santa Fe comenzó a recorrer un camino que la fue separando netamente de sus vecinas, y cuya aceleración en las décadas siguientes fue asombrosa.

2. La situación de las colonias hacia la segunda mitad de la década de 1860

Hacia 1866 la misma dimensión demográfica de las colonias era ya relevante, y muestra de qué modo el fenómeno constituía un elemento que iba consistentemente adquiriendo peso económico propio. Si bien en Santa Fe éste mostraba ya mayor dinamismo que en las demás, no por ello éstas estaban sin embargo tan lejos de aquélla.

Cuadro N° 14
Población en las colonias hacia 1866

	Familias	Individuos	Totales
Santa Fe			
Esperanza	355	1.627	
San Carlos	138	735	
San Gerónimo	157	753	
Helvetia	40	167	3.282
Entre Ríos			
San José	394	2.280	
Villa Urquiza	71	355	2.635
Buenos Aires			
Baradero	150	875	875

Fuente: Ford, F.C. (1867), pp. 55-58.

Pero los años que seguirán habrán de introducir modificaciones en ese equilibrio relativo. Resulta al respecto de importancia destacar algo que puede entreverse claramente en este período: Santa Fe irá recorriendo un camino que habrá de diferenciarla en forma creciente de las otras provincias que habían iniciado contemporáneamente a esta provincia la colonización, y que terminará por darle una fisonomía peculiar, que sólo más tarde y no necesariamente en forma cabal logrará ser remedada por las demás. Hacia 1866 la población de las colonias de Santa Fe era apenas de alrededor de un 20% más que la correspondiente a las dos colonias entrerrianas; pero para 1869, con una población de más de 6.500 personas, las santafesinas ya superaban a estas últimas al menos un 80%, y marcaban así una trayectoria disímil que los disturbios políticos entrerrianos de los primeros años de la década de 1870 habrían de profundizar.

Cuadro N° 15
Población en las colonias hacia 1869

Santa Fe		
Esperanza	1.992	
San Carlos	1.306	
San Gerónimo	1.500	
Coronda	275	
Sunchales	250	
San Justo	300	
Helvetia	500	
Colonia Francesa	70	
Nueva California	40	
Ubarnes [sic]	60	
Colonia Inglesa	20	
Colonia del Conde [Cayastá]	200	6.513
Entre Ríos		
San José	2.855	

Villa Urquiza	800	3.655
Buenos Aires		
Baradero	1.311	1.311

Fuente: Mantegazza, P. (1870), pp. 403-4. Según la fuente existían además en Santa Fe las colonias Grütly, Cavour, Humboldt, Franco [sic, por Francesa], Tunas, Esquina, Emilia, Guadalupe, Huermes [sic] y Pájaro Blanco, pero no figura la población de éstas. Es evidente que varias de ellas recién estaban formándose o aún sólo en proyecto.

Entonces, en esa segunda mitad de la década de 1860, tenemos en Santa Fe un contexto cualitativamente diferente del de los años anteriores: el crecimiento de la dimensión misma del fenómeno colonizador, marcado por el aumento poblacional, y la progresiva ocupación del espacio comienzan a posibilitar ahora soluciones reales a los antiguos problemas de aislamiento, dificultades de comercialización y acceso a los mercados. El mismo planeamiento de la explotación y la ecuación de costos y beneficios de los productores van a comenzar a cambiar: se podrá por fin pensar en encarar una mayor especialización productiva en torno a los cereales más demandados por las grandes urbes, ya que por primera vez era posible efectuar economías de escala significativas en el transporte de la producción hacia los puntos de embarque fluvial. Esta variación en las condiciones de cálculo de los costos de transporte será crucial en las transformaciones que vendrán, y explica entre otras cosas la aparición de nuevos actores, como los acopiadores de cereales.

Pero es también a partir de esta segunda mitad de la década cuando comienzan a mostrarse con claridad ciertos límites al proceso y, sobre todo, importantes disparidades de un área a otra o incluso de una provincia a otra. Comienza así un proceso de diferenciación cuyas consecuencias serán duraderas, en el que el alocado desarrollo santafesino sólo muy a la zaga podrá ser seguido por sus vecinas. Entre Ríos, a diferencia de Santa Fe, experimentó una evolución bastante más complicada que ésta; no hubo allí en ese período fundación de nuevas colonias, y en 1870 comenzará una dura guerra civil que significó nuevos retrasos y problemas. Como hemos dicho, recién avanzada ya la década de 1870, se logrará allí alcanzar lo que en Santa Fe existía desde varios años antes, esto es, la conformación de espacios de colonización más homogéneamente ocupados. Pero no sólo en eso fincaba el retraso de la provincia: por el contrario, la conflictividad de inicios de la década de 1870 no fue sino un emergente o un síntoma de problemas mucho más estructurales. Las explicaciones a esa conflictividad han sido unánimemente buscadas por la historiografía tradicional en cuestiones políticas; aquí, en sintonía con trabajos recientes, planteamos que en realidad hubo muchos otros elementos que estuvieron detrás de ella. En pocas palabras, los desafíos marcados por la expansión de nuevas formas productivas, más intensivas que antaño, implicaban la necesidad de romper con antiguas normas de uso de los recursos que habían sido muy útiles en un contexto de escasa población, producción ganadera tradicional y recurrentes conflictos bélicos, pero cuya clave pasaba por un uso muy extensivo del espacio y un acceso informal a éste, pautado por antiguas formas de liderazgo caudillesco, pero incompatibles con fenómenos como el creciente valor de la tierra y la introducción de actividades más intensivas e inversiones de más largo plazo.

La nueva etapa imponía de ese modo, entre otras cosas, clarificar y ordenar la tenencia de la tierra. Luego de décadas de indefinición y de arreglos de muy dudosa validez jurídica, por primera vez la tierra comenzaba a ser un bien con precio de mercado, justamente en buena parte en razón de la demanda ampliada que habría de aportar el fenómeno de la colonización. Se imponía entonces la medición del territorio, y el establecimiento de un catastro que proveyera claridad a los títulos y seguridad jurídica a los propietarios. Buenos Aires poseía ya catastros regulares desde la tercera década del siglo XIX; las demás provincias, pero en especial Santa Fe y Entre Ríos, necesitaban imperiosamente terminar de conformar los propios para afianzar los nuevos emprendimientos productivos. El proceso en ambos casos estaba aún por completarse hacia inicios de la década de 1870. Los obstáculos, sin embargo, fueron muy distintos en cada caso, sobre todo por las diferentes características de sus respectivas historias previas. En Santa Fe la mayor parte de la tierra existente hacia 1870 se había incorporado a la oferta provincial por el proceso de avance sobre las fronteras desatado a partir de 1858, pero no habían sido aún sino muy sumariamente ocupadas a pesar del rápido proceso de transferencia al dominio privado que había tenido lugar; esas tierras, por tanto, no eran objeto de disputa significativa entre particulares. En todo caso, el gobierno provincial dictó, durante toda la década de 1860, diversas leyes para intentar extender los beneficios de la colonización a los pobladores criollos, como una forma de reconocer los desafíos que les imponían las nuevas normas y de atenuar los efectos más negativos de éstas[457].

En cambio, en Entre Ríos las fronteras para conquistar habían desaparecido hacía tiempo, y por tanto la ocupación concreta del espacio era un hecho consumado. Menos densa sin duda en las áreas agroecológicamente más pobres o más boscosas del interior provincial, de todos modos, con títulos o mucho más a menudo sin éstos, las tierras públicas estaban mayormente ya en posesión y buena parte incluso en producción, y no era posible regularizar los derechos a éstas sin provocar conflictos de diversa índole, mucho más intensos que en Santa Fe. Dado que el estado conservaba

---

[457] Ver por ejemplo las normativas transcriptas por Ensinck, O. (1979), pp. 242 y ss.

el dominio eminente de la mayor parte de esas superficies pobladas de ocupantes, la política de tierras públicas adquirió aquí caracteres distintos y mucho más cruciales que en Santa Fe, y no sólo en lo que respecta al fenómeno colonizador. Al principio se intentó una solución transitoria a través de la imposición de cánones de arrendamiento; el muy escaso éxito de esta iniciativa marca claramente que quienes se encontraban en esas tierras las consideraban propias, más allá de los títulos legales que pudieran llegar a reclamárseles[458]. También aquí, como en Santa Fe, se intentaron extender los beneficios del proceso colonizador a la población autóctona; pero en todo caso la complejidad del asunto no se limitaba a fundar colonias. Por otra parte, la tensión social era mucho más fuerte que en esa otra provincia. Como allí, a menudo esos intentos fracasaron. Fue esa situación de conflicto irresuelto la que estallará a inicios de la década de 1870; y fue esa inexistencia de tierras nuevas de fácil acceso lo que determinará en buena parte las características del proceso de colonización en Entre Ríos, mucho más complejo y difícil que en su vecina Santa Fe.

De todos modos, a partir de estos años quedará cada vez más claro que la antigua pauta diversificada, poco volcada al mercado y centrada en el ámbito económico local comenzará a perder terreno en las colonias de la región pampeana. El recorrido de éstas se irá así separando netamente del de las colonias del sur brasileño que habían sido su modelo, en tanto éstas continuarán durante mucho tiempo creciendo bajo las mismas pautas de producción diversificada de sus inicios. En ello tuvieron sin dudas gran papel las condiciones bióticas diferenciales: mientras que la llanura y el clima pampeanos se prestaban particularmente bien para el cultivo comercial especializado de cereales, el medio montañoso y la latitud tropical

---

[458] Ver al respecto Schmit, R. (2008).

de las colonias de Rio Grande do Sul o Santa Catarina constituían obstáculos más concretos; si bien según Jean Roche las colonias riograndenses experimentaron usualmente fases de especialización orientada hacia mercados externos, esa especialización pocas veces significó más del 60% del *output* conformado por un solo producto, y mucho más a menudo se concretó en torno a un abanico de varios productos agrícolas[459]. Puede agregarse también que el acceso a los mercados externos fue, a partir de cierto momento, más fácil y más barato en las colonias de la región pampeana. Pero sin dudas existieron muchos otros factores, entre los cuales cabe mencionarse la acción empresarial en la organización de los emprendimientos, la adaptación de éstos a las pautas productivas modernas, y el planteamiento y construcción de una estructura comercializadora eficaz, elementos muy presentes en la economía agrícola de Santa Fe desde 1870. De ese modo, la asombrosa expansión de las colonias santafesinas de los años venideros estará basada en claves muy distintas del más modesto pero igualmente tangible crecimiento de las colonias brasileñas.

Es justamente entonces en este período cuando se quiebra definitivamente la pauta inicial y vacilante de la colonización pensada como un mero transplante de actividades con mano de obra intensivas en medio de vastos páramos ganaderos. El puntapié inicial de esa evolución lo dieron en forma casi casual dos hechos económicos de importancia. El primero, la crisis algodonera provocada en Inglaterra por la Guerra de Secesión estadounidense a partir de 1863, que provocó un aumento extraordinario de los precios del algodón a nivel mundial a causa de los problemas que la producción de éste experimentaba allí; la actividad, llevada a cabo en las lejanas tierras pampeanas, pareció así súbitamente ser

---

[459] Roche, J. (1959), pp. 196 y ss.; esp. 216 y ss.

bastante rentable. La ávida demanda de los industriales de Manchester ya se había de todos modos hecho presente desde algún tiempo antes; el ya mencionado y polifacético cónsul británico Hutchinson notó, en su viaje por las provincias de Santa Fe, Entre Ríos, Córdoba, Tucumán y Santiago del Estero hacia fines del año 1862, el consistente interés de algunos productores rurales por la introducción del algodón, los que le manifestaron sus dudas respecto de los problemas fundamentales: el enorme costo del transporte, la falta de semilla adecuada y la de mano de obra avezada en el ramo. En su libro, publicado en 1865, dedicó dos capítulos al tema, ofreciendo los rudimentos técnicos al respecto[460]. También el periodista y estadígrafo Michael Mulhall recorrió los campos de algodón rioplatenses, y publicó el mismo año un relato pormenorizado de éstos[461]. Comenzaron a aparecer así algunos emprendimientos de cultivo algodonero en las colonias. Hacia 1862-3, la empresa Gelabert y Compañía adquirió varias concesiones en Villa Urquiza con un total de 80 cuadras cuadradas (134 hectáreas); se formaron tres chacras en cada una de las cuales se cultivaron 180.000 plantas de algodón; si bien la presencia de plagas las redujo considerablemente, al año siguiente la superficie cultivada se duplicó, y se llegó posteriormente a la siembra de un millón de plantas. El producto fue utilizado para la fabricación de pabilo con máquinas sencillas de desmotar y de hilar[462]. Las cosechas de 1864-65 fueron al parecer de superior calidad; pero los problemas por falta de mano de obra impidieron la continuación de la actividad, sin dudas en momentos en que los precios volvían a bajar[463].

---

[460] Hutchinson, Th. J. (1865), pp. 289-303.
[461] Mulhall, M.G. (1865). Detalles interesantes también en [Mulhall, M. G. y E. T.] ([1862]), p. 190 y *passim*.
[462] Reula, F. (1969), t. II, p. 65; Beck Bernard, Ch. (1865), p. 204.
[463] Sobre la calidad del producto y falta de mano de obra ver De la Fuente, D. G. (dir.) (1872), p. 140.

De todos modos, la especulación algodonera no pareció haber arraigado, a pesar de la insistencia de comerciantes y de cónsules por difundirla. Un impacto muchísimo mayor tuvo el segundo de los fenómenos que hemos mencionado: la Guerra del Paraguay. Desencadenada en el mismo momento en que el interés por el algodón decrecía, constituyó una formidable fuente de demanda para los productos de las colonias, pero esta vez de un carácter mucho más amplio y duradero que la ocurrida en torno al algodón. Se trataba en especial de cereales, un producto con el que se podía ensayar la futura provisión de la demanda bonaerense; para suplirlos, tanto las colonias santafesinas como las entrerrianas estaban situadas a relativamente poca distancia del teatro de la guerra, y contaban por ende con ventajas diferenciales de acceso al mercado. Esa demanda, impulsada por las necesidades alimentarias de los ingentes ejércitos de los aliados, se mantuvo casi hasta el fin de la guerra en 1870 y constituyó un factor realmente notable en el avance de la superficie cultivada. Asimismo, contribuyó a paliar los ya limitados efectos de la crisis de 1866-67 en Santa Fe, dado que la demanda por productos agrícolas que la guerra había generado compensó al menos en parte en esa provincia la caída en la actividad lanera.

De ese modo, en un movimiento que habría de repetirse, a veces en sentido inverso, la ganadería perdió terreno frente a la agricultura, en una creciente extensión productiva. A tal punto llegó el vuelco hacia el cultivo cerealero en esos años de auge que incluso las lejanas colonias ganaderas británicas de la frontera sur de Córdoba tentaron suerte en esta actividad, y abandonaron los ovinos y los vacunos. Tanto por cuestiones ambientales como por las depredaciones indígenas, los rebaños habían sido allí diezmados hasta prácticamente desaparecer; el informe de Perkins de 1869 acerca de Fraile Muerto indica que los colonos, luego de haber intentado infructuosamente vender sus suertes, se habían volcado a la producción agrícola; el señor Melrose había introducido para ello una valiosa máquina de arar a vapor, "que tal vez iniciará una nueva era en el país". Algo similar podía decirse de la colonia de Las Totoras, en donde el establecimiento de los señores Wheathey Kemmis y Compañía era "el más completo de la provincia, con 500 cuadras de terreno bajo cultivo y cercados, pastos extranjeros, animales de razas finas, vacunos y caballos importados, y toda clase de máquinas"[464].

Ese auge agrícola significó oportunidades muy convenientes para los colonos que se arriesgaron a invertir en ese rubro coyunturalmente muy demandado, a pesar de los riesgos y del largo tiempo de amortización. Este ejemplo cundió, y determinó el retroceso relativo de la producción diversificada y el cambio de eje en los mercados locales o regionales más cercanos hacia otros más lejanos. Se fue estableciendo así también un proceso de diferenciación entre los colonos que ingresaban en los rubros más dinámicos, que acumulaban con mayor rapidez y ampliaban sus explotaciones mediante compras o arrendamientos, ya fuera dentro de la propia colonia o en otras, o en otros terrenos; y aquellos que preferían la seguridad de los rubros ya conocidos, ya que pensaban que ingresar en esas actividades de coyuntura podía acarrear la ruina en caso de una concurrencia masiva y un descenso de precios. La coyuntura sin embargo duró, y fue extremadamente conveniente para quienes supieron cambiar a tiempo hacia el cultivo más rentable. Se inició así en esta etapa un rasgo que luego será característico de la agricultura especializada de la región pampeana: aun la superficie antaño ocupada por los cultivos de consumo del grupo familiar comenzó a ser destinada a los rubros más mercantiles, y se optó por comprar a las vecinas

---

[464] Perkins, G. (1869), pp. 63-4.

explotaciones todavía policultoras incluso aquellos productos de granja más comunes. El surgimiento pleno de esta especialización era sin dudas todavía un horizonte lejano; pero algunos de sus elementos fundamentales habían ya comenzado a ser planteados.

3. Santa Fe: la convicción de haber tomado un buen camino

Según los datos recopilados por Carrasco, hacia 1863 existían unas 8437 hectáreas cultivadas en Santa Fe; nueve años más tarde éstas eran 62.548, lo que significaría un crecimiento promedio de alrededor del 25% anual[465]. Esos datos bastarían por sí solos para mostrar a la vez el carácter, velocidad e importancia del cambio económico experimentado en esos años, en los cuales la expansión de las colonias agrícolas había sido fundamental.

Cuadro N° 16
Fundación de colonias en Santa Fe, 1864-1870. Cantidad de colonias por año, superficie de éstas y promedio

Año	Colonias	Hectáreas	Promedio
1864	2	24.207	12.104
1865	1	17.718	17.718
1866	3	33.996	11.332
1867	5	21.792	4358
1868	3	25.033	8344
1869	7	81.461	11.637
1870	15	223.864	14.924
Totales	**36**	**428.071**	**11.891**

Fuente: ver Apéndice, cuadro Fundación de colonias, Santa Fe.

---

[465] Carrasco, G. (dir. y comis. gral.) (1887-88), libro II, p. iii.

La progresión es relativamente regular hasta 1868; a partir de entonces, cada uno de los dos años siguientes verá duplicarse la cantidad de colonias fundadas, y triplicarse la superficie colonizada en éstas. Una primera muestra del carácter de esa expansión y también de los factores que lo impulsaban puede percibirse en el siguiente cuadro:

Cuadro N° 17
Fundación de colonias en Santa Fe, 1864-1870. Por tipo de fundador

	Cantidad	Hectáreas	Promedio
Estado			
Provincial	4	9.429	2.357
Nacional	-	-	-
Empresarios privados			
Empresarios individuales, sucesiones y sociedades de hecho			
con apoyo estatal	1	10.563	10.563
sin apoyo estatal	18	212.758	11.820
Compañías con apoyo estatal			
Cía. de Tierras del FC Central Argentino	4	78.160	19.540
sin apoyo estatal	5	97.309	19.462
Comunidades étnicas			
con apoyo estatal	2	9.351	4.676
sin apoyo estatal	2	10.501	5.251
Totales	**36**	**428.071**	**11.891**

Fuente: ver Apéndice 1, cuadro Fundación de colonias, Santa Fe. Se descartó la colonia Eloysa (fundada por un empresario privado con apoyo gubernamental en 1868) por carecerse de datos de superficie.

Como se explicará en el Apéndice 1, las colonias fundadas con apoyo estatal incluyen aquellas en las que la tierra fue provista gratuitamente o a muy bajo costo por el gobierno, en especial el provincial, con la condición de colonizarla. Puede verse así que las fundaciones efectuadas por empresarios privados sin contar con ese apoyo son ya ampliamente predominantes, no sólo en cantidad, sino también en superficie total; e incluso las superan en superficie promedio. De ese modo, apenas con el único y magro beneficio estatal que significaba la exención impositiva durante los primeros años de operación, este tipo de colonias, a pleno riesgo de empresarios individuales, dan cuenta de la mitad de la superficie total colonizada en todo el período. A la vez, comienza a percibirse el importante papel de las compañías, que en las décadas siguientes tendrán una participación creciente y un espectacular desarrollo. Se trata justamente de las que poseen las fundaciones con mayores extensiones individuales en promedio; y a través de ese hecho ya aparece uno de los rasgos del proceso colonizador santafesino más envidiados por la vecina Entre Ríos: la velocidad de la acumulación de capital, que permite a su vez que cifras cada vez mayores sean reinvertidas en la ampliación del fenómeno, mediante la acción de grandes empresas de colonización.

En este aspecto, uno de los factores que en medida más destacable pautará el proceso de expansión colonial de las décadas siguientes será la acción de los ferrocarriles. Como hemos visto en el cuadro, es en Santa Fe donde ésta se manifiesta más tempranamente, con la acción de la Central Argentine Land Co., o Compañía de Tierras del Ferrocarril Central Argentino. Esta empresa fue formada en 1864 por los accionistas de ese ferrocarril, a fin de administrar y colonizar las tierras que éste recibiría a cada lado de la vía férrea entre Rosario y Córdoba, como compensación por los costos de su construcción. Estas tierras, que en buena parte se hallaban en manos privadas y que con las expectativas creadas por la llegada del ferrocarril habían aumentado de precio, comprendían 39 leguas cuadradas en Santa Fe y 187 en Córdoba. Recién en 1869 se transfirieron a la empresa 35 leguas en Santa Fe y 51 en Córdoba, pero varias demoras en el proceso de expropiación y algunos conflictos con el Gobierno demoraron la entrega hasta 1882; y, aun así, unas 8 leguas nunca fueron otorgadas. La creación de la nueva empresa obedeció a la necesidad de obtener los fondos necesarios para el desarrollo de las colonias, dado que se emitieron acciones a *pro rata* en proporción a las tenencias de los accionistas de la empresa madre, con lo que se logró de éstos un nuevo aporte de capital. El ferrocarril, que siempre tuvo problemas financieros, logró de esta forma un pago inmediato por la tierra, lo que le permitió continuar su expansión[466]. De lo contrario, hubiera sido necesario que derivara fondos operativos a la fundación y sostenimiento de las colonias, lo cual hubiera probablemente hecho fracasar ambas empresas, dada la fuerte necesidad de inversión de capital, hasta lograr que los colonos prosperaran y pudieran completar los pagos por la tierra. La ratificación de estas operaciones por parte de las autoridades se demoró sin embargo hasta 1876, y no se logró tampoco por esta circunstancia completar los aportes de capital, dado que entre los accionistas figuraba el propio Gobierno nacional.

Esto de todos modos no impidió que la Compañía de tierras comenzara a fundar colonias, a fin de generar lo más pronto posible los fondos necesarios para su evolución. La Compañía abrió una oficina en Berna para la contratación de colonos y su envío a la Argentina; se ofrecían en venta lotes de 20 a 25 cuadras cuadradas a una libra por acre, esto es, entre 414 y 518 pesos fuertes por concesión, o aproximadamente 12,35 por hectárea. A pesar de la ventaja que significaba la presencia inmediata de la vía férrea, estos valores no eran mucho más altos que los de las otras colonias, que oscilaban entre los 150 y 380 pesos fuertes

---

[466] Un análisis detallado de la formación de estas empresas en Míguez, E. (1985), pp. 113-14.

para las concesiones de similar extensión en las colonias fundadas por esos años, incluso en áreas lejanas; llegaban a más de 1.500 para las situadas en las zonas más antiguas y pobladas y que poseyeran mejoras[467]. Las concesiones eran vendidas a crédito y los plazos para el pago de las deudas fueron muy flexibles; un cronista comenta incluso: "La empresa vendía sitios a fiado a escriturar cuando al comprador le diera la real gana de pagar"[468]. De esta forma, a partir de 1870 se fueron creando, a lo largo de la línea y partiendo desde las cercanías de Rosario, las colonias de Bernstadt, Carcarañá, San Jerónimo del Sur, Cañada de Gómez y Tortugas, completadas años más tarde con las de Wheelwright y Armstrong, al subdividirse tierras situadas entre las anteriores[469]. La Compañía pactó también con los señores Bernardo Correa y hermanos la fundación de una colonia en torno a la estación que llevaría su apellido, situada entre Carcarañá y Cañada de Gómez; esta última, en tanto, se fundó en las cercanías de una población preexistente[470].

Se creó una administración central en las colonias, que proveía de asistencia técnica a los agricultores, y se realizaron vastas inversiones en la formación de una infraestructura edilicia. El informe anual a los accionistas de 1874 menciona un gasto de casi 30.000 libras esterlinas en construcciones, alambrados, drenajes y mejoras en la tierra, además de lo invertido en un establecimiento agrícola modelo conocido como Chacra Victoria; y otras

---

[467] Ver datos en los cuadros de Wilcken, G. (1873); los valores en pesos bolivianos fueron convertidos a pesos fuertes a la tasa de 0.76 de estos últimos por cada uno de los primeros. Álvarez, J. (1929), p. 115. Ver también [Lezica y Lanús] (1875), "Tableau statistique...". También muestras de protocolos notariales de la época en el AGPSF.
[468] Bértola, E. (1923), p. 9.
[469] Bértola, E. (1923), pp. 10-11.
[470] Fernandez, A. (1896), p. 271; Míguez, E. (1985), p. 116.

cantidades importantes en trabajos agrícolas, pago de pasajes y adelantos a los colonos. Además, como se ha dicho, se alargaron a menudo considerablemente los plazos de pago, por lo que en ese año las deudas por cuotas pendientes alcanzaban las 12.261 libras. Esta política de fuerte inversión y apoyo crediticio a los colonos respondía a las ideas de Guillermo Wilcken, secretario de la Comisión de Inmigración del gobierno argentino y estrechamente vinculado a la empresa, para quien la única forma de llevar a cabo exitosamente un proyecto de colonización era mediante grandes empresas privadas capaces de consolidar, mediante esos abultados gastos y aportes, la marcha del proceso desde sus inicios[471]. La concreción del ferrocarril entre Rosario y Córdoba, después de varios proyectos frustrados, y en especial la acción de la empresa de tierras del mismo, constituyeron importantísimos hitos en el proceso de colonización. No sólo en lo que respecta a la aparición, por primera vez, de un actor de gran porte en éste; también se logró más seguridad y ventajas en la ocupación de un área no nuclear que estaba todavía peligrosamente cerca de la frontera, y sufría esporádicas invasiones indígenas[472]. De este modo se abrió para la colonización una rica zona agrícola, que de otra forma sin dudas hubiera tardado mucho tiempo más en concretarse. Esto es particularmente evidente en el progreso de emprendimientos no situados en torno a la vía férrea: por ejemplo, a partir de 1870 se fueron creando varias colonias de capitales privados a pleno riesgo individual, como Unión (1870), Bustinza (1874) o Amistad (1875).

---

[471] Míguez, E. (1985), pp. 117-8.
[472] Aún en 1872, colonias consideradas relativamente bien guarnecidas como Cañada de Gómez y Tortugas fueron asoladas por malones indios, los cuales poco antes habían llegado apenas a 21 millas de Rosario. Gallo, E. (1983), p. 46.

Pero, como veremos luego con más detalle, esos avances fueron todavía difíciles, más allá incluso de la relativa inseguridad con que debían lidiar: aún faltaba información básica, como que ni siquiera se conocía a ciencia cierta la calidad agrícola de las tierras que se estaban colonizando, por lo que el proceso de ensayo y error hasta dar con el óptimo productivo más adecuado llevó todavía algunos años. Esto implicó que los colonos acumularan fuertes deudas con la empresa hasta lograr prosperar, e incluso muchos de ellos, ante las dificultades, terminaron abandonando sus parcelas sin hacer frente a sus obligaciones. Estos pasivos irrecuperables constituyeron un arduo problema para la empresa, cuyas ventas de tierras fueron además a menudo lentas durante el crítico primer lustro de sus operaciones.

En tanto, el área del centro oeste provincial donde se habían iniciado los ensayos de colonización en la segunda mitad de la década de 1850 con la fundación de Esperanza, San Gerónimo y San Carlos, conoció desde 1865 una rápida expansión de la superficie colonizada en torno a esas tres fundaciones primigenias. Por un lado, tanto las favorables perspectivas de los colonos ya instalados como la difusión de noticias y correspondencia de ellos fueron engrosando la corriente pobladora con nuevos amigos, parientes y conocidos llegados desde Europa. Por otro, el crecimiento de los hijos de los primeros colonos ya establecidos y su necesidad de instalarse en forma independiente constituyó un renovado aliciente a la demanda de tierras. Y, por fin, el propio proceso de acumulación de capitales por parte de los colonos les permitió ampliar sus explotaciones agregando lotes adicionales a los que ya trabajaban. La falta de lotes en sus mismas colonias, a causa de estar éstos ya ocupados, los obligó a dirigirse hacia áreas cercanas todavía en manos de estancieros, quienes vendieron de buen grado sus tierras ahora considerablemente valorizadas por esa inesperada demanda. De ese modo, la expansión tipo "mancha de aceite" a partir de esos núcleos iniciales se vio fuertemente impulsada. Las 184 concesiones de la colonia de Las Tunas, fundada en 1868 al este de San Gerónimo por Enrique Vollenweider y Tomás Cullen sobre tierras que este último había comprado a su vez a la testamentaria De Elía en agosto de aquel año, habían sido enajenadas totalmente hacia 1871 a unas sesenta familias provenientes de las colonias vecinas más antiguas, a menudo hijos de los primeros colonos instalados en ellas. En la colonia Cavour, fundada en 1869 por el italiano José Lambruschini sobre una antigua estancia a cuyo cargo estaba subdividirla y colonizarla, dos años después se había vendido la mayor parte de las 168 concesiones disponibles a colonos de la cercana Esperanza, que las trabajaban sin abandonar su antiguo domicilio[473]. Varios de los compradores de concesiones en la colonia Grütly, por otra parte, habían decidido vender con buen provecho las granjas que ya poseían y habitaban en las antiguas colonias, a fin de hacer rendir más su dinero con la consiguiente compra de lotes más baratos en ese nuevo emprendimiento de la firma Beck y Herzog; a pesar de ello, Grütly tuvo muy difíciles comienzos y no comenzó a poblarse en forma permanente, sino después de 1875[474].

Es evidente entonces que el proceso de colonización había dejado en esos años de ser una aventura incierta encarada por visionarios y pioneros. Podría pensarse que en este despegue tuvo un cierto papel la presencia de Nicasio Oroño en el gobierno de la provincia (1865 a 67), durante cuyo período gubernativo se dio sanción a una serie de leyes que constituyeron un cuerpo de disposiciones sobre la distribución de la tierra pública con miras a fomentar la inmigración[475]. Pero sin embargo, más allá de esas leyes, cuya

---

[473] Beck Bernard, Ch. (1872), pp. 145 y ss.
[474] *Ibíd.*, p. 149; antes, para Las Tunas, Larguía, J. (1876), pp. 78-9; sobre Grütly, AGPSF, Archivo de Gobierno, t. 34, 1869, f. 1156; ibid., t. 42, 1875, s/n.
[475] Díaz Molano, E. (1977); Perkins, W. (1866).

aplicación como hemos visto apenas afectó a la mayoría de los proyectos encarados, por primera vez la viabilidad de la colonización como negocio en sí se hizo plenamente evidente. Si bien faltaría mucho tiempo para lograr que el impulso se afianzara y trascendiera todos los cuellos de botella que lo limitaban, a partir de estos años se logró resolver algunos de los más significativos problemas suscitados en la etapa previa.

Uno de los principales fue, sin duda, el propio planeamiento organizativo de las fundaciones. El cambio de orientación productiva dominante hacia una pauta volcada con mayor intensidad al intercambio con el exterior exigía un paralelo redimensionamiento de las parcelas. Los años previos habían demostrado claramente no sólo la ventaja de otorgar lotes más amplios que los inicialmente propuestos sino, sobre todo, de dar mayor flexibilidad al sistema mediante la opción de tomar parte de un lote, o más de uno, pero que a la vez y en la medida de lo posible se tratara de espacios contiguos. De esta forma no sólo se lograba la ventaja de ampliar la explotación cuando el progreso individual o el crecimiento de los hijos lo justificaran, sino que se reducían los costos de transporte y, más importante aún, se otorgaba versatilidad a la explotación para adecuar su superficie a cultivos especializados en gran escala si las condiciones del mercado lo hacían posible. Bernardo de Irigoyen expresaba esta tesitura en una circular enviada por el Ministerio del Interior a los Gobiernos de provincia en 1877: "La extensión de las suertes de chacras no debe ser reducida. En Santa Fe se han señalado de 20 á 24 cuadras. Ellas halagan al inmigrante que llega á nuestras playas, anheloso de adquirir la propiedad. Pero dos años de buenas cosechas bastan para que los colonos sientan necesidad de mayor extensión para sus labores. Creo, pues, que debe aumentarse la extensión de las chacras, y que si se mantiene la generalmente adoptada, deben reservarse lotes alternativos, para que puedan ser adquiridos por los colonos linderos o por otros"[476].

Esta nueva forma de proyectar la colonización se difunde hacia los últimos años de la década de 1860, y está bien reflejada en los informes de Wilcken, quien enumera varios casos de colonias en las cuales las parcelas eran de 25 cuadras en vez de las 20 tradicionales, e incluso de 40 en la colonia inglesa. Pero se trataba sobre todo de colonias fundadas en el norte santafesino. Donde el cambio está mucho más claramente expuesto en el informe de E. Peterken, en que los lotes son agrupados en cuatro concesiones de 33 hectáreas cada una, separados por vías de comunicación de 17 a 20 metros de ancho, con el fin de permitir que, llegado el caso, se pudieran conformar fácilmente unidades productivas de 66 o incluso de 132 hectáreas combinando dos o más concesiones. Esto las acercaba a las superficies de las unidades de *homestead* norteamericanas de 160 acres o alrededor de 65 hectáreas, y contrastaba singularmente con los antiguos lotes de 33 hectáreas, paralelos a un camino central, limitados entre sí y por los terrenos de pastoreo comunales, pensados para una producción de granja diversificada y compleja, como los proyectados por Auguste Brougnes en la década de 1850[477]. Se hizo usual también que los lotes se vendieran en forma alternada, esto es, dejando durante un cierto tiempo lotes desocupados entre uno y otro de los que se habían enajenado, para permitir que el colono que progresara contara en un futuro con la posibilidad de comprar los linderos sin tener que embarcarse en ello ya desde un inicio, cosa que podía comprometer su capacidad financiera.

---

[476] Buenos Aires, 1 de diciembre de 1877, en De Irigoyen, B. (1905), p. 8.
[477] Peterken, E. (1872), esp. pp. 42-43; Brougnes, A. (1855), plano de una colonia e/ pp. 62-63; cfr. también Molinas, F. (1910), pp. 117 y ss., quien sitúa algo tardíamente este proceso. La colonia Las Tunas, fundada en 1868, fue ya organizada siguiendo estas pautas.

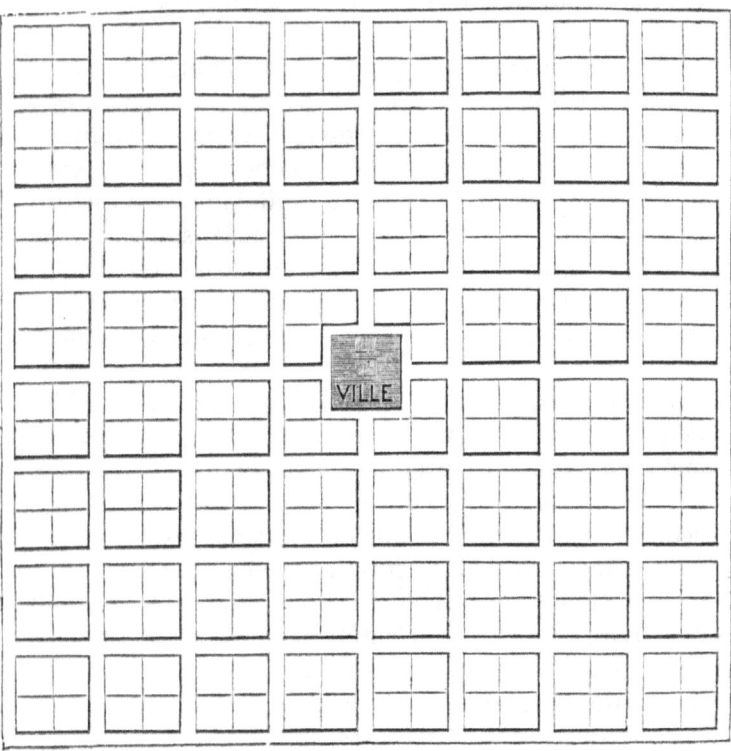

Plano de una colonia tipo a inicios de la década de 1870. Cada cuadrado pequeño representa una concesión de 33 hectáreas, agrupadas en grupos de cuatro. Las propiedades están separadas por vías de comunicación de 17 a 20 metros de ancho. En el centro, el pueblo. Tomado de Peterken, E. (1872), pp. 42-3.

Otro de los problemas que pudieron por fin resolverse fue el deslinde certero de las propiedades. Recuérdese que nos encontramos todavía en un momento en que los avances sobre la frontera han sido más rápidos que la ocupación de las tierras que esos avances abrían, pero que de todos modos el estado provincial continuó enajenando la tierra apremiado por sus gastos, y ocupantes de muy diversa índole siguieron a menudo produciendo tanto en las tierras fiscales del área antigua como en las más nuevas de la zona de frontera. De esta forma, una parte aún incierta, pero sin dudas significativa de las tenencias continuaron siendo precarias al menos hasta mediados de la década de 1860; para inicios de la siguiente, sin embargo, ya se había organizado definitivamente el catastro provincial y se contaba con mapas topográficos de cierta calidad[478]. Esto desembocó tanto en un movimiento especulativo como en un imprescindible planteamiento sobre bases más seguras de proyectos de inversión de largo plazo. Los especuladores sobre los valores inmobiliarios terminaron muy a menudo sufriendo grandes pérdidas, sobre todo en momentos en que las crisis echaban a perder los previos movimientos de alza de precios; pero, para los empresarios comprometidos con el proceso de colonización, el ordenamiento de las tenencias y la seguridad jurídica que aportó significaron un avance sustancial, reflejado en que, más allá de los efectos puntuales de las crisis y de varios proyectos frustrados, la expansión de la superficie colonizada fue constante. Esto resultaba especialmente importante en tanto la colonización era cada vez más evidentemente un factor de cambio productivo y de valorización de las tierras del área conquistada hacía ya algunos años, más aún que de las situadas en la frontera; si bien a lo largo de la década de 1870 esta última área verá los avances cada vez más firmes de las fundaciones, el afianzamiento del proceso dependía fuertemente del funcionamiento en condiciones seguras de las colonias situadas más cerca de los puertos y vías navegables. Si se demostraba que en esas zonas los beneficios eran significativos, sería sólo

---

[478] Chapeaurouge, C. (1872), aun cuando todavía fuera bastante deficiente.

cuestión de tiempo lograr que el proceso se derramara por las áreas más lejanas. Manuel García Fernández reconocía todo esto cuando enumeraba las razones que habían limitado o entorpecido previamente los avances de la colonización: además de la falta de método y organización, a menudo "los gobiernos concedieron la tierra sin tener en vista las condiciones requeridas para empresas de esta naturaleza; y sucedió con frecuencia que los terrenos concedidos no eran aptos para la formación de colonias; unas veces porque estaban aislados de todo centro civilizado y sin vías de comunicación alguna, hecho que desanimaba a los colonos, y otras porque se concedían tierras a empresas o a particulares que no tenían verdadera intención de colonizar, sino de llevar a cabo una especulación más o menos lucrativa. A más de esto, la falta de orden en la mensura y amojonamiento de las tierras hizo que en muchas ocasiones no se pudiesen realizar empresas de este género, que eran propuestas por hombres competentes y que presentaban al gobierno toda clase de seguridades para su cumplimiento"[479]. Hacia 1870 faltaba todavía bastante para lograr que todos esos elementos funcionaran ajustadamente; pero lo esencial estaba ya en marcha.

---

[479] García Fernández, M. (1877), pp. 90-91.

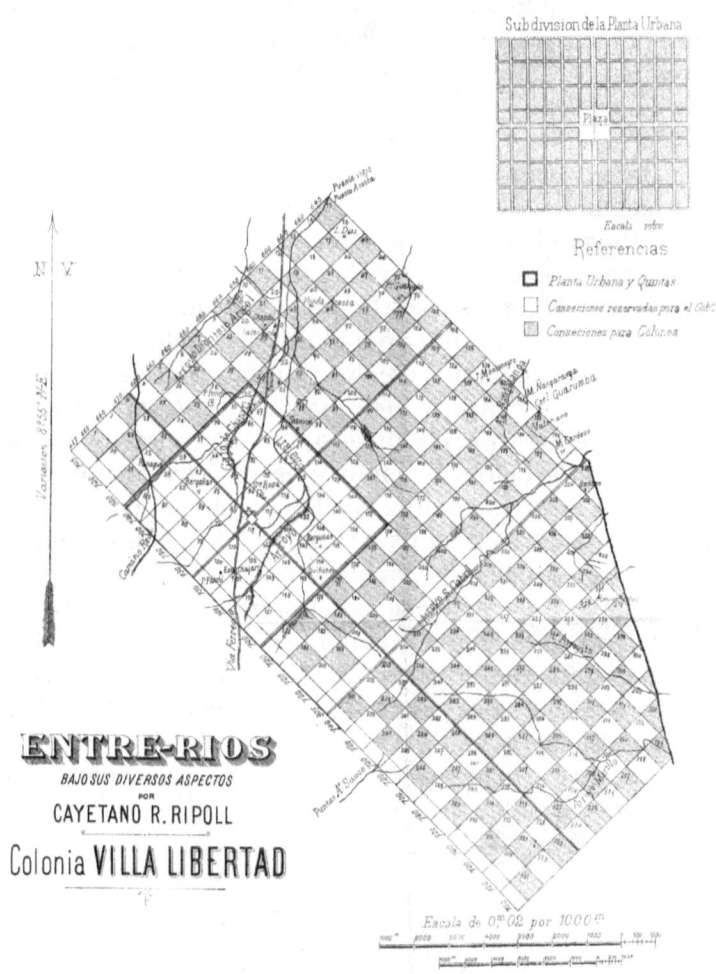

Plano de la colonia Villa Libertad, Entre Ríos, donde se muestra la disposición alternada de las parcelas en venta, a fin de reservar las vecinas para expansiones posteriores de los adquirientes. En Ripoll, C. (1888-9).

Por lo demás, la agricultura periurbana y costera fue desarrollándose al calor de la demanda provocada por el boom paraguayo, al mismo tiempo que lo hacían las colonias, aunque sin dudas a un ritmo mucho menor; en este sentido, el abasto de los mercados regionales por medio del comercio de cabotaje fue un factor que habría de cobrar importancia creciente, y afianzaría la preeminencia de Santa Fe como proveedor de productos agrícolas a las ciudades vecinas, y de sus puertos como intermediarios de los enviados por las provincias del interior. Si bien ya desde fines de la década de 1840 existían en Rosario varios operadores dedicados al negocio de consignación de cereales, con el correr de los años siguientes ese flujo se fue consolidando y ampliando[480]. Pero fue en especial luego de la incorporación de la producción colonial cuando esas exportaciones fueron adquiriendo una entidad cada vez más sólida, y así se constituyeron circuitos de comercialización y actores ligados a aquéllas de dimensión y eficiencia crecientes, lo cual, una vez que se expandiera decididamente el proceso colonizador en el área del sur provincial, los encontrará no sólo dispuestos a participar en él con los ingentes capitales acumulados en la etapa previa, sino además con buena parte de los elementos necesarios para una estructura de comercialización, ajustados para obtener un buen nivel de eficiencia.

---

[480] Sobre el tema ver Frid, C. (2007).

Cuadro N° 18
Exportaciones de harina, trigo y maíz desgranado desde aduanas de Santa Fe, 1865-68

	1865	1866	1867	1868
Harina (en arrobas)				
a Buenos Aires	24.756	s/d	5.456	29.711
a Santa Fe	-	276	2.240	5.305
a Entre Ríos	-	9.256	6.668	7.711
a Corrientes	-	816	4.600	7.887
al teatro de guerra en Paraguay	-	-	13.488	3.347
Trigo (en fanegas)				
a Buenos Aires	34.906	4.482	10.903	35.461
a Santa Fe	-	-	127	289
a Entre Ríos	3.916	-	755	-
a Corrientes	-	-	86	-
al teatro de guerra en Paraguay	-	-	-	-
Maíz desgranado (en fanegas)				
a Buenos Aires	19.796	-	572	141
a Santa Fe	-	-	-	-
a Entre Ríos	2.268	-	-	-
a Corrientes	506	6.012	-	-
al teatro de guerra en Paraguay	-	11.418	30.870	61.067

Nota: los datos de 1865, 1867 y 1868 corresponden a salidas desde la aduana de Rosario; los de 1866, a la aduana de Santa Fe. Los valores de trigo y maíz desgranado que en algunos años se presentan en libras y arrobas fueron convertidos a razón de 25 libras por arroba; de 375 libras por fanega en el caso del trigo y de 400 en el del maíz desgranado. Ver Apéndice 6.
Fuente: [Hudson, Damián (dir.)] (1865 y ss.), ts. IV y ss., passim.

Por fin, otro tema no menor fue el avance en el conocimiento de formas más eficientes de uso de las distintas calidades de tierras disponibles. Esto únicamente compete a las tierras situadas en el núcleo inicial de la colonización y sus aledaños, dado que todavía por mucho tiempo se seguirán compartiendo juicios muy lejanos de la realidad acerca de la aptitud agrícola de las zonas de frontera. Como veremos luego, el método de ensayo y error continuó prevaleciendo en este campo al menos hasta ya avanzada la década de 1880. Pero la experiencia acumulada en torno a los proyectos iniciales posibilitó un planteamiento más certero del uso de las tierras disponibles en las colonias fundadas en sus cercanías. Por ejemplo, la colonia Grütly, constituida por Rodolfo Gessler en 1869 en tierras pertenecientes a la Sociedad de Colonización Suiza de Santa Fe (Beck y Herzog), estaba rodeada de bosques y de agua, dado que se encontraba en una rinconada que formaba el Cululucito con el Cululú Grande. En torno a la colonia, abundaban de este modo los cañadones o áreas más bajas y más fértiles, por acumulación en ellas de materias orgánicas y humedad; esas áreas, si bien no eran aptas para uso agrícola, constituían justamente las de mejores pastos. El ganado obtenía un buen engorde y la cercana presencia del río funcionaba como barrera para su dispersión. No es raro que éste se "apotrerara" en esas áreas, y así era más sencillo vigilarlo. Previendo el valor de esta ventaja, los organizadores de Grütly incorporaron a la colonia esas tierras bajas a título de propiedad comunal e indivisa, a la cual tendrían acceso todos los compradores de las 175 concesiones de 20 cuadras cuadradas existentes, con lo que se podrían poseer rebaños mucho más sustanciales, y por tanto combinar eficazmente la práctica agrícola, rentable pero incierta, con una ganadería extensiva que proveía ganancias menores, pero más previsibles[481]. Un

---

[481] Beck Bernard, Ch. (1872), p. 149; cfr. también Raña, E.S. (1904), pp. 7-8; un ejemplo al respecto de inicios del siglo XIX en la presentación de Francisco Andreu Colobran contra Juan Bentura Denis sobre perjuicios

temprano reconocimiento de las ventajas de encarar una producción ganadera extensiva en las áreas de frontera puede verse también en el folleto publicado por Augusto Brougnes en 1861, referente a la colonización del Chaco, y que sin embargo éste vinculaba a la concesión del tramo ferroviario Rosario-Córdoba, que finalmente no obtuvo[482].

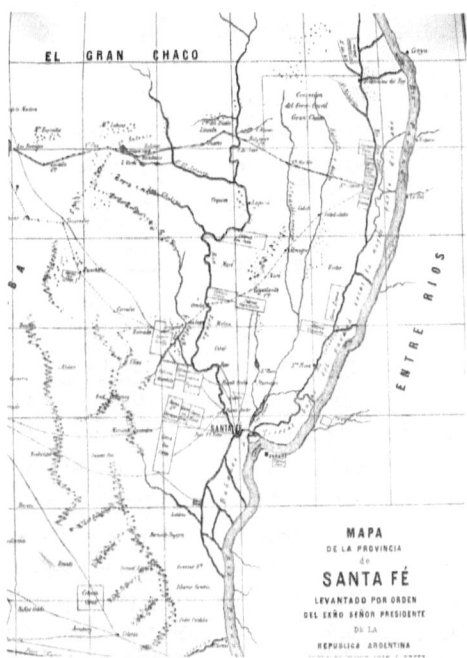

Mapa de la provincia de Santa Fe (Juan F. Czetz, 1870), donde se muestra la expansión de nuevas colonias por la región chaqueña. En Beck Bernard, Ch. (1872).

---

de sus ganados, Alcaraz, sin fecha, en DEEC, EC, t. 58, nro. 220, fs. 451 v.
Téngase de cualquier modo en cuenta que lograr el manejo adecuado de esas áreas en combinación con las de labor agrícola era una tarea muy dificultosa; entre otras cosas, ello debió formar parte de las razones del fracaso inicial de Grütly, que ya hemos comentado.

[482] Brougnes, A. (1861), pp. 17 y ss.

La segunda mitad de la década de 1860 trajo así aparejadas varias modificaciones de importancia fundamental. En Santa Fe, las tres colonias iniciales (Esperanza, San Gerónimo y San Carlos), si bien se encontraban próximas, poseían en su derredor vastos campos, ya fiscales, ya pertenecientes a cada una de las colonias, pero todavía no subdivididos ni ocupados, e incluso terrenos particulares, que conformaban estancias tradicionales dedicadas a la cría extensiva del ganado vacuno. Esos campos eran utilizados como áreas de pastoreo para los animales de los colonos[483]. Pero la progresiva constitución de nuevas colonias, el mismo crecimiento de las ya existentes, así como el renovado interés de los propietarios cercanos por fraccionar y vender las tierras, fueron mermando la extensión de esos campos de pastoreo. La progresión del poblamiento, con un creciente y por momentos abrumador número de colonos que solicitaban concesiones, volvió innecesarios los anteriores esfuerzos para atraerlos, que hemos visto se emplearon incluso mediante el envío de emisarios a Europa; para mediados de la década de 1870, todos aquellos vastos terrenos, incluyendo los pertenecientes a las mismas colonias, habían ya sido subdivididos y vendidos. El cambio de condiciones se manifestó también en el abandono relativo y progresivo de la vieja práctica de otorgar adelantos de subsistencias, ganado, instrumentos de labranza y semillas, a pagar con parte de las cosechas, a la par que la tierra se entregaba gratuitamente. De ese modo, en este período esas modalidades iniciales fueron crecientemente reemplazadas por el sistema de vender la tierra a plazos, sin otorgar adelantos, fuente interminable de conflictos y problemas, tanto por la calidad y precio de los elementos entregados como por ocultamiento y fraudes por parte de los colonos obligados al pago, así como por

---

[483] Oggier, J. y Jullier, E. (1984), pp. 206-7.

las dificultades siempre presentes para lograr captar una porción sustantiva de las cosechas, hecho que, a pesar de formar parte de convenios firmados, era pronto visto como una injusticia en las peculiares condiciones pampeanas, donde el valor del trabajo era mucho más alto que en Europa. La colonización, prescindiendo de esos expedientes onerosos, complicados y poco seguros con la cual se había pretendido afirmarla, adquiría así plenamente el carácter de un negocio inmobiliario. Esta evolución, ya afianzada desde la formación de las primeras colonias satélite en la segunda mitad de la década de 1860, aparece retratada en el informe de Jonás Larguía de 1876, quien se manifestaba partidario decidido del sistema de hipotecas sin adelantos de bienes, contra los otros dos practicados hasta entonces, en los cuales se incluían préstamos de subsistencias, elementos de trabajo y semillas a reembolsar posteriormente con el producto de las cosechas[484].

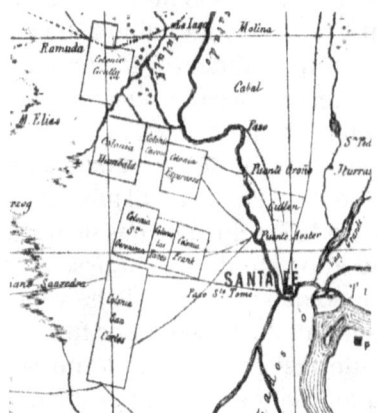

Fragmento del mapa de Juan F. Czetz con los caminos y puentes realizados para comunicar las colonias del núcleo antiguo con el puerto de Santa Fe. En Beck Bernard, Ch. (1872).

[484] Larguía, J. (1875), pp. 35 y ss.

Por lógica, este proceso impactó fuertemente en el naciente mercado de tierras. Las áreas más cercanas a las ciudades o a las costas se valorizaron con mayor rapidez, impulsadas por el aumento poblacional, la puesta en marcha de los primeros tramos del ferrocarril, el auge de la producción agrícola y el crecimiento del comercio fluvial. Pero el auge también alcanzó a las tierras situadas a cierta distancia de los núcleos de población ya asentada, e incluso en parte a las áreas de frontera, para lo cual fue crucial la demanda de alimentos generada por los ejércitos en lucha en la Guerra del Paraguay, que derivó en una multiplicación de proyectos colonizadores, los cuales por otra parte ya contaban con elementos y *know-how* como para lograr, a partir de cierto momento, sostenerse por sí solos. En 1872, Jonás Larguía afirmaba: "Muchas tierras situadas al oeste que en el año 1858 no valían más de 500 pesos fuertes por legua cuadrada, se han vendido para colonizarlas en los últimos cuatro años al precio de 12, 16, 20 y 24 mil pesos fuertes la legua. [...] La cantidad de 250 leguas de tierras fiscales, que fueron vendidas en 1867 por el Gobierno en la región del norte, entonces desierta y fuera de la frontera, al precio de 300 pesos fuertes, en el corriente año se han vendido a 4000 pesos fuertes la legua cuadrada al Banco de Londres y Río de la Plata. [...] El mismo Banco compró, en noviembre de 1871, cinco leguas de tierras en el oeste de esta ciudad al precio de 16.000 pesos fuertes la legua cuadrada; y cinco meses más tarde ha vendido la misma tierra en la cantidad de 24.500 pesos fuertes la legua. Las más remotas [tierras] dentro de la frontera no se cotizan en esta plaza en menos de 1000 pesos fuertes la legua cuadrada"[485]. Este fragmento es sumamente optimista: sin duda, varias de esas transacciones no habían pasado de papeles, o correspondían en realidad a deudas impagas

---

[485] Larguía, J. (1872), pp. 21-22.

en metálico, cubiertas por necesidad en valores inmobiliarios a precios que nadie se hubiera arriesgado a pagar en efectivo. Más allá de la crisis provocada por el final del boom paraguayo, es evidente que el mercado de crédito, esencial complemento del mercado inmobiliario, estaba aún en ciernes; la carestía de fondos acompañará así a toda la década del setenta. Pero es de cualquier modo muy significativo que un funcionario y administrador de colonias haya podido lanzar esas afirmaciones, que daban cuenta en todo caso de expectativas futuras cuyo cumplimiento era por fin visto como posible[486].

Todos estos cambios modificaron también en buena medida los atributos iniciales de la colonización. Si bien los pueblos ya fundados continuaron conservando buena parte de su carácter de transplante, las nuevas colonias fueron diferenciándose cada vez más netamente de ellos. Entre otros factores, a causa de que la población, que ya no era reclutada tan sólo a través del funcionamiento de redes personales o agencias especializadas, era ahora cada vez más heterogénea. A aquellas tradicionales formas de poblar las concesiones se les fue agregando, crecientemente, la demanda de familias y personas de muy diversas procedencias que circulaban por el territorio provincial a la búsqueda de las mejores oportunidades, y que se enteraban de éstas por la acción de agentes locales, la lectura de avisos en los diarios o la transmisión boca a boca en los puntos de reunión. Esto, por otra parte, coincidió con el paso hacia una pauta agrícola más netamente centrada en los cereales para la exportación hacia mercados externos, y por ende con el progresivo debilitamiento de las anteriores pautas diversificadas volcadas ante todo a la reproducción de la unidad familiar.

---

[486] Los detalles de algunas de esas transacciones pueden verificarse en los libros de protocolos notariales del AGPSF.

El gradual proceso de ocupación del espacio; el objetivo de obtener el máximo provecho de las tierras; y la necesidad de terminar con los recurrentes y ahora crecientes problemas por los daños del ganado en los sembrados fueron determinando también, en las colonias primigenias, el final de los antiguos campos comunes de pastoreo en las áreas agrícolas aptas que circundaban a las chacras. Si bien, como veremos en el capítulo siguiente, la tendencia en los avances sobre áreas nuevas continuaría incluyendo en grado variable, pero consistente, la incorporación de ganadería como forma de reducir riesgos, una vez que se afianzaba la producción agrícola la tierra era decididamente volcada a ésta en detrimento de los rebaños. Retrasada con respecto a cambios tan vertiginosos, la legislación fue incorporando esta tendencia, desincentivando o aun vetando la constitución de campos comunales[487]. Incluso, podría decirse que, al menos en parte para las colonias más antiguas y en todo caso evidente para las nuevas, esto fue un factor más entre los que fomentaron el cambio de la pauta productiva, en tanto se limitó la cantidad de ganado que cada familia de colonos podía poseer, y por consiguiente también la cantidad de leche, queso y manteca que podían elaborar. Esto fue así parte de los motivos que derivaron en una mayor dedicación de la mano de obra disponible hacia la producción agrícola.

Ésta, por su parte, comenzó a adquirir los caracteres de extensividad y especialización que marcarán en la década siguiente su progresivo avance hacia el mercado mundial. Es significativo que este cambio en la orientación productiva afectara incluso a las antiguas colonias de los años iniciales, y no sólo a las recientes, constituidas ya con elementos más adecuados para el nuevo contexto. Si bien lógicamente esas

---

[487] Una disposición en este sentido fue expresamente incluida en la Ley de Tierras Públicas, sancionada en Santa Fe en octubre de 1884. Ver Ensinck, O. (1979), p. 275.

colonias antiguas estaban restringidas por los condicionantes propios de una planificación pensada para otros objetivos, la progresiva especialización en torno al trigo es una constante, especialmente evidente en la que era con probabilidad en esos años la mejor organizada de todas las colonias, San Carlos.

Cuadro N° 19
Evolución de las cosechas de trigo y maíz en la colonia San Carlos, 1865-1872 (en fanegas de Santa Fe)

	1865-66	1866-67	1867-68	1868-69	1869-70	1870-71	1871-72
Trigo	5.244	7.288	11.615	18.206	26.775	30.173	30.235
Maíz	2.187	5.522	8.904	11.220	2.793	4.276	2.772

Fuente: Wilcken, G. (1873), p. 55.

Beck Bernard nos provee una de las razones clave para esa especialización, a través de un cálculo de rentabilidad global de esta colonia para 1870; allí se puede ver claramente que el trigo, a más de ser ya el cultivo más extendido, es también aquel que da mayores ganancias.

Cuadro N° 20
Inventario y rentabilidad global de la colonia San Carlos, 1870 (en pesos bolivianos)

a. Capital
1. Valor de la tierra
330 concesiones cultivadas	165.000,00	
670 concesiones no cultivadas	167.500,00	332.500,00

2. Valor de las construcciones
239 ranchos	23.900,00	
186 casas de ladrillo cubiertas de paja	37.200,00	
31 casas cubiertas en tejas francesas o zinc	15.500,00	
44 casas de azotea	52.800,00	
9 casas de pisos	18.000,00	
Edificios públicos	14.000,00	161.400,00

3. Valor del ganado

1.637 bueyes de labor	32.740,00	
4.611 vacunos	32.277,00	
3.396 caballos	33.960,00	
53 mulares	1.060,00	
980 porcinos	3.920,00	
14.106 aves	1.763,25	105.720,25

4. Valor de los utensilios e instrumentos de labranza

7 carretas de dos ruedas	420,00	
215 carros de cuatro ruedas	32.250,00	
6 vehículos	2.400,00	
454 arados	13.620,00	
348 rastras	5.220,00	
139 rodillos	1.390,00	
34 ventiladores	1.020,00	
103 segadoras	41.200,00	
3 trilladoras	1.200,00	
Otros utensilios	37.000,00	135.720,00

Total del capital excluyendo comercios, industrias y capital líquido: 735.340,25

b. Productos del año 1870 y su valor en la colonia:

Trigo, 30.173 fanegas	362.076,00	
Maíz, 4.276 fanegas	4.276,00	
Cebada, 131 fanegas	524,00	
Habas, 223 fanegas	2.230,00	
30% sobre el valor del ganado	9.683,10	
50% sobre el valor de los cerdos	1.960,00	
100% sobre el valor de las aves	1.763,25	382.512,35

c. Gastos de mantenimiento de los colonos durante el año; amortización de útiles y maquinarias; semillas: (255.008,23)

Producto neto: 127.504,12

Fuente: Beck Bernard, Ch. (1872), pp. 140-142. Se han corregido las cifras parciales y totales con errores.

La rentabilidad, calculada incluyendo sólo los productos principales y en un año en el que la cosecha de trigo había sido mediocre, alcanzaba entonces un 17,33% del capital, es decir que sin dudas podía ya competir bastante eficazmente con las actividades rurales mejor posicionadas de la época.

Un aspecto adicional, pero no por ello menos interesante, es cómo se distribuía esa riqueza al parecer tan rápidamente creada. Contamos con un detalle de los capitales individuales de los colonos de Esperanza en 1864 que, si bien indica ser "sujetos a contribución directa", en realidad incluye también a quienes debieron estar exentos, a tenor de las disposiciones de la ley[488]. Existen además listados de contribuyentes gravados y exentos del departamento entrerriano de Paraná para 1862-63[489]. Los objetos valuados son los mismos en ambos casos: fincas, tierras y ganado; no existen valoraciones de cultivos, instrumentos de labranza o de trabajo, dinero en efectivo o muebles. Del cruce de estos registros con los datos de población obrantes en las fichas censales de 1869, surge que la proporción de individuos identificados en la fuente fiscal sobre el total de unidades familiares es del 84% en Esperanza (310 "contribuyentes" para 370 familias) y del 54% en Paraná (652 contribuyentes y exentos para 1201 familias). Esto, en caso de que la calidad del relevamiento fuera similar, indicaría una mayor proporción de familias sin bienes en Paraná[490].

---

[488] La ley de contribución directa vigente por entonces establecía un mínimo no imponible de 500 pesos bolivianos; sin embargo, del total de 310 jefes de familia con detalles de capital poseído en el listado de Esperanza, 104 declararon capitales menores a esa cifra. Ley general de impuestos de la provincia de Santa Fe, en Argentina. Provincia de Santa Fe. (1888 y ss.), t. III, p. 63; AGPSF, Contaduría, tomo 117, leg. 28.

[489] AHAER, Gobierno VII, carpeta 10, legajo 2. Los hemos trabajado en Djenderedjian, J. y R. Schmit (2005).

[490] La cantidad total de familias (hogares) la hemos tomado de las fichas censales de 1869 existentes en el AGN.

Gráfico N° 1
Curvas de Lorenz, datos de riqueza individual
en Esperanza (1864) y Paraná (1862-3).
Incluye familias sin bienes registrados.

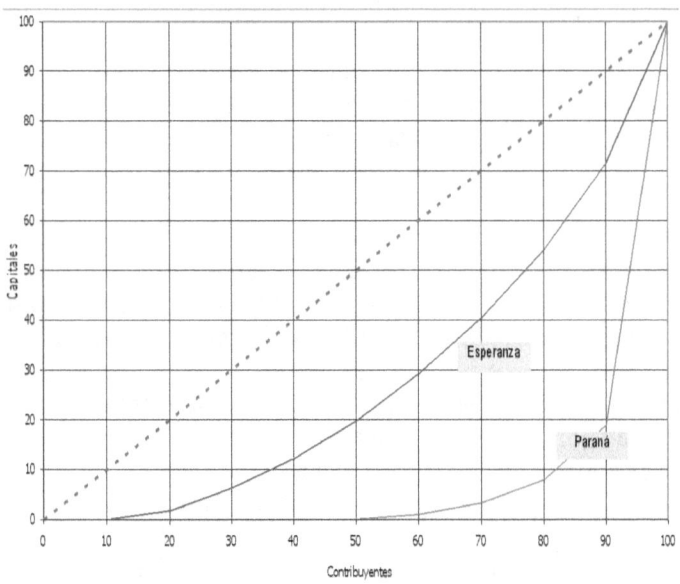

Fuente: AGPSF, Contaduría, tomo 117, leg. 28; AHAER, Gobierno VII, carpeta 10, legajo 2.

Como puede verse, la distribución de riqueza es mucho más homogénea en Esperanza que en Paraná. Los índices de Gini indican asimismo este hecho: con el 0,39 para Esperanza y el 0,79 para Paraná, en esta última la heterogeneidad era casi el doble que en la primera. Las medianas eran de 540 pesos bolivianos en Esperanza, y de 210 en Paraná, mientras que los promedios eran de 668 pesos en la primera y de 1012 en la segunda. Es decir que se trataba de comunidades con niveles de riqueza similares, pero distribuida mucho más homogéneamente en Esperanza que en Paraná. Si bien es obvio que la mucho más larga historia de esta última (habitada desde más de un siglo antes que la primera) había traído aparejados cambios que la aún corta trayectoria de Esperanza no podía reflejar, lo importante es que, en los escasos diez años que esa colonia tenía de existencia, las familias que la habían fundado a menudo con una pesada deuda que cubrir y muy pocos bienes propios hubieran alcanzado un nivel de riqueza similar al de quienes habitaban desde hacía generaciones una antigua área criolla, bien situada a la vera del río y tradicional proveedora de alimentos a la ciudad de Santa Fe y a otras de la carrera fluvial. Es cierto que el recorrido marcó también el surgimiento de diferencias más acusadas de fortuna, a partir de un inicio teóricamente igualitario; pero de cualquier modo lo importante es que el proceso de acumulación no benefició sólo a un conjunto acotado de actores. Más aún: ese recorrido fue capaz de mostrar que el instrumento de transformación que constituía por entonces la colonización era a todas luces capaz no sólo de generar rápidamente riqueza, sino de lograr que ésta beneficiara mucho más homogéneamente a un amplio espectro de familias.

4. Entre Ríos: estancamiento visible y límites al proceso de expansión agrícola

Los procesos experimentados por Santa Fe no ocurrieron en la misma forma en Entre Ríos. En esta provincia, hacia 1870, no se había logrado resolver la ecuación de factores necesaria para lograr el avance sostenido y autosustentable de la colonización y de la agricultura moderna. Por el contrario, durante toda la década no hubo más fundaciones, y quedaron sólo las dos colonias iniciales, Villa Urquiza y San José. Si bien ambas, y sobre todo San José, lograron aprovechar ampliamente la coyuntura favorable de esos años, la imposibilidad de repetir su éxito con otras fundaciones es un indicio claro de que los límites y problemas que experimentaba aquí la colonización eran de carácter muy distinto y de magnitud también muy diferente de los de Santa Fe.

En enero de 1865, el administrador Alejo Peyret remitía a Damián Hudson, editor en Buenos Aires del Registro Estadístico, una serie de datos sobre la evolución de la colonia San José. La población en ese año alcanzaba a 2266 individuos, repartidos en 390 familias, 200 de las cuales eran de origen suizo, 125 francesas, 54 italianas y 11 alemanas; existían 22 comercios (o uno cada 103 habitantes, media bastante usual en la economía del Río de la Plata), un molino a vapor, dos atahonas, una prensa para extraer aceite y 64 artesanos (éstos, según un informe de 1868, combinaban esas profesiones con las de la labranza, pero no se especializaban en aquéllas)[491]. Las atahonas, según el viento, podían moler de 10 a 20 fanegas de 9 arrobas cada una por día[492]. Aun cuando no existía ni granja modelo ni jardín de aclimatación, se habían efectuado diversos ensayos para producciones nuevas, algunos de los cuales habían resultado alentadores. De 380 familias existentes en 1863, 97 habían sembrado tabaco ese año, y 56 algodón; existían también 60 cuadras sembradas con tártago[493]. Si bien no parecen haberse introducido todavía gran cantidad de mejoras técnicas, el cultivo más cuidadoso de todos modos implicaba un rendimiento mayor que el usual en

---

[491] "Colonia de San José. Cuadro estadístico", en [Hudson, Damián (dir.)] (1865), t. I, p. 101; "Estadística de Entre Ríos, año 1868". En AHAER, Gob VII Estadística, Carpeta 11, legajo 1.

[492] Beck Bernard, Ch. (1872), p. 118.

[493] "Estadística de la Colonia San José al 1ro. de Noviembre de 1863", AHAER, Gobierno VII, caja 10.

las cercanías. Según los cálculos de Martin de Moussy, hacia 1858, mientras en los alrededores de Concepción del Uruguay se obtenían en promedio 13 granos de trigo por cada uno sembrado, en San José el rendimiento era de 15, cifra elevada hasta 25 en los cálculos para 1862[494]. El informe de Peyret de 1865 indica que los rendimientos del trigo eran de alrededor de 15 a 30 granos por cada uno sembrado, es decir bastante más que los clásicos promedios de la agricultura rioplatense; en la cebada subía a 40-50, y en el maíz, variando según la temperatura, podía llegar a 300 ó 400[495]. Más allá de que se trate aquí de mediciones no del todo seguras, y de que esos rendimientos variaran en forma muy marcada no sólo según los distintos acontecimientos climáticos que afectaran el crecimiento de las plantas y su cosecha, sino también según las diferentes calidades de la tierra, es innegable de todos modos que los rendimientos eran más altos que los que se obtenían usualmente en el área.

Pero en realidad lo más significativo es la introducción de producciones más rentables que el trigo o el maíz, combinando mayores rendimientos con la ventaja que significaba el valor agregado provisto por la mano de obra con que se podía contar en las colonias. Una de las más destacables al respecto era la de oleaginosas: el maní, por ejemplo, que podía dar por cuadra hasta 30 arrobas de granos, constituía "uno de los cultivos más provechosos, siendo el aceite extraído [...] de calidad excelente." El ricino, en tanto, producía considerablemente y con poca inversión de mano de obra; algunos colonos se habían empeñado en cultivarlo a cierta escala, tanto para emplearlo en la cría de gusanos de seda como para

---

[494] Martin de Moussy, V. (1860-64), t. I, pp. 474-5; t. III, p. 114.
[495] Sobre los rendimientos de las siembras en la agricultura tradicional, ver Djenderedjian, J. (2008a).

la de aceites. Según Peyret, podía dar con facilidad rendimientos excelentes. Algunas de estas plantas crecían en estado silvestre; Beck-Bernard lo indica así para Santa Fe y para otras provincias[496]. De una forma u otra, con estos primeros ensayos se apuntaba a largo plazo a suplir el consumo europeo; Peyret había enviado consultas acerca del valor comercial de esos efectos en el Viejo Continente, pero es poco probable que esas consultas hayan dado resultados satisfactorios habida cuenta de los grandes gastos de transporte y la fuerte competencia de la industria del Viejo Mundo, capaz de producir con costos de mano de obra muchísimo menores que los rioplatenses. El algodón era también otro rubro que se había ensayado, sin dudas debido a los altos precios que éste alcanzaba mundialmente por entonces; los resultados no habían sido sin embargo decisivos, entre otras cosas por la necesidad de asegurar los cultivos por medio de la irrigación contra los devastadores efectos de las sequías. El tabaco, por su parte, había dado muy alentadores resultados, pero hacían falta conocimientos y cuidados especiales para obtener buenas cosechas. De los árboles frutales, tradicionalmente plantados en la pampa para poco más que proveer sombra, cercos, leña y frutas, comenzaron a obtenerse productos más sofisticados: Peterken refería que el mayor provecho que los colonos obtenían de los durazneros estaba en la fabricación de vinagre y de un aguardiente "comparable al kirsch", de muy buena venta en las diversas ciudades del litoral; en su viaje por las colonias del Sauce y del ejido, en Federación, Peyret encontró hacendosos colonos que fabricaban aguardiente a partir de duraznos[497]. Los animales en tanto formaban, ya en San José, rebaños importantes, y se había previsto

---

[496] Beck Bernard, Ch. (1865), p. 293.
[497] Peterken, E. (1872), p. 23; Peyret, A. (1889), t. I, pp. 104-114.

la compra de terrenos para ampliarlos más; leche, queso y manteca allegaban un producto anual muy considerable para muchos colonos, con ingresos anuales que sólo por esos conceptos podían llegar a 1500 francos, o unos 375 pesos de plata[498]. En síntesis, los rubros más seguros seguían siendo aquellos ligados al consumo de los centros urbanos cercanos; no es extraño que los mayores esfuerzos se concentraran en éstos, diversificándolos lo más posible para evitar la saturación de esos mercados estrechos y aprovechar con innovaciones los numerosos nichos abiertos para el ataque comercial.

La guerra civil en el Uruguay y la posterior del Paraguay fueron el inicio de otra fase ascendente. Concepción del Uruguay y Colón se convirtieron en refugio de los emigrados orientales, con lo que su población y su consumo crecieron súbitamente; el aprovisionamiento a los ejércitos en marcha motivó la exportación de granos y alimentos hacia el Paraguay, pagados a buenos precios. El maíz parece haber sido en esta evolución el cultivo más favorecido; para 1867 la siembra superaba a la del trigo[499].

En esos años la importancia relativa de la colonia con respecto a la población, el nivel de vida y la producción agrícola y ganadera de la provincia puede apreciarse en los datos de un informe inédito elaborado por Peyret en 1868, comparándolo con la información del Primer Censo Nacional de 1869, y otras estadísticas:

---

[498] Relato de Peyret en [Hudson, D. (dir.)] (1865), t. I, pp. 101 y ss.; también, para Santa Fe, Beck Bernard, Ch. (1865), p. 211; Beck Bernard, Ch. (1872), p. 70.

[499] 586 fanegas contra 572. "Estadística de la colonia San José, 1867" en AHAER, Gobierno VII, Estadística, Carpeta 11, legajo 1.

Cuadro N° 21
Población y tipo de alojamientos en Entre Ríos, 1868-9

Departamento	Población urbana	Población rural	Casas de material	Casas de paja
Uruguay	6.513	4.331	392	1.408
Colón	702	4.046	180	592
Colonia San José	-	1.930	272	-
Diamante	886	2.955	9	579
Villaguay	1.061	7.111	32	1.162
Victoria	4.630	5.761	371	1.491
Nogoyá	2.118	6.888	249	1.879
Rosario Tala	1.197	4.371	154	846
Concordia	5.498	6.383	368	1.683
Federación	1.656	3.408	21	710
Paraná	10.098	8.285	686	2.754
La Paz	3.438	3.947	78	1.097
Gualeguay	7.235	7.821	676	2.149
Gualeguaychú	9.776	8.398	497	2.419
Feliciano	552	3.409	75	564
	55.360	**79.044**	**4.060**	**19.333**

Cuadro N° 22
Trigo, maíz y árboles frutales existentes. Entre Ríos, 1868

Departamento	Trigo sembrado (fanegas)	Maíz sembrado (cuadras)	Árboles frutales
Uruguay y Colón	29	38	22.704
Colonia San José	638	586	95.000
Diamante	252	178	11.975
Villaguay	263	462	17.725
Victoria	181	71	23.639
Nogoyá	418	274	22.755
Rosario Tala	48	-	11.110

Departamento	Trigo sembrado (fanegas)	Maíz sembrado (cuadras)	Árboles frutales
Concordia y Federación	8	418	7.943
Paraná	423	317	15.617
La Paz y Feliciano	53	421	8.571
Gualeguay	s/d	s/d	s/d
Gualeguaychú	s/d	s/d	s/d
	2.313	**2.765**	**237.039**

Cuadro N° 23
Rebaño existente, Entre Ríos, 1868

Departamento	Vacunos	Equinos	Ovinos	Otros animales	Aves
Uruguay y Colón	201.580	29.006	247.545	1.718	7.558
Colonia San José	5.990	1.199	-	252	12.429
Diamante	48.451	8.509	81.958	472	6.642
Villaguay	176.872	35.091	313.639	2.059	21.887
Victoria	104.299	18.613	362.019	2.003	12.574
Nogoyá	173.308	25.021	412.930	2.095	14.456
Rosario Tala	86.870	16.619	117.280	1.024	9.136
Concordia y Federación	179.533	27.720	240.206	1.946	11.456
Paraná	109.270	34.255	98.398	2.346	9.210
La Paz y Feliciano	137.206	18.935	55.076	2.622	8.677
Gualeguay	146.968	s/d	789.936	s/d	s/d
Gualeguaychú	361.016	s/d	522.823	s/d	s/d
	1.731.363	**214.968**	**3.241.810**	**16.537**	**114.025**

Nota: las estadísticas de equinos, otros animales y aves se encuentran incompletas para los departamentos de Paraná, Concordia y Federación, y Uruguay, y faltan además los de Gualeguay y Gualeguaychú.
Fuentes para los tres cuadros: "Estadística de Entre Ríos, año 1868" en AHAER, Gobierno VII, Estadística, Carpeta 11, leg. 1; De la Fuente, D. (dir.) (1872), pp. 171 y ss.

Como puede apreciarse, en la colonia había proporcionalmente más casas de material que en cualquier otro departamento provincial; los cultivos eran mucho más extensos, y la cantidad de árboles frutales por habitante superaba varias veces los existentes en las otras áreas agrícolas. De este modo, no es extraño que, hacia 1876, Ricardo Napp pudiera afirmar que San José era "una de las [colonias] más ricas de la República"[500]. Para 1872 la colonia ya contaba con un herramental agrícola considerable, que mezclaba lo más moderno con lo tradicional, con predominio de lo primero. Incluía, por ejemplo, 264 arados "americanos y del país"; 160 rastras dentadas; 45 desterronadoras; 10 aventadoras americanas, 7 máquinas de segar Buckeye y 132 carros de 2 y cuatro ruedas. Si consideramos a las 132 familias existentes como explotaciones, tendremos que había casi dos arados, un carro y poco más de una rastra dentada por cada una, pero alrededor de 3 familias por cada desterronadora, proporción bastante similar a la de las colonias santafesinas[501]. Probablemente, el resto de la maquinaria fuera prestada o alquilada a las demás explotaciones por las que lo poseían, lo cual se condice con el hecho de que se trataba de elementos empleados en la cosecha y tratamiento posterior del cereal, ámbito tradicional de prácticas comunitarias. Todavía en 1910 Florencio Molinas indicaba que los agricultores de algunas colonias entrerrianas se prestaban ayuda mutua y gratuita en la época de cosecha para abaratar los costos; prácticas éstas que, desde tiempo inmemorial, se conocían en todo el Río de la Plata con el nombre de "minga"[502]. Si bien arados y carros podían encontrarse también en las

---

[500] Napp, R. (1876), p. 422.
[501] Wilcken, G. (1873), p. 207.
[502] Molinas, F. (1910), p. 139; sobre la minga en tiempos coloniales, ver Garavaglia, J.C. (1999).

clásicas explotaciones agrícolas criollas, tanto unos como otros eran de carácter distinto. Los arados realizaban una labor más profunda que los tradicionales arados de palo; los carros poseían mayor capacidad y operatividad que las viejas carretas pampeanas, circunstancia lógica por otra parte habida cuenta de que debían transportar una mayor proporción de productos agrícolas, más voluminosos que los cueros o la lana. El resto del mobiliario de uso productivo era mucho más primitivo o no existía en las explotaciones criollas; esto redundaba en una labor menos cuidada y en menores rendimientos[503].

El afianzamiento de la colonia está marcado también por otros fenómenos. Uno de los más relevantes es el cambio que se verifica en la forma de otorgamiento de parcelas: mientras que, hasta inicios de la década de 1860, la tierra se entregaba "en merced", es decir, gratuitamente, el colono quedaba obligado al pago de útiles, semillas, pasajes y costo de manutención con la cesión de la tercera parte de sus cosechas; para 1870 estas condiciones habían sido reemplazadas por la venta de la tierra a plazos de tres o cuatro años, a precio fijo, y sin otorgamiento de adelantos para la subsistencia[504]. Los valores de las concesiones, además, habían aumentado sustancialmente: de los 250 pesos fuertes que valían en los años cercanos a su fundación, para 1872 ya alcanzaban de 1.000 a 1.600[505].

Estos procesos, que como hemos visto también tuvieron lugar en Santa Fe a un ritmo similar, dan pie a la

---

[503] Por ejemplo, Beck Bernard, Ch. (1865) recomendaba a los colonos que trajeran desde Europa carros completos o partes de los mismos. En las colonias alemanas de Rio Grande do Sul, también los buenos carros constituían una parte importante del utilaje, pero el transporte en canoa o balsa era a veces más significativo dada la conformación física del área. Gutierrez, J.M. (1846), p. 226.
[504] Ver al respecto Wilcken, G. (1872), p. 210.
[505] [Lezica y Lanús] (1876), p. 31.

existencia de cambios cualitativos de importancia. Por un lado, la colonización se había de este modo convertido ya en un negocio inmobiliario por sí mismo, y no necesitaba ser sostenido con ofertas generosas y con crédito, ni apoyado con una inyección permanente de fondos. Su administración se transformaba así también en algo mucho más rutinario, simple y práctico que la correspondiente a la etapa inicial, en la que la planificación y organización del emprendimiento absorbían ingentes gastos de tiempo, dinero y capacidad gerencial. Por otra parte, este cambio marca con evidencia el consistente proceso de acumulación por parte de los antiguos colonos, quienes se convertían así en habilitadores o prestamistas de los recién llegados, tomando a su cargo sus gastos de instalación y desarrollo. Si bien el crecimiento de San José fue al parecer más lento que el de las colonias santafesinas, también aquí se logró en estos años un afianzamiento y consolidación que sería luego la base de más amplios desarrollos posteriores, cuando el derrame de la actividad hacia las áreas circundantes comenzara a valorizarlas.

Nos hemos detenido particularmente en la evolución de esta colonia no sólo por su importancia cuantitativa sino además porque, hasta cierto punto, resultaría un campo experimental privilegiado y un ejemplo exitoso al que las posteriores tratarían de adaptarse, sin que ello les resultara fácil, ni aun posible. Como hemos dicho, resulta significativo que, además de San José y de Villa Urquiza, durante toda la de 1860 no haya habido en Entre Ríos ningún otro emprendimiento. Es singular, al respecto, comparar este estancamiento con la situación de Santa Fe, donde, entre 1861 y 1870, hubo 17 fundaciones de colonias que perduraban todavía en 1895[506]. En esa evolución merecen destacarse algunos factores. El primero, que si bien el impacto de la

---

[506] Fernández, A. (1896), *passim*.

demanda generada por la guerra del Paraguay fue importante en San José, no alcanzó la envergadura que tuvo en las colonias de Santa Fe. El tráfico por el río Uruguay al norte de Concepción es mucho más dificultoso y complejo que el del Paraná al norte de Esperanza; por lo demás, la ruta marcada por este último río conducía directamente al teatro principal de la contienda una vez que la ofensiva aliada pudo llevar la guerra al propio territorio paraguayo. Así, tanto la colonia como la propia ciudad de Concepción del Uruguay aprovecharon el boom paraguayo en medida muy modesta en comparación con los pujantes núcleos de Santa Fe; entre otras cosas, esto motivó que tanto la generación de capitales como el propio movimiento comercial de Rosario fueran mucho más intensos que los que se producían al mismo tiempo en la costa oriental entrerriana. De esa manera, no se generaron allí las fortunas que, en Santa Fe, pronto se reinvertirían en tierras para colonizar; y, por tanto, hubo menos oportunidades para encarar posteriormente nuevos emprendimientos.

Otro factor fue el escaso desarrollo entrerriano de los transportes modernos en esa década, factor adverso cuyo peso continuaría gravitando aún largo tiempo. Mientras en Santa Fe una parte de aquellas 17 colonias fue fundada a instancias de la empresa del Ferrocarril Central Argentino, en Entre Ríos la primera línea férrea pública entró al servicio recién en 1867 y, más importante aún, sólo tenía 10 kilómetros de extensión; por otra parte servía a un área y objetivos muy puntuales entre Gualeguay y Puerto Ruiz[507]. No fue éste el único retraso: la construcción de puentes de hierro para atravesar los complejos vados de los múltiples ríos y arroyos de la provincia habría de comenzar recién en 1873, por lo que hasta entonces los productores debían continuar sirviéndose de las deficientes formas tradicionales de cruzarlos, poco aptas para grandes

---

[507] Reula, F. (1969), t. II, pp. 82-83.

volúmenes de cereales. Los puertos, por otra parte, eran en estos años simples embarcaderos construidos en su mayor parte por particulares, y ligados sobre todo al transporte de subproductos ganaderos, por lo que tampoco eran aptos para los volúmenes propios de la producción agrícola. Recién luego de 1875 se encararían mejoras, que de todos modos habrían de alcanzar importancia sólo hacia fines del siglo, en vísperas de que el aumento en el tonelaje de los buques relegara los puertos fluviales entrerrianos, de menor calado, al carácter de subsidiarios o intermediarios de los ultramarinos[508].

Pero, fundamentalmente, la década de 1860 está marcada en Entre Ríos por un complejo intento de sentar bases certeras en las formas de tenencia y acceso a la tierra. Este proceso, paralelo a su rápido aumento, buscaba una progresiva regularización de títulos que posibilitara la seguridad jurídica necesaria para las inversiones imprescindibles al desarrollo de pautas productivas modernas. Sin embargo, esa regularización significaba terminar con las tenencias informales, de costumbre y de títulos precarios o inexistentes que habían caracterizado hasta entonces a la estructura agraria provincial; y, más importante aún, constituían el final de las antiguas formas de compensar los servicios militares de la población criolla con autorizaciones de poblar a título gratuito[509]. Éstas fueron reemplazadas gradualmente por una nueva realidad, en que el acceso a la tierra cada vez más equivalía a tener que pagar por ésta. En 1862 se creó el registro de títulos y se reglamentó la tramitación de los expedientes de venta y de arrendamiento y, al año siguiente, se autorizaron mensuras sobre campos de pastoreo. Estas últimas parecen haber suscitado fuertes tensiones: en 1866 se

---

[508] Ortiz, R.M. (1943), pp. 80 y ss.
[509] Sobre el aumento del precio de la tierra ya a inicios de la década de 1860 ver Hinchliff, Th. W. (1863), pp. 375-6. Sobre la compensación a los soldados con permisos de poblamiento hasta 1850 ver Schmit, R. (2004) y (2008).

expidió una circular en la que se reconocía que los derechos de los poseedores de campos eran repetidamente atropellados por las mensuras que se efectuaban[510]. Toda la década de 1860 está recorrida por la paralela tensión entre el dictado de leyes que ordenan la propiedad territorial y de otras que intentan paliar los efectos de éstas sobre esas antiguas formas de tenencia; pero, mientras que las primeras parecen haber tenido por primera vez aplicación concreta, se diría que las segundas casi no ofrecieron resultados alentadores.

Esta situación acompañó a su vez a otras, como la evidencia de una cada vez mayor valorización de los campos, traída de la mano de un rápido aumento de población y de la difusión de nuevas formas productivas ligadas a la conformación de rebaños vacunos bajo rodeo y, luego, a la expansión del ovino. Si bien ambos procesos fueron también complejos y difíciles, su avance determinó nuevas reglas de juego en las que la producción rural ofrecía retornos cada vez mayores en tanto se lograra la previa y necesaria seguridad jurídica para las inversiones imprescindibles al efecto. Al mismo tiempo, la rentabilidad de los rubros tradicionales en las explotaciones de mayor escala se vio cada vez más reducida si no se incorporaba masivamente capital. El estado provincial, al que las rentas obtenidas justamente a partir del desarrollo ganadero de las décadas de 1840 y 1850 habían por fin dotado de abundantes recursos, intentó incluso favorecer ese desarrollo mediante el insólito sistema de ofrecer préstamos en dinero a los productores rurales; sin embargo, este expediente estaba limitado por las mismas dimensiones relativas de los actores, que impedían la extensión de esa práctica más allá de ciertos privilegiados[511]. La inexistencia de una frontera abierta y, por

---

[510] Djenderedjian, J. (2008e); Ruiz Moreno, M. (1896-7), t. I, pp. 134 y ss.; especialmente p. 158.
[511] Sobre los préstamos del Estado a particulares, ver Victorica, J. (1906), p. 5; listas de beneficiarios de préstamos del Gobierno entrerriano en

consiguiente, de tierras de menor valor que en las áreas más pobladas, implicó límites muy concretos a las posibilidades de la economía provincial: ésta debía así reconvertirse en profundidad o languidecer, y para lo primero era imprescindible contar con una dotación de capital que la decreciente rentabilidad de las explotaciones tradicionales volvía cada vez más esquiva, y cambiar radicalmente todo el sistema de acceso y tenencia de la tierra que había dado hasta entonces tan buenos resultados. De este modo, fue necesario que transcurriera una larga década antes de que pudiera plantearse el desarrollo a gran escala de la colonización agrícola. Ésta, en realidad, fue sólo un aspecto más de un cambio mucho más profundo: la reconversión de la economía productiva rural mediante el pase a formas de aprovechamiento del espacio cualitativamente más intensas que hasta entonces, centradas en parte en el desarrollo de la agricultura, aunque también en la ganadería moderna. Las pruebas de lo difícil que fue la construcción de las bases de ese nuevo paradigma se encuentran en que la provincia debió experimentar en medio de éstas una grave conmoción interna. Veremos algunos detalles de ésta y la analizaremos en el capítulo siguiente.

5. La conquista de los mercados regionales

Uno de los hitos más importantes en la consolidación y despegue de las colonias agrícolas fue indudablemente el acceso, primero, y luego la conquista de los mercados regionales, y en especial del más grande de ellos, la ciudad de Buenos Aires. Durante la segunda mitad de la década de 1860, las líneas maestras de esta conquista comenzaron a plantearse primero, en torno al abasto de los ejércitos en

---

AHAER, Libros Sueltos, "Cuenta corriente de deudores por cantidades prestadas", 1861.

lucha en el Paraguay: los contratistas encargados del mismo recorrían las colonias ofreciendo precios nunca antes vistos por las cosechas, y se creaban rudimentarias estructuras de acopio y de comercialización, a fin de suplir la súbita demanda del teatro de guerra. El desarrollo productivo ligado a ese ciclo y el afianzamiento proporcionado por los largos años del conflicto permitieron ajustar diversos aspectos operativos al punto de comenzar a lograr ahorros, reorganizando los circuitos en función de una escala cada vez más amplia. En ese recorrido, la creciente competitividad de la producción colonial fue tomando de a poco los diseminados mercados de la línea fluvial; el inspector de colonias Jonás Larguía afirmaba satisfecho hacia 1872 que los granos santafesinos "se exportan al litoral de los ríos Paraná, Paraguay, Uruguay y el Plata; a medida que aumente nuestra producción agrícola rivalizarán ventajosamente en el mercado del Brasil con los granos de Chile y Estados Unidos de América a los cuales igualan en calidad"[512].

De ese modo, la demanda de los ejércitos en marcha no fue la única ganancia que dejó el período. La segunda mitad de la década de 1860 vio afianzarse la presencia de los cereales santafesinos en todo el litoral de los ríos; al finalizar la Guerra del Paraguay, la producción colonial se encontró así preparada para suplir habitualmente a un vasto mercado de consumo. Si bien las estadísticas disponibles son muy irregulares y difíciles de aprovechar, dado que no siempre registran los mismos flujos ni incluyen todo el tráfico que pasaba por ellos, algunos datos aislados parecen confirmar un significativo avance de la producción cerealera santafesina en el consumo de las provincias. Para el período 1855-62, se enviaba desde Buenos Aires a las provincias un poco más de 40.000 arrobas de harina importada anualmente; a partir de 1866, los envíos de harina santafesina a Entre Ríos

---

[512] Larguía, J. (1872), pp. 24-25.

y Corrientes ascienden a lo menos desde 10.072 arrobas en ese año; a 11.268 el siguiente, y llegan a 15.598 en 1868[513]. En esas condiciones, es de pensar que el desalojo de las harinas extranjeras de esos mercados, bien que gradual, se transformó en un horizonte posible a un plazo relativamente corto. Incluso la más selectiva plaza de Buenos Aires comenzó a acusar el impacto de la misma. Si bien la Guerra del Paraguay derivó en un importante aumento en la introducción de trigos extranjeros a causa del vuelco de la producción colonial al abasto de los ejércitos en marcha, de todos modos una porción bastante considerable del mercado porteño parece haber logrado ser captada ya entonces por los cereales santafesinos. Los siguientes cuadros muestran la evolución de los ingresos de trigo y harinas a esa ciudad entre 1864 y 1868, con discriminación de sus orígenes. Si bien estos datos no son ni completos ni muy confiables, en todo caso resulta claro el paulatino afianzamiento de la producción santafesina en el mercado de cereales y derivados negociados allí.

Cuadro N° 24
Trigo ingresado a la plaza de Buenos Aires (en fanegas de Buenos Aires)

	1864	1865	1866	1867	1868
Entradas terrestres	63.127	157.165	112.312	148.623	49.436
Entradas marítimas	21.286	14.339	57.151	73.176	128.507
Entradas fluviales					
de Buenos Aires	13.736	12.800	s/d	26	1685
de Santa Fe	20.471	30.024	67.230	10.903	35.461
de Entre Ríos	11.760	9660	-	4.803	488
de otras provincias	590	9	-	-	5.778
Totales	130.970	223.997	236.693	237.531	221.355

[513] Argentina. Estado de Buenos Aires. (1854 y siguientes), ts. II y ss.; [Hudson, D. (dir).] (1865 y siguientes), ts. I a IV y ss.

Cuadro N° 25
Harina ingresada a la plaza de Buenos Aires (en quintales)

	1864	1865	1866	1867	1868
Entradas terrestres	-	-	-	-	-
Entradas marítimas	71.256	13.426	26.652	76.573	100.332
Entradas fluviales					
de Buenos Aires	26.938	6700	-	1.256	-
de Santa Fe	7.738	952	69	1.364	7.428
de Entre Ríos	949	114	-	-	-
de otras provincias	61	-	-	-	-
Totales	**106.943**	**21.193**	**26.721**	**79.193**	**107.760**

Fuentes y aclaraciones para ambos cuadros: [Hudson, D. (dir).] (1865 y ss.); ts. I y ss., *passim*. Las "entradas terrestres" corresponden a los ingresos a los mercados 11 de Septiembre, Constitución, Santa Lucía y 6 de Agosto de 1806. Las "marítimas" corresponden a los ingresos de productos importados del exterior a la Aduana de Buenos Aires. Las "fluviales" son los envíos desde otras provincias, o de puertos de la provincia de Buenos Aires, ingresados a la Aduana de esa ciudad. Si bien es probable que parte al menos del trigo ingresado a la Aduana desde el exterior o del interior figure luego en las entradas a los mercados de abasto de la ciudad, lo más probable es que la mayor parte de lo llegado por el puerto fuera luego retirado allí mismo por los consignatarios o revendedores, lo que hasta cierto punto explicaría la complementariedad relativa de ambos montos y la ausencia de harinas en los mercados de abasto. El dato de ingresos fluviales desde Santa Fe de 1867 y 1868 corresponde sólo a salidas de la aduana de Rosario hacia Buenos Aires; el de 1866, sólo a la aduana de Santa Fe. Téngase en cuenta de la mayor parte de la producción colonial partía de esta última.

Se había así comenzado a quebrar definitivamente la vieja orientación de la agricultura pampeana hacia los mercados locales, pequeños centros de consumo de un entorno inmediato que constituía su casi exclusivo lugar de producción. A partir de entonces, sus ritmos estarán marcados por las señales que llegarán desde centros de demanda situados cada vez más lejos de los productores y de sus explotaciones. Estos avances de la agricultura cerealera santafesina sobre los mercados regionales de mayor importancia debió de ir desplazando paulatinamente a la producción tradicional local de bajo rendimiento, que sin dudas hubo de comenzar así un proceso de reconversión y especialización en torno a rubros de más alto valor agregado y mejores posibilidades de inserción, aprovechando las ventajas de la localización inmediata a los centros de consumo, y dejando el abasto de trigo y sus derivados a la crecientemente eficiente y expansiva industria de las colonias. Resulta significativo, en todo caso, constatar la lentitud relativa de ese proceso de avance, en el cual la oferta santafesina probablemente nunca haya logrado dominar con plenitud la totalidad de esos mercados regionales a los cuales había comenzado a surtir. Es un hecho significativo al menos por dos motivos: el primero, que de todos modos los costos de acceso a esos mercados debieron mantenerse altos hasta que se lograra, mediante aumentos en la escala y la expansión de medios de transporte modernos, desarrollar la eficiencia operativa reduciendo los gastos de intermediación. El segundo, pero no menos importante, que el avance lento y la porción del mercado todavía limitada que captaba la producción de las colonias santafesinas posibilitó hasta cierto punto el mantenimiento de precios relativamente altos para la misma; esto evitó que una saturación excesiva llevara aquéllos a descensos ruinosos, con lo que se hubieran visto afectados los procesos de acumulación generados en torno a una pauta más eficiente y extensiva.

Pero además, el acceso al gran centro de consumo que era la ciudad de Buenos Aires constituía sobre todo una etapa de aprendizaje necesario, en el que las rústicas harinas y trigos santafesinos habrían de competir con sus similares internacionales por la conquista del consumidor, para buscar de una u otra forma mejorar su calidad a fin de adaptarse a una selectividad mayor. Con esto el relativamente lento proceso de captación de porciones crecientes de ese mercado habría sido, así, no sólo una simple estación intermedia, sino sobre todo un paso imprescindible en el gran salto al cual habrá de dirigirse en las décadas siguientes la producción cerealera de las colonias: el mercado mundial.

Capítulo VII
La búsqueda de un nuevo equilibrio:
primeros avances sobre tierras nuevas

1. Introducción

Alrededor de 1870 son varias las razones por las que puede decirse que comienza una nueva etapa en el recorrido del proceso colonizador. Si bien, como hemos dicho antes, resulta de todo punto absurda la tradicional periodización que ubicaba a partir de ese año un corte abrupto entre una previa e inexistente, o al menos mal denominada "colonización oficial" y la privada, que supuestamente la habría sustituido, así como el cambio de la tradicional pauta de entrega de la tierra en propiedad por el arrendamiento, hecho lisa y llanamente falso, en torno al inicio de la década de 1870 ocurrieron virajes sustanciales que podríamos resumir en los siguientes puntos.

Primeramente, el afianzamiento del Estado nacional y la consolidación de los nuevos poderes provinciales en el equilibro determinado por éste que, como hemos visto anteriormente, fueron constituyendo puntos de apoyo mucho más firmes para la planificación de inversiones. Si bien todavía hasta el final de la década continuarían existiendo recurrentes asonadas y agitación (y la inseguridad en el medio rural habría de ser por largo tiempo una tarea pendiente de resolver), la creciente consolidación del poder provincial habría de irles haciendo frente en forma más eficaz que antaño, en buena parte gracias a la generación de los recursos fiscales que aportaba el mismo desarrollo del proceso colonizador. Éste, por otra parte, logró durante el período cubrir buena parte del núcleo de ocupación más antiguo, que se dispersó por áreas tradicionalmente dedicadas a una ganadería vacuna de baja productividad. Más importante aún: comenzó a abandonar las áreas más o menos protegidas; avanzó en forma primero algo tímida, pero pronto más resuelta y audaz sobre las tierras nuevas de la frontera e ingresó incluso en zonas aún peligrosamente dominadas por los indígenas.

En segundo lugar, se había logrado afianzar en los años previos un cúmulo de conocimientos estratégicos para encarar la parcelación de tierras y la formación de colonias. Esos conocimientos continuarían incrementándose y refinándose hasta el final del siglo, pero el núcleo esencial estaba ya disponible hacia inicios de la década de 1870. Hemos mencionado algunos aspectos de esto en el capítulo anterior: entre ellos, la necesidad de otorgar parcelas más grandes que las usuales en la etapa inicial de la colonización, con la versatilidad agregada de poder conformar unidades aún más grandes mediante la adición de lotes de reserva. A ello agregaríamos la puesta a punto de modalidades operativas para poner en marcha una colonia, resumibles en esencia en el reemplazo del antiguo sistema de adelantos por el de hipotecas y, en todo caso, préstamos reembolsables en dinero por los instrumentos de labranza, la construcción de edificios y viviendas y la manutención del colono y su familia hasta obtener la primera cosecha exitosa. Ese cúmulo de conocimientos se completaría en la década del setenta con la publicación de los primeros estudios profundos de condiciones agronómicas, y ensayos particulares llevados a cabo por colonos y por empresarios en torno a las posibilidades ambientales para sostener emprendimientos agrícolas de las nuevas áreas de frontera que se iban incorporando al proceso, tema sobre el que volveremos en breve.

En tercer lugar, ese movimiento hacia las áreas nuevas comenzó a verse impulsado sobre todo durante los ciclos de buenas perspectivas de precios de los cereales, y se retraía cuando éstos caían. Colonias aparentemente florecientes, unos pocos años después habían sido abandonadas, para ser luego nuevamente repobladas al correr de otros años más. Otras colonias encontraban en la ganadería un paliativo a las bajas oportunidades de ganancia que ofrecían coyunturalmente los cereales, y expandían sus rebaños al ritmo del descenso del valor de éstos. La diversidad de situaciones consiguiente quedó retratada en el informe del inspector Jonás Larguía de 1879[514]. En un contexto así, la adaptación dinámica provista por el pase de uno a otro rubro agrario, así como los ciclos de expansión y de retracción, constituían las formas más prácticas y racionales de administrar el principal recurso diferencial con que contaban las colonias, la mano de obra, así como el que la seguía en importancia, el capital. Esto marca también claramente la centralidad que había adquirido para el movimiento colonizador el creciente mercado constituido por la demanda de las ciudades del litoral fluvial, y los límites que éste le ponía: a la vez que la producción de cereales de las colonias superaba los mercados locales, fue conquistando los más valiosos de la carrera de cabotaje, y desalojó en parte tanto a las harinas importadas como a la menos competitiva producción proveniente de otras provincias o incluso de las áreas periurbanas de esas mismas localidades. Pero a la vez, si la porción del mercado cerealero captada por la producción colonial en áreas y provincias vecinas llegó a completarse a lo largo de esos años, esto no resulta tan claro para el gran centro de consumo que era la ciudad de Buenos Aires, a pesar de que allí los productos

---

[514] En la versión transcripta en el *Boletín Mensual del Departamento Nacional de Agricultura*, t. III, pp. 171-77.

santafesinos, o incluso entrerrianos, lograron mantener y acrecentar su presencia durante la segunda mitad de la década de 1860 y la primera de la siguiente. La oferta allí continuó determinada por los trigos locales y consistentemente influenciada por las harinas importadas.

Esos límites a la competitividad de la producción colonial son una muestra del difícil esfuerzo que significó ampliar su porción de un mercado mucho más selectivo que el de los centros de consumo más pequeños de la carrera fluvial: las harinas importadas y los trigos locales tenían en Buenos Aires una muy larga historia en el mercado, y su presencia y aun su dominio de ciertos segmentos de aquél se basaba no sólo en las ventajas diferenciales adjuntas a los menores costos de transporte, sino también en una especialización en torno a las calidades más demandadas y aceitados circuitos de comercialización. En esas condiciones, la agricultura de las colonias sólo podía todavía andar a tientas, con el fin de captar nichos específicos en especial durante momentos de alza de precios, del modo como lo había venido haciendo desde la primera mitad del siglo la producción cerealera de las fronteras bonaerenses. Si bien la calidad del trigo colonial santafesino era bastante alta en función de un cultivo relativamente bien cuidado, ello no necesariamente constituía todavía una ventaja suficiente como para garantizarle una rápida victoria en el competitivo mercado porteño. El largo momento durante el cual esa concurrencia continuó sólo habría de resolverse cuando la nueva agricultura santafesina, y luego cordobesa, establecieran crecientes diferencias de productividad a través de una expansión plena sobre las tierras nuevas de la frontera, y lograran a la vez una ecuación de costos más competitiva a través del aumento de la escala operativa.

En cuarto lugar, el afianzamiento del proceso de colonización en las zonas más cercanas a los núcleos iniciales coincidió con una creciente valorización inmobiliaria, por lo que la marcha sobre áreas marginales en momentos en que la producción se expandía intentó aprovechar una ecuación de costos de acceso a la tierra menor que en aquéllas. Esto sin embargo significó chocar con diversos riesgos, algunos ya conocidos, otros de nuevo carácter. Así, sobre todo en esos emprendimientos en zonas nuevas, pero también en los encarados en las áreas de ocupación más antigua, se debió hacer frente a fuertes desafíos por la misma implantación de un fenómeno radicalmente distinto en zonas ganadero-extensivas tradicionales. Uno de los principales de esos desafíos fue el alargamiento de las rutas de acceso a los mercados, que implicaron mayores costos de transporte, más importantes aún porque el volumen de los bienes a transportar era también mayor. Si bien la concreción de los primeros tramos significativos del ferrocarril constituyó un fuerte aliciente para que en sus zonas aledañas se desarrollara el movimiento colonizador, el ritmo de avance de éste fue en general mucho más rápido que el correspondiente al tendido de líneas. Y debía necesariamente ser así, ya que la inversión en ferrocarriles, fuera de las líneas troncales, requería que las áreas donde se efectuara fueran capaces de sostener una producción acorde con las perspectivas de amortización de esas inversiones. Además, las expectativas generadas en torno al proceso colonizador en medio del boom de demanda provocado por la Guerra del Paraguay, e incluso el propio efecto del desarrollo del ferrocarril, implicaron nuevos incentivos para el alza de valores inmobiliarios, sector dominado a veces por expectativas que la realidad pronto habría al menos de reducir, si no de desandar, pero que en todo caso constituían nuevos límites a la capacidad de obtener retornos remuneradores de emprendimientos que, por definición, sólo podían otorgarlos pasado algún tiempo de la puesta en producción.

Los efectos de esa alza de valores fueron sin dudas muy relativos, dado que afectaron sobre todo al área de antigua ocupación; pero en definitiva redundaron allí en mayores costos de instalación de colonias, que a su vez se constituyeron en un nuevo agente impulsor de la expansión sobre tierras marginales y de frontera, donde todavía el costo de oportunidad del factor era muy bajo. La competitividad de la producción colonial, basada en la conjunción del acceso a abundante mano de obra y la utilización de tierras todavía baratas, habría de verse jaqueada ante esa evolución de los precios inmobiliarios que el mismo éxito del fenómeno había posibilitado. En un momento crucial, en el que la producción colonial buscaba todavía afianzarse en la conquista de los más grandes mercados regionales e intentaba prepararse para el salto hacia el mercado mundial, resultaba imperativo conservar esa competitividad para lograr hacer frente con un respaldo suficiente a los costos del aumento de la escala y de la intermediación para el acceso a esos mercados ampliados, por lo que la búsqueda de tierras más baratas no sólo constituía un lógico expediente en la consecución de ganancias por parte de los empresarios colonizadores, sino sobre todo una necesidad dictada por la particular coyuntura en la que se encontraba el proceso.

Cuando la crisis provocada por el final de la guerra y la propia conmoción financiera de mediados de la década demolieron buena parte de esa alza previa en el precio de la tierra, de todos modos continuó presente otro crucial problema: poner en producción áreas alejadas de los núcleos tradicionales de ocupación, y de la vera de los grandes ríos, significaba asimismo la necesidad de crear (o cuando menos adaptar) técnicas específicas para las nuevas condiciones ambientales; el paralelo desarrollo de la agricultura extensiva especializada y las todavía deficientes comunicaciones con los mercados externos implicaron en ese proceso desafíos de mayor envergadura que cuantos habían sido enfrentados hasta entonces. Era necesario crear casi todo: desde la infraestructura más básica hasta la provisión regular de agua potable, desde las formas de lucha contra las plagas hasta las plantaciones de árboles para leña; y obtener, por pruebas de ensayo y error, precisiones acerca de las máquinas que mejor rendimiento brindaran o las semillas que mejor se adaptaran al medio. Ello significaba además la perentoria necesidad de financiar todas esas pruebas e inversiones, para lo cual el capital disponible era como siempre escaso y caro. Si bien todavía en términos de productividad por hectárea la ganadería estaba lejos de poder competir con la producción agrícola de las colonias, de todas formas, dado el plazo más largo de las amortizaciones respectivas, el financiamiento de los proyectos agrícolas sufrió mucho por esos mayores costos. En la primera mitad de la década, la cantidad de hectáreas promedio por emprendimiento fue bastante menor que en la segunda, en la que la presencia de fundaciones en las zonas más nuevas se hizo mucho más marcada. Esto sugiere que no sólo avanzando sobre éstas se logró resolver la ecuación de costos, sino además logrando paralelamente un aumento proporcional en la escala operativa.

Mientras en la etapa anterior los conflictos entre colonos y población autóctona habían sido más bien raros, éstos comenzaron a crecer en la medida en que la rápida expansión del fenómeno lo llevaba a colisionar tanto con grupos indígenas como (menos frecuentemente pero no por ello en forma menos intensa) con dispersos ocupantes de esas tierras de frontera, que se sentían con derechos a éstas por su condición de primeros pobladores. Más aún, los avances de colonias aisladas sobre áreas fronterizas implicaron para éstas una frágil posición ante el ataque de una inestable población de bandoleros alimentada continuamente por soldados desertores, aventureros extranjeros y un heterogéneo conjunto de marginales, a los que la inoperancia de las instituciones y la todavía inestable situación política de la época mantenían y prodigaban. Los desafíos de estos grupos fueron quizá más difíciles de soportar que los de los indígenas y, a la inversa de éstos, no bastaban para contrarrestarlos ni los tratados, ni los regalos, ni siquiera las sumarias ejecuciones con que esporádicamente se pretendía que escarmentaran.

En ello, la misma visibilidad creciente del proceso colonizador y de los inmigrantes en áreas rurales fue implicando un cambio sustancial en las relaciones entre éstos y la población criolla. En tanto anteriormente se trataba más bien de un fenómeno puntual que era visto y tratado como tal, la conjunción de ése y otros muchos cambios, no necesariamente ligados con él, pero que lo acompañaban, fueron labrando, entre algunos sectores de la población rural criolla, el convencimiento, de que ese avance cada vez más arrollador podía pronto constituir una amenaza. No es casual que sea justamente en esos cruciales años de la década de 1870 cuando surgieran aquí y allá diversos y resonantes casos de ataques a extranjeros, mucho mejor conocidos y documentados que la multitud de asesinatos y robos de que en parte dan cuenta las crónicas consulares, y que constituyeron, además de la pérdida consiguiente de vidas y bienes, incluso un factor de duda para la concreción de emprendimientos.

Otro gran problema fue el desarrollo de la tecnología adecuada para la expansión horizontal, especializada y extensiva de una nueva agricultura de secano en tierras cada vez más diferentes de las situadas cerca de la costa fluvial, en las que se había iniciado el proceso colonizador y que, de todos modos, contaban ya con una cierta población y con un cúmulo desarrollado de técnicas de cultivo específicas. A medida que se abrían las inmensas soledades de la pampa, las nuevas tierras de frontera recibían menos precipitaciones y eran barridas por vientos más secos y más fuertes. Las características agroecológicas comenzaron lentamente a cambiar ya en la misma Santa Fe; al adentrarse en el suroeste de Córdoba, se inicia una región semihúmeda, que llega a tener precipitaciones inferiores a los 600 milímetros por año[515]. De esta forma, el desarrollo de técnicas de labranza aptas para retener mayor humedad en los suelos se fue convirtiendo en uno de los factores cruciales a considerar, las cuales, por otra parte, debían ser combinadas con una extensividad progresiva de las explotaciones, pautada por la disponibilidad de tierras más baratas por su misma lejanía relativa a los puntos de salida mercantiles. Este proceso, que había ya comenzado a insinuarse en la etapa previa, debió todavía sortear muy difíciles escollos para lograr poner a punto los elementos necesarios para funcionar en forma más o menos acabada; no habría de completarse sino hacia inicios del siglo XX, una vez alcanzado el límite de las tierras cultivables sin irrigación.

Otro más de los factores en esa ardua evolución fue que la misma ampliación progresiva del desemboque de la producción agrícola derivó en nuevos cambios en las tierras más o menos cercanas a las ciudades, todo a lo largo de los mercados regionales en los que la presencia de los cereales de las colonias era cada vez mayor. Dado el incremento en el valor de la tierra periurbana, la progresiva fragmentación de las tenencias y la ampliación de las salidas mercantiles, a pesar de los momentos de crisis las producciones de menor rendimiento relativo comenzaron a ser raleadas de esas áreas periurbanas. En lo que podría caracterizarse como una revancha tardía, la agricultura comenzó a reconquistar allí las posiciones perdidas desde el inicio del siglo, cuando una ganadería más dinámica y rentable la había ido desalojando. Pero esa agricultura

---

[515] Conti, M. (1917), pp. 14-17.

renovada no podía limitar su inserción mercantil, como antaño, a unos pocos cereales gruesos; ahora la intensividad debía ser la norma, pautada entre otras cosas no sólo por medios de producción más modernos, sino por la presencia en el mercado de cereales cada vez más baratos provistos por las colonias agrícolas.

Por otro lado, la evolución de la agricultura colonial hacia la especialización cerealera destinada a los grandes centros urbanos derivó en una tendencia a generalizar en los cultivos ciertas variedades de semillas que, a la vez que podían ofrecer buenos rendimientos en las nuevas tierras de frontera que se incorporaban a la producción, fueran aceptadas por el consumo más selectivo de las grandes ciudades y eventualmente por los mercados externos. Se desarrolló además la elaboración de productos de mayor valor agregado, como las harinas, que habrían de constituirse en un excelente negocio al menos hasta inicios de la década siguiente. Todo esto significó nuevos desafíos no sólo en los diversos segmentos del proceso productivo en sí, sino también en los correspondientes a la etapa de comercialización, así como crecientes inversiones en sectores diversos de ambas cadenas.

Los efectos de esta situación no sólo fueron auspiciosos. La puesta a ensayo de soluciones a tantos problemas nuevos, efectuada por otra parte en una década marcada por intensas crisis, significaba una toma de riesgos muy grande y la necesidad de contar con ingentes respaldos de capital, y ni aun así estaba garantizado el éxito. Entre los varios fracasos que registra la década, figuran colonias formadas y pobladas, pero que debieron más pronto o más tarde ser abandonadas, y otras que vieron reducirse significativamente su población y sus recursos, o que languidecieron durante años hasta que por fin lograron prosperar. No se trataba ya de contabilizar en el debe sólo aquellos emprendimientos que apenas pasaron del papel;

las pérdidas y las decepciones eran ahora mucho más concretas, y dejaron un costo más alto, tanto en tiempo como en dinero e incluso en vidas humanas, evidente en fundaciones para las cuales la presión de un contexto todavía muy poco propicio y la escasa experiencia con respecto a los métodos necesarios para organizar la producción en tierras nuevas determinó un final poco o nada feliz. Si una vez ajustados esos métodos y favorecidas por un cambio en las condiciones, en esos mismos lugares habrían de fundarse otras colonias que lograrían ahora afianzarse, ello no elimina el enorme costo económico y social de los ensayos previamente fracasados.

La superación de la etapa crítica dejó de este modo valiosas lecciones para el proceso de colonización, que serían ampliamente aprovechadas en la etapa que habría de seguir. La década de 1870 fue así un período de expansión, afianzamiento y exploraciones a la vez que de ensayo de nuevas pautas productivas.

Lo dicho vale ante todo para Santa Fe; en Entre Ríos la situación fue muy distinta. En primer lugar, a diferencia de su vecina, la consolidación institucional entrerriana parecía desde hacía tiempo mucho más sólida a causa fundamentalmente de la concentración de poder labrada sobre sí mismo por su principal caudillo, Justo José de Urquiza. De ese modo, Entre Ríos no conoció nada parecido a las asonadas y conatos que caracterizaron la década de 1860 santafesina. Sin embargo, a partir de 1870 la rebelión de Ricardo López Jordán trastocó abruptamente esa paz de apariencias: la oposición al vuelco político hacia el poder nacional que Urquiza había puesto en práctica y cuya manifestación más odiosa para la población entrerriana había sido la participación en la guerra del Paraguay, le fueron de improviso echados en cara, y de la más férrea forma posible. Pero además, y mucho más importante, esa dura guerra civil que habría de prolongarse por años fue la puesta en evidencia de problemas mucho más complejos que la simple oposición a una determinada línea política. Podríamos resumir el principal de esos problemas en las rigideces derivadas del final de una fórmula de acceso a los recursos que, durante la primera mitad del siglo XIX, había combinado exitosamente pautas muy extensivas de manejo ganadero con una múltiple gama de convenios informales a través de los cuales los productores buscaron atraer a una escasa mano de obra. Con el tiempo, esos acuerdos fueron resquebrajándose; la inexistencia de una frontera abierta derivó en que el rápido aumento poblacional presionara cada vez más sobre una superficie productiva limitada; y, por fin, la conformación durante la década de 1860 de catastros certeros y de una estructura de recaudación impositiva regular, requisitos previos a una todavía más intensa etapa de valorización de la tierra, determinaron fuertes tensiones entre quienes sólo poseían permisos informales de población y los interesados en obtener una mayor productividad por hectárea en tierras cuyo precio había subido demasiado como para continuar manteniendo allí actividades tradicionales de baja rentabilidad. Así, mientras la dificultosa inserción de nuevas producciones chocaba con las pautas de uso extensivo del espacio corrientes en las tradicionales explotaciones criollas, en ese momento quien de entre sus titulares necesitara tierras, debía ahora ciertamente pagar por ellas. Y, mientras los inmigrantes extranjeros recibían crédito, facilidades y exenciones, sobre la población criolla continuaba recayendo el odioso esfuerzo de guerra, a la vez que se hacía más clara la certeza de que ese esfuerzo ya no habría de ser recompensado como antaño. De esta forma, las tensiones larvadas durante la década de 1860 estallaron de improviso, y dejaron un largo saldo de padecimientos y una difícil tarea por delante.

 Así, el proceso de expansión colonizadora se vio en los hechos fuertemente afectado por esa durísima guerra civil, y luego por un estado de conflictividad mucho más evidente que en la vecina provincia. Pero además, había otras trabas para su desarrollo. En cierto modo, Entre Ríos muestra una exacerbación de algunos de los principales problemas que debió enfrentar el proceso colonizador santafesino, con el agregado de elementos particulares que otorgan una gran complejidad al análisis del período. Luego del aplastamiento de lo más álgido de la rebelión jordanista, los sucesivos gobiernos provinciales entendieron que resultaba imperioso fomentar el proceso de colonización como parte de un cambio económico y social que no tenía ya retorno ni alternativa posible. Se intentó realizar esto a través de la creación de un régimen municipal y del otorgamiento a los municipios de facultades para disponer de las tierras públicas de sus ejidos, cosa que hicieron en general concesionándolos para la formación de colonias.

Toda la década de 1870 está marcada por el intento de poner en marcha este proceso; además de la acción municipal, los gobiernos provincial y nacional intentaron ayudar al afianzamiento del cambio productivo a través de la formación de colonias estatales, cuya superficie promedio fue bastante más sustancial que la de los emprendimientos privados. Esto marca la importancia de los diversos niveles gubernamentales embarcados en el impulso del proceso colonizador; y también es un indicio de la otra gran falencia de éste en Entre Ríos: la escasez de capital, es decir, de empresarios privados dispuestos a afrontar por su cuenta el riesgo de invertir en las inseguras condiciones que podía ofrecer la provincia. Sin dudas, parte de esa falta de capital provenía de un fenómeno propio del contexto en el que la provincia debía moverse: si los grandes negocios estaban en Santa Fe, era lógico que ésta absorbiera la mayor parte del capital prestable. Pero incluso la generación del mismo era, en Entre Ríos, más difícil: la inexistencia de un centro comercial de magnitud como la vecina Rosario, la falta de líneas de préstamo mayorista que aseguraran un respaldo sólido a multitud de pequeños comerciantes en cuyas manos estaba el crédito rural, y el propio descenso en la rentabilidad de los emprendimientos (pautados por un costo de la tierra creciente y por condicionamientos ambientales cuya superación sólo podía ser posible con ingentes inyecciones de fondos) marcaron para esta provincia un recorrido difícil.

Algo similar a ese régimen de acción municipal se había intentado en Buenos Aires con la sanción en 1870 de una ley de colonización ejidal, elaborada sobre la base de proyectos de los últimos años de la década de 1860; proyectos y ley servirían de modelo para el caso entrerriano. De todas formas, el proceso de expansión colonizadora en Buenos Aires continuó poseyendo características propias, marcadas predominantemente por el impulso de la iniciativa privada y generalmente espontánea, es decir no organizada ni por compañías ni por comunidades. La expansión de los ferrocarriles fue posibilitando la puesta en producción de crecientes áreas cada vez más lejanas de los centros urbanos más densos; posibilitaron así la creación y expansión de nuevos pueblos y dieron lugar a la instalación de un número creciente de inmigrantes. Las zonas de frontera continuaron asimismo ampliándose. La expansión agrícola de la década de 1870 está marcada todavía por la predominante presencia de unidades de explotación familiar, de cuando más unas pocas decenas de hectáreas, es decir, no necesitadas de contratar mano de obra externa, salvo en algunos períodos más álgidos del año. El carácter ejidal de buena parte de esa agricultura marca asimismo los mercados locales a los que ésta primordialmente se dirigía: a pesar de su creciente dimensión y dinamismo, no resultaban muy distintos de aquellos que habían absorbido desde antaño la producción agrícola de esas áreas nuevas. Recién en la década siguiente se expandirá con gran fuerza una agricultura extensiva, especializada y volcada al mercado exterior, realizada en explotaciones de dimensiones progresivamente más grandes, que llegarán en promedio a cuadruplicar las superficies de las primeras colonias.

En tanto, Córdoba se hallaba todavía demasiado alejada de los núcleos expansivos de la agricultura moderna; las pocas colonias fundadas en su territorio en esos años incluían sobre todo dos iniciativas oficiales: Sampacho, fundada por el gobierno provincial, y Caroya, por el nacional, que absorbió también a la anterior dos años después de fundada. Ambas dominaban en cantidad de hectáreas sobre los emprendimientos privados de esos años. De éstos, además de Santa Rita e Itunamusaga, que lograron permanecer, sólo merecen mencionarse Marengo, fundada espontáneamente por agricultores piamonteses, y Tortugas, que dependía administrativa y económicamente de Santa Fe. Más allá de las dificultades que había experimentado Marengo, ésta y Tortugas formaban en realidad parte de la expansión de los núcleos colonizadores de esa provincia, corporizados en la progresiva puesta en valor de las áreas aledañas a la vía férrea, cuyo inicio había estado en las cercanías de Rosario con la creación de Bernstadt. En ese aspecto, la verdadera irrupción del proceso colonizador en Córdoba se demoró en realidad hasta mediados de la década de 1880, cuando la acción privada adquirió verdadera significación, y los cultivos extensivos ganaron rápidamente la superficie colonizada. Hasta entonces, buena parte de las pocas colonias existentes dedicaba la mayor parte de su superficie a la ganadería, lo que marca hasta cierto punto su carácter, ligado todavía a actividades de frontera tradicionales. De todos modos, la experiencia acumulada en los duros años setenta sería crucial para explicar la rapidez del proceso expansivo posterior.

2. Santa Fe: crisis, recuperación y un proceso de expansión cualitativamente distinto

Si los primeros años de la década todavía estaban marcados por los resabios del optimismo del período inmediatamente anterior, a medida que ésta avanzaba comenzarían a surgir graves problemas. La súbita finalización del nicho de demanda constituido por los ejércitos en lucha en el Paraguay en 1870 constituyó un primer desafío, si bien su impacto se sintió sobre todo en un descenso en el ritmo de la expansión que todavía en 1872 no era considerado sino un obstáculo coyuntural[516]. La crisis de 1874-6, en cambio, impactó en la provincia mucho más fuertemente que las anteriores, y afectó sobre todo su panorama financiero e inmobiliario. Varios bancos que habían adelantado fondos contra hipotecas en los años del auge paraguayo se encontraron de improviso con ingentes cantidades de tierras ante la insolvencia de sus deudores; muchas de éstas situadas en el sobrevaluado norte provincial. Algunas casas bancarias no pudieron resistir a esos desafíos y quebraron. De este modo contribuyeron así también a la retracción del financiamiento[517]. A partir también de la mitad de la década, frecuentes invasiones de langosta y sequías jaquearon la producción agrícola, y llevaron a varios productores al abatimiento y aun a la desesperación. Para finales de esta etapa, los problemas fueron siendo reemplazados por un nuevo ciclo esperanzador, al obtenerse mejores cosechas y al lograrse afianzar el proceso con miras a la expansión del período siguiente.

---

[516] Respecto de ese optimismo, son ilustrativos el informe de Wilcken, G. (1872) y el libro de Beck Bernard, Ch. (1872).

[517] Indicios de todo ello en Ensinck, O.E. (1965); también Míguez, E. (1985), p. 103, y Gallo, E. (1983), *passim*.

La cantidad de fundaciones no necesariamente refleja la evolución de estas coyunturas, entre otras cosas porque éstas se superpusieron a procesos mucho más complejos. Uno de ellos fue el que llevó a la creación de colonias en áreas bastante más alejadas de los antiguos núcleos de población; el movimiento, comenzado todavía en el momento de auge ligado a la Guerra del Paraguay, habría de experimentar fuertes desafíos posteriormente, debido no sólo a la retracción de posibilidades mercantiles por efecto del final del conflicto, sino sobre todo al choque con una realidad física y ambiental muy diferente de la ya conocida. Por lo demás, el mismo auge anterior había presionado sobre los precios de la tierra en las áreas ya ocupadas, con lo que la búsqueda de nuevas alternativas más baratas era en cierto modo una consecuencia lógica, potenciada incluso luego por la conjunción de esa circunstancia y la crisis de financiamiento de 1874-6.

En todo caso, ese choque habría de tener amplias consecuencias: entre éstas, una mayor diversificación de rubros productivos con incorporación mucho más consistente de ganadería, más acorde a la necesidad de obtener retornos, sin descansar sólo en la muy riesgosa actividad agrícola. Ésta, además, veía aumentar sus inconvenientes con el alargamiento de las líneas de comunicación, la falta de caminos adecuados, el total desconocimiento acerca de las calidades de los suelos, y la necesidad de experimentar nuevas técnicas productivas adecuadas a condiciones bióticas también distintas. Por lo demás, sólo con el correr de la década se lograría saber hasta qué punto estaban errados los juicios previos acerca de la distinta aptitud agrícola de los terrenos, por lo que de esas clasificaciones falaces se derivaron en negocios fracasados, ventas a precios muy bajos e insistencia en expandir cultivos en lugares poco aptos. De esta forma, la evolución de las antiguas colonias y de las fundadas en estos años habría de diferir claramente, en tanto los riesgos y problemas enfrentados por estas últimas no les permitieron siempre un afianzamiento comparable con el que habían alcanzado las primeras. La década dejó así lecciones útiles a futuro, sobre la base de un cúmulo de ensayos y exploraciones que, si bien continuarán, para 1880 constituían un corpus probado de estrategias necesarias para todo nuevo proyecto.

2.1. Tierras y frontera en la formación de una nueva agricultura

Hemos visto que, durante el lustro anterior a 1870, se lograron resolver algunos de los principales problemas de la formación de colonias, incluyendo el de las formas organizativas óptimas para un aprovechamiento racional y adecuado del espacio. Durante la década siguiente, surgieron algunos otros problemas, de los cuales el principal fue lograr expandir ese esquema básico hacia las tierras de frontera, a fin de lograr economías de escala que volvieran más competitiva a la producción colonial. Esto implicará además el intento de resolver otro de los principales límites a la expansión colonizadora: la puesta a punto de instituciones lo suficientemente sólidas como para garantizar condiciones mínimas de seguridad en las fronteras. Esto, a pesar de consistentes avances, sólo se logrará parcialmente y mucho más tarde; mientras tanto, para posibilitar la misma expansión colonial, habrán de definirse nuevas pautas a fin de solucionar esos problemas.

También hemos mencionado cómo, entre finales de la década de 1860 y durante el transcurso de la siguiente, Santa Fe logró estabilizar y afianzar sus relaciones con el poder central. Así se redujeron gradualmente las posibilidades de cambios violentos de Gobierno y se construyó, a partir de entonces, una administración más sólida, que contaba sobre todo con recursos financieros más genuinos. Esa mayor solidez institucional no impidió la persistencia de la inseguridad de bienes y de personas en el medio rural, pero fue uno de los elementos que a la postre habrían de lograr reducirla significativamente. De todos modos, el viraje dado por la economía y por la sociedad provincial durante la década de 1870 es definitorio también en otro aspecto: paralelamente al afianzamiento del estado provincial, quedó cada vez más evidenciada la necesaria imbricación de éste con el avance del proceso de colonización. Esto era imprescindible para impulsar la puesta en valor del territorio, tanto por el avance en la consolidación del dominio como para consolidar las propias bases fiscales del estado provincial, por la más rápida generación de riqueza que significaba.

Casa de colono iniciador. Colonia Nuevo Torino, hacia 1880. Colección Biblioteca Nacional.

Pero esa transformación que, desde el fin de la guerra del Paraguay, en poco más de cuatro lustros habría de cambiar casi por completo la fisonomía económica y social provincial, debía en parte hacerse a expensas de algunos actores tradicionales, con su colaboración forzada, o al menos afectando sus intereses. En primer lugar, la conquista de las fronteras y el servicio militar continuaron recayendo sobre los pobladores criollos, cuya producción agrícola en pequeña escala no sólo se veía en ese momento jaqueada por las levas, sino también por el afianzamiento de la producción colonial. Ésta invadía rápidamente los mercados locales, y desalojaba a su similar tradicional, de rendimientos menores. La reconversión productiva de esas explotaciones criollas habría de mostrarse difícil; sobre todo, por el acelerado crecimiento de la brecha de productividad con respecto a la producción colonial, que gozaba de un considerable apoyo financiero por parte de los empresarios que la llevaban a cabo, e incluso con alguna poco significativa franquicia fiscal. Juan Álvarez expresó, con su habitual agudeza, la situación de esos productores criollos. Si bien su testimonio peca de esquemático y aun excesivo, todavía resulta útil transcribirlo: "El *hijo del país* [...] fue [...] acérrimo enemigo del europeo recién llegado, que ignorante de las cosas del desierto y lleno de ideas erróneas, comenzaba por desalojar a los antiguos pobladores, protegido por los tribunales, el Gobierno y los grandes propietarios. El colono, confiando en su trabajo, valorizaba la tierra; el gaucho, desconfiando de la naturaleza, no sabía hacerlo [...] para el inmigrante, apoyo oficial y consular, y tierras fértiles; para los criollos, medallas de cobre como premio al valor militar, y de tarde en tarde donaciones de lotes pequeños e inexplotables sobre la zona peligrosa. Tocábanles siempre más sacrificios que recompensas, más glorias que arados [...] Arreados año tras año para las luchas civiles, convocados como guardia nacional a quien nadie pagaba ni vestía, siguieron siendo más aptos para la guerra o la ganadería primitiva en campo abierto con vacas y caballos semisalvajes, que para cultivar tranquilamente parcelas de terreno"[518]. El gobierno provincial realizó ingentes esfuerzos para garantizar, al menos, un trato equitativo a la población criolla con respecto a los incentivos ofrecidos para la integración en colonias; sin embargo, dada la onerosa carga del servicio militar y el hecho de que la clave de la competitividad se encontraba en el financiamiento, y éste prefería la rentabilidad ofrecida por la producción colonial, es probable que el impacto de esos esfuerzos haya sido más bien limitado[519].

Muchos, sin embargo, habrían de subirse al tren del progreso, pero abandonarían previamente sus labores de siempre, o las transformarían al ritmo de los tiempos. La conocida historia de Eulojia Llanos, una tradicional propietaria de Rosario, que vio su vida radicalmente transformada por la llegada del ferrocarril, primero por la pérdida de parte de la estancia familiar y del negocio de transporte en carreta de sus hijos, y luego por la fabulosa valorización del resto de la propiedad, el espectacular aumento de la renta por el alquiler de su casa citadina y la conversión de los otrora estancieros y dueños de carretas en acaudalados y prósperos negociantes en la colonia Candelaria, es un ejemplo bastante elocuente de cómo algunos pobladores tradicionales se vieron afectados por los vertiginosos cambios de la década y, de una u otra manera, pudieron beneficiarse con ellos[520]. Por lo demás, existen

---

[518] Álvarez, J. (1910), pp. 362-4.
[519] Transcripción de leyes y decretos relacionados con la fundación de colonias y entrega de tierras, con cláusulas de equidad para la población criolla con respecto a los extranjeros, en Ensinck, O. (1979), pp. 242 y ss.; estudios recientes que muestran las dificultades de esa transformación de las pautas productivas de la población criolla en Djenderedjian, J. (2008e) y Schmit, R. (2008).
[520] Zeballos, E. (1883), pp. 14-40.

diversos indicios de la incorporación de algunas innovaciones técnicas en las explotaciones agrícolas periurbanas tradicionales, o al menos la oferta y circulación de maquinaria y herramental moderno se volvieron cada vez más intensas, lo que sin dudas debió aumentar su productividad, y es en todo caso una muestra consistente de adaptación a los nuevos tiempos[521]. Y la misma fragmentación de las tenencias y la valorización de la tierra derivaron en desplazamientos de las actividades menos rentables y en su reemplazo por otras más intensivas y de mayor valor agregado; la progresiva transformación de chacras en quintas, que se aceleró en el período en especial en las ciudades de crecimiento más rápido, fue en esta evolución un hito consistente.

En todo caso, el rápido crecimiento de las ciudades fue derivando crecientemente porciones importantes de esas chacras al propio casco urbano, lo que significó que su loteo se constituyera en un buen negocio inmobiliario para quienes las poseían. Sabemos mucho menos acerca de las explotaciones agrícolas tradicionales situadas en las áreas más lejanas; el panorama sin dudas debió de haber sido heterogéneo, en tanto la puesta en marcha de proyectos de colonización en zonas cercanas a aquéllas, o el mismo tendido de un ramal férreo, debió de introducir elementos de diferenciación de valor con peso muy variable, pero sin dudas consistente. Circunstancialmente, las alternativas del naciente mercado inmobiliario debieron forzar la puesta en marcha de innovaciones, toda vez que la rentabilidad media de las explotaciones tradicionales iba dejando de guardar relación con el creciente valor de la tierra, afectada por la competitividad de las nuevas actividades.

---

[521] Ejemplos de presencia de arados modernos y otros medios de producción más avanzados en explotaciones agrícolas periurbanas de la década de 1870 en inventarios del área occidental entrerriana, AHAER, testamentarias de Salustiana Pérez, 1868, y de Bernabé Álvarez, 1871, sin clasificar.

Colonia Calchines hacia 1882. Zeballos, E. (1883), p. 160.

Pero además de su papel en la tradicional agricultura periurbana o de fronteras, la población criolla llegó a formar parte consistente de las colonias, sobre todo en la etapa anterior a 1880, y tuvo sin dudas un papel fundamental en la lenta creación de nuevas técnicas de cultivo, adaptadas al medio particular de las tierras nuevas. Wilcken, aun bajo un cierto lote de prejuicios, intentaba reconocer estos caracteres en 1872: "El elemento indígena adquiere de día en día importancia en las colonias. Su sistema de labranza es grosero y primitivo; pero con experiencia del clima y del movimiento de las estaciones, los agricultores nacionales logran a menudo mejores cosechas que los otros colonos. Ellos además enseñan y aprenden provechosamente en este sentido. El grave defecto del colono indígena es ser derrochador; malgasta su dinero, jamás piensa en mejorar su terreno ni en aumentar sus comodidades. No cambia ni aun por el ejemplo, su modo de ser; no cobra como el colono europeo, amor al terreno que cultiva; y por consiguiente en lo que menos piensa es en edificar casas cómodas y en embellecer su propiedad. Pero por otro lado es parco en hacer deudas, y honrado en el cumplimiento de sus compromisos."[522].

Ahora bien, si la colonización era en Santa Fe el más evidente factor de cambio productivo, no por eso deben olvidarse los restantes. Entre otros, la expansión de la ganadería ovina moderna, que también en la década del setenta fue desalojando a la menos rentable ganadería vacuna criolla de las áreas de antigua ocupación. Por lo demás, como hemos dicho en el capítulo anterior, la producción agrícola de las áreas costeras pudo también expandirse al calor de la demanda provocada por la Guerra del Paraguay y los restantes mercados del litoral fluvial; esto permitió al mismo tiempo un progresivo ajuste de las estructuras de comercialización concentradas en el puerto de Rosario, por las que pasaba además la consistente producción agrícola exportable del interior. Durante la década de 1870, este esquema habría de experimentar el gran impacto de la puesta en producción de las tierras linderas a la línea férrea del Ferrocarril Central Argentino; a partir de 1870 las nuevas colonias fueron allí surgiendo con rapidez, y el proceso productivo se afianzó y se aceleró con un progresivo aumento de la superficie cultivada. El rápido incremento poblacional de la zona con epicentro en Rosario es de ello un indicio lateral, pero no menos firme.

De esta forma, la competencia por el espacio productivo en esos años estaba detrás del constante incremento en el precio de la tierra, y, sobre todo, de la lenta desaparición de formas agrarias tradicionales, a las que la racionalización organizativa aportada además por el alambrado, combinada

---

[522] Wilcken, G. (1873), pp. 313-14.

con la clarificación de las tenencias por la formación de catastros, terminó de herir de muerte. No es éste el lugar para desarrollar todas esas transformaciones, pero debemos destacar que el fenómeno de la colonización ha tendido a oscurecer los otros factores de cambio. En la década de 1880, la productividad del trabajo en la ganadería parecía haber aumentado lo suficiente en Santa Fe como para competir en buen pie, al menos en ciertas áreas, con la agricultura moderna; y fue a través de la combinación dinámica de ambas actividades como pudo plantearse en esos años el paso a un estadio más avanzado de economía agraria. Por lo demás, la misma transformación de la agricultura periurbana, que fue a lo largo de los setenta, incorporando instrumental renovado y técnicas modernas, derivó en una mayor productividad por hectárea acompañada por una creciente especialización.

Hacia 1870, entonces, las semillas de esos cambios estaban siendo plantadas. El final del boom paraguayo encontró a Santa Fe con la mayor parte de la tierra ocupada, ya traspasada a manos privadas. Esa primigenia constitución de un mercado de tierras formaba parte ineludible de la expansión del proceso colonizador, en tanto éste era esencialmente una forma de puesta en valor de las tierras. De todos modos, la progresión en los valores de la tierra durante la década de 1870 estuvo signada por diversas crisis que los hicieron descender, que constituyeron un fuerte desafío a los empresarios del rubro y que llevaron a muchos de ellos a la quiebra. La primera de esas crisis ocurrió al inicio de la década, con la culminación de la Guerra del Paraguay y con el consiguiente final de la provisión de alimentos a los ejércitos en campaña. La segunda, hacia 1874-75, por efecto de la debacle financiera que atravesó toda la república en esos años y que incluyó, en Buenos Aires, la salida violenta de la convertibilidad del papel moneda puesta en práctica en 1867. Y, hacia el final de la década, una nueva crisis aunque de menor dimensión vino de la mano de la conflictividad política[523]. Tanto por esta circunstancia como por el altísimo riesgo consiguiente al desarrollo de actividades pioneras en áreas de muy reciente ocupación, las operaciones en tierras durante la década de 1870 fueron muy peligrosas, inseguras y erráticas. Abundan ejemplos de grandes inversores que parecían contar con todos los elementos para el triunfo, pero que, luego de unos siempre cortos momentos de esplendor, caían en la ruina. Mariano Cabal, que incluso lideró un exitoso golpe de estado que le valió el gobierno provincial, es un interesante ejemplo[524]. Además, uno de los problemas más angustiantes de la época fue la escasez de capital, particularmente evidente en los momentos de auge. Nuevamente Larguía observaba esta falta en 1872, que la crisis de 1874-5 habría de profundizar. Para paliarla, se ensayó la constitución de un Banco provincial, que pronto se encontró en problemas[525]. Más allá de los vaivenes de las crisis, el hecho mismo del aumento de las transacciones y la rápida fragmentación que operan a partir de estos años forman la evidencia más concreta de la solidez de ese proceso: la fundación de colonias no se detendrá en ningún momento, a pesar del descenso en la cantidad de nuevos emprendimientos o de las hectáreas promedio.

De todas formas, la existencia de una abundante oferta de tierras por ocupar derivó en que, a pesar de su evolución positiva, el mercado inmobiliario santafesino conservara todavía durante bastante tiempo ventajas comparativas respecto de otras áreas con fuerte inmigración receptiva. Al menos hasta los primeros años de la década de 1880,

---

[523] Ver al respecto Barsky, O. y Djenderedjian, J. (2003); también Gerchunoff, P.; F. Rocchi; G. Rossi (2008), y Míguez, E. (2008).
[524] Al respecto ver Gallo, E. (1983), p. 184.
[525] Larguía, J. (1872), pp. 22-23; Gallo, E. (1983), pp. 237 y ss.; también Ferns, H.S. (1968), p. 382; Barsky, O. y Djenderedjian, J. (2003).

los precios de la hectárea de buena tierra de cultivo bien situada en Santa Fe eran considerablemente menores que sus similares en otras economías de paralelo ritmo de desarrollo, según las observaciones de Ricardo Newton y Juan Llerena en su viaje por los estados norteamericanos de Minessotta, Missouri y Kansas, si bien el rendimiento por hectárea era en promedio también más alto en esos estados[526].

2.2. Las fundaciones de la década de 1870

Si bien ya en los últimos momentos del boom paraguayo la fundación de colonias se fue desplazando hacia las áreas marginales a fin de compensar los costos de un creciente valor de la tierra, con el correr de la década de 1870, ese movimiento hubo de experimentar retracciones y dificultades, provocadas no sólo por los problemas propios de operar sobre tierras nuevas, sino también por el propio devenir de la economía local, marcada por la crisis de 1874-6, que afectó gravemente al naciente sector financiero santafesino[527]. En lo que aparece como un claro intento de redimensionar los costos operativos y de suplir los problemas de financiamiento con precios de factores más convenientes, la fundación de nuevas colonias encontró así más motivos para irse desplazando hacia tierras más lejanas y por tanto más baratas, a la vez que los emprendimientos se concentraban y las superficies promedio se ampliaban, a fin de captar economías de escala. Aparecen así, a lo largo de esta década, nuevas colonias en los terri-

---

[526] Newton, R. y J. Llerena (1882-3), pp. 53; 97; 101 a 103. Para comparar, precios de la tierra promedio en Santa Fe en 1886-7 en Carrasco, G. (dir. y comis. gral.) (1887-8), Libro II, p. x.
[527] Ferns, H.S. (1968), p. 382; también Joslin, D. (1963) y Gallo, E. (1977). Sobre los problemas de financiamiento de los empresarios colonizadores santafesinos ver Gallo, E. (1983), p. 181.

torios de frontera del norte, como Reconquista, Romang, Ocampo, Avellaneda, Florencia o Mal Abrigo; o incluso en el sur, como Teodelina, por nombrar sólo aquellas que permanecieron en el tiempo, y no las fundaciones fracasadas, cuya evolución comparada con las antiguas colonias habremos de ver en el apartado siguiente.

El desconocimiento de las diversas condiciones bióticas de cada área y de las consiguientes aptitudes agroecológicas incrementó de ese modo los riesgos en la planificación de la puesta en valor de las tierras. Todavía hacia mediados de la década de 1870, se pensaba que los estériles baldíos del norte santafesino eran los mejores suelos de la provincia[528].

Los proyectos llevados a cabo bajo falsas premisas como ésas derivaban inexorablemente en desengaños y en fuertes pérdidas; el choque con la realidad y la eventual conjunción de una crisis golpeaban las expectativas positivas e implicaban la bancarrota de los empresarios demasiado confiados. Estos adversos efectos resultaban potenciados por el costo de los factores: aun cuando la tierra fuera abundante y barata, el capital, especialmente, era escaso y muy caro; y convocar y asentar colonos era por sobre todo una empresa en la que una fuerte inversión inicial de capital resultaba una variable clave.

Pero, en todo caso, fue aun bajo estas premisas que comenzó a desarrollarse un cúmulo de estrategias nuevas para enfrentar las condiciones ofrecidas por las tierras de frontera; y fue sólo probándolas en el terreno como se logró saber hasta qué punto estaban o no erradas. Si bien los ensayos continuaban todavía hacia al final de la década, los avances de esos años fueron sustanciales en la conformación de una pauta estratégica de avance sobre las tierras nuevas, que en los años ochenta habría de tener un papel fundamental en el proceso de expansión que sobrevendría.

---

[528] Larguía, J. (1872), p. 24; Napp, R. (1876), pp. 287-8; Gallo, E. (1983), pp. 215-6.

Esa toma de riesgos mucho más consistente que antes puede dividirse en dos grandes campos. Por un lado, la misma vecindad con los dominios indígenas llevaba a choques con éstos, que el mayor aislamiento relativo volvía aún más peligrosos; ello llevó a la necesidad de buscar medios propios de defensa, e incluso de proyectar creativamente los núcleos a fin de contrarrestar la amenaza de las invasiones. Así, por ejemplo, la planificación de algunos emprendimientos es más cuidadosa; la colonia San Justo, fundada por Mariano Cabal, fue administrada desde finales de la década de 1860 por Jonás Larguía, un ingeniero civil que luego habría de ser nombrado inspector de colonias de la provincia, y escribiría algunos agudos informes sobre éstas. Situada en territorio indígena desde antes de que la línea de fronteras la incluyera, se organizó a fin de contar con medios de defensa mejores, lo cual diferenció netamente su planta de las tradicionales. En el centro de la colonia existía, hacia 1870, un pequeño pueblo de una cuarentena de ranchos, donde las familias se agrupaban en torno al edificio principal ocupado por la administración; éste tenía un mangrullo, al que se accedía por una escalera terminada en plataforma, desde la cual se podía ver todo el territorio a la redonda. El pueblo estaba además rodeado de un foso y de un bastión de tierra apisonada, con un viejo cañón en la entrada, a fin de dar aviso ante cualquier invasión[529].

Por otro lado, los problemas ligados a la faz productiva fueron mucho más estructurales, y su resolución, mucho más ardua. Dado que las condiciones bióticas de esas áreas nuevas eran completamente desconocidas, debió crearse, adaptarse, experimentarse y poner luego en práctica toda una serie de nuevas estrategias para minimizar en lo posible los ingentes riesgos que esa falta de información significaba. Los empresarios colonizadores comenzaron a recorrer con

---

[529] Beck Bernard, Ch. (1872), pp. 154-5.

mayor cuidado las áreas a colonizar, para detectar los elementos básicos que pudieran asegurar el avance del emprendimiento; se conformaron expediciones de reconocimiento y se contrataron baqueanos, agrimensores, ingenieros y expertos. Se buscaba detectar a qué profundidad se encontraba el agua; si ésta era o no es potable. Se prestaba especial atención a la calidad de los suelos; se recogían muestras de éstos, que se comparaban y se analizaban; se estudiaban los efectos de las distintas estaciones del año sobre la vegetación y la fauna; se ensayaban formas nuevas de prevenirse contra la acción de animales predadores e insectos; se establecían puntos de abastecimiento; y se construían estaciones donde los observadores permanecían algún tiempo registrando datos básicos para la toma de decisiones.

Cada área sobre la que se avanzaba presentaba desafíos distintos. Riachos, bañados y áreas periódicamente inundables no sólo constituían otros nuevos obstáculos ambientales a vencer, sino que aislaban a las colonias unas de otras y de los mercados, y obligaban a viajes más largos y complejos, y a difíciles rodeos en tiempos de lluvia. Las colonias situadas en esa zona norte santafesina estaban más expuestas a ciertas plagas destructoras como la langosta, cuya aparición, si no era seguida por lluvias suficientes que permitieran replantar los cereales destruidos, implicaba la pérdida de las cosechas de ese año[530]. Por lo demás, el medio ambiente más húmedo multiplicaba los hongos e insectos, cuyo combate siempre significaba más gasto en mano de obra, recurso típicamente caro, con lo que se amenazaban los rendimientos. Para contrarrestarlos se podía llegar a echar mano de expedientes de la más variada índole; Jonás Larguía había por ejemplo implementado, en las plantaciones de tabaco de la colonia San Justo, un original sistema que consistía en la captura de pichones

---

[530] García, J. (1881), p. 162.

de ñandúes silvestres, los cuales, domesticados, eran paseados diariamente entre las plantas y extraían de éstas los insectos que sobre ellas se encontraran, con más exactitud y cuidado de como podría hacerlo un hombre[531].

En el Oeste, en cambio, el pionero se enfrentaba no sólo con un régimen de humedad mucho menos rico, sino también con una menor proporción de lluvias durante el período de reposo. Por lo demás, los vientos más fuertes y la llanura con muchos menos obstáculos implicaban desafíos de distinto carácter, pero un resultado similar: para un cultivo provechoso en esas condiciones, debían implementarse cambios significativos en los métodos de cultivo. La tierra debía ser labrada en forma tal que absorbiera mejor la humedad, y luego, una vez efectuada la siembra, se evitara la capilaridad a fin de que la retención de aguas fuera mayor, y contrarrestara la exicación a que la exponían las constantes corrientes de aire y la mayor sequedad relativa. Las especies cultivadas debían resistir mejor los vientos más fuertes, y evitar el desgranamiento y desarraigo de las plantas, para lo cual también era menester desarrollar formas específicas de labranza, que permitieran que las raíces penetraran más profundamente en la tierra. El crecimiento de malezas constituía otro problema: las tierras vírgenes conservaban las semillas, las que ante la primera lluvia podían germinar, y competir así con los cultivos en la captación del agua. Su extirpación era así otro arduo asunto a resolver, toda vez que la extensión de la escala operativa complicaba sobremanera la mayor inversión de mano de obra por hectárea. Las recetas tenían una validez sólo local, lo que implicaba recomenzar todas las búsquedas con cada nuevo avance[532].

---

[531] Beck Bernard, Ch. (1872), p. 156.
[532] Cfr. Conti, M. (1917), pp. 12-17. Durante bastante tiempo los intentos se orientaron también hacia el cultivo de especies más propensas a soportar las condiciones de humedad o sequedad relativas; un ejemplo elocuente es la búsqueda de aclimatación de viñas en zonas más secas,

Por otra parte, la misma lejanía de los mercados no hacía sino reproducir uno de los problemas más graves de la colonización inicial, en tanto el costo de acceso a aquéllos conspiraba contra la obtención de buenos precios para los productos agrícolas, por lo que era necesario crear, por medio de economías de escala, una operatividad que compensara esa mayor lejanía, al menos hasta que se pudiera lograr la conexión por medios de transporte modernos, la cual, durante la mayor parte de la década, fue más un anhelo que una realidad. Eso significaba a su vez una nueva ecuación de costos: dado que se le ofrecía una superficie mayor, el colono debía poseer los medios o los plazos para pagarla, lo que implicaba para el empresario una espera también mayor hasta lograr retornos. Este cálculo debía necesariamente figurar en sus cuentas y, si el menor valor relativo de las superficies en las áreas de frontera constituía un aliciente para el traslado, éste también suponía como hemos visto el aprendizaje de un cúmulo significativo de nuevas técnicas productivas, que el propio empresario debía probar, experimentar y difundir, con el fin de que el éxito del emprendimiento estuviera más seguro. En todo caso, el recorrido de esos años fue mostrando cada vez con mayor nitidez la imprescindible necesidad de contar con ambas estrategias antes de comenzar con nuevos emprendimientos[533].

A pesar entonces de estos desafíos y de los inconvenientes de las crisis, la década de 1870 dejó para la provincia un total de al menos 43 colonias nuevas que lograron

---

    como en Córdoba o en el sur bonaerense. Cabanettes, C. (1883-4), p. 4. Un interesante artículo que detalla la creación de técnicas combinadas de araduras profundas y superficiales en la colonia Caroya hacia 1880 ante la escasez de agua, en *Boletín Mensual del Departamento Nacional de Agricultura*, t. IV, pp. 169-70.

[533]   Nuevamente es Larguía quien recapitulaba el difícil recorrido de esos años de tanteos, en que se ensayaban distintos sistemas de trabajo en busca del más adecuado a tierras que apenas se comenzaba a conocer. Larguía, J. (1883), pp. 645 y ss.

permanecer en el tiempo, sin contar los emprendimientos fracasados. Esta adición efectiva siguió en buena medida las pautas que ya habían sido marcadas en el período previo, sin que por ello dejaran de existir diferencias muy grandes de uno a otro proyecto.

Cuadro N° 26
Fundación de colonias en Santa Fe, 1871-1879. Por tipo de fundador

	Cantidad	Hectáreas	Promedio
Estado			
Provincial	2	3105	1553
Nacional	3	53.166	17.722
Empresarios privados			
Empresarios individuales y sucesiones indivisas			
con apoyo estatal	1	10.799	10.799
sin apoyo estatal	26	304.700	11.719
s/d	2	359	180
Sociedades de Hecho			
con apoyo estatal	-	-	-
sin apoyo estatal	7	54.410	7773
Compañías ferroviarias			
con apoyo estatal	1	10.796	10.796
sin apoyo estatal	-	-	-
Resto de las compañías			
con apoyo estatal	-	-	-
sin apoyo estatal	-	-	-
Comunidades			
con apoyo estatal	-	-	-
sin apoyo estatal	-	-	-
Sin datos	1	110	110
Totales	**43**	**437.445**	**10.173**

Fuente: ver cuadro en apéndice.

En todo caso, también en este período como en el anterior el predominio de los emprendimientos privados sin apoyo estatal es abrumador. Los empresarios a título individual que no habían recibido tierras a bajos costos otorgadas por el fisco procesaban nada menos que el 82% de la superficie colonizada total, y daban cuenta del 77% de todas las fundaciones. Si el Estado nacional tenía aquellas con mayor cantidad de superficie promedio, en todo caso éstas eran sólo tres de las 43 que se habían fundado entre 1871 y 1879, a las que se deben agregar dos colonias creadas por iniciativa del gobierno provincial, ambas poco relevantes: San Urbano (Melincué) y Santo Tomé; la primera de éstas en torno a un ex fortín fronterizo, y la otra en los aledaños de la capital.

Gráfico N° 2
Colonias fundadas y hectáreas promedio por colonia. Santa Fe, 1871-1879

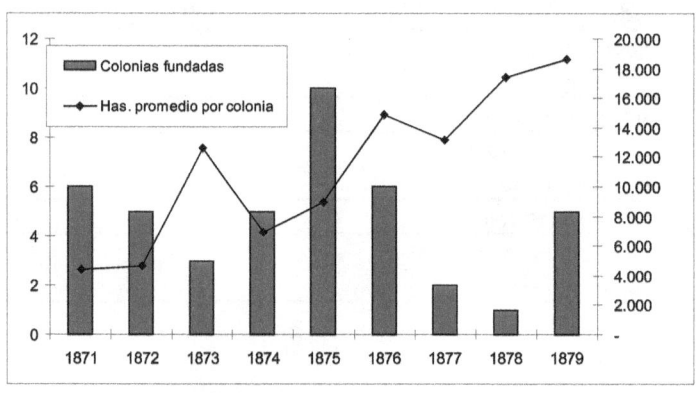

Fuente: ver Apéndice 1.

Si analizamos la evolución de las fundaciones y las hectáreas promedio, podemos ver, por un lado, que las crisis parecen haber impactado no sólo en la cantidad de colonias, sino también en su superficie. Debe tenerse presente en todo caso que la concreción de una colonia, hasta cierto punto, da cuenta de las condiciones existentes en un período de alrededor de seis meses a un año antes de la fecha de fundación, ya que se supone que fue justamente entonces cuando se fueron concentrando los elementos para llevar a cabo el proyecto.

También puede verse claramente que, en la segunda mitad de la década, la superficie promedio tendía progresivamente a aumentar, mientras descendía la cantidad de fundaciones. Más allá de los problemas de financiamiento provocados por la crisis, la tendencia a la concentración parece haber estado de todos modos ligada tanto a la menor disponibilidad de capital como a la mayor tasa de riesgo consiguiente a emprendimientos efectuados en áreas cada vez más alejadas de los núcleos iniciales de colonización.

Pero también se detecta, a través de ese aumento promedio, el progresivo ingreso en la operatoria de empresarios de mayor envergadura. Al respecto es importante destacar el papel crucial que esos empresarios tuvieron en la creación de las estrategias necesarias para el avance sobre las tierras nuevas, así como en el desarrollo de técnicas de cultivo adaptadas a las tierras. Provenientes tanto de antiguas colonias (en las que podían haber sido administradores, profesionales liberales o incluso simples dueños de chacras, como Santiago Denner, Guillermo Lehmann o Teófilo Romang), el grupo podía también incluir a emprendedores que habían hecho fortuna en el comercio, como Carlos Casado del Alisal, o aun a terratenientes como Diego de Alvear, Nicasio Oroño, Tomás Armstrong o Julián de Bustinza. Muchos de ellos, que habían levantado fortunas en el previo despegue ganadero de la provincia desde finales de la década de 1840, las ampliaron aún más operando en la colonización; pero otros menos famosos las perdieron ante las dificultades de la colonización. En todo caso, los más inteligentes de ese grupo fueron actores clave en el desarrollo de nuevas formas de organización, planeamiento y administración de las fundaciones[534].

Por estos años se difundieron con amplitud las nuevas estrategias operativas para la parcelación de grandes lotes, que se transformaron en colonias. Gabriel Carrasco resumía aquéllas en sus comentarios de los datos retrospectivos del censo de 1895: una superficie de una legua, entregada por el dueño a un empresario colonizador era dividida por éste en 80 lotes de veinte cuadras cuadradas, ofrecidos en venta a plazos de cinco o seis años. El empresario entregaba también los útiles de labranza, víveres hasta la primera cosecha y una vivienda, cuyo monto constituía una deuda a pagar en dinero, con un interés moderado. La escritura se firmaba al concluir el pago de la tierra, y ésta entonces quedaba hipotecada hasta que ello ocurriera[535]. Si bien los datos que proporciona Carrasco parecerían exponer una ganancia importante, en los hechos los datos de operaciones concretas muestran sustanciales reducciones de ésta. Ante todo, la competencia entre los diversos empresarios colonizadores, y sobre todo la apertura de nuevas tierras, mantenían en Santa Fe los precios bajos; para 1872, las concesiones se vendían hasta por 800 pesos bolivianos en Esperanza, pero sólo por 200 en las colonias nuevas. Los registros de empresas de colonización apoyan la perspectiva de ganancias más moderadas; las diferencias de precio de compra y de venta, al menos en las operaciones realizadas por Guillermo Lehmann en esas áreas nuevas, oscilaron en el orden del 30%, amortizables en varios años, plazo afectado además por incumplimientos y por deudas impagas. La tasa anual real de ganancia sobre el capital inicial probablemente

---

[534] Cfr. Frid, C. (2007); Lagos, H.M. (1962).
[535] En De la Fuente, D.G.; G.Carrasco y A.B. Martinez (dirs.) (1898), t. III, p. xxxv.

llegaría sólo a la mitad o a la tercera parte de esa cifra; aun siendo considerable, no debe olvidarse que la tasa de interés corriente podía alcanzarla con bastante facilidad[536].

Un problema importante radicaba así en la capacidad de financiamiento disponible. Las dificultades financieras y el alto costo del dinero, un tema recurrente en los documentos de la época, se potenciaban en el área de las colonias; la falta de moneda y los problemas de la circulación eran de ello un emergente muy visible[537]. Con tasas de interés que rondaban el 15 ó 20% anual sobre moneda dura, cuanto más rápido lograba el empresario que los colonos cancelaran sus deudas, tanto mejor para él. Eso es lo que pareció haber impulsado no sólo las inversiones previas en el reconocimiento de las calidades ambientales de las áreas a colonizar a fin de garantizar la sustentabilidad de los emprendimientos, sino también expedientes menos ortodoxos, como la búsqueda de alternativas de desemboque de la ingente producción colonial, a través de la formación de industrias procesadoras o del impulso a la creación de una infraestructura de transportes. El ejemplo de Lehmann sigue siendo interesante al respecto: creó en Esperanza en 1878 un destilatorio de bebidas, que llegó a contar con unos 30 ó 40 operarios, en el cual recibía la producción de frutas y de cereales, por la que emitía vales de pago que cancelaban las cuentas de los colonos por tierras que les había vendido. Asimismo, aceptaba en parte de pago los vales por el trigo que éstos entregaban a diversos acopiadores[538]. También puede leerse en ese

---

[536] Wilcken, G. (1873), cuadros; sobre Lehmann, Martirén, J. (2009); las colocaciones de dinero a plazos rendían el 18% anual en la colonia San José; ver [Hudson, Damián (dir.)] (1865), t. I, p. 101.

[537] Cfr. Larguía, J. (1872), pp. 22-23.

[538] *Boletín del Departamento Nacional de Agricultura*, 1884, t. VIII, p. 59; Libro Diario-Mayor, 1880-1884, AHMR, ECL; también Mayor Destilería, 1879-1882, *ibíd.*; y Martirén, J. (2008).

sentido la implementación del *pasaje de llamada*, por el cual se adelantaba a los agricultores ya establecidos el importe de los pasajes que solicitaran para traer al país a otros inmigrantes, en general sus parientes. El sistema, ideado al parecer por Lehmann, fue gestionado por intermedio del gobernador santafesino José Gálvez; contó con un crédito del Banco Nacional, y los colonos firmaban letras de amortización lenta con la garantía de Lehmann, las cuales, según Molinas, fueron totalmente cubiertas[539].

Casa del colono Taverna. San Carlos, 1880. Zeballos, E. (1883), p. 169.

De todos modos, el éxito mayor parece haber radicado en la conformación de una estructura administrativa eficaz no sólo para la parcelación y venta de los lotes, sino para la

---

[539] Molinas, F. (1910), p. 121; y en especial varios artículos periodísticos, publicados en *La Tribuna Nacional*, Buenos Aires, 31 de mayo de 1886; *El Mensajero*, Rosario, 22 de junio de 1885; *El Tribuno*, Santa Fe, 12 de junio de 1886.

puesta en producción de éstos. Un ejemplo importante de esta nueva dinámica lo constituye la colonia Candelaria, fundada por Carlos Casado del Alisal en el departamento San Lorenzo, al centro sur de la provincia, el año 1870, en una superficie de poco menos de 27.000 hectáreas. Según los datos obrantes en el diario de trabajos de la Comisión de Agricultura de Rosario, la colonia poseía una administración extremadamente ordenada y eficiente, cuyo liderazgo se basaba en su accionar. Disponía de bueyes para la labranza, que vendía a bajo precio a los colonos; en tiempos de cosecha se arrendaban o se compraban carros para su transporte, los cuales eran entregados a aquéllos. Concluidas las tareas de emparve, las nueve décimas partes de los peones eran despachados, para lo cual se dirigían a la administración junto con los colonos que los hubieran empleado, a fin de arreglar sus cuentas ante ésta; eran pagados en moneda o en órdenes sobre Rosario. La trilla se efectuaba asimismo con maquinaria moderna contratada por la administración, la cual la cobraba a precio de costo a los colonos; concluida aquélla, éstos vendían su trigo al mejor postor. La administración se contentaba con cobrar los adelantos hechos y la cuota vencida por las tierras vendidas. La administración facilitaba bolsas para el trigo, si lo compraba ésta, o las cargaba en las cuentas de los colonos en caso de venta o de alquiler. Las cuentas se arreglaban por trimestres; existía en el pueblo un depósito de artículos básicos de consumo, los cuales no podían ser vendidos al contado, sino entregados al fiado a colonos necesitados, a valores inferiores a los ofrecidos por los demás comerciantes; las herrerías establecidas por los señores Lassus y Laborde ofrecían crédito a los colonos para la compostura de sus herramientas e incluso para el alquiler de carros. Los cobros se hacían en las cosechas, a prorrateo con la administración, la cual recibía el todo y arreglaba con cada uno la parte correspondiente. En casos de malos años, la administración facilitaba crédito monetario y en especies en los meses de la siembra, vendía el trigo para semilla al fiado a 16 pesos la fanega, perfectamente limpiado a máquina; los particulares vendían al mismo tiempo el trigo sin limpiar y al contado a 17 pesos la fanega. Los resultados estaban a la vista: a seis años de la fundación, muchos colonos habían saldado ya totalmente sus cuentas, y algunos tenían a su favor un saldo de más de diez mil pesos bolivianos, "sin haber traído más capital que su trabajo"[540]. Tanto en este esquema como en la misma descripción, es muy claro que el negocio del empresario estaba en la venta de la tierra, para lo cual el éxito de los colonos no hacía más que asegurarla, por lo cual incluso podía operarse a pérdida en otros rubros.

Estanislao Zeballos también insistía en ese punto. Al tiempo de su visita en 1883, afirmaba que Casado "se propuso sacar el mayor provecho de una estancia de diez leguas, apoyada en el ferrocarril central y en el río Carcarañá. La colonización le proporciona el medio de vender la tierra en pequeñas fracciones y a largos plazos. La administración tiene un interés especial en facilitar a los colonos los medios de enriquecerse para realizar ella su lucro. Combínanse así admirablemente los esfuerzos del interés de todos y cada uno de los colonos con los del propietario del suelo. En consecuencia, el inmigrante que llega a la Candelaria no precisa más que un organismo robusto y consagración al trabajo". La operatoria continuaba exitosamente las pautas de la etapa inicial, reafirmando incluso el carácter casi cooperativo del emprendimiento, así como las rígidas normas de procedimiento y conducta que eran base lógica de ese orden: "En épocas de siembra y cosecha trescientas máquinas agrícolas de los sistemas más

---

[540] *Boletín Mensual del Departamento Nacional de Agricultura*, t. I, 1877, pp. 61-2; Nicolorich, L. (1872).

adelantados se mueven por cuenta de la administración o de los colonos, apresurando y logrando las faenas en beneficio común. Todo esto se paga en plazos, con interés del 1% y hay siempre moratorias para los desgraciados en el éxito de los años; y aun los colonos independizados de la administración se sirven de ella en sus días de apuro como de un banco liberal. El tutelaje ejercido sobre los colonos es completo. La pulpería y el almacén están prohibidos en la colonia Candelaria, como centros de beberaje y de juego, incompatibles con la sobriedad y con las buenas costumbres, que son factores importantes en el éxito de la colonización. De la misma manera los viciosos, las familias derrochadoras y los holgazanes son vigilados, amonestados, se les suspende el crédito ilimitado en la caja de la administración y cuando incorregibles son expulsados"[541].

Es muy probable que estas peculiares normas, u otras similares, fueran también empleadas por otros grandes y exitosos empresarios de la colonización, puesto que sin dudas formaron parte importante de ese éxito; al menos así parece ser a juzgar por variados y recurrentes testimonios[542]. Éstas establecían una diferencia fundamental entre las colonias que lograban superar las duras etapas iniciales, y las que no podían hacerlo. Sin embargo, a medida que pasaba el tiempo, se hizo evidente que sólo quien contara con un amplio respaldo de capital podía poner en marcha un sistema así, al menos en la escala en que comenzaron a operar empresarios como Casado o Lehmann. Sabemos

[541] Zeballos, E. (1883), p. 246. Ver también Gallo, E. (1983), pp. 74-6.
[542] Ver por ejemplo la actividad de Pascual Chabás, en Lagos, H. (1962), pp. 20-21; la de Federico Nordenholz en su colonia Germania, en Mulhall, M.G. & E.T. (1885), p. 45; la de Angel Benvenuto en Córdoba, quien proveía servicios de trillado a sus colonos, en Argentina. Provincia de Córdoba. Oficina de Estadística. (1888), pp. 98-100; también, la empresa de tierras del Ferrocarril Central Argentino ofrecía en venta a los colonos, a crédito a la moderada tasa del 10% anual, los útiles de labranza necesarios. Ferrero, R. (1979), p. 49.

bastante poco acerca de las restantes empresas, y en especial de la multitud de colonias fundadas por empresarios de mediano nivel; de todas formas, no deberíamos a priori renunciar a pensar que estaba fuera de sus posibilidades aplicar sistemas similares, o al menos otorgar incentivos quizá no tan liberales, pero sí consistentes para lograr el afianzamiento de sus colonos. Los indicios dispersos en la folletería y en los testimonios de la época marcan claramente que las esperas y moratorias ante dificultades financieras u operativas de los colonos eran casi siempre la norma, así como incluso préstamos tan amplios que podían llevar a la ruina o a dificultades consistentes a los prestadores, si no iban acompañados de un seguimiento estrecho de las condiciones de devolución de esos préstamos[543]. No hubiera podido ser de otra forma, dado que el fracaso era la peor de las opciones, puesto que significaba la pérdida de los capitales ya invertidos y la imposibilidad de recuperarlos a un plazo razonable por las consiguientes dificultades para colocar las parcelas.

Es decir, a partir de estos años, y sin dudas hasta el final del siglo, los operadores buscaban con ahínco atraer interesados en una oferta de tierras cada vez más múltiple, dinámica y variada. Una vez que el éxito probaba las posibilidades de cierta área, las ventas eran mucho más fáciles, sobre todo en los momentos de auge o aun poco después de ellos. Pero inducir a invertir ahorros costosamente ganados o un tiempo y un trabajo siempre duros en nuevos emprendimientos sobre los que todavía poco o nada se conocía no resultaba necesariamente una tarea sencilla: la fuerte competencia entre empresarios (que se verifica al consultar los periódicos de la época a medida

---

[543] Por ejemplo, Míguez, E. (1985), pp. 113-121; casos similares abundan en Entre Ríos; ver al respecto [Lezica y Lanús] (1876); Ripoll, C. (1888-9), t. I, pp. 251-3; [Bavio, E., et al.] (1893), pp. 380 y ss.

que avanzaba la década y sobre todo en la siguiente) es un indicio de que la multiplicidad de opciones podía incluso llegar pronto a saturar la demanda. En todo caso, recién al iniciarse la década de 1880, parece que las ventas de tierras lograron sortear las diversas dificultades que en la etapa anterior volvían a menudo aleatorio y complejo el negocio inmobiliario[544].

No es de extrañar entonces que, hacia el final de la década de 1870, no todas las colonias pudieran exhibir el mismo historial de logros y resultados, ni una creación de riqueza similar.

2.3. Viejas y nuevas colonias: recorridos diferenciales en una época difícil

En 1872 el inspector de colonias Guillermo Wilcken resumía en unas pocas frases el éxito de la colonia San Carlos y el surgimiento de nuevas oportunidades de progreso para crecientes cantidades de agricultores: "Hay en el archivo de la administración de la colonia un registro que contiene datos sobre la nacionalidad y sobre la propiedad o chacras que posee cada colono. [...] Sobre 232 propietarios sólo 55 lo son de una sola concesión; los demás, sin excepción alguna, lo son de 2 hasta 12 concesiones. Y esto sin tomar en cuenta las propiedades que poseen en [las nuevas colonias de] San Agustín, Las Tunas, Grütly y en los campos de propiedad particular, que lindan con la Colonia; los cuales empiezan ya a ser fraccionados en concesiones y vendidos a los mismos colonos. Hay datos que muestran que algunos de ellos han comparado 4, 6 y aun 8 lotes de chacras [...] como la mayor parte de ellos poseen más chacras que las que pueden cultivar personalmente, las dan a cultivar a familias recién llegadas, que les inspiren

---

[544] Cfr. al respecto Míguez, E. (1985).

confianza y que ofrezcan indicios de hábitos de trabajo y buenas costumbres. Por lo regular en estos pactos el labrador y el propietario de la tierra parten la cosecha de trigo y maíz: tomando el primero dos terceras partes y el segundo una tercera parte. [...] Les construyen habitaciones haciéndoles adelantos de animales, instrumentos de agricultura, semillas, etc. Ábrenles crédito con el carnicero y panadero; enseñando y vigilando los trabajos del neófito colono. Al cabo de dos o tres años, por poco que le favorezca la suerte en su cosecha, el habilitado se encuentra en la posibilidad de establecerse independientemente; ya comprando la misma tierra que ocupa, ya procurándosela en otra parte. Este sistema, una vez adoptado, evita al nuevo labrador el fracasar en los escollos en que han naufragado muchos europeos, a pesar de trabajos asiduos; por no haber querido prestar oído a los consejos de la experiencia, sobre el clima las estaciones propias para la siembra y cosecha, el manejo de los animales, etc."[545].

Si bien abundan en la época testimonios similares, pocos hay tan explícitos y sintéticos como éste acerca del dinamismo que había adquirido el proceso colonizador una vez afianzado, y las formas en que se transmitía el saber duramente acumulado a través de un cercano contacto cara a cara entre viejos y nuevos colonos. Por lo demás, la idea de movilidad social y económica de que da cuenta coincide plenamente con aspectos bastante recurrentes en la historia rural pampeana al menos desde finales del siglo XVIII, y explica por qué la noción de ciclo de vida es mucho más útil para comprenderla que cualquier estratificación rígida en las así llamadas "clases sociales", como las que desafortunadamente se han empleado para ello. Ese

---

[545] Wilcken, G. (1873), p. 59. Al final de la década Alexander Hume daba cuenta del fenómeno con algunos importantes detalles adicionales. Ver Hume, A. (1881), p. 43.

esquema aparecerá repetidamente en Santa Fe a partir de esta década, y llevará a la provincia a conquistar con rapidez los primeros puestos en la producción agrícola del país, en una evolución sorprendentemente aun a nivel mundial. Sin embargo, no se trataba en modo alguno de una pauta unívoca. Por esos mismos años, o poco tiempo más tarde, otras colonias fracasaban tristemente. Uno de los mapas incluido en la obra de Beck Bernard, publicada el mismo año de la visita de Wilcken, señala la posición de la vieja colonia Sunchales: perdida en el medio de una vasta extensión desierta, dependiendo de comunicaciones azarosas, muy cercana a belicosas tribus indígenas, su fracaso era poco más que una cuestión de tiempo. Para 1874 dejó ya de figurar en los informes periódicos de los inspectores de colonias, y no fue sino hasta 1886 cuando logrará renacer y perdurar[546]. Los casos parecidos se repitieron a lo largo de toda la década, y no sólo con la desaparición física de los emprendimientos: Eloysa y Malabrigo, fundadas en 1868 y 1872 también en las fragosas tierras de la frontera norte, se encontraban casi despobladas en 1879; Emilia, que en 1871 poseía 650 habitantes, en 1874 sólo tenía 370[547]. Grütly, como lo hemos ya mencionado, fue considerada en sus inicios un fracaso; fundada en 1869, para 1875 sólo contaba con cinco pobladores[548]. En tanto, el caso de Eloysa era particularmente patético; en ese mismo año 1875, el inspector de colonias Guillermo Coelho constataba de los nuevos dueños, César Henriette y Arsène Vernet: "Tienen establecido allí un mo-

---

[546] Beck Bernard, Ch. (1872); Coelho, G. (1874); Fernández, A. (1896).
[547] Beck, Ch. (1872), p. 157; Informes de Coelho, G. (1874) y Larguía, J. (1879), vs. locs.; García Fernández, M. (1877), pp. 90-91.
[548] El juez de paz de Esperanza, Guillermo Lehmann, afirmaba a poco de fundada la colonia que "... las pocas familias que viven [...] están todas por retirarse de allí". Lehmann al ministro de Gobierno, en AGPSF, Gobierno, t. 34, 1869, f. 1156; ver también informe de Santiago Denner, ibíd., Gobierno, t. 42, 1875.

lino de mulas [...] puede llamarse a este establecimiento el centinela del desierto, puesto que aquí [éste] principia [...] es verdaderamente ejemplar el arrojo y constancia de los Sres. Henriette y Cía. y de los pocos que los acompañan, al no haber abandonado una posición aislada, en medio de los bosques y expuestos a los ataques de los indios"[549].

Los traspasos de familias de una colonia a otra, en busca de mejores oportunidades, eran también lógicamente frecuentes; esa búsqueda, por los riesgos que implicaba, podía incluso terminar todavía peor que al inicio. En 1874, la colonia Helvecia se encontraba con sólo 550 habitantes, mientras que dos años antes contaba con 800; afirma el inspector Coelho: "La mayor parte de los que faltan se han ido a la colonia nueva que está fundando el Dr. Romang en el Mal Abrigo", lo que significa que unos pocos años más tarde probablemente hayan tenido que volver a migrar[550]. Ni siquiera la vecindad de la vía férrea proveía anticuerpos seguros contra el fracaso; la colonia Tortugas, fundada por la Compañía de Tierras del Ferrocarril Central Argentino en la frontera entre Santa Fe y Córdoba, sufrió "un largo período de estagnación y de abandono" luego de su fundación en 1870, al decir del inspector A. Medina. Todavía en 1887 se prolongaban los efectos de esa difícil situación anterior, evidentes en un total de apenas 225 habitantes para una superficie de 16.233 hectáreas[551]. Los informes consulares no sólo reparten optimismo acerca de las posibilidades de progreso que ofrecía Santa Fe para sus connacionales; las voces desazonantes tienen por el contrario bastante presencia[552].

---

[549]   Transcripto en Lagos, H.M. (1962), p. 60.
[550]   "Informe de las colonias", de Guillermo Coelho, en *La Unión Nacional*, Santa Fe, 13 de octubre de 1874.
[551]   Argentina. Provincia de Córdoba. Oficina de Estadística. (1888) p. 11. Es interesante confrontar ese fracaso con el éxito de la colonia Candelaria, situada a relativamente poca distancia de la misma.
[552]   Por ejemplo Gran Bretaña. Foreing Office. ([1872]); cfr. Gallo, E. (1983).

Ahora bien, si las causas por así decir ambientales tenían parte importante en ese ingrato cúmulo de malos resultados, debe en todo caso tenerse muy presente una mecánica que había impuesto el mismo vuelco hacia los principales mercados regionales logrado en los años anteriores. En un momento en que todavía no se habían alcanzado ni economías de escala suficientemente sólidas ni una adecuación dinámica de los costos productivos al óptimo económico ofrecido por las tierras nuevas, el ritmo de la demanda externa y de sus precios pautaban buena parte de los avances y retrocesos del movimiento colonizador, al menos con una intensidad mayor de lo que lo harían después. Hablando sobre una de sus colonias, Guillermo Lehmann le informaba a Gabriel Carrasco: "... estando vendidas sus tierras en su mayor parte, han quedado abandonadas otra vez a causa del bajo precio del trigo", como para testimoniar hasta qué punto aun ventas rápidas y exitosas no significaban una inmediata puesta en producción[553]. Todavía para inicios de la década de 1880, el archivo de Guillermo Lehmann guarda varios registros de abandono de sus parcelas por parte de colonos que habían adquirido a plazos superficies considerables pero que, ante las alternativas de una mala coyuntura, optaban por repudiar su deuda[554]. De esta forma, el optimismo de que podían hacer gala todavía Guillermo Wilcken o Charles Beck Bernard hacia 1872, con respecto al porvenir de las colonias situadas en las lejanas soledades del Chaco santafesino, se había matizado bastante en el informe de 1879 del inspector Jonás Larguía, quien sin embargo había tenido parte importante en esos avances en su calidad de administrador de emprendimientos en la zona[555].

---

[553] Guillermo Lehmann a Gabriel Carrasco, sin datos, transcripto en Bianchi de Terragni, A. (1971), p. 223.
[554] AHR, ECL, B10.4/2, fs. 11 y ss.
[555] Larguía, J. (1879). Recordemos también que a la mala cosecha de 1878 sucedió la aun peor de 1879.

De cualquier manera, a pesar de los problemas que se experimentaron e incluso del fracaso de varios emprendimientos, la evolución de la expansión agrícola en el conjunto de las colonias no parece haber sido precisamente mala. Por el contrario, el fenómeno continuó moviéndose a buen ritmo, como puede verse en el siguiente cuadro.

Cuadro N° 27
Evolución de algunos indicadores económicos
de las colonias santafesinas, 1876-1881

	1876	1877	1878	1879	1880	1881
Población	24.042	24.239	28.910	40.789	45.580	s/d
Terreno cultivado*	61.050	78.244	94.617	104.949	124.205	135.384
Terreno sembrado con trigo*	41.223	59.069	70.186	73.965	80.012	106.378
Semilla empleada**	20.932	28.510	34.656	38.433	41.381	
Cálculo cosecha de trigo**		228.727	320.845	586.937	336.911	473.591
Rinde por cuadra cuadrada		5 a 5½	5 a 5½	8 a 8½	4 a 5	5 a 6
Rinde de la semilla***		10 a 11	11 a 11½	16 a 17	8 a 8¼	11 a 11½
Valor cosecha de trigo****		1829,8	2389,9	2934,7	3537,6	4262,3

* En cuadras cuadradas.
** En fanegas de 15 arrobas
*** Por fanegas
**** En miles de pesos fuertes
Fuente: García, J. "Informe de la Inspección de Colonias de la Provincia de Santa-Fé, conteniendo la estadística comparativa de las mismas hasta 1880" en *Boletín Mensual del Departamento Nacional de Agricultura*, t. V, 1881, p. 162. Nota: los rindes, de carácter aproximado, figuran en la misma fuente. Dado que la cosecha de trigo es un "cálculo", no es posible saber con exactitud los rindes finales reales.

En el lapso 1876-1881, todos los indicadores principales aumentaron a una tasa realmente espectacular: un promedio de más del 17% anual para la población, el terreno cultivado y las cosechas. La progresión fue constante, aun cuando aparezca signada por períodos de mayor avance que otros;

y afectó a la mayor parte de las colonias, como lo admitía el inspector José García en 1881, cuando afirmaba: "El estado actual de las cincuenta colonias que posee la provincia puede llamarse próspero casi en todas ellas, a pesar de los estragos causados por la langosta [...] Los esfuerzos de todos y el interés de cada uno comprometido han producido un resultado mucho mayor del que debiera esperarse"[556].

Ahora bien, si la población y los valores globales se incrementaron sustancialmente en la década de 1870, la riqueza per cápita no necesariamente aumentó al mismo ritmo que la riqueza promedio, ni cada rubro lo hizo en forma similar. El período más álgido de la crisis parece haber tenido en ello un efecto bastante significativo ya que, a pesar del constante avance en todos los aspectos del inventario, la proporción por habitante se incrementó en esos años en forma mucho más lenta.

Cuadro N° 28
Evolución del número de habitantes y el valor de inventario de las colonias santafesinas, 1874-1879
(valores en pesos fuertes)

	1874	1879	Tasa de crecimiento anual
Habitantes	15.510	41.527	21,80%
Tierras	2.200.468	5.524.356	20,20%
Edificios y corrales	1.642.978	4.309.517	21,25%
Ganado	1.134.435	4.253.049	30,30%
Maquinarias y vehículos	1.420.456	4.519.992	26,00%
Producción agrícola	1.171.102	2.365.879	15,10%
	7.569.439	20.972.793	22,60%
Per cápita	488	505	0,70%

Fuente: informes de Coelho, G. (1874) y Larguía, J. (1879), pp. 8-10.

---

[556] García, J. (1881), pp. 161-2.

Como podemos ver, en algunos rubros incluso la riqueza por habitante se había reducido, notoriamente en la producción agrícola, que registraba un descenso del 5% anual, o en el valor de la tierra, donde era de 1,3%. Por el contrario, el capital por habitante en ganados aumentaba a una tasa del 7% anual, mientras que el de maquinarias y vehículos lo hacía a un 3,5%. Las razones de ello radican, por un lado, en la mala cosecha de 1879, afectada por destructoras plagas de langosta y por una fuerte sequía; y en el descenso de valores inmobiliarios ligado a la crisis de 1874-76, así como a los problemas sufridos por la producción agrícola en el final de la década. Por otro lado, las colonias del ciclo antiguo estaban experimentando en estos años problemas de segunda generación: en esencia, proliferación de malezas y agotamiento de suelos por sobrecultivo cerealero, que afectaron notoriamente a los rendimientos. Lo interesante radica en que, a pesar de todas esas contingencias y de las dificultades padecidas a causa de la expansión de las colonias sobre áreas de frontera, la población y la producción continuaron aumentando a un ritmo vertiginoso, como si no hubieran sido mayormente afectadas por esto. Jonás Larguía lo explicaba en el informe de 1879, al sostener que, a pesar de los problemas y pérdidas que habían experimentado, las ganancias obtenidas cubrían con exceso los gastos corrientes; más que duplicaban su monto; de manera que "el colono, si bien perdió en [malas cosechas] una parte de las ganancias que debía procurarle su trabajo, obtuvo en general una subsistencia abundante para continuarlo"[557].

---

[557] Larguía, J. (1879), p. 10. Los costos de subsistencia parecen haber sido reducidos: apenas 4 pesos fuertes por habitante y por mes, en esencia gracias a la abundancia de alimentos y al bajo costo de la mayoría de los rubros que componían el consumo popular, por otra parte no muy lejanos de los habituales entre la población criolla.

La clave de esas ganancias sin embargo parece haber radicado fundamentalmente en la posibilidad de adaptar las explotaciones a la actividad mixta, de forma de apoyarse no sólo en el incierto rubro agrícola, sino sobre todo en una ganadería capaz de proveer ganancias quizá menores en el corto plazo, pero mucho más seguras. E incluso de permitirle hacer frente, en las colonias antiguas, a las inversiones necesarias para contrarrestar los efectos de los problemas de segunda generación que hemos mencionado: nuevas y mejores técnicas de labranza, instrumental moderno adaptado a éstas, y combinación con áreas de pasturas para reconstruir la calidad agronómica de los suelos. El valor de inventario de los animales, como vimos en el cuadro anterior, fue uno de los que más crecieron; en el siguiente disponemos de los aumentos registrados por tipo de animal.

Cuadro N° 29
Evolución del rebaño en las colonias
de Santa Fe, 1874-1879

	1874	1879	**Aumento**
Bueyes de labor	11.160	27.421	16.261
Caballos de labor	9157	21.962	12.805
Mulas	457	1.231	774
Vacunos	42.747	216.536	173.789
Yeguarizos	4.559	28.157	23.598
Lanares	6.833	167.247	160.414
Cerdos	6.988	24.237	17.249
	81.901	486.791	404.890

Fuente: ídem cuadro anterior.

Mientras que tanto bueyes como caballos de labor, relacionados con la producción agrícola, habían aumentado a un ritmo del 20% anual, similar al de la población y el menor de todos los relacionados con el ganado, el rebaño ovino se incrementó a más del 90% anual, una tasa fabulosa que más que duplicó la correspondiente a los vacunos. Vale decir con esto que las colonias se volcaron masivamente a uno de los rubros más dinámicos de la época, cuyo desarrollo se vio además impulsado, durante el período 1874-1880, no sólo por precios remunerativos para la lana, sino además por los inicios de los embarques de ganado en pie[558]. Si bien, dado que se manejaba en metálico, la producción santafesina no se vio adicionalmente afectada por el descenso de la tasa de cambio del peso papel bonaerense contra la plata (que, entre el fin de la convertibilidad en 1874 y el pico de 1879, perdió alrededor de un 30% de su valor inicial), durante la década de 1870 se lograron mejoras en infraestructura y en puertos, que probablemente hayan derivado en descensos en los costos de acceso al mercado desde las colonias, y posibilitado un incremento de las ganancias para los embarques de lana[559]. Se entraba con ello de lleno en el mercado mundial; y este vuelco a un rubro dinámico ayudó a financiar las inversiones en la más aleatoria agricultura, y a sostener así los experimentos que se estaban realizando para resolver los problemas que ésta experimentaba.

Como ha sido señalado por Ezequiel Gallo, si bien durante la mayor parte de las décadas de 1860 y 1870 la rentabilidad de la producción lanar fue positiva, los momentos de crisis de ésta estuvieron pautados por paralelas reorientaciones de la inversión hacia la

---

[558] Richelet, J.E. (1928), p. 57; Gibson, H. (1893).
[559] Barsky, O. y Djenderedjian, J. (2003).

colonización[560]. Pero a la vez, las dificultades experimentadas por la producción agrícola, ya fueran éstas de tipo agronómico, derivadas de súbitas reducciones del mercado o simplemente causadas por los problemas típicos del proceso de expansión sobre tierras nuevas, derivaron en una ampliación de los rebaños ovinos en las propias colonias. En este aspecto, es muy significativo el hecho de que el recorrido de cada una de éstas fuera bastante dispar. Mientras que las más antiguas aumentaron su rebaño lanar en forma consistente pero discreta, las fundadas a partir de 1870, y sobre todo las de los departamentos del sur santafesino, conocieron una expansión extraordinaria de éste durante toda la década. Es decir, allí el vuelco ganadero constituía una apuesta múltiple: por un lado, necesaria como resguardo financiero ante la aleatoriedad de las perspectivas agrícolas, mucho más graves en los emprendimientos nuevos por su carácter todavía incipiente. Por otro lado, era una forma racional de encarar la puesta en valor de territorios todavía poco explorados para la producción agrícola; así, incorporar ganadería era una forma de diversificar riesgos, a fin de evitar en lo posible la inexorable situación crítica que era fatal consecuencia del fracaso de una o varias cosechas en los momentos formativos de toda colonia.

---

[560] Gallo, E. (1983), pp. 129-32.

Tierras trigueras en Santa Fe antes de ser aradas. Inicios de la década de 1890. En Goodwin, W. (1895), p. 24.

Ahora bien, esto significaba asimismo una reducción del clásico impacto provocado por la fuerte diferencia de productividad entre la producción agrícola y la ganadería tradicional, diferencia que, en casos de buenas cosechas, implicaba saltos cualitativos en la formación de riqueza. Un análisis de la evolución del valor de los inventarios de las colonias entre 1874 y 1879 muestra, más allá de lógicos reparos por posibles fallas en la recolección de los datos, el impacto de las distintas etapas y coyunturas según fuera la antigüedad de la fundación y, por tanto, las posibilidades de afianzamiento con que respectivamente hubieran contado.

Cuadro N° 30
Evolución del valor de los inventarios coloniales, 1874-1879 (en pesos bolivianos)

Colonias — **Situación en 1874**

Año de fundación	N	Habitantes	Terreno	Edificios	Cosechas	Animales	Máquinas y rodados	Total	per cápita
1856-60	3	4.595	555.247	781.583	167.949	341.216	533.481	2.379.476	518
1861-65	2	986	86.100	74.820	14.953	85.659	40.395	301.927	306
1866-70	14	7.701	981.681	565.300	836.223	433.456	677.550	3.494.210	454
1871-72	3	824	122.400	85.546	86.270	48.026	50.563	392.805	477

Colonias — **Situación en 1879**

Año de fundación	N	Habitantes	Terreno	Edificios	Cosechas	Animales	Máquinas y rodados	Total	per cápita
1856-60	3	7.446	1.713.100	1.388.410	420.231	373.766	1.328.295	5.223.802	702
1861-65	2	2.478	222.400	185.450	77.765	166.440	164.025	816.080	329
1866-70	14	13.289	1.867.264	1.843.230	912.362	1.547.055	1.877.430	8.047.341	606
1871-72	3	2.523	202.332	103.870	134.151	568.307	350.015	1.358.675	539
1873-75	13	4.994	813.800	362.215	557.454	455.787	382.576	2.571.832	515
1876-79	7	10.118	620.460	410.310	209.695	1.053.709	369.765	2.663.939	263

Fuentes: Coelho, G. (1874); Larguía, J. (1879); Aragón, J. (1881). Se corrigieron los datos con los errores que se detectaron. Hasta 1872, sólo se incluyeron las colonias que figuran en ambos informes.

De esta forma, en la compleja década de 1870, las posibilidades de cada colonia estuvieron en buena medida determinadas por su historia previa, y por tanto por la capacidad de acumulación que hubiera sabido generar durante ésta. Las colonias más antiguas vieron crecer el valor de sus rubros de manera sustancial, sobre todo en lo que respecta a las tierras y a la inversión en maquinarias, con un paralelo reforzamiento de la porción correspondiente a sus cosechas; por contraste, la progresión del rebaño fue sustantiva, pero modesta en comparación con las más nuevas. Así, es evidente que el sustancial incremento en la riqueza por habitante se basó allí en un aprovechamiento de la mayor productividad relativa en el rubro agrícola, lo que sugiere además hasta qué punto y con qué velocidad el afianzamiento y consolidación de estas colonias había permitido encontrar fórmulas de óptimo económico que les permitieron capear los momentos críticos con muy buena performance. En contraste, las colonias fundadas en el período 1866-70 y sobre todo las de los años 1871-2 y posteriores debieron hacer frente a una fuerte inversión en maquinarias y sobre todo en animales las que, si bien constituyeron un capital acumulado que sostuvo entre otras cosas un robusto incremento demográfico, no bastó para compensar los cambios en el valor de la tierra, efecto de la liquidación inmobiliaria producto del impacto de la crisis de 1874-6. La corrección en la riqueza per cápita se explica sobre todo por esta última circunstancia, al aumentar y completarse la ocupación de las superficies ofrecidas, pero no reflejarse esto, paralelamente, en aumentos en el valor de la hectárea. La tendencia hacia una mayor expansión del plantel ganadero es aún más evidente en las colonias fundadas a partir de 1873, en las cuales, por lo demás, la proporción del valor de la tierra en el total tiende a disminuir, sugiriendo hasta qué punto este factor operó como variable de ajuste.

Otro de los fenómenos que deben destacarse a fin de explicar esta cautela a la hora de incurrir en producción agrícola para las colonias más nuevas es que, por expandirse en áreas nuevas, la de por sí alta toma de riesgos se potenciaba en la medida en que la exposición en agricultura era mayor. Sin estudios serios de suelos, sin registros continuos del régimen de lluvias, sin análisis acerca del impacto diferencial de las malezas, las plagas o los insectos, cultivar en esas áreas nuevas constituía una apuesta extremadamente arriesgada. Las estrategias para suplir la falta de esos conocimientos básicos para la toma de decisiones iban desde el mismo reconocimiento topográfico del área hasta la adaptación o incluso el desarrollo de procesos de trabajo útiles. Guillermo Lehmann organizó expediciones exploratorias por las tierras más alejadas a fin de lograr un cabal conocimiento de sus potencialidades y problemas; registró los cambios de temperatura, las lluvias y los efectos de sequías e inundaciones, así como los métodos de cultivo más adecuados, luego de haber ensayado y descartado los erróneos[561]. Adriana Imhoff, muy sintéticamente, indica que Lehmann "aplicó una visión sumamente práctica de las futuras colonias: estudios previos de la media climática de apreciable número de años, precipitaciones pluviales, constitución física y química del suelo, comunicaciones y leyes"[562]. A través de procedimientos empíricos, sin duda, y limitados por su dimensión de empresa individual; pero en todo caso preferibles ante el ancho vacío existente. Y a ello habría que agregar el duro esfuerzo siempre ligado a la puesta en producción de tierras nuevas: el inspector Emilio Achával aludía en 1878 a "lo trabajoso que es el desmonte; en efecto requiere tres operaciones pesadas que son las de

---

[561] Ver al respecto Bianchi de Terragni, A. (1971), pp. 173-181.
[562] Imhoff, A. (1991), p. 145.

hachar, apiar [sic] y [cavar] a punta de pico para sacar las raíces. Cada hectárea necesita de 27 jornales de trabajo"[563]. Las sequías que cierran la década en los años 1878-79 fueron sin dudas también otro de los límites que encontró la expansión agrícola. Pero de cualquier forma ya se habían ido ajustando y resolviendo varios problemas clave. A partir de estos años la fundación de colonias en Santa Fe era ya una actividad cuyas bases estaban en lo esencial definidas, y para lo cual se contaba con un cúmulo de experiencias útiles para encararla con buenas probabilidades de éxito. En lo sucesivo, crear colonias no podía dejar de incluir toda una serie de elementos imprescindibles, pero cuya definición, y hasta cierto punto su disponibilidad, estaban mayormente resueltas. En la década siguiente, la ola expansiva de fundaciones cubrió pronto buena parte del territorio provincial, y se derramó desde mediados de aquélla cada vez con más ímpetu hacia la vecina Córdoba. En Entre Ríos, por el contrario, el proceso de colonización sufrió una serie de inconvenientes de importancia y, para impulsarlo, se debieron redefinir muchos de los puntos del esquema básico que operaba en su vecina Santa Fe, al punto de otorgarle características muy distintas.

3. Córdoba: una larga espera

La expansión colonial en Córdoba está relacionada con los avances llevados a cabo en Santa Fe, en especial con los correspondientes a la línea del Ferrocarril Central Argentino, y con la apertura productiva de los territorios de la frontera sur. Como es sabido (y en parte ha sido ya dicho en las páginas precedentes), el sur cordobés contaba con una larga historia

---

[563] Emilio Achával al Comisario General de Inmigración D. Juan Dillon, Colonia Caroya, enero de 1879, en Argentina. Comisaría General de Inmigración (1879), p. xlix.

de colonización, comenzada en la década de 1860 con la instalación de ganaderos británicos cuyos avances fueron magros, a causa de limitaciones ambientales y de depredaciones indígenas. Para finales de ese período, algunos de ellos habían intentado reconvertirse a la agricultura, a fin de obviar esos problemas y para aprovechar la demanda proveniente del teatro de guerra en el Paraguay. La incorporación de mejoras técnicas parece haber sido importante, con alguno de esos productores que operaban quizá el que fue el primero de los arados a vapor introducidos en la provincia[564]. Sin embargo, tampoco parece que el éxito haya sonreído largo tiempo a estos pioneros: en parte por la caída de la demanda de granos con el fin de la guerra, en parte por las dificultades propias de la instalación en tierras nuevas y de transporte hacia los mercados externos, los problemas experimentados derivaron en la salida del área de varios de esos productores, aun cuando la agricultura terminó finalmente afianzándose allí[565].

Pero además, la expansión agrícola en Córdoba formaba parte del mismo desarrollo del proceso de colonización hacia las tierras nuevas. El choque con una realidad ambiental distinta fue allí todavía más marcado que en Santa Fe, y por tanto también más difícil y complejo. Como veremos luego, la vieja agricultura criolla de la zona serrana, de labranzas superficiales, extensiones exiguas y marcada por el peso del cereal indígena en esquemas productivos más ligados a suplir las subsistencias que a ingresar en el mercado, contrastaba profundamente con la que habría de prosperar en las tierras llanas, secas y batidas por los vientos del sur de la provincia. De ese modo, debieron irse desarrollando técnicas de labranza más profundas a fin de que el agua de las lluvias y las raíces de las plantas se introdujeran mejor en la tierra. Se logró así evitar que éstas fueran desarraigadas por los fuertes vientos

---
[564] Perkins, G. (1869).
[565] Seymour, R. (1947).

y que prosperaran aun bajo un régimen de lluvias menos rico. Estas dificultades afectaron fuertemente los emprendimientos; sus peripecias pueden ser seguidas en alguna de las colonias oficiales, que incluyeron la necesidad de formar piquetes de soldados para la defensa, el envío de subsistencias durante largo tiempo, dura lucha por la obtención de agua potable, e incluso el traslado a parajes más adecuados[566]. Por otra parte, el conocimiento agronómico de la provincia era todavía limitado; aun hacia finales de la década del setenta, los ensayos efectuados no habían demostrado la viabilidad cerealera de vastas regiones[567]. Los informes departamentales son a menudo muy esperanzadores respecto de un hipotético futuro, pero no logran mostrar muchos avances concretos. "Los labradores tienen que vencer muchos inconvenientes desde que principian a arar hasta que cosechan", decía desde la rica Bell Ville el informante Rubén Márquez; se habían introducido muchos arados de distintos sistemas, con resultados muy dispares; los del país continuaban en buen uso[568]. El trigo seguía produciéndose mayormente en explotaciones y áreas tradicionales[569].

Los avances de cualquier modo existieron. La Exposición Nacional de 1871 marcó un importante hito en la experimentación y prueba de nuevas técnicas agrícolas. Comenzaba la

---

[566] Artículo "Colonia Caroya", sin firma, en *Boletín Mensual del Departamento Nacional de Agricultura*, Buenos Aires, t. IV, pp. 169-70; AGN, Ministerio del Interior, año 1890, leg. 22, expte. 4983 T; Argentina. Provincia de Córdoba. Oficina de Estadística. (1888), p. 83. Cfr. Vera de Flachs, M.C. (1982), pp. 123-152.

[567] Sobre el tema ver por ejemplo las opiniones de un ingeniero que trabajó en el Ferrocarril Central Argentino, en Clark, E. (1878), pp. 338 y ss.; también Napp, R. (1876), pp. 432 y s., quien opinaba que la irrigación artificial era necesaria en Córdoba para obtener resultados agrícolas, los cuales tendrían más futuro con la viña que con los cereales (p. 292).

[568] Rubén Márquez a Luis F. Thiriot, Bell-Ville, 20 de noviembre de 1875, en Argentina. Departamento Nacional de Agricultura. (1876), p. 400.

[569] Ferrero, R. (1979), p. 51; Arcondo, A. (1965), pp. 33; 58 y ss.

incorporación de maquinaria moderna y de alambrados, y los avances de las cosechas habían sido constantes, más allá de la poca fiabilidad de los datos: desde 1847 hasta 1874/5, las de maíz mostraban aumentos del 7% anual, y las de trigo, del 5,9%.

Cuadro N° 31
Cosechas de trigo y maíz en Córdoba, 1847 y 1874/5 (en fanegas cordobesas)

Año agrícola	Maíz	Trigo
1847	10.695	10.286
1874/5	62.170	45.175

Fuentes: 1847: Romano, S. (2002), pp. 93-6; 1874/5: Argentina. Departamento Nacional de Agricultura. (1876), gráficos e/pp. 411/12.

Por esos años comenzaban a surgir en Córdoba las primeras colonias de su historia reciente: si bien el proceso había demorado hasta casi mediados de la década de 1870, con la fundación de Marengo en 1873, de Santa Rita en 1874 y de otras cuatro colonias más hasta 1880, la provincia pareció haber comenzado tímidamente un cambio en su producción agraria.

Cuadro N° 32
Colonias fundadas en la provincia de Córdoba, 1874-1880

Año	Nombre de la colonia	Fundador	Departamento	Superficie (ha)
1874	Santa Rita	J. Plá	San Justo	10.100
1875	Sampacho	Gobierno provincial	Río Cuarto	15.729
1876	Caroya	Gobierno Nacional	Colón	7.000
1876	Villa María	s/d	Tercero	4.396
1880	Itunamusaga	Luis Itunamusaga	Marcos Juárez	3.720

Fuentes: ver cuadros en Apéndice. Como se explica allí, se trata de las colonias que aún permanecían hacia 1900. La colonia Tortugas ha sido incluida dentro de las correspondientes a Santa Fe, a pesar de que las fuentes de Córdoba también la registran como propia, dado que parte de ella se encontraba dentro de su jurisdicción. Sobre el tema, ver por ejemplo Ferrero, R. (1979), p. 49.

Sin embargo, la incorporación de innovaciones era todavía limitada. Aun cuando los cordobeses conquistaron 35 medallas de oro, plata y bronce en la Exposición de 1871, estos premios fueron otorgados masivamente a emprendimientos artesanales de la más variada índole. Significativamente, sólo uno de ellos fue discernido a muestras relacionadas con la agricultura: las presentadas por un expositor de maquinaria e implementos agrícolas, probablemente de origen británico[570]. En cuanto a la colonización, los magros resultados del proceso en este período están pautados por la todavía débil presencia de la acción privada, que sólo concretó tres de los cinco emprendimientos que lograron permanecer, con un total de 18.216 hectáreas, es decir, bastante menos que Caroya y Sampacho, las dos fundaciones encaradas por los Gobiernos nacional y provincial, con un total de 22.729 hectáreas. Así, en este período el promedio es de 6.072 hectáreas para los emprendimientos privados y de casi el doble para los de carácter oficial. Por lo demás, el otro emprendimiento privado al que nos hemos referido, la colonia Marengo (o Marengo-Monferrati / Monferrina), surgida por iniciativa de un sacerdote piamontés que convocó a algunos connacionales y solicitó tierras al Gobierno de Córdoba, tuvo una dimensión y trayectoria que no hacen sino confirmar estas dificultades. Con una superficie de sólo 2.600 cuadras, fraccionada en lotes de 25 (41.75 hectáreas), sus precios eran aproximadamente la mitad de los que se solicitaban por las concesiones de la Compañía de Tierras del Central Argentino, en cuya cercanía se encontraban. Pero para 1880 parece ser que sólo se habían vendido 64 de las 104 concesiones; existía por entonces una población de apenas 90 personas, y la superficie cultivada no llegaba más que a 450 hectáreas[571]. Si bien en 1883 parecen

---

[570] Mulhall, M. G. & E. T. (1875), p. 185.
[571] Arcondo, A. (1965), pp. 68-69; Ferrero, R. (1979), pp. 54-5. Arcondo indica una superficie de 2.600 hectáreas; pero debe tratarse en realidad de 2.600

haber continuado viviendo allí las mismas 90 personas, las obras de años posteriores no la registran; probablemente haya sido disuelta, o dejado de ser reconocida como colonia al no adecuarse a lo normado por la ley de 1886[572]. Más trágico aún parece resultar el caso de la llamada colonia Rodríguez, surgida en 1876 a partir de un acuerdo entre un empresario privado, Tomás Rodríguez, y el Gobierno nacional. Al revés de lo usual, el empresario cedió al Gobierno poco más de 1.000 hectáreas en las cercanías de Bell Ville para ser colonizadas; el Estado debía pagar el amojonamiento y, tres años más tarde, auxilió al propietario con 200 pesos fuertes por cada una de las cinco familias de inmigrantes que llegaron. Según Ferrero, no hay más menciones de esta colonia en las fuentes posteriores, por lo que es casi seguro que fracasó[573].

Nos encontramos así con una situación bien distinta de la santafesina, donde la propia dinámica del fenómeno colonizador había ya otorgado pleno dominio a la iniciativa particular en la concreción de colonias: por el contrario, en esos años todavía en Córdoba era necesario impulsar de alguna forma el proceso con la ayuda estatal, y aun ello no siempre daba frutos. Téngase en cuenta que la provincia había ya organizado en gran medida las pautas básicas para la conformación de un mercado moderno de tierras. Ya en 1858 se dividieron las tierras comunales de los pueblos indígenas, se estableció su reparto entre los derechohabientes y se dictaron normas para la enajenación

---

cuadras. Ferrero no indica superficie. Vera de Flachs, M.C. (1982), pp. 122-3; Argentina. Provincia de Córdoba (1888), t. III, 2da. ed., pp. 310-11.

[572] Es de destacar que ya no figura en el detallado mapa del sur de Córdoba elaborado por Seelstrang, A. (1894), fechado en 1885, y que sí registra otras colonias; pero tampoco en las obras de Albarracín, S. (1889) (que incluye el informe de Angel Medina); Peyret, A. (1889); Argentina. Provincia de Córdoba. Oficina de Estadística. (1888); Latzina, F. (1891); Troisi, E. (1904-5); Río, M. y Achával, L. (1904). Sobre lo normado por la ley de 1886, *ibíd.*, t. II, p. 173.

[573] Ferrero, R. (1979), p. 65.

de tierras fiscales. Desde 1862 la provincia contó con una ley de tierras que intentó reglar las ventas, establecer las formas de mensura, deslinde y tasación; reconocía, además, derechos de posesión a los ocupantes sin títulos. Ese año se organizó también el Departamento Topográfico, que para 1866 publicaba su primera carta general de la provincia. Desde entonces hasta aproximadamente 1870, diversas medidas legales completaron un corpus de disposiciones en torno al tema. El trabajo de medición avanzó lentamente; todavía hacia 1872 las mensuras practicadas eran muy limitadas[574]. Pero si bien sólo hacia 1882-83 (luego de haber resuelto sus diferendos limítrofes con otras provincias) fue posible en Córdoba conformar un plano general definitivo, los avances de las décadas previas no pueden dejar de destacarse[575].

Estos esfuerzos para regularizar la tenencia de la tierra no habían sido sin embargo suficientes para lograr ventas satisfactorias de las propiedades públicas. En 1877, el mensaje del gobernador electo Antonio del Viso al Senado provincial indicó que 3183 leguas cuadradas, casi la mitad de la superficie provincial, aún continuaban en manos fiscales; estas tierras, a menudo entre las más fértiles de la provincia, se encontraban además en departamentos con muy baja densidad poblacional, lo cual contrastaba agudamente con los serranos, donde ésta alcanzaba a más de 100 personas por legua. Las ventas de toda esa superficie, que proponía el gobernador en un proyecto de ley muy elogiado posteriormente, no llegaron a ser aprobadas; pero los precios propuestos, que oscilaban entre 0,80 y 1 peso fuerte por cuadra cuadrada –dependiendo de si se tratase

---

[574] Wilcken, G. (1873), p. 242.
[575] Argentina. Provincia de Córdoba (1888), t. II, pp. 135; 169; 203; 298 y ss.; pp. 351; 422; 571; 635; 718. Echenique, S. (1866); Cárcano, M.A. (1917), pp. 313-314. Ver también Cortés, G. y Leguizamón, O. (1883); Valle, A. del (1881). También Tognetti, L. (2008b), passim.

de quintas, chacras o estancias, y que incluían facilidades de pago a cinco años-contrastan singularmente con los santafesinos o entrerrianos, que los duplican con comodidad, aun tratándose de ventas en superficies de legua completa[576]. El problema era tanto más importuno porque la provincia, como muchas otras, necesitaba con relativa urgencia hacerse de fondos para su evolución, para lo cual la venta de tierras públicas era uno de los pocos expedientes de consideración que poseía. Ese fracaso en la movilización de su patrimonio fundiario explica probablemente los magros presupuestos oficiales de la década del setenta, al menos si los comparamos con los de Santa Fe o de Entre Ríos. Para el período 1875-80, los ingresos cordobeses eran la mitad de los santafesinos, y menos de la tercera parte de los entrerrianos; los gastos, en tanto, apenas llegaron a menos de la quinta parte de los de esta última[577]. Y, por otro lado, con poco más de un millón de pesos fuertes, la deuda pública de Córdoba era aproximadamente la mitad de las que poseían respectivamente Santa Fe y Entre Ríos para 1880[578]. Téngase en cuenta que para 1869 la población de Córdoba era mucho más considerable que la de esas otras provincias.

De modo que las dificultades en el afianzamiento del fenómeno de la colonización en Córdoba son útiles para mostrarnos algunos aspectos ocultos del proceso. En primer lugar, la difícil captación de la demanda de tierras evidencia con claridad que ésta no era ni tan ávida ni tan

---

[576] Argentina. Provincia de Córdoba (1888), t. V, pp. 54 y ss.; para comparar, Argentina. Provincia de Entre Ríos. (1875), t. VII, pp. 202-215; Wilcken, G. (1873), cuadros. Sobre el proyecto de Del Viso, ver Río, M. y Achával, L. (1904), t. II, p. 169.
[577] Ver cuadro I, cap. I.
[578] La población de Córdoba era de 210.508 habitantes, mientras que Santa Fe poseía 89.117, y Entre Ríos 134.271. Napp, R. (1876), transcribiendo datos del censo de 1869. Sobre la deuda pública ver Agote, P. (1881), t. I, cuadros.

ilimitada como ha tendido a pensarse. Una de las ideas principales de lo que se ha llamado la visión tradicional de la evolución del agro pampeano radicaba en presuponer –al menos a partir de algún momento de la década del setenta– que los terratenientes habían comenzado a optar por no desprenderse de sus tierras ante la creciente valorización de éstas. Los Gobiernos provinciales o el nacional, en ese esquema, no habían podido o no habían querido introducir mecanismos que permitieran el fraccionamiento de esas grandes propiedades. Por el contrario, masivas ventas fiscales en lotes de gran tamaño no habían hecho más que consolidarlo[579]. En realidad, como puede verse por los datos que hemos transcripto antes, existió aun tardíamente tierra disponible en sitios muy convenientes y a precios muy bajos para quien la solicitara. El problema radicaba más bien en la carestía del capital: poner en producción tierras más lejanas y más secas como las cordobesas, más allá de sus posibilidades, demandaba tiempo, experimentación e inversiones por lo menos algo más considerables que las necesarias para lograr los mismos resultados en Santa Fe. En un contexto en que la inmigración no era juzgada suficiente, y en el que el alto costo del dinero muestra hasta qué punto éste era escaso, la creación de demanda efectiva para las tierras cordobesas resultó durante toda la dura década del setenta, y aun en los primeros años de la siguiente, una empresa muy difícil. Atraer interesados hacia la oferta inmobiliaria localizada en los territorios nacionales sería también una ardua tarea para los Gobiernos de la época; las incorporaciones fundiarias logradas luego de las conquistas de los territorios indígenas posteriores a 1878 sólo con esfuerzo y con la ayuda del auge especulativo de la

---

[579] Ecos de esa visión en lo que respecta a Córdoba pueden verse en Ferrero, R. (1979), *passim*.

segunda mitad de los ochenta pudieron generar interés. Algo parecido estaba ya ocurriendo en Córdoba[580]. No es ajeno a esto el limitado pero recurrente papel del estado en la promoción de colonias. Además de las fundaciones encaradas por el gobierno provincial o nacional, un aspecto interesante y aún poco estudiado radica en el intento de desarrollo de un régimen municipal que pudiera encargarse localmente del fomento colonizador. Esta estrategia, a la que como veremos se le otorgó en Entre Ríos un papel fundamental, parece también en cierto modo haber sido esbozada en Córdoba[581]. Pero será recién a partir de mediados de la década de 1880 cuando el proceso colonizador adquiera allí verdadera significación.

4. Entre Ríos: crisis política y apuesta por la colonización radial

Entre Ríos constituía en estos años no sólo un patético contraste con la situación santafesina, sino además un excelente ejemplo de los problemas más agudos que se presentaron para la transformación agrícola. Es por eso por lo que le dedicaremos más espacio. En el capítulo anterior dijimos que Entre Ríos había experimentado, durante los años que van hasta 1870, una situación política e institucional aparentemente más estable que la santafesina, pero en realidad mucho más estructuralmente conflictiva. El cambio de década significó la puesta en evidencia de esos problemas, a través de un gran quiebre cuyas causas habían ido gestándose desde mucho tiempo atrás. La conmoción

---

[580] Tognetti ha demostrado las magras ganancias recogidas por los intermediarios en el negocio de tierras fiscales cordobesas en los años 70, a pesar del creciente interés de los compradores. Tognetti, L. (2010), pp. 13-14.
[581] Ver al respecto Albarracín, S. (1889), pp. 135 y ss.

que sacudió la escena política entrerriana, y que afectó duramente a su economía y por tanto al proceso de fundación de colonias, se conoce en la historiografía como el alzamiento jordanista, que comenzó el 11 de abril de 1870 con el asesinato de Justo José de Urquiza, y marcó el inicio de una guerra civil muy sangrienta y muy costosa. El carisma personal del caudillo Ricardo López Jordán, así como el descontento en torno a la política de acercamiento a Buenos Aires encarada por Urquiza, han sido puestos de manifiesto como causas del amplio alcance de la rebelión, y de la significativa participación popular en ésta. Lo concreto es que tanto las consecuencias como las causas fueron bastante más complejas.

4.1. La gran interrupción

Comencemos por las consecuencias. Además de que la provincia fue militarizada, sus autoridades desaparecieron, el servicio público se vio completamente desquiciado y la percepción de las contribuciones fue prácticamente abandonada, los años de rebelión tuvieron un enorme costo económico, que significó una *impasse* en el desarrollo agrícola y en los procesos de colonización hasta la segunda mitad de la década de 1870[582]. Es difícil evaluar con certeza ese costo, entre otras cosas por la desorganización y caos en que fue sumida la administración entrerriana, reflejo de lo ocurrido con su economía misma. Los estudios disponibles son extremadamente aleatorios al respecto; Reula, por ejemplo, consideró que las pérdidas abarcaron nada menos que 3.500.000 vacunos, 450.000 yeguarizos y 200.000 ovinos[583]. Pero estas cifras parecen

---

[582] Sobre la condición de la provincia en abril de 1871, resulta ilustrativa la proclama del Comisionado Nacional Francisco Pico, en Argentina. Provincia de Entre Ríos (1875-77), t. 11, pp. 97-99. También Forgues, L. (1874).
[583] Reula, F. (1969), t. II, p. 62.

sin dudas extremadamente exageradas al menos con respecto a los vacunos, si consideramos el rebaño existente en 1868. Benigno T. Martínez, basándose en documentos oficiales, consignaba de cualquier forma una disminución significativa en el rebaño entre 1870 y 1875, si bien parte de ésta podía deberse a causas no necesariamente ligadas con la rebelión jordanista.

Cuadro N° 33
Rebaño ganadero en la provincia
de Entre Ríos, 1870 y 1875

	Vacunos	Equinos	Ovinos
En 1870	1.978.979	380.037	3.606.788
En 1875	1.288.385	325.496	2.254.809
Disminución			
Absoluta	690.594	54.541	1.351.979
En %	35%	14%	37%

Fuente: elaboración propia basada en datos transcriptos en Benigno T. Martínez a don Julio Victorica, [Concepción del] Uruguay, julio 31 de 1879, en "Correspondencia del Paraná–Riqueza pastoril comparada", Boletín Mensual del Departamento Nacional de Agricultura, t. III, p. 270.

De todos modos, y aun cuando hagan falta estudios más completos que los disponibles, todos los testimonios cargan las tintas acerca de las terribles consecuencias de la guerra, y la miseria y destrucción que fueron sus consecuencias. No caben dudas, por otra parte, de que una gran cantidad de personas siguió a los revolucionarios, quienes dispusieron de ejércitos que iban, según los autores, desde más de 10.000 hasta 14.000 soldados, marcando una amplia participación popular que es menester explicar[584].

Como se ha dicho, los cambios habidos en la década de 1860 sobre todo en torno a las formas de acceso a la tierra fueron probablemente factores importantes de descontento social[585]. Los privilegios otorgados a los proyectos de colonización con extranjeros habían provocado tradicionalmente fuertes resistencias entre la población local[586]. A la par que aumentaba la visibilidad de los extranjeros en diversos sectores de la economía y en función de la puesta en marcha de las primeras experiencias de colonización agrícola, se fueron agregando otros motivos de malestar en el rápido aumento del precio de la tierra y la progresiva regularización de títulos, que dieron fin al antiguo sistema de recompensar informalmente con aquélla los servicios prestados en la guerra. De modo que es altamente probable que ese creciente malestar de la población rural, que también repercutía de algún modo en los grupos dominantes, haya encontrado expresión en el levantamiento de López Jordán, más allá de la política urquicista o de la muy impopular Guerra del Paraguay. Es de pensar que aquel malestar tuvo un peso determinante aun en ésta: por ejemplo, la creciente irritación de la población criolla ante la certeza de que ese nuevo esfuerzo de guerra no se vería recompensado, como antaño, con el acceso al usufructo gratuito de tierras públicas, al menos no en la escala y calidad que lo había sido anteriormente. El mismo aumento poblacional, la conformación del catastro provincial y las nuevas condiciones de arrendamiento habían implicado una

---

[584] Reula, F. (1969), t. II, p. 32; Gianello, L. (1951), p. 459. La población entrerriana para esos años alcanzaba a 132.531 personas, de las cuales 74.271 varones. Napp, R. (1876), cuadros.

[585] Un trabajo reciente al respecto en Schmit, R. (2008).

[586] Peyret, en 1887, podía afirmar que en la provincia "en otro tiempo existía la preocupación contra el extranjero", felizmente superada en su época. Peyret, A. (1889), t. I, p. 146.

puesta en valor del recurso que dejaba fuera de su alcance a buena parte de la población más humilde, aquellos en especial que componían los ejércitos en marcha[587]. Las tierras eran desde ya mucho más caras que en Santa Fe. Los precios de venta de tierra fiscal fueron graduados en un mínimo de tres mil pesos en oro por legua cuadrada, a pagar a un máximo de dos años; aumentado en 1866 a 3150 pesos, condiciones de todos modos muy onerosas para una buena parte de los ocupantes[588]. Como hemos visto en el capítulo anterior, en el departamento de Paraná, para 1862-63, el promedio de la riqueza rural declarada sólo alcanzaba a unos 1000 pesos bolivianos, o sea alrededor de 700 pesos fuertes, moneda equivalente al peso oro en que se habían establecido los ya aludidos precios de la tierra fiscal. La alternativa era acogerse a los arrendamientos ofrecidos por el Gobierno, pero éstos no generaban reconocimiento de derechos posesorios. El esfuerzo por ordenar la titulación fundiaria fue muy intenso: la década de 1860 está jalonada por el dictado de más de treinta normas legales relativas a la tierra, contra sólo tres en la de 1850; y, mucho más importante, esas normas fueron por primera vez aplicadas, a la inversa de lo que había ocurrido anteriormente con otros intentos de regularizar los catastros[589]. Ese proceso provocó fuertes tensiones, marcadas por arbitrariedades que las leyes incluso intentaron remediar[590]. Es indudable que el valor de la tierra aumentó sustancialmente en el período, quizá en buena parte a causa de estas medidas: a esto contribuyó también el ejemplo de nuevas formas de valorización del recurso mediante la extensión de la

---

[587] Djenderedjian, J. (2008e).
[588] Argentina. Provincia de Entre Ríos (1875-92), t. 7, pp. 202-215.
[589] Ruiz Moreno, M. (1896-7), *passim*.
[590] Ruiz Moreno, M. (1896-7), t. I, pp. 134 y ss.; p. 153; especialmente p. 158.

cría del lanar refinado y los ensayos de colonización ya mencionados. De esta forma, el otorgamiento informal de permisos para poblar caducó; por su participación en la Guerra del Paraguay, tanto soldados como jefes y oficiales fueron compensados, por primera vez, con donaciones de tierras establecidas por decreto. Éste, dictado en 28 de enero de 1870, poco tiempo antes del estallido de la rebelión jordanista, establecía para los soldados de tropa el derecho a una suerte de chacra en los ejidos de los pueblos de la provincia, además del pago de una onza de oro. Leyes previas habían establecido ejidos de una legua cuadrada para algunas ciudades como La Paz o Nogoyá[591]. Según la distribución que se había hecho ya de áreas colonizadas y las reglamentaciones que se efectuaron poco tiempo más tarde, las suertes de chacra repartidas tenían una superficie que iba desde unas 18 hasta un máximo de alrededor de 45 hectáreas de extensión. De todos modos, en la realidad las concesiones parecen haber sido mucho más pequeñas[592]. Debe advertirse por otro lado que, en algunos casos, ante el poco éxito de esas distribuciones, el Gobierno había establecido contratos con particulares para la enajenación de los ejidos, y les había vendido a éstos previamente los terrenos a fin de que los subdividieran. En alguna ocasión estas operaciones se efectuaron en condiciones claramente favorables a los empresarios intervinientes, como ocurrió con los ejidos de Concepción del Uruguay, tasados a valor

---

[591] Ruiz Moreno, M. (1896-7), t. II, pp. 88-89. En otra ocasión se compró la legua de terreno en que estaba situada la ciudad de Concordia, de propiedad del general Manuel Urdinarrain. *Ibíd.*,, t. II, p. 91.

[592] Un ejemplo en la división de los ejidos de Villa Libertad, Calá y otros decretada en 18 de junio de 1875, que establecía chacras a concesionar de 630 metros de frente por 690 de fondo, que en la realidad resultaron mucho menores, como veremos luego. Ruiz Moreno, M. (1896-7), t. III, p. 137.

oficial y a las mismas condiciones acordadas para las tierras de pastoreo; sin embargo se trataba de valiosos terrenos situados a la vera de una población en crecimiento[593].

Sin dudas, se buscaba con todas estas medidas ampliar el éxito obtenido con la colonización europea en San José; pero el problema consistía en que la población criolla trabajaba la tierra bajo pautas muy distintas de los colonos extranjeros, y necesitaba ocupar porciones de terreno mucho más amplias que las que usualmente se otorgaban a éstos. Las explotaciones criollas, de cierto grado de diversificación, eran sin embargo de baja rentabilidad agrícola por dedicarse más que nada a algunos cultivos gruesos (trigo, maíz) bajo pautas tradicionales, además de cierta producción de subsistencia. Por otra parte, exhibían una orientación predominantemente ganadera, la cual, como hemos dicho ya, implicaba en buena medida contar con una fuente de capital disponible en todo momento del año, factor crucial para sostener la producción agrícola familiar, necesitada de grandes desembolsos de dinero en efectivo en momentos puntuales del ciclo. Además de ello, las pautas productivas de entonces exigían contar con extensiones de terreno comparativamente grandes para poder funcionar, en todo caso mucho mayores que las suertes de chacra ofrecidas; y más aún en las condiciones agroecológicas de ciertas áreas de la provincia, y entre explotaciones en las que aún la introducción de animales refinados era muy precaria o incipiente[594].

De este modo, es lógico que los intentos de inducir a la colonización agrícola a los productores criollos que ocupaban campos fiscales se vieran repetidamente fracasados: para ellos, resultaba materialmente imposible sostener sus explotaciones en los cortos espacios

---

[593] Ver el decreto en Ruiz Moreno, M. (1896-7), t. II, p. 95.
[594] Ver Djenderedjian, J. (2008e).

otorgados y con la escasa limosna en efectivo que se les entregaba. Se comprenden mejor así las causas de lo que, en las opiniones de algunos publicistas, no era más que una actitud ilustrativa de la pereza y desidia ingénitas de los criollos: en realidad, se trataba de formas de trabajar muy distintas, y de experiencias también muy diferentes en cuanto a qué producir, cómo, y para qué. En 1887 Peyret señalaba que los colonos criollos del Sauce apenas cultivaban la tierra por no haber recibido los elementos para hacerlo; los funcionarios aducían que, si les entregaban bueyes, los carnearían o venderían, haciendo además leña de los arados. Esto muestra claramente, más allá de los prejuicios, que el viejo sistema de liderazgo e incentivos practicado por Urquiza había dejado de existir[595]. En la historia agraria entrerriana constan varios ejemplos de fracasos en colonizar con población criolla bajo las pautas que habían resultado útiles para la población de origen europeo[596].

El levantamiento jordanista originó así en Entre Ríos un retraso relativo con respecto a otras experiencias de colonización más exitosas: entre 1870 y 1879 se fundaron en la provincia 14 colonias mientras que, en Santa Fe, en el mismo período, se organizaron nada menos que 41[597]. De todos modos, una vez pasado el momento más álgido del conflicto, fue posible retomar lentamente las tareas interrumpidas. Pero esa reanudación no significó sin embargo continuar haciendo las mismas cosas en el mismo contexto anterior.

---

[595] Peyret, A. (1889), t. I, p. 112. Sobre las prácticas de fomento de Urquiza, ver por ejemplo Serrano, P. (1851), en Abeledo, A. (1923), pp. 20-21.
[596] Ver por ejemplo la colonia Rocamora, en Peyret, A. (1889), t. I, pp. 134-6; o el de la colonia Argentina, en Ripoll, C. (1888-9), t. I, pp. 366-8.
[597] Raña, E.S. (1904), pp. 296 y ss.; Fernández, A. (1896), *passim*.

4.2. La colonización radial y el renovado papel del Estado

Hacia 1874 el devastado territorio entrerriano estaba todavía plenamente marcado por las pautas tradicionales de explotación. Los departamentos más ricos eran aquellos en los cuales las unidades productivas eran también las más grandes, lo cual muestra claramente que la extensividad ganadera continuaba siendo no sólo la norma, sino la llave esencial de la acumulación. Salvo en Colón, donde la presencia de la dinámica producción agrícola de San José parece haber en cierta medida valorizado la propiedad, en el resto la comparación muestra claramente que era necesario variar en forma radical la ecuación productiva para compensar el desbalance que las regiones ganaderas introducían en la estructura económica[598].

Así, el período que corre entre 1874 y 1880 se destacó ante todo por varios fenómenos nuevos: el primero, la conciencia de que era necesario un fuerte cambio de perspectiva para quebrar una compleja realidad en la distribución de la tierra, y sobre todo lograr la difusión de las pautas intensivas de desarrollo agrícola que debían marcar el futuro productivo de la provincia. Se había hecho evidente que no era en modo alguno posible en Entre Ríos instalar la colonización de áreas periféricas que tan buenos resultados estaba dando en Santa Fe: no existían aquí extensas superficies para conquistar, ni tierras de bajo precio en las que aún el poblamiento fuera muy precario. La frontera indígena en Entre Ríos había desaparecido hacía mucho tiempo, y las tierras periféricas que quedaban eran de productividad muy baja como para permitir transformarlas en la base de una colonización agrícola que cambiara radicalmente la orientación productiva

---

[598] Cfr. Djenderedjian, J. y Schmit, R. (2008), pp. 75-106.

de la provincia y la situación social de sus habitantes. Se impuso entonces el convencimiento de que había que modificar esa realidad mediante el desarrollo de lo que Francisco Latzina llamaba la colonización radial, por oposición a colonización periférica. Mientras que en esta última las colonias eran fundadas en tierras de frontera, de escaso valor de mercado y alejadas de los centros de consumo, la colonización radial era por el contrario aquella en la cual, a través de la creación de colonias, se encaraba la transformación de las áreas nucleares del poblamiento. Se erradicaba así el antiguo paisaje rural, la ganadería criolla y las formas productivas tradicionales de bajo rendimiento, que se reemplazaban por cultivos intensivos a los que la demanda de los mercados locales pudiera servir de soporte, al menos en sus inicios. Esta modificación radical sólo podía ser llevada a cabo mediante la acción gubernativa, tanto nacional, provincial como municipal: se trataba de colonizar, aun mediando la expropiación, las tierras que circundaban a los pueblos y ciudades ya formados, y aquellas mejor ubicadas con respecto a las vías de comunicación, en especial los nacientes ferrocarriles[599].

Por lo demás, la rebelión jordanista había mostrado a las claras que los caminos de la modernización económica, aun cuando difíciles y complejos, no tenían alternativa posible. El antiguo paradigma productivo basado en el aprovechamiento extensivo del ganado había demostrado con plenitud sus límites: esa producción tradicional era ahora cada vez más palpablemente incapaz de ofrecer los

---

[599] Latzina, F. (1885), p. 506; hemos ya aludido al tema en p. 173 de este volumen, cfr. además *Anales*, Sociedad Rural Argentina, Buenos Aires, vol. X, 1876, pp. 229-30. La colonización radial era sin embargo costosa y difícil de aplicar, ya que usualmente alteraba situaciones de hecho. En Santa Fe el dilema habría de resolverse de otro modo, como veremos más adelante.

rendimientos crecientes que demandaba una población también en crecimiento sobre una tierra de posibilidades acotadas, y cuyo valor aumentaba en forma constante. Aún más: la persistencia de formas políticas arcaicas, encarnadas en el poder omnímodo del caudillo, y que aparecían también irremediablemente ligadas a ese conflictivo pasado reciente que tan caro había costado, eran una rémora cuyo extirpamiento sólo podría lograrse con un cambio sustancial de la sociedad. Y las bases de ese cambio estaban en la inmigración masiva y en la colonización, vistas por la mayoría de los actores de la época como las únicas herramientas capaces de transformar una realidad peligrosamente encadenada todavía por las formas tradicionales de ejercicio del poder. De esta manera, la opción por la agricultura intensiva y por la colonización extranjera se mostraba como un camino sin retorno: el esperanzado entusiasmo que ésta suscitaba entre los grupos dirigentes de la provincia apenas lograba ocultar el íntimo convencimiento de que no había otra salida, si era que pretendían de algún modo reconquistar y mantener el lugar de privilegio que la provincia había sabido gozar en el país, en el que por otra parte un Estado nacional cada vez más sólido aplastaba aquí y allá las últimas manifestaciones del poder de los caudillos, mostrando a las claras el carácter del futuro político.

Ya desde inicios de la década, cuando no había aún amainado la gran tormenta jordanista, las leyes fueron plasmando este convencimiento: en marzo de 1870 y nuevamente en mayo de 1872 se pusieron en vigor pautas de arrendamiento de tierras fiscales, legislando sobre aspectos más específicos, así como diversas medidas de declaración y control de las superficies bajo esas formas de tenencia. Reconociendo explícitamente en los textos legales el progresivo aumento en el valor de la tierra, en septiembre de 1871 se determinó que los solares, quintas o chacras serían vendidos en remate público en vez de ser otorgados gratuitamente, como había sido la práctica hasta entonces[600]. La reorganización del Departamento Topográfico, encarada a partir de agosto de 1871, derivó en el nombramiento de Melitón González como jefe de este departamento, con el encargo de levantar la demorada carta topográfica de la provincia, tarea que aquél completó en septiembre de 1873[601]. La importancia del proceso no sólo quedó plasmada en esa carta: en ese último año se autorizó también por primera vez la fundación de un banco hipotecario en la provincia[602]. Se intentó asimismo modernizar la infraestructura de comunicaciones; desde 1873 se autorizó la construcción de nuevos puentes en hierro, medida ampliada en 1878 con la concesión de privilegios para el cobro de peajes. Ese año se establecieron asimismo las bases a las que debían sujetarse quienes construyeran ferrocarriles en la provincia; entre otras normas, se declararon expropiables todos los terrenos al efecto, y la exoneración por treinta años de toda contribución para los empresarios que encararan esas tareas[603]. Para el arreglo de las cuentas públicas, se estableció la liquidación de la deuda no consolidada anterior al año 1870; y, más importante aún, en diciembre de 1871 se ordenó abrir un nuevo registro de marcas para ovinos, lo que indica la trascendencia que había adquirido para entonces la actividad de mestizaje de los rebaños[604]. Si bien interesados, varios testimonios dan cuenta de un

---

[600] Argentina. Provincia de Entre Ríos (1875-77), t. 11, p. 59; t. 12, pp. 294-5; t. 11, p. 333.
[601] Argentina. Provincia de Entre Ríos (1875-77), t. 11, p. 482; González, M. "Carta topográfica de la Provincia de Entre Ríos con la demarcación de terrenos de particulares", 1874.
[602] Argentina. Provincia de Entre Ríos (1875-77), t. 12, p. 201.
[603] Reula, F. (1969), t. II, p. 81; Argentina. Provincia de Entre Ríos (1875-77), t. 12, pp. 226 y 441.
[604] Argentina. Provincia de Entre Ríos (1875-77), t. 11, p. 584.

consistente aumento de la presión fiscal a partir de esos años[605]. Resulta también significativo remarcar hechos como la convocatoria a la redacción del código rural de la provincia, cuyo proyecto completo fue aprobado por las autoridades en mayo de 1873, y la expropiación y mensura oficial de varios campos a efectos de destinarlos a la colonización, como ocurrió en 1872 con los de Las Conchas y en 1878 con los del Palmar[606].

Pero sin dudas el conjunto orgánico de leyes más importante de estos años es el de las relativas a la creación de un régimen municipal y a la disposición de tierras en los ejidos de ciudades y villas para la colonización agrícola. En mayo de 1872, se establecieron las municipalidades de las ciudades y pueblos de la provincia, conformadas por 11 miembros titulares para las primeras y 7 para las segundas; todos ellos, que ejercerían sus puestos como carga pública, debían ser vecinos, ciudadanos o extranjeros, que residieran habitualmente en el distrito y se hallaran inscriptos como tales en el padrón local. La ley otorgó a las municipalidades todas las fincas, establecimientos y rentas de carácter comunal, así como los terrenos públicos situados en los pueblos y sus ejidos. Paralelamente, en el mismo mes se aprobó la ley sobre los ejidos, y se estableció para todos los pueblos de la provincia una superficie de ejidos de cuatro leguas cuadradas, exclusivamente dedicadas al desarrollo de la población y a la agricultura; quedaba expresamente prohibido allí el pastoreo de haciendas. Las áreas se dividían en tres secciones: la primera, y más inmediata al núcleo urbano, constaba de media legua de frente por media de

---

[605] Ver artículo "Entre-Ríos", en *La Campaña*, Buenos Aires, 19 de septiembre de 1883.

[606] Argentina. Provincia de Entre Ríos. (1875-77), t. 13, pp. 99; 105 y 242; t. 12, p. 452; Ruiz Moreno, M. (1896/7), t. II, p. 141.

fondo, y se destinaba a solares para el desarrollo de la población; la segunda, situada en derredor de la primera, tenía una legua cuadrada, divisible en suertes de quintas de dos cuadras de frente por dos de fondo cada una; la tercera abarcaba el resto de la superficie del ejido y era divisible en suertes de chacras de 16 cuadras cada una. Las secciones estaban separadas por una calle de treinta metros de ancho; las suertes de quintas y chacras eran trazadas y se dejaba entre éstas otra vía de 25 metros. En las áreas de pueblo que se edificaran en lo sucesivo, se dejarían calles de 20 metros entre cuadra y cuadra. Quintas y chacras existentes debían encuadrarse a la nueva delineación, y se concedían los sobrantes fiscales a sus poseedores siempre que lo solicitaran dentro de los tres meses de la mensura[607]. Se estableció asimismo que los propietarios debían exhibir nuevamente sus títulos en el Departamento Topográfico, y que se levantarían planos minuciosos, a fin de determinar los terrenos fiscales, los cuales serían vendidos a un precio fijo y con la condición de ser poblados en seis meses. La población se definía como la edificación de habitaciones, el cercado del terreno, su siembra y construcción de un pozo de balde. Sólo después de tres años de poblado ininterrumpidamente, se concedería la escritura.

El 2 de agosto de 1872, se dispuso la mensura general de los ejidos de ciudades y villas, a fin de que el primero de enero del año siguiente, en que comenzaría a funcionar el régimen de municipalidades, éstas contaran ya con elementos para comenzar a trabajar en el otorgamiento de parcelas. Asimismo, el 16 de enero de 1873 se decretó que las solicitudes pendientes de solares, chacras y quintas serían pasadas por los jefes políticos a

---

[607] Argentina. Provincia de Entre Ríos. (1875-77), t. 12, pp. 235 y ss.

las municipalidades[608]. En marzo de 1875 se determinaron las pautas legales acerca de las trazas de villas y colonias; se estableció que se formarían grupos de 4 chacras de 43 hectáreas 47 áreas; cada grupo estaría separado por calles de treinta metros de ancho, y cada chacra podría ser dividida en cuatro quintas iguales, y éstas en dos manzanas de planta urbana, todas éstas separadas por calles de la misma medida. El Poder Ejecutivo, las municipalidades o las empresas colonizadoras tendrían la obligación, cuando enajenaran sólo parte de una chacra a una familia colona, de reservarle a su disposición el resto de la misma chacra por un plazo determinado dentro del cual podía adquirir la fracción restante por un precio proporcional al que había pagado por la primera que había adquirido. Cada chacra debía ser poblada por una familia de tres personas cuando menos[609].

Se plantearon así de manera más firme las bases para expandir nuevas formas productivas en una provincia de arraigada tradición ganadera, y se optó decididamente por el desarrollo de la colonización radial, por otra parte la única que tenía posibilidades reales de prosperar, dada la inexistencia de frontera abierta. Es de destacar que el firme control gubernativo que debió hacer falta para poner en práctica esas normas fue posible tan sólo luego de la derrota militar de la facción jordanista, lo que vuelve otra vez a poner en evidencia la ligazón entre esta última y los productores de raigambre tradicional, más allá de su respectivo tamaño. Si bien (como hemos dicho más arriba) los avances de la colonización y de la agricultura en estos años fueron mucho menos espectaculares que en otras regiones del área pampeana, de todos modos el hecho de que fuera necesario encarar todo ese proceso previo

---

[608] Argentina. Provincia de Entre Ríos. (1875-77), t. 13, p. 438; t. 12, p. 22.
[609] Ruiz Moreno, M. (1896/7), t. II, pp. 131 y ss.

de readecuación institucional para poder desarrollar la colonización radial nos indica que el período no fue en modo alguno infértil. Paralelamente a ello ocurrieron además otros avances. El más significativo fue la expansión horizontal de las colonias ya existentes, tanto en la ampliación de sus superficies como, más característicamente, en la fundación de otras nuevas en sus cercanías. El mejor ejemplo al respecto es San José, al oeste de la cual ya en 1871 se fundó la Colonia Nueva. La expansión siguió hacia el Norte, jalonada por la creación de la colonia Caseros en 1875 por parte de la viuda de Urquiza, Dolores Costa; la familia del caudillo también tuvo parte en la fundación de la colonia Primero de Mayo en 1881. Hacia el Sur y el Sudeste, en tanto, aparecieron Hugues en 1871, fundada por el empresario Luis Hugues y posteriormente ampliada con la colonia Pereira en 1877; San Juan, por A. Fernández, en 1875; Santa Rosa, en 1876, y San Anselmo, en 1877[610]. Las extensiones fueron sucediéndose como una mancha que invadía el interior del territorio; primero desde las inmediaciones de las áreas más antiguamente ocupadas y luego por otras más lejanas, aunque también por la costa del río Uruguay. Es bastante evidente que estas colonias no constituían sino una empresa derivada del éxito de San José, y por tanto sus promotores no habían encarado con éstas una inversión de riesgo, sino tan sólo un loteo especulativo con miras a la obtención de una renta creciente. Todo ello, más allá de la actitud en sí, es una circunstancia comprensible en parte por las aún inseguras condiciones de la provincia en la época en que esas colonias fueron concretadas. Su extensión, por lo demás, era todavía limitada: en Hugues, por ejemplo, las concesiones sólo medían 27

---

[610] Peyret, A. (1889), t. I, pp. 21-22; Raña, E.S. (1904).

hectáreas, las cuales en la época de su fundación se enajenaban a 350 pesos fuertes, más de cuatro veces la tasación oficial promedio, una cifra que sólo podía exigirse por la cercanía de otras colonias ya repletas[611]. Según los hermanos Mulhall, esta suma era pagadera en cuatro años, y existían de todos modos en 1875 aún 63 concesiones disponibles[612]. Otras colonias de estos años se componían de concesiones de extensión similar; así, San Anselmo, San Juan y Santa Rosa, y las fundadas por los herederos de Urquiza ofrecían concesiones de 16 cuadras, o 27 hectáreas, a 256 pesos fuertes en 1872[613]. La presencia de mercados en expansión en las ciudades litorales, la demanda de los agricultores enriquecidos y la necesidad de ubicar a sus descendientes en parcelas propias más o menos cercanas, aseguraron de cualquier modo la venta de las tierras a un mediano plazo; todas estas colonias aparentan haber prosperado, a pesar de las desventajas de la corta extensión de las concesiones y de los altos precios exigidos.

De todos modos, aún no estaban dadas las condiciones para un despegue agrícola, no sólo por la todavía incipiente construcción de las bases legales del cambio de pautas para la colonización, sino por otros problemas, no necesariamente menores que aquél. La inseguridad de vida y de bienes en el medio rural era aún muy alta, y los extranjeros parecen haber sido blancos bastante frecuentes de ésta[614]. La grave crisis económica de 1874-76, si bien no

---
[611] Ripoll, C. (1888-9), t. I, p. 319.
[612] Mulhall, E.G. y E. T. (1875), p. 62.
[613] Beck Bernard, Ch. (1872), p. 122; Ripoll, C. (1888-9), pp. 323-6.
[614] La colonia Libertad, establecida en 1878, fue blanco de ataques de bandoleros de frontera, que asesinaron a algunos colonos, e hicieron que los demás la abandonaran; para 1883 sólo existían allí 455 habitantes. Mulhall, M.G. y E. (1885), pp. 48-9. Todavía en 1879 eran denunciados frecuentes asesinatos de franceses en la campaña entrerriana; ver Halperín Dongui, T. (1987), p. 236; relatos de constantes atropellos a las

implicó para Entre Ríos problemas monetarios significativos, sí afectó la disponibilidad de capital, además de otros sectores de la economía aparte del financiero, en buena parte por sus repercusiones en el nivel de consumo del principal mercado del Plata, la ciudad de Buenos Aires[615]. Y, sobre todo, contribuyó a complicar aún más una situación social y política ya difícil, que incluyó el levantamiento de Mitre entre septiembre y noviembre de 1874, apoyado por una parte del ejército[616].

Aun con todo ello, la década dejó para la provincia un total de al menos 20 colonias fundadas que permanecían todavía a inicios del siglo XX. A pesar de sus lagunas, los cuadros de Raña muestran con claridad el carácter de las fundaciones de esta etapa. Puede verse que las colonias se concentraron fundamentalmente en los aledaños de las creaciones iniciales, y eran así a menudo meras extensiones de esos proyectos. Pero ya comenzaba a entreverse el papel que el fenómeno tendría en el período siguiente, cuando tanto algunas áreas de vieja ocupación como otras más marginales experimentaran una ampliación acelerada de aquél. Además, de una u otra forma, los datos evidencian el afianzamiento de la idea de repartir la tierra en concesiones más grandes que lo habitual, o de dejar, en la inmediación de cada lote, otro similar reservado por un determinado período a disposición del colono que hubiera adquirido el primero, a fin de permitirle ampliar su explotación con suficiente comodidad. A inicios de la década de 1880, esta tesitura estaba plenamente afianzada[617].

---

vidas y bienes de los productores entrerrianos en *Los Castigos*, Buenos Aires, 20 septiembre 1879 a 8 de enero 1880. También Peyret, A. (1889), t. I, p. 146.

[615] Barsky, O. y Djenderedjian, J. (2003).
[616] Sabato, H. (1989), pp. 43-44.
[617] Ver por ejemplo "La colonia del Cerrito en Entre Ríos", artículo de Enrique Victorica, en *Boletín del Departamento Nacional de Agricultura,*

Cuadro N° 34
Colonias fundadas en Entre Ríos entre 1871 y 1880 (existentes en 1902)

Departa-mento	Nombre	Fundador	Extensión total en hectáreas	Extensión en hectáreas de cada concesión
Colón	Hugues	Luis Hugues	1.639	27
Colón	San Anselmo	Anselmo López	943	27
Colón	San Juan	Balmaceda y Richo	973	27
Colón	Pereira	Hermanos Pereira	2.905	27
Concordia	Federal	Gobierno Provincial	12.925	33, 74 y 80
Federación	Libertad	Gobierno Nacional	20.000	47
Federación	Suburbios	La Municipalidad	10.000	25
Gualeguay	Municipal	La Municipalidad	11.170	25
Gualeguay	San Agustín	S. Gianello	250	s/d
Nogoyá	Municipal	La Municipalidad	10.000	25
Paraná	Hernandarias	Martín Schader y B. Del Castillo	10.800	32
Paraná	Nueva	Gobierno Provincial	7.730	45
Paraná	Municipal	La Municipalidad	10.775	24
Paraná	3 de Febrero	Brugo Hnos.	3.274	35
Rosario Tala	Argentina	Fidel Rodríguez	576	25
Rosario Tala	Santa María	Comuna Rusa	2.025	38
Uruguay	Perfección	Banco de Entre Ríos	620	10
Uruguay	Caseros	Dolores C. de Urquiza	12.650	25
Uruguay	Rocamora	El Gobierno Provincial	4.200	42
Victoria	Santa Ana	Santon y Balbi	350	s/d

t. VI, 1882, pp. 342-3.

Fuente: ver Apéndice 2.

En la por momentos crítica situación económica y política de la provincia, el papel del Estado, en sus varios niveles, resultó de ese modo crucial: a fin de impulsar el desarrollo agrícola en esta etapa difícil, fueron justamente los Gobiernos nacional, provincial y municipal los que encararon los proyectos de colonización más considerables. En un momento en que el capital privado escaseaba y huía de la inversión de riesgo, el papel anticíclico jugado por el Estado en estos aspectos quedaba evidenciado en la magnitud de las colonias fundadas: mientras que, en promedio, los 17 emprendimientos privados encarados en esta época sólo contaban con una extensión individual promedio de poco más de 3700 hectáreas, las trece colonias creadas por los distintos niveles gubernamentales casi la triplicaban.

Cuadro N° 35
Extensión promedio de las colonias fundadas en el período 1871-1880, según tipo de fundador

Fundador	Colonias	Extensión total (ha)	Extensión promedio (ha)
Empresas privadas			
Bancos	1	1.629	1.629
Empresarios particulares y sociedades de hecho	17	60.649	3568
Sociedades anónimas	1	10.000	10.000
Comunidades	1	2.025	2.025
	20	74.303	3715
Estado			
Gobierno Nacional	2	30.650	15.325
Gobierno Provincial	4	36.180	9045
Municipalidades	7	70.539	10.077
	13	137.369	10.567
Total	33	211.672	6.414

Fuente: ver cuadros en Apéndice.

Aun así, muchos emprendimientos colonizadores privados encarados en estos años, a pesar de su modesta escala, debieron luchar contra circunstancias muy difíciles para salir a flote. La colonia Brugo, luego llamada "3 de Febrero", fundada en 1879 por los hermanos Carlos y Juan José Brugo, comerciantes de Paraná, fue iniciada con sólo ocho familias italianas; los empresarios, personalmente, debieron alentar y guiar a los colonos para superar los difíciles problemas de los inicios, desistiendo de obligarlos al cumplimiento estricto de las obligaciones contraídas y tratando de arreglar amigablemente los problemas que se presentaban. Los resultados fueron felices, puesto que, gracias a la propaganda hecha en Italia por los Brugo y sus amigos, los colonos fueron aumentando hasta llegar, a un año y medio de la fundación, a poblar 140 concesiones con unas 127 familias[618]. Es evidente que, más allá de esa circunstancia, tanto la sencilla magnitud inicial del emprendimiento como el respaldo financiero propio que debieron poseer los iniciadores fueron factores clave en el éxito final.

5. Los límites de una transformación necesaria

De ese modo, la difícil década de 1870 había mostrado tanto las posibilidades como los límites de los nuevos procesos de cambio centrados en la acción colonizadora. Si bien es cierto que no se había aún zanjado la disputa entre los partidarios de la colonización periférica y los de la colonización radial, por lo menos el choque con algunos de los condicionantes más estructurales para

---

[618] [Bavio, E., et al.] (1893), p. 380 y ss.; Ripoll, C. (1888-9), t. I, pp. 251-3.

el proceso habían dejado las cosas mucho más claras. Una de esas convicciones, y quizá la más importante, es que la colonización radial, al efectuarse sobre tierras ya ocupadas y puestas en producción, tenía necesariamente que ser llevada a cabo en extensiones mucho más limitadas que lo usual en la colonización periférica. De ese modo, y con respecto a las santafesinas, donde en los progresivos avances sobre áreas de frontera comenzaba a expandirse una versión renovada de la colonización periférica, las colonias radiales entrerrianas fueron más pequeñas, con menor cantidad de familias; le correspondía a menudo a cada una de éstas una parcela de tierra menor. Además, la colonización radial de ejidos, en tanto estaba ligada primariamente a un mercado urbano local, no hacía sino perpetuar uno de los rasgos menos dinámicos de la colonización como fenómeno de cambio productivo. El objetivo de alcanzar el mercado mundial, e incluso el de concurrir convenientemente a mercados regionales importantes, se veía seriamente limitado: la colonización radial entrerriana producía explotaciones poco competitivas, situadas en tierras cuyo valor era ya demasiado alto, y cuya producción sentía la amenaza de quedar fuera de mercado por la pronta extensión de las vías férreas hasta las áreas marginales de Santa Fe, Buenos Aires o Córdoba, donde la tierra todavía costaba mucho menos. El lento progreso de los ferrocarriles entrerrianos y la valorización ya muy acusada de las tierras situadas en torno a los cursos de agua que bordean la provincia implicaba asimismo un retraso considerable en la disposición de vías de comunicación esenciales, que repercutía también en las posibilidades de acceso a los mercados. No es extraño así que la acumulación de capitales por parte de los colonos entrerrianos haya sido más lenta y difícil; tan tarde como en 1883, las autoridades municipales que fundaron en esa provincia la colonia ejidal Nueva, situada en Rosario del Tala, debieron prorrogar una, dos y más veces los vencimientos de las cuotas de la tierra vendida a los colonos, aun cuando ya originalmente se preveían plazos de algunos años para su cancelación[619].

Otro condicionante significativo es que esa más lenta generación de capital limitaba la creación de nuevos emprendimientos, así como la escala de los que se ponían en marcha. Mientras que en Santa Fe muchos colonos lograban, en pocos años, acumular ahorros suficientes como para encarar empresas productivas más vastas, e incluso proyectos de colonización, en Entre Ríos la falta de dinero para la inversión rural parece haber sido una característica acusada y persistente, incluso en momentos bastante tardíos. En contraste con el período anterior a 1870, cuando la provincia incluso exportaba capital, a partir de ese año no sólo era la generación de éste lo que presentaba dificultades, sino que aun la llegada de inversiones externas parecía haber sido muy limitada, lo que podría deberse en parte al menos a un efecto de *crowding out* provocado por la existencia de mejores oportunidades de inversión en otras provincias, donde el costo de los factores era menor.

Así, los empresarios privados de la colonización, al llevar a cabo sus proyectos a escala comparativamente reducida, no levantaban rápidas fortunas, a ejemplo de algunos de los conspicuos millonarios santafesinos de la década de 1880, como Guillermo Lehmann, Juan Bernardo Iturraspe o Carlos Casado. La inexistencia de una ciudad comercial de magnitud que pudiera convertirse en centro concentrador y distribuidor de capitales, y la falta de bancos fueron otros factores consecuentes de esa lentitud en la formación de capital. Habiendo otros rubros o áreas con rentabilidad más atractiva, tampoco necesariamente Entre Ríos convocaba a los capitales generados en sus vecinas

---

[619] Ripoll, C. (1888-9), t. I, p. 339.

más prósperas: sus tierras no eran siempre aptas todavía para una extensión de la ganadería lanar bonaerense, la cual por otra parte veía abrirse perspectivas más halagüeñas en la ampliación hacia el sur de la frontera pampeana, que ofrecía buenas tierras mucho más baratas; la alta humedad relativa y la falta de pastos de calidad conspiraban también en Entre Ríos contra la producción ganadera refinada, necesitada de tierras más secas. Todavía hacia 1874 por lejos los más importantes propietarios de tierras eran individuos y familias de vieja raigambre en la provincia o vinculados a éstos por parentesco o matrimonio, como los Urquiza, los Sáenz Valiente, los Ezeiza, los Millán, Benjamín Victorica, Genaro de Elía, Manuela Puig de Echagüe, Ricardo López Jordán, Mateo García de Zúñiga o los descendientes del general Urdinarrain. Las únicas inversiones significativas de nuevos grupos empresariales eran las encaradas por los señores Lezica y Lanús, Gregorio Lezama, Simón Appleyard, Enrique Arbuthnot, Juan Oxandaburu y unos pocos capitalistas de origen británico o bonaerense, concentrados sobre todo en los departamentos del sur, más aptos para la ganadería moderna[620].

Un emergente bastante claro de todas estas particularidades del proceso de cambio productivo rural en Entre Ríos es la existencia de las así llamadas colonias "criollas", fundadas con población autóctona. El fenómeno, más presente en Entre Ríos que en otras provincias, resultó sin embargo allí frecuentemente un fracaso, al menos a los ojos de algunos publicistas de la época. Como hemos dicho ya, resultaba muy difícil, para una población acostumbrada a la actividad ganadera extensiva, cambiar sus pautas

---

[620] Ver el mapa catastral de González, M. (1874); algunos de esos capitalistas de origen británico tenían una cierta antigüedad en la provincia; los Appleyard y los Brittain figuran registrados en 1834 con estancias predominantemente vacunas, antes de transformarse en núcleos de innovación en el ovino. AIPOM, I, 41, fs. 290 y ss.

productivas hacia otras más intensivas en las condiciones que se les abrieron al respecto, y que incluían superficies demasiado reducidas y poca disponibilidad de capital. En estas colonias, formadas sobre todo en áreas marginales, generalmente más pobres y más orientadas hacia cultivos tradicionales como el maíz, los criollos convivieron a veces con extranjeros en algo que podríamos pensar que fue la materialización de las ideas respecto de que estos últimos jugaran un papel pedagógico en la población local, enseñándoles técnicas de cultivo más perfeccionadas. El resultado no fue siempre alentador, entre otras cosas porque esas tierras marginales no podían dar sino rendimientos mediocres; aunque algunos casos, como la colonia Federal, fundada en 1880, fueron bastante exitosos[621].

De esta forma, durante este período puede decirse que las pautas tradicionales de explotación continuaron siendo en Entre Ríos la fuente más importante de la creación de valor. Sin embargo, la colonización agrícola, que todavía continuaba estrechada a ciertas áreas puntuales y laterales, mostraría pronto sus posibilidades y sus límites para dinamizar la economía rural de la provincia.

---

[621] [Bavio, E., et al.] (1893), p. 438; para otra colonia criolla considerada no exitosa, ibíd., p. 385.

www.ingramcontent.com/pod-product-compliance
Lightning Source LLC
Chambersburg PA
CBHW021132230426
43667CB00005B/90